Zenia Yébenes Escardó

Los espíritus y sus mundos

Locura y subjetividad
en el México moderno y contemporáneo

Serie CLA·DE·MA
Antropología

Los espíritus y sus mundos

Locura y subjetividad
en el México moderno y contemporáneo

Zenia Yébenes Escardó

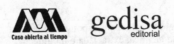

Los espíritus y sus mundos. Locura y subjetividad en el México moderno y contemporáneo.

© Zenia Yébenes Escardó

Diseño de imagen de cubierta:
Jesús Morales Escalante basada en la "Fig. 6. Manie avec prédominance d' idees érotiques et mystiques" del libro de Henri Dagonet, Traité des maladies mentales, Librairie J.-B. Baillière et fils, París, 1894, p. 278.

Primera edición abril de 2014 Ciudad de México, D.F., México

© Universidad Autónoma Metropolitana
Prolongación Canal de Miramontes 3855
Ex Hacienda San Juan de Dios
Delegación Tlalpan, 14387, México, D.F

Unidad Iztapalapa
Departamento de Antropología
San Rafael Atlixco No. 186
Col. Vicentina, 09340 Iztapalapa
Ciudad de México, D.F., México

Unidad Cuajimalpa
Avda. Vasco de Quiroga No. 4871
Col. Santa Fe, 05300 Cuajimalpa
Ciudad de México, D.F., México

Derechos reservados para todas las ediciones en castellano

© Editorial Gedisa, S.A.
Avda. Tibidabo 12, 3°
08022 Barcelona España
Tel. 93 253 09 04
gedisa@gedisa.com
www.gedisa.com

ISBN Gedisa 978-84-9784-820-6
ISBN UAM 978-607-28-0182-0
IBIC: JHMC

"Esta investigación, arbitrada por pares académicos, se privilegia con el aval de la institución coeditora."

Impreso en México
Printed in Mexico

Casa abierta al tiempo

Rector General
Salvador Vega y León

Secretario General
Norberto Manjarrez Álvarez

Director de Publicaciones y Promoción Editorial
Bernardo Ruiz López

Subdirector de Distribución y Promoción Editorial
Marco A. Moctezuma Zamarrón

Agradecimientos

Muchas personas e instituciones han hecho posible este libro. En primer lugar agradezco a todos y cada uno de los pacientes que aparecen en estas páginas. Este libro es suyo. Individuos que desean permanecer anónimos (familiares, psiquiatras, psicólogos clínicos y psicoanalistas) facilitaron un camino, tantas veces intrincado, en el campo de eso que se ha dado en llamar salud mental. Agradezco asimismo al personal a cargo del Archivo Histórico de la Secretaría de Salud y de la Biblioteca Dr. Nicolás León su ayuda y su paciencia. Los servicios bibliotecarios de la UAM-Cuajimalpa dirigidos con eficacia por Margarita Ibarra, apoyaron cada una de mis solicitudes con amabilidad y eficiencia. Gracias a Rodolfo Suárez, Rodrigo Díaz Cruz y Pablo Castro, las gestiones para la edición culminaron con éxito. Este proceso no hubiera podido llevarse a cabo sin la participación de Magda Cobá, Norma Jaramillo y Carlos Gallardo.

Agradezco al Posgrado de Ciencias Antropológicas de la UAM-Iztapalapa el apoyo dispensado y especialmente la generosidad y lucidez de las lecturas de Rodrigo Díaz-Cruz, Ricardo Falomir, Mayra Lilia Chávez y Miguel Ángel Aguilar. Oliver Kozlarek y Alejandro Mercado hicieron posible una visita de Louis Sass (a quien tanto debe mi lectura) que me dio la oportunidad de constatar la riqueza y rigor de su aproximación y de comentar su presentación acerca de las emociones en la psicosis. Agradezco además –en estricto orden alfabético– a los siguientes colegas que leyeron o me invitaron a comentar parte de lo que se trata en estas páginas: Miruna Achim, Alejandro Araujo, Violeta Aréchiga, Bernardo Bolaños, Isabel Cabrera, Mario Casanueva, Laura Cházaro, Leticia Flores, Jonatan García Campos, María Antonia González-Valerio, Julieta Lizaola, Carlos López Beltrán, Teresa Ordorika, Andrés Ríos, Greta Rivara, Cristina Sacristán, Adriana Segovia y Nuria Valverde. Dicho esto por supuesto, todos los errores que aparecen aquí son única, y exclusivamente, responsabilidad mía.

Sin Jesús, Alberto y Ana poco podría hacer. Estas páginas, como todo lo mío, a ellos se deben.

Siempre he comprendido a la antropología menos como una ciencia social que como una disciplina filosófica —en la tradición crítica kantiana pero no a la manera kantiana— en la que los límites de nuestra comprensión humana, de nuestras pretensiones culturales, se ponen al descubierto.

Vincent Crapanzano

Imaginarse cómo son los mundos de otras personas —unos mundos tan extraños que casi resultan inconcebibles y que, sin embargo, están habitados por seres como nosotros o, lo que es más, por seres que podríamos ser nosotros.

Oliver Sacks

Como la sota moza, Patria mía, en piso de metal vives al día, *de milagro, como la lotería.*

Ramón López Velarde

Índice

II. Desde la antropología: heterotopías

Historias de fantasmas o la razón hechizada

III. Desde la subjetividad

Psicopatología de los fantasmas de la vida contemporánea

(In) conclusión

Introducción

Un camino siempre está en peligro de convertirse en un camino errado. Andar estos caminos requiere práctica en la marcha. La práctica requiere un oficio. Permanezca usted en camino y, sin-salir-del camino, *pero en la errancia*. Aprenda usted el oficio del pensar.

Martin Heidegger

Las páginas que se despliegan a continuación, lo hacen como un *montaje*. En ellas se alternan el devenir de la nación, análisis de expedientes clínicos desde finales del siglo XIX, estudios de caso, textos de psiquiatría antiguos y actuales y textos antropológicos sobre la magia; estudios sobre la relación entre superstición y psicopatología; retazos de mi experiencia de tres años con pacientes esquizofrénicos; relatos "mágicos" de estos pacientes sobre el origen, la salvación y la destrucción del mundo; reflexiones sobre la biopolítica y lo que significa constituirse como sujeto en el México moderno y contemporáneo. Aunque he dividido la trayectoria que seguiría un hipotético lector en tres partes, y he procurado ordenar el material en consecuencia, la clase de lectura que tengo en mente no asume una correspondencia directa entre las palabras y las cosas, no se confina a significados únicos, ni apuesta por la resolución de la contradicción. No describe un proceso como lineal, ni hace descansar la explicación en correlaciones simples ni en variables singulares.[1]

He intentado plantear preguntas que me parecen importantes e introducir en la escritura lo que a mí misma me ha acompañado mientras buceaba en el archivo, llevaba a cabo trabajo de campo con personas diagnosticadas de esquizofrenia, o leía los clásicos de la antropología junto con sesudos textos de alienistas y psiquiatras. Al final he procurado transmitir y reflexionar sobre la impresión que Karl Jaspers describió así: "Nos asombramos del hecho de las psicosis. Son enigmas del ser humano como tal. *El hecho de que existen nos concierne a todos.*"[2]

Los inicios de una investigación

> La decrepitud está en todas partes, el desorden es universal. Basta con abrir los ojos para verlo. La gente rota, las cosas rotas, los pensamientos rotos.
>
> Paul Auster

Estamos a finales del año 2008. El escenario es la ciudad de México, zona metropolitana de la ciudad de México, zona conurbada del valle de México. En la multiplicación de los nombres se juega la indefinición del espacio en un traspatio que alterna a la multitud, los jirones de trapo y las telecomunicaciones. Los diversos mecanismos que se han dado para sobrevivir en esta mezcla de asfalto y

---

[1] Joan Scott, "The Evidence of Experience", en *Critical Inquiry* 17 (1991), pp. 773-795.

[2] Karl Jaspers, *Psicopatología general*, FCE, México, 2006, p. 857.

terracería, de cables tendidos ilegalmente, antenas parabólicas, medios de comunicación altamente tecnificados, y fiestas comunitarias y barriales. La locura no es ajena a mi historia familiar (hay en ella pacientes psiquiátricos, e incluso algún que otro psiquiatra), y desde hace poco tiempo (además de participar en algunos proyectos de investigación vinculados a la filosofía y al psicoanálisis) atravieso la ciudad para llevar a cabo como voluntaria, un pequeño taller de lectura y escritura para personas diagnosticadas de esquizofrenia. Mis incursiones en el mundo de la neurología, la psiquiatría y el psicoanálisis han, sin embargo, comenzado mucho antes. En parte, me imagino, por la curiosidad de lo que, a medias palabras, he oído de niña en casa. En parte, porque mi área de interés profesional, antropología y filosofía de la religión, me lleva a menudo a interrogarme por el carácter límite de ciertas experiencias y por la relación entre la creencia y el delirio.[3]

No es sin embargo sino a finales de 2008 que gracias a P, un amigo que trabaja en un centro de día de atención a la salud mental en un hospital al sur de la ciudad de México, empiezo la aventura de los talleres para personas diagnosticadas de esquizofrenia. El primero se lleva a cabo en el anexo de un salón parroquial. Los demás los impartiré, a lo largo del tiempo y a medida que corra la voz, en distintos lugares y en contacto con distintos psicoterapeutas. El que mi contacto con los pacientes no se desarrolle dentro de un marco institucional,[4] sino en lugares más o menos "improvisados", el que acudan

---

[3] Tal y como advierte Byron Good al definir algo como "creencia", "creer" o "sistemas de creencia", habitualmente realizamos juicios de valor sobre ese algo y autorizamos la posición y el conocimiento del observador antropológico. Considero no obstante que se puede hacer un uso del término creencia que no necesariamente suponga una visión preposicional, mental, voluntarista e individualista sino más bien *un modo relacional*. Cfr. Byron Good, "La antropología médica y el problema de la creencia", *Medicina, racionalidad y experiencia: Una perspectiva antropológica*, Bellaterra, Barcelona, 2003, pp. 21-60.

[4] El clásico sobre el hospital psiquiátrico es el libro de Erving Goffman, *Internados. Ensayos sobre la situación social de los enfermos mentales*, Madrid, Amorrortu, 1970. Un estudio que retrata de manera muy acertada las dificultades de una investigación sobre la locura en México dentro de una institución de salud

y dejen de acudir por su propia voluntad, y el que estemos solamente presentes ellos y yo (aunque me reúna periódicamente con los psicoterapeutas y éstos se mantengan cerca, en caso de ser necesaria alguna intervención), son algunas de las peculiaridades que permean mi trato con la locura.

En *Historia y trauma*, Françoise Davoine y Jean-Max Gaudillière, dos psicoanalistas que han hecho un exhaustivo trabajo de campo, estudian la curiosa alteración del tiempo entre quienes han sufrido un episodio psicótico. La memoria en la locura, que ellos describen como memoria traumatizada, no tiene hilo narrativo. Las historias siempre se desarrollan en el momento: "Había una vez, se convierte en había una y otra y otra vez."[5] A menudo esta es la experiencia que tengo y tendré en los talleres. En el primero, estamos cerca de una avenida bulliciosa, en un ir y venir de tránsito, en ciertos días de la semana se instala un tianguis o mercado ambulante. Los asistentes llegan (solos o acompañados) en transporte público, suelen vivir en colonias lejanas y atraviesan una ciudad que puede llegar a ser tan ferozmente hostil... Al verlos llegar, yo misma, que recorro la urbe en metro y microbús, miro la avenida y me pregunto cómo lo hacen: "Una ciudad como esta no es para todo el mundo. Aquí estamos siempre en pie de guerra. Este es un lugar para soldados, para gente entrenada en el combate cuerpo a cuerpo. Aquí el que no conoce de estrategias y de artimañas tarde o temprano es derrotado, se retira o sale corriendo."[6]

Los asistentes al taller son todos jóvenes, entre los dieciocho y los veintitantos años, la mayoría estudiaba o trabajaba hasta que acaeció el primer brote psicótico que supuso *el parteaguas*: "Yo era como todos mis hermanos –escribe J– pero me cayeron encima esos seres y

mental es el de Víctor Payá y Marco Jiménez (Coords.), *Institución, familia y enfermedad mental: Reflexiones socioantropológicas desde un hospital psiquiátrico*, Juan Pablos / Universidad Nacional Autónoma de México, México, 2010.

[5] Françoise Davoine y Jean-Max Gaudillière, *Historia y trauma: la locura de las guerras,* FCE, Buenos Aires, 2011, p. 293.

[6] Mario Mendoza, *La locura de nuestro tiempo*, Seix Barral, Bogotá, 2009, p. 10.

me atravesó un rayo." Proceden de sectores medios y populares y han sido recientemente diagnosticados de esquizofrenia. Llegan porque P les ha hablado de esta actividad que parece, en cierto modo, atraer su curiosidad. Estar en contacto con ellos en estas primeras etapas hará que, posteriormente, cuando conozca a pacientes que lleven mucho tiempo ingresados o bajo tratamiento, que arrastran los pies y con los brazos y las piernas tiesos como marionetas de madera, me parezca que la apatía extrema, la abulia o el desinterés que muestran es más bien fruto de años de psicofármacos, de angustia, y en algunos casos del efecto abrumadoramente distractor de las alucinaciones auditivas y/o visuales.

A pesar de que se supone que tengo años de experiencia docente, nada de eso parece servirme aquí. La carencia de hilo narrativo en el taller es lo habitual. A veces asiste una persona, otras veces asisten diez, de las que sólo volveré a ver a dos. A veces no quieren escribir, y yo les digo que no se trata de obligar a escribir a nadie. Otras, cuando les digo eso, es cuando deciden escribir sin detenerse. A veces, se sumen en el silencio. A veces, quieren hablar y pueden hacerlo durante mucho tiempo, de forma ininterrumpida. Aunque el taller dura una hora, hay quien a los veinte minutos anuncia: "Ya es hora de irse" o hay quien sigue sentado escribiendo hora y media después. Mi impresión al estar con ellos es que *esta carencia de hilo narrativo tiene que ver con el meollo de su propia experiencia; que con ella se muestra algo a lo que hay que prestar atención.* "No me parece estar –le comento a P– con personas que tienen alguna incapacidad fundamental, sino *con personas que parecen estar siendo afectadas, a veces incluso tomadas, por alguna cosa* que requiere de toda su atención y de toda su energía." Si volvemos a Davoine y a Gaudillière para ellos los pacientes viven "fuera del tiempo".[7] Es decir, se ven afectados por una experiencia radical que los absorbe por completo y de la que no pueden desentenderse. Lo que yo percibo es que son personas aquejadas por algo muy complejo que suelen presentar muy pocas similitudes con el *Manual diagnóstico y estadístico de los*

---

[7] Françoise Davoine y Jean-Max Gaudillière, *op. cit.*, p. 271.

trastornos mentales que he procurado leer (sobre todo en los rubros que conciernen a la esquizofrenia y al trastorno esquizofreniforme) de cabo a rabo.

A los alumnos del taller les gusta saber que imparto antropología y filosofía y que me he especializado en el ámbito de estudios sobre la religión. Me suelen hacer preguntas al respecto. Me hablan de revelaciones metafísicas y religiosas, muestran un interés inusitado por todo lo esotérico, me piden que leamos "libros para descifrar símbolos", "los libros secretos de la biblia", *El misterio de los ojos de la virgen de Guadalupe*. En ningún momento me parece estar con sujetos caracterizados por una embriaguez dionisiaca o que liberan creativamente sus más primitivos instintos, como he leído en algunas descripciones, más o menos poéticas, de la locura. Más bien al revés. Incluso en su interés por la sexualidad, algunos son extremadamente analíticos. Quizá vivir fuera del tiempo, como dicen Davoine y Gaudillière, les permite hallar una instancia de observación hipercrítica del tiempo mismo, y de lo que habitualmente en la existencia social tomamos por garantizado. Por ejemplo, me hace ver D, el absurdo del ritual social de saludar diciendo "hola".

Incluso los más expresivos y eufóricos manifiestan cosas como "tengo demasiadas *ideas* en mi cabeza y va todo deprisa, deprisa"; es "por la tormenta de *pensamientos* que no puedo decir muy rápido, ¡menos escribir!". El desaseo, la despreocupación por la higiene que muestran a veces, me parece comprender que tiene que ver con esto. Más que ligados a los instintos o al desbordamiento de las pasiones (idea que como he dicho subyace muchas veces a la imagen de la locura) en lo *que parecen detenidos diría yo*, casi como si carecieran o se desvincularan del cuerpo, *es en sus propios procesos mentales*. Había comenzado a impartir los talleres sin más idea que la de ampliar el interés y curiosidad que me incitaba a asistir a cursos de teoría psicoanalítica y a conferencias de psiquiatría y neurociencias, o a participar en proyectos académicos que vinculaban las teorías de la subjetividad con el psicoanálisis. Seguramente tampoco andaba demasiado lejos la relación que sostengo con la locura en mi propia historia familiar. Escribir bajo su presión no necesariamente ha supuesto escribir sobre ella, pero sí en su horizonte. La curiosidad intelectual sobre cualquier enfermedad que no nos es ajena, surge sin duda del deseo (fracasado) de dominarla.

El constatar con los asistentes del taller que urdían su experiencia psicótica con significantes religiosos y metafísicos no ortodoxos, y por ello más bien considerados como sintomáticos de un pensamiento mágico o supersticioso *de carácter patológico* fue lo que sin embargo espoleó, *conscientemente,* la idea de realizar una investigación antropológica. Hay que advertir que la locura *como enfermedad mental* es una figura histórica reciente. Durante muchos siglos coexistió codo a codo con una etiología *natural* (en la que era fruto no de un desorden mental sino de un desequilibrio humoral);[8] una etiología *sobrenatural* en la que lejos de ser una enfermedad era un *signo o prueba*, producto de una intervención divina o una posesión demoníaca. Si en la Edad Media o el Renacimiento:

> "Se elegía no emplear las categorías naturales y se adscribían ciertos comportamientos por ejemplo, a una posesión, no era debido a la inadecuación de la inteligencia o del conocimiento médico de los individuos […] Asumir que no eran lo suficientemente sofisticados para conocer los significados correctos de los síntomas que experimentaban y atestiguaban, nos dice más de la arrogancia de los investigadores modernos que de los males premodernos […] La crítica de Arthur Kleinman es a este respecto particularmente útil: […] estudios de este tipo superponen sus propias categorías culturales en alguna muestra de conducta desviada [de otras épocas] como si sus propias clasificaciones de la enfermedad no fueran ellas mismas culturales."[9]

---

[8] Hay que recordar que los hospitales de locos existieron en España desde el siglo XV. Ello no se traduce en una medicalización de la locura que sólo acaecerá después. Es decir no hay que confundir la introducción de una práctica determinada (la creación de hospitales para dementes) con la actitud fundamental de un periodo que contemplará a la locura como un problema médico.

[9] Moshe Sluhovsky, *Believe Not Every Spirit: Possesion, Mysticism and Discernment in Early Modern Catholicism*, University of Chicago Press, Chicago, 2007,

En la medicina anterior a la década de 1760 resultaba imposible referirse a la "enfermedad mental" en sentido estricto. El problema de la mente enferma sólo empezará a aparecer en el lenguaje médico cuando pueda involucrarse con el dualismo cartesiano y la relación mente-cuerpo.[10] Horizontes históricos y sociales producen las condiciones de posibilidad para ciertas experiencias que para nosotros, *quizá* hoy, no son posibles. Sin embargo, yo más bien me preguntaba por los procesos socioculturales que supusieron privilegiar *la etiología natural ligada a cierta tentativa de somatización de la mente* y por su relación con la constitución de un sujeto específicamente moderno en un ámbito concreto: el de la nación mexicana. Me interesaba dilucidar cómo y de qué forma se distingue la superstición de lo que no lo es; cómo en cierto momento la superstición se fue tornando patológica y volviéndose competencia de la psiquiatría. Me preguntaba si decía algo de la relación entre la locura y la modernidad que los pacientes articularan su experiencia, precisamente, *desde lo que se describía como supersticioso*.

Lo que espoleó la investigación en segundo lugar, fue el percatarme en el ámbito de los talleres y en un contacto más estrecho con algunos de los pacientes, de que estos significantes "mágicos" o "supersticiosos" no parecían tan identificados con el irracionalismo como con una exacerbación de los procesos autorreflexivos ligados a la modernidad.[11] Lo que los pacientes no parecían controlar a través de ellos no eran sus instintos ni deseos, sino su necesidad de control; de lo que no parecían poder distanciarse no era de sus emociones, sino de la necesidad irremisible de establecer distancia; de lo que no parecían tener conciencia era que la atención a sus propios procesos reflexivos les hacía perder la habilidad para interactuar "naturalmen-

---

pp. 2-3; cfr. Arthur Kleinman, "Depression, somatization and the new-cross cultural psychiatry", *Social Science and Medicine* 2 (1977): p. 4.

[10] Rafael Huertas, *Historia cultural de la psiquiatría*, Catarata, Madrid, 2012, p. 52.

[11] Cfr. Anthony Giddens, *Modernity and Self-Identity: Self and Society in the Late Modern Age*, Stanford University Press, Stanford, 1991; Charles Taylor, *Fuentes del yo: La construcción de la identidad moderna*, Paidós, Barcelona, 1996.

te" con los demás. L me contaba: "Con mi cerebro yo veo y creo la verdad del mundo. Por eso tengo miedo de dormirme." Al escucharla yo recordaba al *Fausto* de Goethe: "¿te tuteas con el diablo y temes a una llama?"

Mis interrogantes al respecto tenían que ver con si la esquizofrenia podía vincularse a una intensificación de la *constitución de un sujeto específicamente moderno*. De ser así, y si esta intensificación se manifestaba a través de significantes "mágicos", ¿qué relación había entre la magia (o la superstición), los procesos de constitución del sujeto moderno y la locura? ¿Podría esta relación contribuir a iluminar el carácter fragmentario y disputado de la modernidad nacional, y sus efectos sobre los sujetos?

Hacia una forma moderna de locura

> La locura es el límite que no deben de trasgredir
> ni la razón, ni los sentimientos, un más allá en
> el que cada época, a su modo, se antoja que
> debe de congregar a todos los que franquean la
> frontera del buen juicio, o dicho de otro modo,
> la noción donde cada cultura aloja los residuos
> mentales que genera y que no es capaz de
> asimilar.
>
> Fernando Colina

Louis Sass (a quien no se ha de confundir con el padre de la antipsiquiatría Thomas Sazs) ha planteado en su obra magna *Madness and Modernity: Insanity in the Light of Modern Art, Literature and Thought* (y en numerosos artículos e indagaciones anteriores y posteriores)[12] la siguiente pregunta: "¿qué pasaría si la locura, por lo

---

[12] Pueden consultarse algunos de estos artículos en la bibliografía. Sass rescata la importancia de la fenomenología en la investigación sobre la esquizofrenia.

menos en algunas de sus formas, se derivara de un agravamiento más que de un oscurecimiento de los procesos autorreflexivos de la conciencia, y de una alienación *no de la razón, sino de las emociones, los instintos y el cuerpo?"*.[13] La tesis de Sass es que la fenomenología de esa forma de locura que es la esquizofrenia, ofrece un acceso sumamente enriquecedor *a las estructuras de la subjetividad moderna*. Para mostrarlo, acude a iluminar las afinidades y puntos de convergencia que halla entre esta forma de locura y la forma de literatura y arte típicamente moderna, *el modernismo*. Así, compara distintas manifestaciones de la esquizofrenia con una serie de obras modernistas literarias, estéticas y artísticas, que se unen por su interés o su manifestación (característicamente moderna) en la hiperreflexividad y en la autoalienación. Hay que recordar que *en el sujeto moderno:*

> "...los dos aspectos del doble papel que desempeña el ser humano ante sí y ante el mundo, el de conocedor de sí mismo y el de conocido por él mismo, el de perceptor de sí y de otros y el de percibido por él mismo y por los otros, el de observador separado del universo y el de criatura sumida en el devenir del universo, fueron hipostasiados de tal manera en los usos mentales y lingüísticos que, por así decirlo, se presentaron como objetos distintos [...] De hecho la tendencia a representar funciones como si fueran objetos fue tan lejos, que

---

Ha tenido colaboraciones muy significativas dentro de volúmenes como Man Chung, Bill Fulford y George Graham (Eds.), *Reconceiving Schizophrenia* de la serie de la Universidad de Oxford International Perspectives in Philosophy and Psychiatry; o el volumen pionero de Janis Hunter Jenkins y Robert John Barrett (Eds.), *Schizophrenia, Culture, and Subjectivity: The Edge of Experience* (Cambridge Studies in Medical Anthropology), Cambridge University Press, Cambridge, 2004. A la contribución muy reconocida de su obra magna, se aúna la obra sumamente recomendable, dedicada al famoso Presidente Schreber a la luz del último Wittgenstein. Cfr. Louis A. Sass, *The Paradoxes of Delusion: Wittgenstein, Schreber and the Schizophrenic Mind*, Cornell University Press, Ithaca, 1994.

[13] Louis A. Sass, *Madness and Modernism: Insanity in the Light of Modern Art, Literature and Thought,* Harvard University Press, Cambridge, 1994, p. 4.

la relación entre éstas era vista como una relación espacial.
La actividad, característica del ser humano de la observación
y el pensamiento, y la correspondiente dilación en actuar, la
creciente represión de los impulsos emocionales y la consiguiente sensación de estar separado, de estar frente al universo, se objetivó en la concepción de algo que se podía localizar
en el interior de la misma persona, tal como ésta se veía en su
calidad de objeto observable por su reflexión, en su calidad de
cuerpo entre cuerpos."[14]

La esquizofrenia, que Sass describe (él mismo aclara que en un tipo
ideal à la Max Weber) como un "trastorno de la experiencia del yo
acompañado por una conciencia incrementada de aspectos de la experiencia que habitualmente permanecen como tácitos o presupues-
tos; y una disminución en el sentimiento de existir como sujeto";[15]
sólo sería posible en el contexto histórico y en la sociedad que habría
dado lugar a un sujeto capaz de tomarse a sí mismo, aun de forma
extraviada, como objeto de autoconciencia. *Enloquecemos cultural
y socialmente*. Al respecto, me gustaría hacer mía la aseveración de
Clifford Geertz: "no existe una naturaleza humana independiente de
la cultura".[16] Jerome Bruner, al recordar la lectura por la cual a partir
del siglo XIX, la cultura venía a ser una especie de "capa superpues-
ta" sobre la naturaleza humana, que estaría determinada biológica-
mente, escribe que en ésta:

---

[14] Norbert Elias, "Problemas de la autoconciencia y de la concepción del ser humano, 1940-1950"*La sociedad de los individuos*, Península, Barcelona, 1990, p.
129; también Marino Pérez Álvarez, *Las raíces de la psicopatología moderna:
La melancolía y la esquizofrenia*, Pirámide, Madrid, 2012, pp. 165-166. Hay
que reconocer entonces que formas de conciencia como la psique griega ("co-
nócete a ti mismo) o la interioridad agustiniana, no tienen nada que ver con la
reflexividad autofundada en un yo autónomo y fundador del conocimiento como
conciencia subsistente por sí misma, propia de la modernidad.

[15] Louis A. Sass, "Self and world in schizophrenia:Three classic approaches",
Philosophy, Psychiatry, Psychology 8 (2001), pp. 251-253.

[16] Clifford Geertz, *La interpretación de las culturas*, Gedisa, Barcelona, 2003, p.
55.

"Se daba por supuesto que las *causas* de la conducta humana radicaban en ese sustrato biológico. En cambio, lo que yo me propongo sostener es que las verdaderas causas de la acción humana son la cultura y la búsqueda del significado dentro de la cultura, El sustrato biológico, los denominados «universales de la naturaleza humana», no es una causa de la acción sino, como mucho, una *restricción* o una *condición* de ella. De la misma manera que el motor no es la 'causa' por la que vamos en coche al supermercado para hacer la compra del fin de semana, nuestro sistema reproductor biológico no es la 'causa' que, casi infaliblemente, hace que nos casemos con alguien de nuestra propia clase social, nuestro mismo grupo étnico, etc. Admitiendo, por supuesto, que sin el motor no podríamos desplazarnos en coche hasta el supermercado y que, quizá, tampoco habría matrimonios en ausencia de un sistema reproductor."[17]

Y posteriormente advierte:

"Es la cultura, y no la biología, la que moldea la vida y la mente humanas, la que confiere significado a la acción situando sus estados intencionales subyacentes en un sistema interpretativo. Y esto lo consigue imponiendo patrones inherentes a los sistemas simbólicos de la cultura: sus modalidades de lenguaje y discurso, las formas de explicación lógica y narrativa, y los patrones de vida comunitaria mutuamente interdependientes."[18]

Lo que yo añadiría es que son precisamente los patrones inherentes a los sistemas simbólicos de la cultura, sus modalidades de lenguaje y discurso, los que nos permiten hablar de algo como *"biológico"* o *"cultural"*. Ello no invalida la realidad de dichas categorías. El ser construido no hace a un edificio menos "real". Lo que quiero señalar es que hasta los datos más "duros" descansan en condiciones sociales

---

[17] Jerome Bruner, *Actos de significado: Más allá de la revolución cognitiva*, Alianza, Madrid, 1991, p. 35.

[18] *Ibid*, p. 48.

de producción. No podríamos saber nada de "genes", "hormonas" o "minerales", de no ser porque les conferimos significado dentro de un sistema interpretativo, a través –como bien dice Bruner– de patrones inherentes a los sistemas simbólicos de la cultura, modalidades de lenguaje y discurso, formas de explicación lógica y narrativa, y patrones de vida comunitaria. Ahora bien, nuestro conocimiento de lo que los minerales son, *ciertamente afecta a los minerales* pero no porque éstos se percaten de lo que sabemos y actúen en consecuencia. En la esquizofrenia, en cambio, la manera de ser y de actuar, la subjetividad y las acciones de los individuos diagnosticados, no son independientes de cómo son descritas y clasificadas. Esto es lo que Ian Hacking llama el efecto bucle [*looping efect*] de las clases humanas: las interrelaciones entre la gente y las formas en que ésta es clasificada. Las personas tienden a conformarse, a permanecer e incluso a crecer, en el ámbito clasificatorio en el que han sido descritas o diagnosticadas.[19]

Tal y como Hacking advierte, hay un debate relevante acerca de la categoría misma de esquizofrenia (tendremos oportunidad de verlo) y de si constituye o no un trastorno unificado y coherente. Cobra fuerza la idea de que los sujetos diagnosticados no constituyen una clase *en sentido estricto*, y que carecen de una etiología común.[20] La esquizofrenia parece ser, cuanto menos, una enfermedad inconsistente: "Está repleta de indicios, pistas falsas, callejones sin salida […] los sujetos que comparten un diagnóstico de esquizofrenia comparten poco más […] Difieren unos de otros en términos de síntomas,

---

[19] Ian Hacking, *The Social Construction of What?*, Harvard University Press, Cambridge, 1999, p. 59. Hacking distingue clases interactivas, clases indiferentes, efectos bucle y biobucle. A nosotros sin embargo no nos interesa profundizar en la naturaleza real o construida de las enfermedades mentales (porque nos parece que tal dilema no está bien planteado) sino en las condiciones de posibilidad que hacen que ciertos padecimientos se diagnostiquen. A este respecto no deja de ser particularmente sugerente la observación de Bartra de la necesidad de "un tipo de investigación que no acepte la separación tajante entre el espacio neuronal interior y los circuitos culturales externos […] habría que pensar que los procesos cognitivos son como una botella de Klein, donde el interior es también el exterior". Cfr. Roger Bartra, *Antropología del cerebro*, FCE, México, 2010, p. 77.

[20] Ian Hacking, *op. cit.*, pp. 100-124.

antecedentes familiares [...] y características biológicas [...] La heterogeneidad ha sido reconocida como una característica predominante de la esquizofrenia desde las primeras descripciones [...] Es parte de lo que hace de ella un rompecabezas."[21] Lo que sin embargo parecen compartir los sujetos diagnosticados, es el carácter, ante los ojos del espectador, radicalmente bizarro, extraño y contradictorio de su experiencia. Este carácter extraño, bizarro, y contradictorio que sentimos ante la esquizofrenia, no es necesariamente fruto de la dificultad para empatizar con ella, el abismo que sentimos en presencia de ciertos pacientes podría conectarse con *la mise en abyme* que ellos mismos están experimentando.[22]

En estas páginas seguimos hablando de esquizofrenia por dos razones. En primer lugar – porque si bien no está claro hasta qué punto la categoría tiene relación con causas, pronósticos y tratamientos comunes– los individuos clasificados como esquizofrénicos se constituyen y producen en relación con su esquema clasificatorio y la matriz de prácticas y de instituciones que, en efecto bucle, contribuyen a reproducirla. En segundo lugar porque aunque más que habérnoslas como una entidad patológica cuyos contornos estarían claramente delimitados parecemos habérnoslas con un conjunto dispar de síntomas; *estos se reconocen como tales en la modernidad y parecen tener en común una forma particular de enloquecer que, más que asociarse a la presencia constante de diversas manifestaciones más o menos llamativas, apunta a una relación radicalmente problemática del sujeto con los procesos de significación; una relación que se transforma en una retracción radicalmente solipsista y que puede ser indicativa de la relación modernidad y locura.* Hacking, sin embargo, no explora la relación de la esquizofrenia ni como *producto* de un orden social específicamente moderno; ni como *reacción* a él.

"Pese a que el pensamiento psiquiátrico más hegemónico considera la esquizofrenia como una clase natural (como una

---

[21] R. Walters Heinrich, *In Search of Madness: Schizophrenia and Neuroscience*, Oxford University Press, New York, 2001, p. 7.

[22] Louis A. Sass, *Madness and Modernism, op. cit.*, p. 240.

enfermedad física), [lo] *que curiosamente*, el propio Hacking llega a aceptar [...] siguen existiendo argumentos en favor de su relación con el surgimiento de la conciencia moderna, de una cultura de la subjetividad, cuyo individualismo exacerbado y las nuevas formas de intimidad (y de interioridad), pueden inducir, cuando no imponer, la fragmentación del yo y la constitución de un trastorno característicamente moderno. Es evidente [...] que la expresión social de la enfermedad (mental) es consecuencia directa de los cambios culturales que se van produciendo a lo largo de la historia. Que tanto las prácticas psiquiátricas como los discursos teóricos (o ateóricos) que las sustentan son inseparables de su momento histórico. Esto tiene mucha importancia porque nos permite superar el corsé con que el positivismo científico ha llegado a aprisionar a la locura pero, sobre todo, comprender que los elementos culturales pueden ser cruciales en la aparición de determinados síntomas, lo que obviamente debe tener trascendencia en la clínica."[23]

La esquizofrenia de la neurobiología actual es un cuadro abstracto, en el que el ser humano, el yo o la persona está expropiada de la propia condición de *estar-en-el-mundo*. Ello no deja de ser curioso porque, como he señalado ya, *enloquecemos socialmente,* tal y como podemos advertir en las clases interactivas de las que habla Hacking. La locura toma distintas figuras en función del trato social (los *insensatos* ante la razón del siglo XVIII, los *alienados* ante la autoridad moral del médico en el siglo XIX, y los *esquizofrénicos* ante la mirada neurobiológica del siglo XX). La hipótesis de que la esquizofrenia es una forma de locura específicamente moderna no es nueva, se la ha ligado ya a los malestares de la civilización.[24] Lo que es novedoso en

---

[23] Rafael Huertas, "En torno a la construcción social de la locura. Ian Hacking y la historia cultural de la psiquiatría", *Revista de la asociación española de neuropsiquiatría*, 31-111 (2011), pp. 450-451.

[24] Cfr. M. Altschule, "The concept of civilization as a social evil in the writings of mid-nineteenth-century psychiatrists", *Roots of Modern Psychiatry*, Grune and Stratton, London and New York, 1965, pp. 119-139.

la propuesta de Sass es considerar que supone una exacerbación de las características de la estructura moderna de la subjetividad. Para defender esta tesis, es necesario tomar en cuenta dos aspectos. En primer lugar, la comparación entre diversas sociedades y culturas que justifique o no la vinculación de la esquizofrenia con la sociedad moderna occidental. En segundo lugar, la dimensión histórica que justifique o no su vinculación con un periodo histórico específico.[25]

En el primer punto, es casi un lugar común que un 1% de la población mundial sufre esquizofrenia lo cual, aparentemente, invalidaría una relación específica de la enfermedad con esa forma de sociedad peculiar que sería la sociedad moderna occidental. Estos estudios se basan en la distinción entre los factores *patogénicos* (la *forma invariante* de los síntomas) y los *patoplásticos* (el "contenido sociocultural" de los mismos que *variaría* de cultura a cultura). Esta perspectiva estándar es no obstante (en la teoría y en la práctica) bastante discutible.

La distinción entre lo patogénico y lo patoplástico (o entre la forma *esencial* y el contenido *accidental*) no siempre es fácil de establecer.[26] Depende de lo que deba de contar como característica esencial o accidental de la esquizofrenia, algo que todavía no se ha podido establecer con certeza. De hecho, "uno no puede asumir que vaya a ser establecido de una vez por todas, desde que puede que no haya *sólo una* definición correcta de esquizofrenia".[27] La pretensión empírica de que hay una forma de locura llamada esquizofrenia *común a todas y cada una de las sociedades*, está pues lejos de haberse confirmado.

El Estudio Piloto Internacional de la esquizofrenia y su estudio de seguimiento, patrocinados por la Organización Mundial de la Salud

---

[25] En el desarrollo de ambos aspectos sigo a Louis Sass, *Madness and Modernism*, *op. cit.*, pp. 358-374.

[26] Arthur Kleinman, "Anthropology and psychiatry: The role of culture in cross-cultural research on illness", *British Journal of Psychiatry* 151 (1987), pp. 449-450. También Janis Hunter Jenkins y Robert Barrett (Eds.), *op. cit.*, pp. 29-61; pp. 87-109; pp. 110-145; pp. 167-198; pp. 238-254.

[27] Louis A. Sass, *op. cit.*, pp. 358-359.

(OMS), mostró que a diferencia de los pacientes diagnosticados de esquizofrenia de los países del primer mundo que eran admitidos en hospitales psiquiátricos, los que lo eran en el tercer mundo tenían episodios más agudos y se recuperaban más rápido, o por completo. El desarrollo era más benigno en particular en aquellos pacientes nigerianos e indios, que habían llegado al hospital psiquiátrico procedentes de comunidades rurales y agrícolas.[28] Es importante señalar además que el criterio del Estudio Piloto Internacional no tomó en cuenta la cronicidad de la enfermedad. La presencia de un curso crónico y de deterioro progresivo es un criterio central en algunas definiciones de esquizofrenia, y en algunos sistemas diagnósticos recientes como los de la *American Psychiatric Association*. Si la cronicidad es el criterio para diagnosticar esquizofrenia los pacientes de países del tercer mundo parecerían sufrir, más que de esquizofrenia, de psicosis agudas transitorias.[29]

Aún más intrigantes son los subtipos de diagnóstico llevados a cabo por la OMS. Por ejemplo frente al 11% de los pacientes de países desarrollados, el 40% de los pacientes de países subdesarrollados fueron clasificados en el rubro de "episodio esquizofrénico agudo" (o oneirofrenia, "ataque esquizofreniforme", o "psicosis esquizofreniforme de tipo confusional) caracterizado por "un estado semejante al de ensoñación, una ligera perplejidad y opacidad de conciencia"; en el que la remisión de los síntomas acaece "en pocas semanas o meses, incluso sin tratamiento".[30] Ésta ciertamente no es ninguna de las formas prototípicas de esquizofrenia admitidas por los manuales diagnósticos de uso oficial hoy día (los de la *American Psychiatric Association)*. Según los criterios de estos manuales, los pacientes no padecerían esquizofrenia, sino "psicosis reactiva breve", o "psicosis atípica", por citar algún ejemplo. La inclusión de estas psicosis breves en el grupo del así llamado grupo de las esquizofrenias, pudo

---

[28] A. Jablensky, "Multicultural studies and the nature of schizophrenia: A review", *Journal of the Royal Society of Medicine* 80 (1987), p. 165.

[29] *Ibid*, p. 166.

[30] Louis A. Sass, *op. cit.*, pp. 360-361.

haber incrementado las estadísticas de prevalencia hasta llegar al 1% de la población mundial, y de influir en la percepción de que los pacientes de los países del tercer mundo tenían mejor pronóstico. Es significativo que el patrón contrario al del "episodio esquizofrénico agudo" se observa en el diagnóstico del subtipo de la "esquizofrenia hebefrénica" (presente en el 13% de los pacientes de países desarrollados *versus* el 4% de los países en vías de desarrollo). Esta forma prototípica sí reconocida por los manuales diagnósticos subraya en el padecimiento un espectro cualitativo ligado al autismo, que parecería más frecuente en países desarrollados.[31]

Otra de las cuestiones a tomar en consideración es que la investigación de la OMS se llevó a cabo en países desarrollados y *en vías de desarrollo*, es decir, donde conjuntamente las fuerzas de modernización, occidentalización e industrialización tenían ya cierto grado de influencia. Un verdadero análisis intercultural de la prevalencia de la esquizofrenia requeriría de sociedades tribales, de cazadores-recolectores, cuyo contacto con el mundo moderno e industrializado hubiera sido mínimo. En 1939, Georges Deveraux escribía que la rareza o la ausencia de esquizofrenia en las llamadas sociedades primitivas, era "un punto en el que todos los estudios comparativos y antropológicos coincidían" y que la enfermedad aparecía muy rápidamente una vez que dichas sociedades se hallaban sometidas a procesos de aculturación.[32] Investigaciones llevadas a cabo desde 1970, en Nueva Guinea han hallado que las tasas de incidencia de esquizofrenia en las zonas de la costa más en contacto con las sociedades occidentales era de diez e incluso veinte veces más, que en las zonas, menos permeables al contacto, de las montañas.[33] Aunque sigue sin haber evidencia suficiente, estudios llevados a cabo desde finales de los años veinte como los de Curt Seligman, Meyer Fortes y Doris Mayer entre los tallensi, o los realizados en varias sociedades del norte de Sumatra, las islas

---

[31] *Ibid*, p. 361.

[32] Georges Deveraux, "A social theory of schizophrenia", *Psychoanalitic Review* 26 (1939), p. 317.

[33] E.F. Torrey *et al.*, "The epidemiology of schizophrenia in Papua New Guinea", *American Journal of Psychiatry* 131 (1974), pp. 567-573.

del pacífico, algunas sociedades africanas y las comunidades amish en América del Norte,[34] parecen favorecer la aseveración de Deveraux. A ellos se aúnan los estudios que señalan un índice significativo de mayor prevalencia de la esquizofrenia en sectores urbanos con respecto a los rurales.[35]

Es importante señalar que no estamos defendiendo que en las sociedades tradicionales, no industrializadas y no urbanas, son paraísos (perdidos para nosotros) en los que los sujetos *no enloquecen*. Lo que queremos subrayar es que *la forma en la que lo hacen es significativamente distinta* y no implica, como en las descripciones promedio de la esquizofrenia, *una retirada autista o solipsista hacia uno mismo*. En 1951, John Carothers escribía sobre las psicosis encontradas en sus años de ejercicio en Kenia y que consideraba imposibles de encajar en los parámetros diagnósticos occidentales. Los pacientes se caracterizaban por la excitabilidad y la confusión, tendían a ser hiperactivos y a estar dominados por una intensa emoción sintónica.[36] ¿Cómo valorar estas aproximaciones? Aunque la estimación de la prevalencia de la esquizofrenia en distintas culturas depende de:

"...cómo se categoriza a las psicosis […] dada la ausencia de un criterio absoluto o incuestionado para la esquizofrenia, debe permanecer en parte como un asunto semántico […] Aun así la evidencia parece señalar que los casos más claramente catalogados como esquizofrenia [*caracterizados por la retracción social, la perturbación afectiva, y estilos de pensamiento*

---

[34] Curt Seligman, "Temperament, conflict and psychosis in a stone-age population" *British Journal of Medical Psychology* 9-3 (1929), pp. 187-202; M. Fortes y D. Mayer, "Psychosis and social change among the Tallensi of Northern Ghana", S.H Foulkes y G.S Prince (Eds.), *Psychiatry in a Changing Society*, Tavistock, London, 1969, pp. 33-73; M. Beiser y W.G Iacono, "An update of the epidemiology of schizophrenia", *Canadian Journal of Psychiatry* 35 (1990), pp. 657-668.

[35] E.F. Torrey y A. Bowler, "Geographical distribution of insanity in America: Evidence for an urban factor" *Schizophrenia bulletin* 16 (1990), pp. 591-604.

[36] Citado en W.G Jilek y L. Jilek-Aall, "Transient psychoses in Africans", *Psychiatria Clinica* 3 (1970), p. 337.

inusuales y abstractos] parecen ser mucho menos comunes en culturas en las que prevalecen formas de organización social tradicionales o premodernas."[37]

La historia parece reforzar la impresión de la asociación entre la esquizofrenia y las formas socioculturales de la modernidad. Lo que la evidencia sugiere es que los diversos síndromes que posteriormente (y no sin vicisitudes) formarían parte de lo que hoy denominamos esquizofrenia, se unieron bajo el rubro *dementia praecox*, a finales del siglo XIX. Podría argüirse que la extrema heterogeneidad de los síntomas oscureció sus características comunes que sólo fueron visibles hasta ese momento. Sin embargo *cada uno de los síndromes o subtipos que conformarían la dementia praecox* (la hebefrebia de Hecker o la catatonia de Kalbahum por ejemplo) *no fueron descritos sino hasta después de 1850.*[38] Las primeras descripciones clínicas aparecen asimismo en el siglo XIX a pesar de que descripciones de otras enfermedades mentales que hoy reconocemos como psicosis afectivas, pueden hallarse en textos antiguos, del Renacimiento y del siglo XVIII.[39] A pesar de la imagen clínica extremadamente llamativa que presenta la esquizofrenia en su forma aguda, no hay ninguna descripción de ella en fuentes tempranas. Incluso los defensores de la concepción biológica de la enfermedad se han percatado de la dificultad de encontrar descripciones clínicas anteriores al siglo XIX. Por ejemplo, Edward H. Hare, partidario del origen vírico de la misma, advierte que en torno a 1800 a raíz de la revolución industrial hubo algún cambio de naturaleza biológica, producido probablemente por

---

[37] Louis A. Sass, *op. cit.*, p. 364.

[38] Jean Garrabé, *La noche oscura del ser: una historia de la esquizofrenia*, FCE, México, 1996, pp. 35-41.

[39] Cfr. Edward Hare, "Schizophrenia as a recent disease", *British Journal of Psychiatry* 153 (1988), pp. 521-531; D. Fraguas y C.S Breathnach, "Problems with retrospective studies of the presence of schizophrenia", *History of Psychiatry* 20 (2009), pp. 61-71; C. Frith y E.C Johnstone, *Schizophrenia: A very Short Introduction*, Oxford university Press, Oxford, 2003, p. 7. Frith y Johnstone sitúan la primera descripción en 1809; Sass en 1810. Louis Sass, *op. cit.*, p. 325.

un virus que apareció a raíz de las diversas transformaciones ambientales, de manera que a partir de entonces aumentó la frecuencia de un determinado subtipo de esquizofrenia.[40]

Hay que advertir que, sea como sea, lo relevante para nosotros no es la etiología. En primer lugar, han pasado cien años de historia científica de la esquizofrenia, incluyendo la *década del cerebro* a finales del siglo XX, y no se conoce a ciencia cierta ninguna causa ni siquiera ningún *marcador biológico* de esta presunta *enfermedad cerebral*. Al ver la cantidad de causas que se barajan[41] no se puede menos que recordar lo que dijera Karl Jaspers de que "cuantas más causas son señaladas tanto menor es nuestro conocimiento causal".[42] En segundo lugar, aunque se hallara un marcador biológico, ello no invalidaría, *en absoluto*, el carácter social y cultural del trastorno.

> "Lo que sabemos sobre cultura y esquizofrenia a principios del siglo XXI es lo siguiente: la cultura es clave en casi cada aspecto de la experiencia de la esquizofrenia: en la identificación, definición y significado de la enfermedad durante la fase prodrómica, aguda y residual; el momento y tipo de inicio; la formación de síntomas en términos de contenido, forma y constelación; el diagnóstico clínico; las diferencias genéricas y étnicas; la manera personal de experimentar el padecimiento; la respuesta social, el apoyo y el estigma; y quizá, aún más importante, el curso y pronóstico de los trastornos respecto a la sintomatología, la operatividad y el funcionamiento social."[43]

---

[40] Edward Hare, *El origen de las enfermedades mentales*, Triacastela, Madrid, 2002. También E. Fuller Torrey y Judy Miller, *Invisible Plague: The Rise of Mental Illness from 1750 to the Present*, Rutgers University Press, New Jersey, 2001.

[41] Cfr. M.T. Broome, J.B. Woolley *et al.,* "What causes the onset of psychosis", *Schizophrenia Research, 79* (2005), pp. 23-34.

[42] Karl Jaspers, *op. cit.*, p. 503.

[43] Janis Hunter Jenkins, "Diagnostic criteria for schizophrenia and related psychotic disorders: Integration and suppression of cultural evidence in DSM-IV", *Transcultural Psychiatry* 35 (1998), pp. 357.

No se puede afirmar, tan a la ligera, que un nervio albergue una palabra o una idea. La esquizofrenia se manifiesta en relación a la identidad atomizada, la creciente individualidad y la separación del hombre moderno, lo que nos lleva a subrayar que los elementos culturales pueden ser cruciales en la aparición de determinados síntomas. Es decir, no parece ser un trastorno que acaezca *fuera sino dentro de la cultura moderna*. Como si en su *pathos* se exacerbaran y agudizaran los nudos problemáticos de la modernidad. Como si viniera a confirmar que "El yo está sujeto a aflicciones que son manifestaciones históricas de su situación histórica" patologías individuales "que son asimismo patologías colectivamente legadas, producidas por nuestras instituciones, costumbres y prácticas".[44]

Das Unheimliche, los fantasmas de la significación

Verá, estoy en el proceso de inventar un nuevo lenguaje [...] Un lenguaje que al fin dirá lo que tenemos que decir. Porque nuestras palabras ya no se corresponden con el mundo. Cuando las cosas estaban enteras nos sentíamos seguros de que nuestras palabras podían expresarlas. Pero poco a poco estas cosas se han partido, se han hecho pedazos, han caído en el caos. Y sin embargo nuestras palabras siguen siendo las mismas [...] Invento palabras nuevas que correspondan a las cosas [...] Ya no tardaré mucho en ordenar mis hallazgos. Entonces empezarán a ocurrir grandes cosas. Será el acontecimiento más importante en la historia de la humanidad.

Paul Auster

---

[44] David Michael Levin (Ed.), *Pathologies of the Modern Self: Postmodern Studies of Narcissism, Schizophrenia and Depression*, New York University Press, New York and London, 1987, p. 1; p. 16.

¿Cómo comenzar a pensar las relaciones de la locura con la sociedad moderna? Una vía de aproximación es a través de las relaciones que el sujeto moderno establece con el lenguaje. La esquizofrenia (sostendremos sobre todo en la segunda y la tercera parte de nuestro trabajo) *tiene que ver con una experiencia radical de crisis de la significación*.[45] La preocupación por la relación entre las palabras y las cosas es una vez más *una experiencia inusitadamente moderna*, que da paso a la preocupación por el lenguaje *per se*. Así, el reconocimiento de la naturaleza independiente del lenguaje, de su existencia como un sistema imbuido de sus propios misterios inherentes y de sus propias formas de productividad, se revela en disciplinas como la antropología, la filosofía, el psicoanálisis, o la literatura. Sass lo explora precisamente en el *modernismo*, en su búsqueda experimental de nuevas formas de expresión en las que el propio lenguaje se transforma en protagonista de algunas novelas, desplazando a los personajes, paisajes, gestos e indumentarias, incluso relegando los diálogos para privilegiar los más secretos pensamientos. La preocupación por el lenguaje en la esquizofrenia, *su tratamiento singular por parte de los pacientes* fue advertida desde el inicio por Kraepelin o por Bleuler, se habla de neologismos ocasionales, repetición y ensalada de palabras, fascinación por la homonimia, los sonidos, y las rimas, etc.

> "Muchos de los fenómenos elementales que subyacen en la psicosis, esto es lo que llamamos automatismo mental o síntomas primarios vinculados al lenguaje, son subsidiarios de

---

[45] Timothy Crow esboza la hipótesis de que la esquizofrenia es el precio que evolutivamente tuvimos que pagar por el lenguaje. Esta hipótesis ha tenido numerosos detractores. A nuestro entender la esquizofrenia tiene que ver con una relación inédita con el lenguaje que se inaugura en la modernidad. Cfr. T. Crow, "La esquizofrenia como precio que paga el *homo sapiens* por el lenguaje: Una solución a la paradoja central en el origen de la esquizofrenia" en J. Sanjuán (Ed.), *Evolución cerebral y psicopatología*, Triacastela, Madrid, 2000, pp. 193-226. Una síntesis de las críticas a Crow puede encontrarse en Álvaro Machado Dias y Avelino Luiz Rodrigues, "La disolución de la paradoja etiológica de la esquizofrenia", *Alcmeon, Revista Argentina de Clínica Neuropsiquiátrica*, 15-3 (2009), pp. 200-202.

la pesadez e independencia del significante, a los que hay que atribuir *la aparición de una desconfianza nueva en la palabra. Una inseguridad que como sucede con toda carencia recién estrenada, paradójicamente proporciona la indiscutible certeza de que el lenguaje toma una iniciativa distinta.* De este modo, sentimos que las palabras dejan de representar o transformar la realidad, como sucede habitualmente, y se convierten ellas mismas en una realidad física y tangible [...] Tal metamorfosis vuelve también evidente la posibilidad, ya psicótica, que anuncia Hofmannsthal, de transformarse 'en puras cifras que me lo revelasen todo'. La lengua se positiviza y a la vez se digitaliza y se entrega en brazos de la exactitud matemática. 'Todo empezó cuando las palabras se volvieron matemáticas', recojo del testimonio con que un esquizofrénico resume su experiencia atormentada."[46]

Si comparamos la situación actual con la Antigüedad, es necesario recordar que los griegos no tenían ningún término para lo que nosotros llamamos lenguaje. Había una íntima unidad entre la palabra y la cosa que no lo hacía necesario. El nombre se sentía como parte de su portador, lo que en cierto modo volvía propios todos los nombres.[47] En la modernidad, "venimos a la existencia en un universo hablado donde la función de la lengua no es tanto conocer o comunicar *sino sujetar al hombre en el mundo. La lengua es el correaje del sujeto* [...] Un caparazón lingüístico que reboza la realidad para volverla cognoscible y que, cuando se resquebraja, las cosas dejan de estar en su sitio natural y avanzan hacia uno cargadas de una oscuridad inefable y enigmática".[48] El descubrimiento de una nueva materialidad de

---

[46] Fernando Colina, *Melancolía y paranoia*, Síntesis, Madrid, 2011, p. 24.

[47] Hans Georg Gadamer, *Verdad y método*, Sígueme, Salamanca, 1977, p. 487.

[48] Fernando Colina y José María Álvarez, "Origen histórico de la esquizofrenia e historia de la subjetividad" en Oscar R. Martínez Azumendi, Nekane Sagasti Legarda, y Olga Villasante (Eds.), *Del pleistoceno a nuestros días. Contribuciones a la historia de la psiquiatría*, Asociación española de neuropsiquiatría, Madrid, 2011, p. 145.

la palabra, de la separación entre significante y significado, "sólo ha podido revelarse para Saussure, pese a su aparente sencillez, cuando la palabra había adquirido una materialidad más densa y compacta".[49] Michel Foucault advierte cómo, en la modernidad, el proceso de clausura de la *episteme representativa* entrega un lenguaje cada vez más fragmentado y disperso, que pone en entredicho el empeño secular de hallar una identidad, una continuidad, de configurar un cuadro coherente de la realidad y de la historia:

"Al disiparse la unidad de la gramática general —el discurso— apareció el lenguaje según numerosos modos de ser cuya unidad no puede ser restaurada sin duda alguna. Quizá por esta razón se mantuvo alejada del lenguaje durante mucho tiempo la reflexión [...] El lenguaje no entró de nuevo directamente y por sí mismo en el campo del pensamiento sino a fines del siglo XIX [...] En este espacio filosófico-filológico [...] surgió el lenguaje de acuerdo con una multiplicidad enigmática que había que dominar. Aparecieron ahora, como otros tantos proyectos (quimeras, ¿quién puede saberlo en este instante?) los temas de una formalización universal de todo discurso, o los de una exégesis universal de un mundo que sería a la vez, la desmitificación perfecta, o los de una teoría general de los signos."[50]

Estos proyectos han tenido un largo aliento. Para el caso que nos ocupa nos interesa, en particular, un ejemplo. A comienzos de la década de 1950, el antropólogo británico Gregory Bateson, desarrolló *la teoría del doble vínculo* junto a los investigadores Jay Haley, John Weakland y Don Jackson, en la que advertía la relación entre la esquizofrenia y el lenguaje, proponiendo que el origen de la misma radicaba en patrones de comunicación familiar disfuncionales, que

---

[49] *Ibid.*

[50] Michel Foucault, *Las palabras y las cosas*, Siglo XXI, México, 2005, pp. 296-297.

alteraban el desarrollo psicogenético de los sujetos. Según la teoría de los tipos lógicos de Bertrand Russell, en toda comunicación se debe distinguir entre una clase (o conjunto) y los elementos de esa clase. Un enunciado referido a una clase corresponde a un nivel superior de abstracción, es decir, es de un tipo lógico superior; un enunciado referido a los elementos de una clase corresponde a un tipo lógico inferior. Para Bateson, "los síntomas de la esquizofrenia sugieren una incapacidad de discriminar los tipos lógicos".[51] En las familias con un miembro esquizofrénico predominarían los mensajes e imperativos de conducta mutuamente excluyentes transmitidos en diferentes niveles lógicos de manera simultánea y sin permitir una clarificación al respecto. En otras palabras, cuando un miembro de la familia se comunicara, enviaría dos mensajes de distinto orden de abstracción y utilizaría uno (el de orden superior) para negar el otro (de tipo inferior). El ideal de Bateson sería el de arribar a un sistema de reglas, una gramática como a las que se refería Foucault, capaz de eliminar el malentendido.

La visión de Bateson, sin embargo, no toma en cuenta que lo que nos descubren las nuevas relaciones con el lenguaje, su vivencia moderna como multiplicidad enigmática, es que la significación, para ser social, requiere precisamente que los significados no adquieran valor en sí mismos para todos los integrantes del sistema; que significado y significante *no tengan* una relación estable. La propuesta de Bateson tampoco toma en cuenta que no es sólo la experiencia impresa de los callejones sin salida de las significaciones lo que está en juego en la esquizofrenia, *sino la crisis radical de lo que funda la propia significación*.

Proyectos como el de Bateson nos permiten reconocer un doble gesto bastante común en las formas de relación reciente con el lenguaje. En primer lugar, reconocer un exceso en el proceso de significación. En su caso, advierte que carecemos de un lenguaje para expresar y describir fenómenos metacomunicativos; que hay sólo un

---

[51] Gregory Bateson, *Pasos hacia una ecología de la mente*, Buenos Aires, Carlos Lohlé, 1985, p. 231.

lenguaje, tanto para comunicaciones como para metacomunicaciones. Por ejemplo, decir "me caes bien", es decir "(es verdad que) me caes bien". Si tratamos de eliminar este exceso y formularlo en un meta-nivel obtenemos: "es verdad que me caes bien" lo que es igual a "(es verdad que) es verdad que me caes bien" lo que nos conduce a una serie infinita de niveles que, finalmente, lo único que hacen es multiplicar el problema original. La incorporación del nivel de la enunciación en el nivel del enunciado no elimina el exceso que impide la fijación del proceso de significación. En segundo lugar, y pese a ello, Bateson trata de superar la imposibilidad que vislumbra, a través de un modelo de comunicación que elimine la confusión entre uno y otro tipo. ¿Qué nos dice este doble gesto que advierte algo, e intenta conjurar ese algo que ha advertido? ¿En qué consiste esta dimensión excesiva de la significación y qué relación sostiene con la locura?

En la lógica de Bateson, encontramos la lógica común de la mayoría de nuestros programas sociales: identificar un problema, localizar la causa, y eliminar la causa para solucionar el problema. Sin embargo, *la aparición moderna del lenguaje según numerosos modos de ser cuya unidad no podría ser inequívocamente restaurada*, indica que eliminar un problema supone transformar las condiciones por las que la acción de eliminarlo tenía sentido. Eliminar un problema transforma la manera en la que el hecho de eliminarlo será considerado posteriormente, incluso por nosotros mismos. Los efectos retrospectivos de las palabras y las acciones, que transforman el significado de la acción o palabra inicial, son una de las fuerzas más comunes, *y menos reconocidas*, de las relaciones sociales. Los encontramos, por ejemplo, en nuestra relación con el lenguaje cotidiano. Cuando leemos: "Sonreía al acariciar suavemente la piel aterciopelada de su amante", esta escena de amor inicial se altera retrospectivamente (deja de significar lo que significaba) al leer después la siguiente frase: "con el filo agudo de un cuchillo".[52] Hacer uso del lenguaje significa hacer ajustes constantes a medida que el campo de significado se amplía,

---

[52] Molly Ann Rothenberg, *The excessive Subject: A New Theory of Social Change*, Polity Press, Cambridge, 2010, pp. 1-2.

se estrecha, circula y vuelve a sí mismo. La necesidad y oportunidad del ajuste está siempre presente, pero tiene efectos impredecibles. Un sujeto puede alterarse por una cadena de asociaciones y verse forzado a reevaluar retrospectivamente el comienzo de esa cadena, a partir de una palabra que quizá no tiene ningún efecto particular en otro sujeto. En otras palabras, las condiciones mismas por las que las sentencias adquieren un significado se desplazan, no sólo a medida que añadimos frases o palabras (como en el caso, de leer "sonreía al acariciar suavemente la piel aterciopelada de su amante" y después "con el filo agudo de un cuchillo") sino también a medida que las peculiaridades de los sujetos en cuestión, son tomadas en cuenta. Las relaciones sociales parecen exhibir siempre efectos retroactivos en tanto *que implican necesariamente sentido o interpretación.*

Estar en una situación social implica estar en el mundo de los significantes, y el significante está siempre sujeto a los efectos retroactivos a través de los cuales pueden serle atribuidos nuevas maneras de significar. *Esta apertura de la significación implica que en la dimensión social hay un exceso.* Efectivamente, los efectos retroactivos de significación hacen que toda cosa, acción o sujeto no se agote en su identidad social, sus propiedades y relaciones, sino que permanezca en ellas siempre *un plus de indeterminación*, por el cual precisamente puede significar de nuevas maneras. Aunque pueda parecer paradójico es este exceso el que hace posible la sistematicidad del campo social. Por ejemplo, nunca podemos estar seguros de lo que los otros piensan de nosotros, pero esta incapacidad es precisamente la que hace necesario para nosotros el seguir participando en el campo social porque el campo social es el único lugar en el que podemos intentar dilucidar lo que significamos para los otros. El exceso es simultáneamente lo que nos impide conocer lo que significamos como seres sociales, y el ingrediente necesario del campo social dentro del cual obtenemos el único significado que podremos tener, no importa cuán incierto. Teorías actuales [de las que la de Bateson sería un ejemplo] parecen percatarse de este exceso pero conciben invariablemente su eliminación, porque lo contemplan como un obstáculo para asegurar el conocimiento o la estabilidad psíquica o social. Bruno Latour ha criticado la manera en la que la teoría social asume: "la existencia de un tipo específico de fenómeno llamado "sociedad", "orden social", "practica social", "dimensión social" o "estructura social".[53] Latour examina minuciosamente los principios de esta sociología que se han transformado en incontrovertibles:

"a) Existe un 'contexto' social en el que se dan las actividades no sociales; b) es un dominio específico de la realidad; c) puede ser utilizado como un tipo específico de causalidad para explicar los aspectos residuales que otros dominios (psicología, derecho, economía, etc.) no pueden manejar completamente; d) es estudiado por especialistas llamados sociólogos o socio-(x), 'x' representa las diversas disciplinas; e) dado que los agentes comunes siempre están 'dentro' de un mundo social que los abarca, en el mejor de los casos pueden ser 'informantes' sobre este mundo y, en el peor, ser ciegos a su existencia, cuyo efecto pleno sólo es visible para la mirada más disciplinada del científico social; f) no importa lo difícil que sea realizar esas investigaciones, es posible lograr con ellas algo similar a los éxitos de las ciencias naturales al ser tan objetivos como otros científicos, gracias al uso de herramientas cuantitativas [...]."[54]

Desde una lectura distinta nuestra pregunta es: ¿qué sucedería si lo social no fuera un dominio específico, ni la fuerza que operara detrás de las distintas actividades? ¿Qué pasaría si en cambio entendemos "lo social" como el producto meramente provisional de la re-asociación y del re-ensamblaje *a través de la significación*? La actividad de los sujetos es la que opera continuamente –a veces con éxito a veces no– para regenerar el espacio en el que el individuo puede ser significativo. Lo social no es lo que está ahí desde siempre manteniendo a los sujetos unidos. Re-ensamblamos incesantemente lo social. Com-

---

[53] Bruno Latour, *Reensamblar lo social: Una introducción a la teoría del actor red*, Manantial, Buenos Aires, 2005, p. 15.

[54] *Ibid*, pp. 16-17.

prendo entonces lo social como la interdependencia de las relaciones materiales de los procesos de significación; procesos que tienen que ver con lo simbólico. Permítaseme abrir aquí un pequeño paréntesis.

En su libro de los años noventa, *El enigma del don*, Maurice Godelier expone una de las reservas clásicas de los etnógrafos al estructuralismo de Lévi-Strauss y de Lacan: tanto Lacan como Lévi-Strauss afirman que "entre lo imaginario y lo simbólico (que no pueden existir por separado), es lo simbólico lo que domina y lo que debe constituirse por tal razón en punto de partida de todos los análisis".[55] Godelier se resiste a aceptar esta idea: "no compartimos esa idea", dice. "Tales fórmulas, a pesar de su poder de fascinación (o más bien a causa de éste), constituyen verdaderos abusos teóricos que arrojan al pensamiento a callejones sin salida en los que queda preso. La fórmula de Lévi-Strauss hace desaparecer el papel activo del *contenido de las relaciones históricas específicas en la producción del pensamiento mitológico*."[56]

La crítica de Godelier me parece justa (más cuando se dirige a Lévi-Strauss que a Lacan)[57] siempre y cuando se comprenda lo simbólico como la instancia que instaura un contenido sistemático (así sea formal). En estas páginas sin embargo, lo simbólico *no es* un conjunto sistemático de proscripciones, reglas, prácticas o cualquier contenido especificable, compartido de la misma manera por todo el mundo en el campo social. *No es un sistema de significados estables* incluso cuando a veces parece serlo, o incluso cuando imaginamos, o

---

[55] Maurice Godelier, *El enigma del don*, Paidós, Barcelona, 1998, p. 43-44.

[56] *Ibid,* p. 45.

[57] El estatus de lo "social" en Lacan ha sido interpretado de diferentes formas porque Lacan desarrolló sus tres registros (simbólico, imaginario, real) a lo largo del tiempo. Hay quienes contemplan lo simbólico como un repositorio de las fuerzas sociales que constituyen ideológicamente a los sujetos. Otros lo contemplan como producido por una operación *libre de contenido* (el no del Nombre del padre) que lo único que hace es que el sujeto sea un significante para otros y pueda circular así en el campo social. Aunque mi uso de la teoría lacaniana es discrecional, me refiero a lo simbólico en esta segunda acepción. En esta línea ver Molly Ann Rothenberg, *op. cit.*, pp. 42-70.

deseamos fervientemente, que lo sea. Lo simbólico es para nosotros el registro del exceso significativo y de la indeterminación de su apropiación en el ámbito social. En este registro, el sujeto sitúa los significados que tienen importancia para él, significados que en algún grado son compartidos con otros a través de una fantasía subjetivamente objetiva, creada a partir de relaciones sociales, y que es verdadera en tanto que estructura su identidad. Ahora bien, estos significados provienen del mundo de la experiencia corporal, las conductas, prácticas y creencias del orden social. Por supuesto, los sujetos a veces coinciden al habitar estos mundos: compañeros, vecinos, miembros del partido, correligionarios, connacionales, pueden compartir significantes y contextos. Sin embargo, el significado investido, incluso en las coincidencias, puede variar radicalmente de sujeto a sujeto, y de tiempo en tiempo, para el mismo sujeto.

"Los antropólogos han subrayado generalmente un símbolo o conjunto de símbolos que identifican como el concepto cultural característico de la persona o del yo [...] Pero el antropólogo frecuentemente descubre en el trabajo de campo que los sujetos tienen visiones inconsistentes no sólo de su cultura, sino de sí mismos [...] todos los sujetos proyectamos autorrepresentaciones múltiples, contradictorias, que dependen del contexto y pueden variar rápidamente. En cualquier momento en el que una persona experimenta su yo articulado como una totalidad simbólica e invariable, este yo puede ser rápidamente desplazado por un yo bastante diferente que está basado en una definición distinta de la situación. La persona a menudo no se percatará de estos desplazamientos e inconsistencias y seguirá experimentándose como totalidad y continuidad."[58]

Lo simbólico es lo que permite que el sujeto sea un significante para otros, apela a esa indeterminación del significado del ser social, ese

---

[58] Katherine P. Ewing, "The Illusion of Wholeness: Culture, Self, and the Experience of Inconsistency", *Ethos*, 18-3 (1990), pp. 251.

exceso que permite que seamos interpretados retrospectivamente, sin lo cual lo social no sería posible. Es a través de lo simbólico que, tal y como advierte Merleau-Ponty me percato de que: "el pronombre 'yo' sólo adquiere su significado cuando lo uso no como un símbolo individual para designarme como persona (un símbolo que se me ha dado de una vez y para siempre a mí y sólo a mí sino cuando comprendo que todas las personas que veo son un 'yo' para sí mismas y un 'tú' para los demás".[59] La conciencia de nuestra propia identidad se origina en el *dinamismo* de los procesos de significación intersubjetivos. Desde esta perspectiva, y a diferencia de lo que Godelier sostiene, lo simbólico implica la particularidad, la fluidez y la retrospectividad que, *precisamente, historizan al sujeto.*

Este mundo ha de ser producido continuamente por actos incontables de interpretación, esfuerzos innumerables por significar o hacer significar las cosas de una manera particular, aun cuando no podemos estar nunca seguros de haberlo logrado, aun cuando lo hagamos dentro de constricciones o modalidades de relacionalidad, que de algún modo se nos escapan. Lo "social" se refiere al producto duramente obtenido, y siempre precario, de las actividades emprendidas debido a que la significación no es una cuestión de intencionalidad sino de *apropiabilidad*. Lo que importa efectivamente no es la intención con la que decimos o hacemos algo, sino cómo los otros (y nosotros mismos) nos *apropiamos* del significado de lo que decimos y hacemos. Una vez más, sin la posibilidad de la *apropiación*, lo social no existiría. Sabemos que tenemos algún significado para algunos otros, quizá deseamos significar algo específico para ellos. Sin embargo, carecemos del poder para asegurarnos que ellos pensarán de nosotros exactamente en la forma en que queremos. Cada uno desarrolla maneras de lidiar con esta incertidumbre. Michael Taussig describe lo que él mismo denomina *la habilidad inconsciente del disimulo*, de la siguiente manera:

---

[59] Maurice Merleau-Ponty, "The Child's Relations with Others", *The Primacy of Perception,* Northwestern University Press, Evanston, 1964, p. 151.

"Actuamos y tenemos que actuar como si el extravío no estuviera a pie del reino de lo real, como si pisáramos tierra firme. Esto constituye [...] la facticidad del hecho social, es de lo que se trata el ser social. No importa qué tan sofisticados seamos, qué tanto sepamos del carácter arbitrario y construido de nuestras prácticas. Nuestras prácticas de representación, nuestra práctica de las prácticas es una de olvido activo [...] ¿Han intentado imaginar qué pasaría si no conspiráramos en nuestra práctica cotidiana para olvidar lo que Saussure llama la arbitrariedad del signo?"[60]

Es precisamente el exceso que disimulamos, lo que nos permite conspirar de diferentes formas. Buscando asegurar permanentemente el favor de los demás; desinvolucrándonos en unos asuntos e involucrándonos en otros; recurriendo al poder limitado pero estabilizador de los estereotipos y códigos sociales, o disfrutando de la contingencia de la creación y la circulación de los significados sociales. Como sea, es la habilidad inconsciente del disimulo la que hace que, aunque nunca podamos estar seguros, sigamos participando en el campo social porque el campo social es el único lugar en el que podemos intentar dilucidar lo que significan las cosas y lo que significamos nosotros [no importa cuán precariamente] para los otros. La esquizofrenia en la que como veremos está sumamente presente la preocupación por descifrar, por los significados ocultos, por la Verdad (con mayúscula), parece tener que ver con la experiencia radical por parte del sujeto de un exceso de significación que se vuelve insoportable para él. "Todo se descomponía en partes y cada parte en otras partes, y nada se dejaba abarcar ya con un concepto" escribe, de manera ciertamente iluminadora, Hofmannsthal.[61] El sujeto parece experi-

---

[60] Michael Taussig, *Mimesis and Alterity: a Particular History of the Senses*, Routledge, New York, 1993, pp. xvii-xviii.

[61] Hugo von Hofmannsthal, *Carta de Lord Chandos*, Colegio Oficial de Aparejadores y Arquitectos Técnicos de Madrid, Madrid, 1982, p. 31 citado en Fernando Colina y José María Álvarez, *op. cit.*, p. 145.

mentar entonces una situación muy semejante a la que se describe en un cuento de Vladimir Nabokov: "Cuando salí a la calle, vi de repente el mundo tal y como *es* realmente […] Mi línea de comunicación con el mundo se cortó, yo estaba completamente solo y el mundo lo estaba a su vez, y *ese* mundo carecía de sentido. Vi la esencia real de todas las cosas. Miraba las casas y éstas habían perdido su significado habitual –quiero decir, todo en lo que pensamos cuando miramos una casa: un cierto estilo arquitectónico, el tipo de habitaciones que hay dentro, que sea una casa fea, o un casa cómoda–, todo este tipo de representaciones se habían evaporado, sin dejar en su lugar más que una concha absurda."[62]

Me parece que una manera de acercarse podría ser la siguiente. La indeterminación e ingobernabilidad del significado que logramos contemplar, y no hay que olvidarlo, *a la luz de la experiencia moderna del lenguaje*, es la que hace posible la variedad de la interacción social. Sin embargo introduce una nueva inquietud. Que las cosas y nosotros no sólo seamos *sino que signifiquemos*, las abre y nos abre a nuevas posibilidades, de modo que lo familiar de pronto puede tornarse inusitadamente extraño. Según Freud, lo *Unheimlich* (a veces traducido como lo ominoso, a veces como lo siniestro) no puede desvincularse de lo hogareño, de lo conocido, lo próximo (*heimlich*). Lo *Unheimlich* no sería sólo lo contrario de lo familiar y, por lo tanto, lo insólito, lo novedoso, e incluso lo inesperado, ya que estas acepciones no portan ese matiz de temor que arrastra el término; sino precisamente *lo familiar que deviene extraño*. Tal y como él mismo aclara:

"Entonces *heimlich* [lo familiar] es una palabra que ha desarrollado su significado siguiendo una ambivalencia hasta coincidir al final con su opuesto, *unheimlich* [lo extraño]. De algún modo *unheimlich* [lo extraño] es una variedad de *heimlich* [lo familiar]. Unamos este resultado, todavía no lo suficientemente esclarecido, con la definición que Schelling da de lo *Unhei-*

[62] Vladimir Nabokov, "Terror", *Cuentos completos*, Alfaguara, Madrid, 2011, p. 216.

mlich [*todo lo que estando destinado a permanecer en secreto, en lo oculto, ha salido a la luz*]. La indagación detallada de los casos de lo *Unheimlich* nos permitirá comprender estas indicaciones."[63]

Según Freud hay personas y cosas, impresiones, procesos y situaciones capaces de despertarnos con particular intensidad y nitidez el sentimiento de lo *Unheimlich*. Por ejemplo, el motivo del *doble* y la *repetición*. Freud puso el siguiente ejemplo basado en su propia experiencia. Viajando en el compartimento de un tren, la puerta que comunica con el baño se abre y entra un "anciano señor en ropa de cama y que llevaba puesto un gorro de viaje" ante el que siente un disgusto inmediato. Lo que Freud sin embargo ha visto, inadvertidamente, es su propia imagen proyectada en el espejo de la puerta de comunicación. Como consecuencia, es una versión de sí mismo lo que le disgusta.[64] Para Freud se trata del vestigio de una reacción arcaica que percibe al doble como *Unheimlich*.[65] Nada hubiera pasado si su propia imagen le hubiera pasado completamente desapercibida, o si la hubiera reconocido como tal. Lo *Unheimlich* tiene que ver con que, en este caso, frente a una versión de sí mismo, no se reconoce e incluso siente disgusto. Freud no elabora las razones de este disgusto. Ello, sin embargo, puede parecer secundario ante la extrañeza del hecho de contemplarse a uno mismo, *si bien por un instante, libre de la significación que tiene como ser-con y ante-los-otros*. Efectivamente lo que Freud atisba es ese *plus de indeterminación*, que provoca que no se agote en su identidad social, sus propiedades y relaciones, y por el cual puede significar de nuevas maneras. Ese *plus de indeterminación* es el que, en tanto *indeterminación*, le inquieta. En nuestra lectura, lo *Unheimlich* introduce una crisis de

---

[63] Sigmund Freud, "Lo ominoso", en *Obras Completas*, t.17, Amorrortu, Buenos Aires, 2006, p. 226. Sigo a Nicholas Royle, *The Uncanny*, Routledge, New York, 2003; y James T. Siegel, *Naming the Witch*, Stanford University Press, California, 2008.

[64] *Ibid*, p. 247 n30.

[65] *Ibid*, p. 235.

significación. En el *doble* nos vemos a nosotros mismos despojados de la significación que sólo nos otorga el *ser-con y ante-los-otros* y abiertos a la indeterminación de la significación. De ahí la extrañeza ante una imagen que, sin embargo, es la nuestra.

La repetición, según Freud estaría vinculada al impulso de automatismo, a la repetición compulsiva que dominaría la vida psíquica del inconsciente sin más objetivo que la propia repetición y que "tiene suficiente poder para doblegar al principio del placer".[66] Lo que atisbamos en ella es la extrañeza de que *una y otra vez* nuestro mundo y nosotros dependemos de un proceso de significación, *que no puede ser estabilizado, que no tiene más objetivo que el proceso de significar mismo*: cuando "uno se topa con el número sesenta y dos varias veces en el mismo día y se ve precisado a observar que todo cuanto lleva designación numérica –direcciones, la pieza del hotel, el vagón del ferrocarril, etc.– presenta una y otra vez el mismo número aunque sea como componente. Uno […] halla ominoso […] ese pertinaz retorno".[67]

Para Heidegger lo *Unheimlich* es "el fenómeno más original desde el punto de vista ontológico existenciario […] aunque permanece regularmente encubierto [en la cotidianidad]".[68] Acaece cuando el *dasein*, el ser-en-el-mundo, habitualmente sumergido en el tráfago de preocupaciones cotidianas, es entregado a lo inhóspito de su existencia en el mundo. Lo *Unheimlich* es el resultado de una remoción del mundo cotidiano. Puede suceder cuando, al igual que Freud, no reconocemos momentáneamente nuestra propia imagen y contemplamos nuestro propio exceso; o como cuando, en un momento singular, nos topamos varias veces con el mismo número y con la ingobernabilidad de un proceso de significación que significa y significa, sin más finalidad que sí mismo.

Lo *Unheimlich* nos remite a las potencialidades virtuales de la significación. Lo que es, no es sólo lo que es, hay en ello una indeter-

---

[66] *Ibid*, p. 238.

[67] *Ibid*, p. 237.

[68] Martin Heidegger, *Ser y tiempo*, FCE, México, 2005, pp. 210-211.

minación *que permite que signifique*. Ello otorga un carácter *espectral* a la realidad cuya virtualidad, en algunas circunstancias, pone en cuestión los límites entre lo presente y lo ausente; lo no-real y la efectividad del presente actual. Habitualmente podemos articular esta experiencia en un horizonte común (así sea de manera parcial y sometida a contestación) que impide en nosotros la *implosión* de lo social, la ausencia de todo punto de referencia. La radicalidad de la locura como crisis de significación radicaría, a mi entender, en que ante la experiencia de lo *Unheimlich* la articulación de las definiciones de uno mismo ya no se sostienen. La conexión entre el yo y los signos a través de los cuales ese yo adquiere significado se pierden. Se pierde la lengua como correaje del sujeto, y el yo y los signos se transforman en un enigma que ha de ser descifrado. D, un asistente a uno de mis talleres, no comprendía como él podía ser D y simultáneamente haber otros D. Buscaba un nombre absolutamente propio, una solidez y objetividad que tampoco podía encontrar en la mutabilidad de los pronombres "yo" y "tú" que dependían exclusivamente de quien los usara.

Lo ominoso o lo siniestro

> Esta historia es mágica de contar. Historia
> de fantasmas para personas adultas.
>
> Aby Warburg

Uno de los aportes de Freud que me interesa particularmente en *Das Unheimliche* es que vincula lo ominoso o siniestro con "la magia y el ensalmo",[69] y "supersticiones que creíamos superadas".[70] Freud aboga por la realidad. Nosotros sin embargo pensamos que lo *Un-*

---

[69] Sigmund Freud, *op. cit.*, p. 242.
[70] *Ibid*, p. 247.

heimlich no tiene que ver con cómo acomodarse a las demandas de la realidad, sino con cómo algo como "la realidad" se constituye en primer término. Freud insiste en esta vinculación entre lo *Unheimlich* y la magia. Tomemos como ejemplo, escribe:

> *"...lo ominoso (Unheimlich)* de la omnipotencia de los pensamientos, del inmediato cumplimiento de los deseos, de las fuerzas que procuran daño en secreto, del retorno de los muertos […] nosotros o nuestros ancestros primitivos consideramos alguna vez esos procesos como una realidad de hecho, estuvimos convencidos de la objetividad de esos procesos. Hoy ya no creemos en ello, hemos superado esos modos de pensar, pero no nos sentimos del todo seguros de estas nuevas convicciones; las antiguas perviven en nosotros y acechan la oportunidad de corroborarse. Y tan pronto como en nuestra vida ocurre algo que parece aportar confirmación […] Faltará *lo ominoso (Unheimlich)* de sí mismo en quien haya liquidado en sí mismo de una manera radical y definitiva esas convicciones animistas."[71]

El pensamiento mágico, la tendencia a la superstición, se han atribuido habitualmente a la psicosis. La psiquiatría señala actualmente que son característicos de la esquizofrenia "la ideación paranoide, *el pensamiento mágico*, la evitación social y el lenguaje vago y digresivo".[72] Se ha insistido mucho –escribe el Dr. Patiño Rojas, insigne psiquiatra mexicano en 1990– "en los aspectos de la regresión en los esquizofrénicos. Este término debe entenderse como un regresar a utilizar pautas generales de evolución que ya habían sido superadas […] Es hondamente conmovedor al presenciar, en calidad de psiquiatra, ese lento y progresivo hundirse del enfermo en la esquizofrenia y después el verlo surgir de ese increíble *mundo de encantamiento* e irse integrando poco a poco al mundo normal de los

---

[71] *Ibid*, pp. 246-247.

[72] American Psychiatric Association, DSM-*IV R, Manual diagnóstico y estadístico de los trastornos mentales* , Masson, Barcelona, 1995, p. 290.

demás".[73] Freud considera la superstición parte de un pensamiento primitivo y de un narcisismo primario y describe precisamente a la esquizofrenia, como una regresión profunda al estadio más arcaico del autoerotismo infantil.[74] Louis Sass, sin embargo, a través de un análisis cuidadoso de más de cien años de textos, observaciones y teorías advierte, de manera consistente, que la esquizofrenia parece tener más que ver con formas de locura vinculadas a formas modernas de conciencia, que con supuestas regresiones a estadios primitivos o infantiles. Para mostrar cómo, a pesar de su singularidad y de su idiosincrasia (que en ningún momento oculta), el trastorno se vincula con la sociedad moderna, elige una manifestación cultural igual de difícil de comprender, y no obstante ligada a la modernidad, como es *el modernismo*. Para Sass la complejidad del modernismo –como la de la esquizofrenia– puede parecer ininteligible, pero ello no significa que sea un sinsentido. La profundidad y riqueza de la expresión modernista es tal que "la esquizofrenia es valorada más que denigrada al ser comparada con algunos de los productos más difíciles pero más altamente valorados de la cultura modernista".[75]

Los sujetos, sin embargo (o por lo menos los que yo he conocido), no se refieren a su experiencia comparándola con las obras del modernismo. Una estrategia alternativa sería la que nosotros hemos decidido tomar, identificar más bien los significantes con los que los sujetos describen su experiencia de la psicosis. No sólo los psiquiatras definen la esquizofrenia en términos de "pensamiento mágico o creencia aberrante"; los pacientes a menudo hilan la trama de su experiencia con significantes que podríamos calificar de "mágicos"

---

[73] José Luis Patiño Rojas, "El mundo del esquizofrénico" en Sergio J. Villaseñor Bayardo *et al.*, *Antología de textos clásicos de psiquiatría latinoamericana*, Gladet, Guadalajara, 2002, p. 287. Este texto fue publicado en la *Revista del Residente de Psiquiatría*, en verano de 1990.

[74] Sigmund Freud, "En la dementia praecox [...] la regresión no llega [...] sino hasta el regreso al autoerotismo infantil" en "Sobre un caso de paranoia descrito autobiográficamente (Schreber)", *Obras completas*, t.12, *op. cit.*.71.

[75] Louis A. Sass, "Interpreting schizophrenia: Construal or construction? A reply to Robert Barrett", *Culture, Medicine, Psychiatry* 22 (1998), p. 500.

en tanto que apelan a referentes "sobrenaturales o misteriosos" que no obstante no pueden identificarse de manera ortodoxa con los de la religión tal y como es establecida en la modernidad (a través de una fe progresivamente interiorizada y de organizaciones de culto); y en tanto que presentan interés por procesos constitutivos de la realidad material de una manera que tampoco puede identificarse estrictamente con la forma en que éstos son entendidos por la ciencia.[76]

> "Las psicosis mantienen también relaciones privilegiadas con el otro extremo de la causalidad, el polo trascendental, del que nos valemos para referirnos a la relación que toda perturbación mental pueda mantener con la esfera de lo místico y lo sagrado. La idea de Dios es una representación inseparable de las psicosis, pues moviliza muchas de las conexiones de la locura con nociones básicas de su psicopatología, como son la de unidad, omnipotencia, milagro, más allá, perjuicio o referencia. Puede afirmarse, casi sin contemplaciones, que el ateísmo psicótico no existe, dado que todas las formas de enajenación guardan una íntima proximidad con el ámbito de lo divino [...] Los psicóticos [...] están solos ante lo absoluto y se enfrentan al terror sin precisar del auxilio de la fe ni del apoyo de ninguna Iglesia [...] [Pero además] en estos tiempos de clara hegemonía del paradigma cientificista [...] la esquizofrenia no se limita a ser hija del espíritu científico sino que constituye el síntoma indiscutible de la ciencia."[77]

A diferencia de Freud, considero que al apelar a estos significantes los sujetos no apuntan a una regresión o a un estadio primitivo sino que muestran –como asevera Sass– *su condición de sujetos modernos*. Como habremos de ver posteriormente, la magia es una *cate-*

---

[76] Cfr. Ellen Corin, "Pychosis: The Other of Culture in Psychosis: The Ex-centricity of the Subject", Joao Biehl, Byron Good y Arthur Kleinman (Eds.), *Subjectivity*, University of California Press, Berkeley, 2007, pp. 273-314.

[77] Fernando Colina, *op. cit.*, pp. 14-20.

goría construida en el siglo XIX para definir la relación del sujeto moderno con la ciencia y la religión.[78] Baste por el momento señalar lo siguiente. La magia se define en la modernidad como la ciencia o la religión *en un estadio evolutivo inferior*, o como la ciencia y la religión cuando no han llegado a su plenitud y sufren de *alguna deficiencia*. Primitivismo (o regresión) y degeneración (entendida en un sentido laxo) son asimismo los fantasmas que acechan hasta el día de hoy al sujeto esquizofrénico a quien se achacan las ideas mágicas y las creencias aberrantes que no responden a la definición de lo que en la modernidad se considera en estricto sentido, propio de la religión y propio de la ciencia. Con categorías como magia, y como esquizofrenia, la modernidad construye a su otro. Otro que pretende exterior a sí misma, como lo primitivo o lo irracional, pero que más bien muestra *lo otro de sí misma que no quiere reconocer*. No se trata para nosotros de valorar la esquizofrenia al compararla con alguno de los productos más acabados de la cultura. Se trata de mostrar la relación que los sujetos sostienen con el orden sociocultural haciendo ver simultáneamente como la manera en que significan su experiencia es la culturalmente asignada; y cómo sin embargo lo que muestran al describirla así, es que esta experiencia no tiene su origen en una regresión a una forma primitiva de conciencia, sino *que se sitúa en las posibilidades de la conciencia moderna misma*. Lo que con ello indican, y que el orden moderno quiere conjurar, es el carácter *Unheimlich* de ese orden moderno. Lo que está en juego es la naturaleza de la modernidad, sus valores y sus límites. Lo *Unheimlich* es finalmente, como recordaba Freud citando a Schelling, *todo lo que estando destinado a permanecer en secreto, en lo oculto, ha salido a la luz*. Aparece cuando, en lo que percibimos como evidente, adviene lo extraño. Llega

---

[78] Cfr. Randall Styers, Making *Magic: Religion, Magic and Science in the Modern World*, Oxford University Press, New York, 2004, pp. 6-7. Antes de la modernidad, la superstición, la hechicería y las artes mágicas se consideraban prácticas idólatras. No se ponía necesariamente en duda su eficacia, el reclamo era que eran prácticas no cristianas y por lo tanto demoniacas. A nosotros nos interesa la constitución de la magia como categoría moderna y secular entre ciencia y religión.

para poner en cuestión la propiedad del espacio en que habitamos a través de ese exceso e indeterminación de la significación, al que hemos hecho referencia. El gesto moderno es el de Bateson, discriminar entre tipos lógicos; o el de Freud, distinguir entre ficción y realidad. Lo *Unheimlich,* sin embargo, sería precisamente lo que pondría en cuestión la posibilidad de realizar semejante distinción.

Un modo de proceder

> Todo pensamiento no es sino un camino
> de desvío.
>
> Sigmund Freud

¿Cómo proceder en las páginas que siguen? De la mutua fertilización de los campos nace la teoría y es en la transgresión de las fronteras disciplinares que nos encontramos con las nuevas ideas. Comparto con Rita Laura Segato el "profundo desagrado por una antropología que se quiere técnica".[79]

> "La antropología [...] ha sufrido recientemente, en sus cátedras y orientación académica en general, el mayor repliegue hacia lo que ya oí describir como una vuelta virtuosa a un 'fundamentalismo disciplinar'. Académicos muy serios [...] para velar por la identidad disciplinar –que temen severamente amenazada– son obligados a volverse reaccionarios, en el sentido estricto de reaccionar contra cualquier infiltración de otros campos. Su lema, francamente fundamentalista en espíritu por los engaños que contiene, es la vuelta al supuesto

---

[79] Rita Laura Segato, *Las estructuras elementales de la violencia: Ensayos sobre la antropología, el psicoanálisis y los derechos humanos,* Universidad Nacional de Quilmes /Prometeo, Buenos Aires, 2003, p. 87.

legado de los padres fundadores de la disciplina, copiando su método, que de esta forma se vuelve más a-histórico de lo que ya fue. Este 'retorno' no considera, en primer lugar, que el objeto ha cambiado, que *no existen sociedades no expuestas a la administración actuante de estados nacionales modernos y no atravesadas por la globalización* […] En segundo lugar, en su reacción defensiva y purista de los supuestos 'pilares' de la profesión de etnógrafo, los antropólogos olvidan que *la antropología clásica sentó sus bases con obras que respondían a preguntas formuladas por otras disciplinas en la época.* El encapsulamiento fundamentalista que algunos hoy recomiendan nunca existió y mucho menos en el período fundacional. La lectura de filósofos, teólogos, lingüistas y psicoanalistas fue parte del proceso creativo de Malinowski, Leenhardt, Evans-Pritchard, Mauss, Lévi- Strauss y muchos otros."[80]

Nuestro modo de proceder, pues, se establece en el cuerpo de los textos más que en su umbral, y en una relación inmanente de los textos con el material histórico y el trabajo de campo. De ahí la necesidad de leer interdisciplinariamente textos de antropología, filosofía, historia, psicoanálisis y literatura. Es en el cruce fértil de textos donde se puede generar precisamente el «análisis». Hemos llevado a cabo la investigación en torno a la urdimbre social de la locura en tres momentos.

En el primero, nos situamos en las vicisitudes de la modernidad en México. Asistimos al periodo de constitución de la psiquiatría a finales del siglo XIX, y a la construcción de la locura como objeto de su saber. María Cristina Sacristán ha abordado la transición entre la acogida familiar y el internamiento bajo criterios médicos en la Nueva España en cuya capital hubo dos establecimientos para dementes: el Hospital de San Hipólito para hombres, fundado en 1566 y el Hospital del Divino Salvador para mujeres (conocido como la Canoa, al hacer referencia a la calle en la que se situaba) fundado en 1687.

---

[80] *Ibid*, p. 86.

Sacristán explora cómo, pese a la existencia de ambos hospitales, la locura *no era contemplada como un problema médico* sino como un problema vinculado a las reglas de convivencia *religiosa y social*. La locura se gestionaba familiarmente ya que el internamiento en el hospital suponía el reconocimiento de la incapacidad para lidiar con el propio deudo, por lo que se destinaba, dentro del modelo asistencial de la caridad cristiana, a los sujetos que carecían de familia y de recursos.[81] En el ocaso del México virreinal la hegemonía del peritaje de los médicos muestra cómo las élites intelectuales y religiosas hacen suyo el discurso médico sobre la locura. El internamiento sigue sin ser terapéutico, pero el discurso médico sirve para evitar responsabilizar a las familias e incrementa la demanda del encierro.[82] El siglo XIX, *en el que nosotros nos situamos*, es testigo del gran esfuerzo teórico realizado por los médicos de la mente para comprender la naturaleza de una enfermedad como la locura, tan huidiza al modelo de la lesión anatómica vigente.

La distancia temporal, *la heterocronía* permite evidenciar el carácter heteróclito de las prácticas y capas discursivas en torno a la locura como objeto de saber psiquiátrico, que pretendemos explorar en esta primera parte: "Al tratar de sacar a la luz este profundo desnivel de la cultura occidental, restituimos a nuestro suelo silencioso e ingenuamente inmóvil sus rupturas, su inestabilidad, sus fallas; es él el que se inquieta de nuevo bajo nuestros pies."[83] Nos interesa el exceso de significación que advertimos en el intento de materializar la locura como enfermedad. La locura no se agota en la definición positiva que se anhela darle. Estas definiciones positivas se ven asediadas por *fantasmas* que tienen que ver con inquietudes morales de la época, con la pregunta sobre los límites de la conciencia y la posibilidad del control de sí, con lo que nos une a los otros a través de

---

[81] María Cristina Sacristán, *Locura e inquisición en la Nueva España 1571-1760*, FCE, México, 1992, pp. 71-81.

[82] María Cristina Sacristán, *Locura y disidencia en el México ilustrado 1760-1810*, El Colegio de Michoacán, Zamora, 1994, pp. 87-98.

[83] Michel Foucault, *op. cit.*, p. 10.

la herencia, con la posibilidad de transmitir la vida, pero también la muerte. Los fantasmas sin embargo, por su propia naturaleza, nos permiten huir de dos tentaciones. Pensar que porque las normas de la locura son positivas (en el sentido de que hay una producción social que define, gestiona y organiza la locura) la locura puede reducirse a una relación con la norma histórica. En segundo lugar, que sería una mirada desde el presente la que develaría el fin de la ignorancia, el desengaño de una mirada, o la revelación de una condición bajo el velo de los prejuicios. Al buscar entender la presencia de los fantasmas de la historia, Amelia Ruiz Cárdaba y Concha Torralba, recurren al ejemplo del *espectro* en la física:

> "*Un espectro* consiste en un conjunto de radiaciones electromagnéticas, recogidas en una pantalla, registradas gráficamente [...] es decir, puestas de manifiesto de alguna manera [...] *El espectro* puede aparecer, mostrar o revelar radiaciones perjudiciales [...] pero también puede desvelar las radiaciones infrarrojas a las que les debemos la vida en la tierra [...] *Una característica de los espectros* es que se desdoblan infinitamente, cualquier borde interior puede convertirse en interior y exterior [...] es necesario cambiar de prótesis (artefacto, prisma) para que de nuevo aparezcan en otras formas multiplicadas. *El espectro* no responde a un tiempo lineal: el arco iris y la luz espectral de un determinado planeta aparecen y desaparecen como eventos singulares."[84]

Los espectros, los fantasmas –bien sabía Freud– indican, bajo ciertas circunstancias, lo *Unheimlich*. Es decir, lo que nosotros hemos vinculado con un exceso de significación impide que la locura se identifique plenamente (como parecen indicar ciertas lecturas foucaultianas) con una forma sociocultural concreta que la agote. Lo que indica este

---

[84] Amelia Ruiz Cárdaba y Concha Torralba, "Ser y no ser marxista a la vez", Cristina de Peretti (Ed.), *Espectrografías (desde Marx y Derrida)*, Trotta, Madrid, 2003, pp. 118-119.

exceso es que si bien la locura es producida socialmente, simultánea-mente *su producción no puede ser controlada ni contenida por las instancias sociales que la producen.*

> "El mundo que conocemos no es esta figura simple, en suma, en la que todos los sucesos se han borrado para que acentúen poco a poco los rasgos esenciales, el sentido final, el valor primero y último; es por el contrario una miríada de sucesos entrecruzados; lo que nos parece hoy 'maravillosamente abi-garrado, profundo, lleno de sentido' *se debe a que una multi-tud de errores y de fantasmas lo han hecho nacer y lo habitan todavía en secreto.*"[85]

En un periodo que inicia a finales del siglo XIX y que llega aproxi-madamente a la tercera década del siglo XX, asistimos al proceso de constitución de México como nación moderna. Espigamos los escri-tos, generalmente publicados en forma de tesis, porque tal y como reconoce Samuel Ramírez Moreno esa fue la principal forma de co-municación de estudios extensos entre los alienistas mexicanos.[86] Hemos privilegiado este acercamiento porque consideramos que la medicalización de la locura y la identificación de la enfermedad men-tal con la enfermedad somática, constituyen las características más relevantes en el nuevo trato a la locura que se inaugura en este perio-do. Las tesis además tienen la ventaja de que, a menudo, los futuros alienistas ilustran la teoría con las vicisitudes que encuentran en su práctica hospitalaria. Nos acercamos además al Manicomio General, a expedientes clínicos y formularios de admisión. En sentido estricto, esto no supone que llevemos a cabo ni una historia de la psiquiatría, ni de las estrategias profesionales, ni de las directrices de escuela, ni de los intereses corporativos, aunque algo de todo ello pueda leerse

---

[85] Michel Foucault, "Nietzsche, la genealogía, la historia", *Microfísica del poder*, Ediciones La Piqueta, Madrid, 1992, p. 21.

[86] Samuel Ramírez Moreno, *La asistencia psiquiátrica en México*, Secretaría de Salubridad y Asistencia, México, 1950, pp. 47-48.

aquí. He pretendido, más bien, a partir de las operaciones llevadas a cabo en torno a la medicalización de la locura, atisbar qué era lo que los que se van erigir como autoridad en la materia pensaban sobre ella, y cómo esto se vinculaba con marcos culturales y significativos más amplios que revelaban, a su vez, ciertas inquietudes sociales.

Me ha interesado articular el horizonte amplio de las relaciones entre lo normal y lo patológico y dibujar los contornos en los que la locura fue esbozada, antes de ensayar un relato de la demencia precoz y la esquizofrenia en México, porque sólo así podíamos tratar de desanudar los hilos con los que se iba a tejer el texto social de esa forma específica de locura. *Todas estas escenas son inevitablemente incompletas.* Con ellas pretendo mostrar –*a través de los avatares del saber psiquiátrico*– cómo el surgimiento de una patología se vincula con el proceso de constitución de un sujeto moderno en relación con la constitución de la familia, la cuestión de la sexualidad, la educación, la ciencia, la preocupación inédita por los efectos de la civilización y el progreso industrial y, sobre todo, la relación con una nueva concepción de la religión y lo religioso.

Si en la primera parte era necesaria la distancia *en el tiempo*, para advertir lo que es difícil advertir en la contemporaneidad de los discursos y las prácticas, y mostrar cómo el sujeto de la ciencia moderno se constituye en relación a lo que se contempla como *un pasado metafísico y supersticioso que se ha de dejar atrás*, en la segunda parte hemos introducido *en la contemporaneidad* de los discursos la *heterotopía,* extrañamiento en el *espacio* que nos permite observar, en nosotros, lo que describimos en otros. Para Michel Foucault, las heterotopías son esos emplazamientos que "poseen la curiosa propiedad de estar en relación con todos los demás […] pero de una forma tal que suspenden, neutralizan o invierten el conjunto de relaciones que ellos mismos designan, reflejan o refractan".[87] Las heterotopías representan en cierta medida todos los posibles emplazamientos que se puede encontrar en el interior de una cultura, expresan una diferen-

---

[87] Michel Foucault, "Espacios Diferentes", *Estética, Ética y Hermenéutica, Obras esenciales* t.3, Paidós, Barcelona, 1999, p. 434.

cia y, al mismo tiempo, una relación significativa con cualquier punto topográfico de la misma. La magia o la superstición constituye un emplazamiento heterotópico privilegiado frente a la cual la sociedad moderna se define a sí misma. Efectivamente si en ella la autoridad epistémica se le otorga a la ciencia, hay que tomar en cuenta que:

> "...no es por accidente o por hábito que las representaciones de la ciencia en las pugnas de credibilidad a menudo se produzcan a través de la forma retórica de los mapas. Se puede, por supuesto, conjurar a la ciencia en discursos que no evoquen fronteras o territorios, señales y coordenadas [...] Sin embargo cuando se suscita la cuestión ¿qué es la ciencia? La pregunta a menudo supone otra ¿*dónde* está la ciencia? [...] los mapas sirven para los referentes no geográficos de la misma manera que para los geográficos. Los límites diferencian una cosa de otra, las fronteras crean espacios homogéneos y generalizados hasta cierto punto (aunque puedan variar en otros). Definir mecanismos espaciales significa definir relaciones lógicas entre conjuntos de cosas: superpuestas, adyacentes, separadas."[88]

La autoridad epistemológica de la ciencia se constituye a través de un trabajo de los límites (*boundary work*) que supone una cartografía que le permite volverse "localizable e interpretable por segregaciones espaciales que iluminan los contrastes con otros tipos de conocimiento, otros métodos de fabricación de hechos y de autoridad así como circunscribir los límites que definen a los que están adentro y a los que están afuera".[89] Examinar a la ciencia desde esta perspectiva supone identificar la forma en la que: "las fronteras y las señales son utilizadas para localizar en el horizonte cultural un espacio para la ciencia rodeado por un territorio menos útil y confiable".[90] Es decir, la *terra ignota* de la pseudociencia, la magia o la superstición.

---

[88] Thomas Gieryn, *Cultural Boundaries of Science: credibility on the line*, The University of Chicago Press, Chicago, 1999, pp 6-7.

[89] *Ibid*, p. 10.

[90] *Ibid*, p. 4.

Ahora bien, si la modernidad supone una relación nueva del sujeto con la religión y lo religioso *que patologiza a un tipo de sujeto como supersticioso*, ahondamos en lo que una disciplina como la antropología, forjada ella misma en el siglo XIX *–con la pretensión de ser una disciplina científica–* tiene que decir de esta cartografía que, mediante el establecimiento de enclaves privilegiados, formula la distinción entre magia, ciencia y religión. A través de la obra de Evans-Pritchard y de Lévi-Strauss, consideradas un hito en la cuestión, tratamos de dilucidar –en el discurso moderno de las ciencias sociales– la relación entre la sociedad moderna y *heterotopías* que hasta el día de hoy son el emplazamiento no sólo utilizado por la psiquiatría para definir a los que muestran signos de ciertos trastornos, sino por los sujetos diagnosticados que, desde ahí, hilan su experiencia. En dichos textos, que destacan por la amplitud de su horizonte, es posible explorar sin embargo, lo que la modernidad *trata de conjurar de sí misma* a través de estos enclaves y atisbar qué es lo que sucede cuando el paciente se instala efectivamente en ellos. Ilustramos así la existencia de una cartografía inestable e irregular del espacio social. Lo que nos proponemos es complejizar, una vez más, la relación que un paciente de esquizofrenia (que como advierte el *Manual diagnóstico y estadístico de los trastornos mentales* "puede sentir que tienen poderes especiales para notar los hechos antes de que sucedan o para leer los pensamientos de los demás")[91] tiene con el orden sociocultural y mostrar cómo "la magia", "la superstición" que le son atribuidas a sus ideas y prácticas, no están fuera del orden sociocultural moderno, sino que son producidas por ese orden sociocultural que, simultáneamente, las requiere y no es capaz de asimilarlas por completo. Las estructuras fundadoras de la experiencia moderna producen los emplazamientos que ellas mismas señalan como exteriores a ellas, suscitan lo que niegan, y se producen así como estructuras nuevas, en lugar de reducirse a la división de una realidad, cuyos términos vendrían planteados antes que ellas.

---

[91] American Psychiatric Association, *op. cit.*, p. 658.

Hay que señalar que en la información que recabé en la primera parte sobre los pacientes del siglo XIX y de las tres primeras décadas del siglo XX, introduje una antología de fragmentos de vidas espigadas en las tesis, libros y expedientes clínicos. Quería que constaran en el mismo orden en que me impresionaron. Hubo lugar para poco más. La ambigüedad o la ausencia de fuentes primarias, restringe de manera notable la reconstrucción de una experiencia subjetiva de la locura. Tal y como señalo, la historia de los pacientes de demencia precoz y esquizofrenia, *sinónimo de demencia irreversible*; es en este periodo la de un silencio en torno al cual se despliegan las hipótesis. Este silencio –hay que aclararlo– no es el que impone una razón que triunfa en su expulsión de la locura (como nuevamente parecen indicar ciertas lecturas foucaultianas) sino el que la asedia e impide la tranquilidad de su espíritu.

En la tercera parte, en la que me aproximo a la *psicopatología de los fantasmas de la vida contemporánea*, lo que está en juego es el trabajo de campo realizado en primer lugar en el marco de los talleres iniciados desde finales de 2008 y cuya duración se extendió hasta finales de 2011; y la cercanía que por diversos motivos, que relataré en su momento, desarrollé con tres pacientes. En el trabajo de campo, el principal medio es el antropólogo mismo y la relación que establece con sus "informantes" a través de diversas mediaciones. Si ello siempre es complicado, aquí se aúna la dificultad de establecer una relación con personas que como he señalado con anterioridad parecen absortas, tomadas por algo que las requiere por completo. La dinámica en los talleres era siempre imprevisible. Se llevaban a cabo dos veces a la semana y, como ya mencioné, duraban una hora. A veces leíamos en voz alta, les proponía ejercicios de escritura creativa, o vincular un texto con alguna imagen... En ocasiones funcionaba y en ocasiones no. Tanto en los talleres como en los encuentros continuados que tuve con algunos de los pacientes, decidí no utilizar grabadora. Llevaba mi libreta y tomaba notas camino a casa. En ese mismo tenor, nunca realicé entrevistas en sentido estricto. Traté de entablar relaciones –ir a tomar café, al cine, dar un paseo– y de privilegiar los elementos que los mismos pacientes subrayaban en sus narrativas y en sus prácticas. Si bien en algunos casos tuve cercanía con familiares, psicoterapeutas y psiquiatras por la misma dinámica de la relación establecida (algo más evidente en el caso de Rubén F y sobre todo de Lucía L), lo que he deseado privilegiar es *la* singular y solitaria lucha por el significado de los pacientes y, *sin soslayarla*, su imbricación cultural y social. Pese a ello, no me siento más segura ante mi trabajo de campo que frente a la antología de fragmentos de vidas espigadas en el archivo. Lo que sí es cierto es que a través del trabajo de campo me percaté, por ejemplo, de la necesidad de cuestionar mis ideas sobre qué es ser un "sujeto" o qué es una "experiencia". La relación que establecí con los pacientes es peculiar y ello me llevó asimismo a cuestionarme qué significa *ser-con-los-otros*.

Como he señalado con anterioridad, en todos y cada uno de los casos, ayudó el hecho de que imparto antropología y filosofía y que me he especializado en el ámbito de estudios sobre la religión. El lector percibirá una falta de espontaneidad que forma parte de lo que yo misma experimenté. Esta falta de espontaneidad no supone que no haya habido momentos en los que el humor, la tristeza, o la afectividad se hacían presentes. Lo que quiero señalar es que el marco que damos por obvio en nuestras relaciones interpersonales no estaba dado de antemano; se había perdido la habilidad inconsciente de disimulo, había que construirlo una y otra, y otra vez. Ello era inquietante porque al hacerlo se develaba irremisiblemente su carácter de artificio. El trabajo de campo ha supuesto una experiencia de la que no he salido indemne. He tenido que aprender (y sigo en ello) a no temer el silencio, a estar atenta a las nimiedades y desarrollar habilidades de observación cercanas a la entomología, a lidiar con mi impaciencia, mis emociones y ¿por qué no decirlo? mi propia angustia. El carácter fragmentario, las escenas o viñetas que intento dibujar tratan de hacer justicia a esta experiencia y de evitar, en la medida de lo posible, introducir en ellas un sentido de la coherencia que les es ajeno. La finalidad no era explorar la historia de los sujetos a través por ejemplo del psicoanálisis (aunque sin mi propia experiencia con el psicoanálisis y su enseñanza sobre la escucha y el silencio, poco o nada pudiera haber hecho). *Tampoco me proponía establecer una relación causal entre la sociedad contemporánea y* *la locur*a. Es decir mucho, y muy poco a la vez, que la sociedad nos vuelve locos. *La causalidad objetiva encuentra aquí serios límites*. No obstante, sí me interesaba subrayar que la forma de ciertos aspectos críticos de la sociedad contemporánea *presenta afinidades* con la forma en la que los sujetos enloquecen. Lo que he hecho, en este sentido, es tratar de establecer los posibles puntos de afinidad de la locura con ciertos escenarios del México contemporáneo (*el económico, el político y el científico*) que aparecían en mi interacción con los pacientes, *porque ellos mismos los destacaban y utilizaban para dar sentido a ciertas experiencias*, y formular preguntas al respecto. Lo único que me atrevería a aseverar es que *hay un aire de familia entre la manera en la que las crisis de significación del tejido social se manifiestan, y la manera en que lo hacen esas crisis de significación subjetiva que llamamos locura*. La pregunta que me ha guiado ha sido por el modo en que se constituye la subjetividad de los pacientes de esquizofrenia en el México del siglo XXI y con cómo estas formas de subjetividad responden y se imbrican en un orden contemporáneo. La naturaleza no lineal de los fantasmas posibilita su reaparición, y ciertos espectros cuya silueta atisbamos en el siglo XIX-XX muestran a este respecto una singular persistencia, que contrasta con los mejores augurios de la llamada "década del cerebro". Los fantasmas sin embargo se vinculan también en el siglo XXI con la inscripción "mágica" en los registros de las nuevas tecnologías que permiten pensar que nosotros proyectamos literalmente nuestra conciencia fuera de nuestros cuerpos y podemos contemplarla objetivamente. En la era de la biotecnología, de los *Manuales diagnósticos y estadísticos de los trastornos mentales*, y la nueva relación entre lo normal y lo patológico, me ha interesado comprender *qué puede suponer sobre nuestra comprensión de nosotros mismos que los significantes esotéricos o mágicos sean tan importantes para ellos, hasta el punto de ser la base con la que consideran que hay que urdir, aun hoy, toda experiencia.*

Advertencia

Los énfasis a lo largo del texto y las traducciones de textos que no están en español son míos. He protegido la identidad de todos y cada uno de los pacientes (del presente o del pasado) que se citan en estas páginas, así como algunos datos que podían contribuir a su identificación. También lo he hecho con sus familiares, con los psiquiatras, psicólogos clínicos, psicoanalistas y psicoterapeutas que así me lo solicitaron y que al igual que los pacientes a los que acompañé, estuvieron informados de mi intención de llevar a cabo esta investigación. En el caso de Rubén F, Lucía L y Manuel D, los pseudónimos fueron elegidos por ellos mismos. Hablo indistintamente de locura, esquizofrenia o psicosis por dos motivos. A lo largo de este tiempo, he escuchado declaraciones como esta: "dicen que tengo esquizofrenia pero yo le digo locura". También escuché decir: "soy esquizofrénico" e incluso hubo quien me señaló: "soy psicótico. Psicótico es mejor que esquizofrénico porque viene de psique". Hay quien además me ha aclarado: "soy una persona que tiene esquizofrenia". Aunque entiendo la distancia introducida con la enfermedad a través de esta última acepción y también la recojo, creo que la psicosis *no es algo que se tiene* sino algo *que afecta radicalmente la manera de ser y tener*. He utilizado una u otra expresión para transmitir la distinta forma en la que los sujetos se relacionan con su diagnóstico y el carácter intrínsecamente problemático del mismo para nombrar algo que, sin embargo, está imbricado en una experiencia vital que no se deja reducir. Otra palabra que utilizo a menudo es *paciente*. A través de ella pretendo señalar el carácter irremisiblemente *medicalizado* con el que hoy concebimos y gestionamos a la locura, y apuntar simultáneamente a la condición, mucho más inasible, y *que escapa a la idea de medicalización*, de aquel que sufre un *pathos*.

I. Desde el archivo: heterocronías

Los fantasmas de la historia o la psiquiatría como ciencia de la moral

Perseguir fantasmas

> ¿Qué es seguir un fantasma? ¿Y si eso nos llevara a ser seguidos por él, siempre, a ser perseguidos quizás en la misma caza que queremos darle?
>
> Jacques Derrida

Una advertencia. Habría que, simultáneamente, intentar resistirse a dos tentaciones. La primera, *la de reducir la locura a las normas de la cultura o del momento histórico*, como si cada época forjara para sí misma su parte de oscuridad y sintiera el escalofrío de una inquietud ficticia, que sólo la mirada del investigador contemporáneo lograra disipar. La segunda, *la de negar todo acceso de la racionalidad a la locura* y afirmar su carácter ahistórico, arguyendo que la razón no puede apropiarse de aquello que la desborda y la confina siempre a límites estrechos. Para nosotros, afirmar de manera unívoca tanto la estricta pertenencia de la locura al juego de la normatividad histórica;

como la definición de la locura como lo que es externo a toda regla histórica del saber o del poder, es perder de vista lo que está en juego. La indeterminación del campo social supone más bien lo siguiente: la locura tiene el estatus de una negatividad *históricamente inducida* e *históricamente inadmisible* por parte de la normatividad histórica de la cual procede. Podemos pensarla como un *resto* ya que resto designa a la vez el *legado* que permanece a pesar de una transformación histórica, y el *residuo* que procede de esa transformación histórica aunque no se integre a ella. Nuestro recurso a la historia no es un retorno al pasado para resolver las cuestiones del presente. El resto sobrevive fantasmal y sintomáticamente, a través de saltos y de latencias, de anacronismos, de voliciones y de inconscientes. Lo que nos permite la historia, a través de la distancia que introduce el tiempo, es dibujar la silueta de un fantasma. El exceso que constituye el campo social significa que estando *dentro* del orden simbólico, ninguna positividad *del* orden simbólico puede agotar este resto que no se queda quieto en el lugar que queremos asignarle: puede desaparecer en un momento dado de la historia y reaparecer más tarde. Significa además la manera en que ese resto, legado y residuo, es significado y transformado en nuestro discurso, aquí y ahora, bajo la figura del *espectro*.[1]

La forja de la nación moderna

> Lo interminable de la contienda civil en la
> que la locura parecía más dura de llevar
> que su ignominia [...] La ilegalidad de un
> populacho de todos los colores y razas,
> la barbarie, la tiranía irremediable. [...]
> América es ingobernable.
>
> Joseph Conrad

---

[1] Aunque J. Derrida hace una distinción entre el fantasma, el espectro y el espíritu que toma cuerpo y se encarna, esta distinción siempre corre el peligro de

El positivismo ofreció a México una grilla –la ley de los tres estados[2]– que permitía poner en perspectiva las transformaciones sociales producidas en el siglo XIX (el final de la Colonia, la segunda independencia) y, sobre todo, proponía un fin: el advenimiento de la sociedad positiva constituida en el orden y el progreso científico. El país había enfrentado además de las invasiones extranjeras, luchas intestinas por el poder, y una dificultad creciente para la institucionalización. La burguesía tenía la necesidad de un pensamiento pragmático que pudiera servir de canal para la construcción de la modernidad social. En 1856, el joven Edward B. Tylor recorría México junto con Henry Christy, un coleccionista de objetos arqueológicos, y como resultado escribiría un libro, *Anáhuac*, que sin embargo no hizo fortuna en el desarrollo de la que sería conocida como "la ciencia de Tylor". México no reivindicó nunca haber sido la inspiración del padre de la antropología social, pero lo cierto es que ello "parece menos desconcertante si se lee el libro".[3]

Anáhuac narraba las impresiones de Tylor al llegar a un país que había cambiado de manos cada ocho meses, durante diez años. Contaba cómo las fértiles regiones de la costa estaban fatalmente despo-

---

desdibujarse. En estas páginas espectro, fantasma y espíritu se usan de manera indistinta. Cfr. Jacques Derrida, *Espectros de Marx. El trabajo de la deuda, el trabajo del duelo y la Nueva Internacional*, Trotta, Madrid, 1998. Además de Derrida hay que señalar la relevancia para estas páginas de cierta lectura de Jacques Lacan quien contempla en el fantasma la respuesta a la falta de significante en el orden sociosimbólico, una respuesta que se materializa *sintomáticamente*. Cfr. Jacques Lacan, *Seminario 14. La lógica del fantasma*, inédito.

[2] Auguste Comte se refirió en su *Curso de filosofía positiva* (1830-1842) a la ley de los tres estadios que atravesaban progresivamente las sociedades humanas y describió el estadio teológico o ficticio; el estadio metafísico, o abstracto y el estadio científico, o positivo. De ellos proceden tres tipos de filosofías, o de sistemas conceptuales generales, acerca del conjunto de los fenómenos. El primero es un punto de partida necesario para la inteligencia humana; el segundo está destinado únicamente a servir como etapa de transición, el tercero es su estado fijo y definitivo.

[3] Claudio Lomnitz, "Bordering on Anthropology: The Dialectics of a National Tradition in Mexico", *Revue de Synthèse*, Vol. 121, serie 4, 3-4, (2000), pp. 352.

bladas y cómo las regiones altas y bien pobladas estaban infestadas de bandidos y eran difíciles de recorrer. La complejidad de las relaciones entre castas, el poder de la Iglesia, y la corrupción del sistema penal, mostraban la fragilidad del gobierno. En una escena memorable en la que describía el saqueo presenciado en el Museo de Antropología a manos de los soldados, Tylor se mostraba sorprendido por la incapacidad del Estado para controlar las conexiones entre el pasado y el futuro de la nación, y auguraba a los mexicanos un destino: ser invadidos por los Estados Unidos.

> "*Anáhuac* representa un punto de partida no reconocido pero no por ello menos importante. El primer libro de Tylor fue el tipo de narrativa de viaje que los antropólogos, incluyendo a Tylor, intentaron descartar para la disciplina científica de la antropología, reteniendo el sentido del riesgo y del descubrimiento pero buscando la sistematización y la distancia emocional. Para los intelectuales mexicanos, *Anáhuac* señalaba la inenarrable pero omnipresente pesadilla del desmembramiento racial, de la desintegración nacional y de la vergonzosa profanación de la grandeza de la nación por parte del Estado. *Anáhuac*, en otras palabras, es una obra *contra* la que los antropólogos británicos y mexicanos escribirían. Como en el sueño freudiano, la escena primaria ha sido cuidadosamente ocultada."[4]

El elemento privilegiado en el positivismo mexicano será el de progreso. La ley de los tres estados, en tanto que vehículo vectorizado de la historia, fue el medio de una urgencia a la que se añadieron las lecturas no sólo de Comte, sino de John Stuart Mill, Herbert Spencer y Charles Darwin (a través, entre otros, de Ernst Haeckl). La urgencia tomaba la forma de un síntoma social. La cuestión a resolver se planteaba en el nuevo mundo en términos imperativos: civilización o

---

[4] *Ibid*, p. 356. La primera traducción al español del libro, realizada por Leif Korsbaek apareció muy recientemente. Cfr. Edward B. Tylor, *Anáhuac o México y los mexicanos*, Juan Pablos, México, 2009.

barbarie. ¿Cómo hacer posible lo que en otros lugares había advenido lentamente? ¿Cómo llevar a cabo, lo más rápidamente posible, el paso de las masas ignorantes y bárbaras a la civilización? La ciencia y la industria se consideraban los fundamentos primordiales del progreso. Eran formas naturales y objetivas de la producción y el conocimiento humano. Por supuesto lo que se veía como moderno nunca había sido con referencia al mundo real, sino a la noción de lo que se consideraba "el mundo más avanzado y óptimo según la inteligibilidad pública que las élites económicas, políticas e intelectuales le habían dado".[5] Ello se tradujo, en un principio, en intrincados esfuerzos para lograr una imagen nacional que resultara aceptable y que contemplara un país moderno pero explícitamente híbrido, que encajara "dentro del cosmopolitismo sintetizado en la superioridad de la raza blanca".[6] Un libro escrito por Vicente Riva Palacio y Manuel Payno, *El Libro rojo* (1870), ejemplifica este singular afán. Se trata de una breve historia de la violencia civil en México

"...destacable por su aproximación ecuménica [...] Ilustraciones se dedican por igual a Cuauhtémoc y a Xicoténcatl (reyes indios que pelearon en bandos opuestos durante la conquista); al conquistador Pedro de Alvarado y al emperador azteca Moctezuma [...] Incluso más notablemente, el panteón de mártires incluye a héroes que estuvieron en facciones contrarias, en las luchas civiles del México del siglo XIX [...] *El Libro rojo* buscaba la conformación de un México unificado, a través del reconocimiento de una historia de sufrimiento común. Ideológicamente éste será el curso que se tomará después [...] La obra [...] se dirigía, en primer lugar, a unificar a las élites, un hecho que se reflejaba en el interés por las ejecuciones de estado que guiaba el libro, más que el interés por las muertes anónimas producidas por la lucha civil o la explotación. La unificación de las élites implicaba la domesticación de un pa-

---

[5] Mauricio Tenorio Trillo, *Artilugio de la nación moderna: México en las exposiciones universales 1880-1930*, FCE, México, 1998, p. 15.

[6] *Ibid*, p. 130.

sado nacional desgarrado por la guerra y de la proyección de ese pasado recién reconstruido en el presente, para trazar una frontera modernizadora. No era por lo tanto sorprendente que la pacificación y la estabilización del país que se produjo lentamente [...] requiriera los servicios de una élite ilustrada que vino a ser conocida como la de 'los científicos' para conformar la imagen de México."[7]

En *Comunidades imaginadas, reflexiones sobre el origen y la difusión del nacionalismo*, Benedict Anderson advierte cómo la nación moderna es una construcción imaginada caracterizada por la limitación espacial que instituye una frontera entre el adentro y el afuera; la soberanía que garantiza su libertad cuyo emblema es el Estado; y la comunidad porque "independientemente de la desigualdad y explotación que en efecto puedan prevalecer en cada caso, la nación se concibe siempre como un compañerismo profundo, horizontal".[8] La idea de un organismo sociológico –añade– "que se mueve periódicamente a través del tiempo homogéneo, vacío, es un ejemplo preciso de la idea de nación que se concibe también como una comunidad sólida que avanza sostenidamente de un lado a otro de la historia".[9]

La restauración de la República en 1867 tras la Intervención francesa y la entrada en vigor de la constitución liberal de 1857, abrió la vía a la ley del 2 de diciembre de 1867 que consagró la secularización de la enseñanza al disponer en las escuelas oficiales la supresión de la educación religiosa y de una moral inspirada, necesariamente, en creencias religiosas. Separada la Iglesia del Estado, era necesario que el poder público cumpliera con la obligación de la instrucción, la cual debía inculcar en la conciencia de los sujetos la necesidad del orden y, sobre todo, del *nuevo orden* de cosas. El positivismo aspiraba a un orden en el que lo natural, lo moral y lo social pudieran consti-

---

[7] Claudio Lomnitz, *op. cit..*, p. 357.

[8] Benedict Anderson, *Comunidades imaginadas, reflexiones sobre el origen y la difusión sobre el nacionalismo*, FCE, 1993, México, pp. 24-25.

[9] *Ibid*, p. 48.

tuir una síntesis. *La analogía organicista y el recurso a la metáfora del cuerpo social suponían leyes sociales análogas a las leyes que regían el cuerpo individual.* En la extrapolación de lo biológico a lo social, *todo desorden* era contemplado como *enfermedad* que había de ser prevenida o curada. Esta idea de desorden, que se develaba particularmente significativa a la luz de los acontecimientos por los que atravesaba el país, tomó la forma de un discurso conservador que alcanzaría su cumbre en el Porfiriato.[10]

La práctica discursiva hizo de la *normalidad* un ideal que se engendraría precisamente a través de nuevas normas en el seno de un nuevo orden social. Y sin embargo, "si la metáfora organológica está en el centro de la [...] política, la enfermedad está en el centro de la metáfora. Es cierto que el punto de cruce entre saber político y saber médico está constituido por el problema en común de la conservación del cuerpo. Pero es desde la perspectiva abierta por la enfermedad que esta conservación adquiere una importancia central".[11] Lo normal y lo patológico mantendrían entonces una relación especular a través de la cual uno y otro se afirmaría en una alianza indisoluble.[12] Efectivamente, si por un lado lo normal era aquello tenido como me-

---

[10] El Porfiriato es el periodo de 34 años en el que el ejercicio del poder en México estuvo bajo control de Porfirio Díaz. Este periodo comprende de 1876 (al término del gobierno de Sebastián Lerdo de Tejada) a mayo de 1911, cuando Díaz renunció a la presidencia por la Revolución encabezada por Francisco I. Madero, Francisco Villa, Emiliano Zapata y los hermanos Flores Magón. Cfr. Elisa Speckman Guerra, "El Porfiriato", *Nueva Historia mínima de México*, El Colegio de México, México, 2004, pp. 192-224.

[11] Roberto Espósito, *Inmunitas. Protección y negación de la vida,* Amorrortu, Buenos Aires, 2005, p. 111.

[12] Cfr. Georges Canguilhem, *Lo normal y lo patológico*, Siglo XXI, México, 2009. Canguilhem critica la extrapolación de lo biológico a lo social porque el criterio de normalidad en biología sólo puede referirse a la relatividad individual. Es el individuo el que establece la frontera entre su enfermedad y su salud de modo que lo que enferma a uno, no necesariamente a otro. La extrapolación de lo biológico a lo social no puede proceder sino de manera ilegítima porque es imposible definir sin sombra de ambigüedad qué es lo que entendemos por normalidad social. Las sociedades no son totalidades orgánicas sino conjuntos mal unificados de medios.

dia estadística, como tipo específico, por otro parecía significar un valor que le otorgaba el carácter de meta, de objetivo a ser procurado. Lo normal poseía así una duplicidad, era al mismo tiempo tipo y carácter, al que se confería la capacidad de ser "normativo", de ser la expresión de exigencias colectivas, el estado perfecto y deseable al que se debía aspirar. La patología precisaba de lo normal en relación al cual se afirmaba como desvío, pero lo normal precisaba de lo patológico para afirmarse como un valor que merecía ser perseguido.

El nacimiento de la biopolítica se ha considerado generalmente como el pasaje, a finales del siglo XVIII, de *una forma de ejercicio del poder* basada en el principio de soberanía, a un *nuevo arte de gobierno* basado en el *principio de normalización* de grandes poblaciones. Mientras que la primera forma es de naturaleza jurídica y se centra en una decisión soberana que instituye y suspende la ley; el nuevo arte de gobierno se despliega en un conjunto de mecanismos de control y administración (control sanitario, de natalidad, etcétera) que produce y regula la vida de las poblaciones a través de un conjunto *descentralizado y anónimo* de técnicas modernas.[13] La biopolítica se asociaría así a la emergencia de nuevos mecanismos reguladores que racionalizarían y calcularían, saturarían y medirían el ejercicio de la razón instrumental en relación a la vida humana, para inmunizar contra los elementos que podrían contaminar el cuerpo y la mente de los ciudadanos. El conjunto de procesos relativos a la natalidad, mortalidad, longevidad, se registraría y se analizaría estadísticamente llevando a cabo, simultáneamente, dos operaciones. En primer lugar, recrear una población, en este caso la mexicana. En segundo lugar, transformar la regularidad en norma de intervención para modelar dicha población, transformarla en *sana*, en digno ejemplo de la civilización y el progreso.[14]

---

[13] Cfr. Michel Foucault, *Defender la sociedad*, FCE, México, 2001, pp. 217-238; Michel Foucault, *Seguridad, territorio y población*, FCE, México, 2006, pp. 379-410.

[14] Laura Cházaro, *Medir y valorar los cuerpos de una nación: Un ensayo sobre la estadística médica del siglo XIX en México*, Tesis de Doctorado en Filosofía, Universidad Nacional Autónoma de México, México, 2000, pp. 6-7.

Ahora bien, según Foucault, el nacimiento de la biopolítica sólo fue posible a través de lo que él mismo denomina una autolimitación y "regularización interna de la razón gubernamental".[15] Ello la vincula con la economía política del capital desde que el liberalismo es "una racionalización que obedece [...] a la regla interna de su economía máxima. *La racionalización liberal parte del postulado de que el gobierno (...) no podría ser, por sí mismo, su propio fin*".[16] Efectivamente, si el modelo de soberanía se basaba en un Estado policial fundado en la unidad de la dominación política y económica, la biopolítica suponía la difusión del conocimiento tecnocientífico a través de la esfera social y la potencialización del modo capitalista de producción vía el principio de autolimitación gubernamental. La biopolítica se refiere, en otras palabras, a formas de poder que quizá hacen operar al Estado, pero que no necesariamente son el resultado de decisiones tomadas al interior del aparato estatal. Se refiere al poder en nombre de la *ratio moderna*, pero no necesariamente al poder del Estado a través de la unificación esencial de la soberanía y la ley. Ahora bien, la modernidad inaugurada por la biopolítica que supondría entonces la autolimitación burguesa de la razón gubernamental llevada a cabo en nombre de la prosperidad y el bienestar colectivo, , y asociada a cierta economía política, no supuso sin embargo en México la tentativa del Estado de autolimitar su poder, sino más bien la de predicar la modernidad con base en él mismo.

Como he señalado con anterioridad, la modernidad mexicana se inauguró tras la independencia, las invasiones y las luchas intestinas que desangraban al país, en la búsqueda de la implementación de un Estado capaz de producir el orden y la soberanía que se reclamaban necesarias para la implantación y extensión de la regla burguesa. La emergencia del Estado liberal moderno había de basarse en la expropiación de los poderes autónomos en manos de una sociedad estamental heredada de la Colonia, que retenía derechos y libertades legitimadas en la tradición, y que había de dar paso a una sociedad de

---

[15] Michel Foucault, *Nacimiento de la biopolítica*, FCE, México, 2007, p. 26.
[16] *Ibid*, p. 312.

individuos, iguales ante el derecho positivo, autónomos, y libres de ataduras corporativas. Se trataba de desarticular formas de dominio ejercidas por los grupos oligárquicos del Antiguo Régimen, apoyados en el viejo sistema de privilegios e inmunidades. El derecho debía quedar bajo la salvaguarda del poder político y de hecho, a partir de la segunda mitad del siglo XIX, el Poder Judicial se incluyó en el ámbito de control del poder ejecutivo.[17] La precariedad de las condiciones de gobierno supuso sin embargo que, pese a la decisión liberal de suspender a nivel legislativo los corporativismos se tuviera que contar con un orden que, si bien iba a carecer de representatividad legal, en la práctica era eminentemente corporativo. Pese a la idea de la nación descrita por Anderson como un organismo sociológico que se desplazaba a través del tiempo homogéneo y vacío; la ambivalencia de la cultura nacional moderna significaba: "la coexistencia aporética […] de, a la vez, las tradiciones 'medievales' prefigurativas, dinásticas, jerárquicas (el pasado), y el tiempo transversal de la modernidad, sincrónico, homogéneo, secular (el presente)".[18] Así, al tiempo que suspendía el reconocimiento jurídico de los intermediarios, el Estado pactaba con ellos para fortalecerse y constituirse en *indispensable negociador de la ley*: "Juárez, como muchos otros de su generación y de las siguientes, había aprendido a usar la ley y la ilegalidad para consolidar su dominio. Ni la inflexible aplicación de la ley ni la arbitrariedad abierta podrían dar una capacidad política semejante […] En el margen que se abre entre la ley que todos convienen en acatar y la práctica donde se negocia la desobediencia […] *arraiga sobre todo la autoridad del Estado* mexicano."[19]

Ello no supuso en absoluto que no se planteara, incesantemente, la cuestión sobre qué tipo de sujetos –individuales y colectivos– reque-

---

[17] Beatriz Urías Horcasitas, "El individualismo jurídico", *Indígena y criminal: Interpretaciones del derecho y la antropología en México 1871-1921*, Universidad Iberoamericana, México, 2000, pp. 27-44.

[18] Homi K. Bhabha, *El lugar de la cultura*, Buenos Aires, Manantial, 2002, p. 300.

[19] Fernando Escalante Gonzalbo, *Ciudadanos imaginarios*, El Colegio de México, México, 2002, pp. 291-292.

riría la afirmación de un sistema institucional estable, y sobre cuáles serían las condiciones materiales para su conformación efectiva: "El punto a dilucidar sería [...] ¿cómo podía una creación artificial (el Estado) dirigirse al hombre natural (el sujeto pasional) y encontrarlo atento (y obediente)?".[20] La primera generación de positivistas respondería a través de un "proyecto encaramado en las entrañas del poder juarista: la entronización de un mandarinato de profesionales".[21] Se trataría de impulsar un Estado tecnocrático dirigido por una clase política especializada que surgiría del ámbito de la sociedad civil (*la masa de los ciudadanos comunes, procedentes de todas las razas y sectores sociales*) y en el que la asignación de cargos públicos estaría abierta a todos y se llevaría a cabo en un estricto proceso de selección pedagógica. La apertura de las posiciones, y la fluidez de los individuos a través de las mismas, conllevaría asimismo su estricta delimitación, puesto que de lo contrario la sociedad se convertiría en lo que más se temía, el caos, principal enemigo de un régimen cuya tarea explícita era "destruir todo tipo de anarquía: la anarquía intelectual, política y moral, así como la anarquía personal, doméstica y civil".[22]

Lo que sin embargo no alcanzaría nunca a plantearse la primera generación de positivistas sería la cuestión de la gobernabilidad, es decir, la de cómo lograr que la masa de ciudadanos comunes se sometiera voluntaria y efectivamente al gobierno de la aristocracia dirigente del saber, sin apelar a ningún antiguo principio monárquico. En la segunda generación, la pregunta se materializaría en la creación de una serie de instituciones disciplinarias ligadas no a la descentralización, sino a la extensión concreta del área de intervención posible del Estado sobre la sociedad y los individuos. Una extensión que se esperaba permitiera una sedimentación-rutinización del poder central

---

[20] Elías José Palti, *La invención de una legitimidad: Razón y retórica en el pensamiento mexicano del siglo XIX (Un estudio sobre las formas del discurso político)*, FCE, México, 2005, p. 299.

[21] *Ibid*, p. 392.

[22] Gabino Barreda, "Discurso del 8 de septiembre de 1877", citado en el prólogo de José Fuentes Mares, *Estudios*, Universidad Nacional Autónoma de México, México, 1992, p. xiii.

que contribuyera a su consolidación definitiva, y que llevaría a la constatación, más o menos dolorosa, de su fracaso.[23]

Si en México la racionalización liberal consideró, a pesar de Foucault, como un fin en sí mismo el fortalecimiento de la presencia del Estado, ello no significa no percatarse de las formas en las que los discursos se transforman y desplazan a medida que son rearticulados de manera distinta en los diferentes sectores sociales, y cómo las tensiones que se despliegan, desestabilizan su lógica interna y su régimen de funcionamiento. Significa advertir las formas subrepticias y tácticas que a menudo adquirirá la creatividad dispersa, de grupos o individuos. Significa, una vez más, la apertura a una serie de dislocaciones que supone que reconozcamos la emergencia de procesos ligados al concepto de biopolítica sin hacer uso del mismo, debido a las razones previamente esgrimidas.

La constatación de que no podemos deslindar del Estado los procesos de modernidad concernientes a la tipología de lo normal y lo patológico, nos lleva a percatarnos de los avatares nacionales de la gestión de la normalidad. En el positivismo abrazado por el requerimiento del racionalismo secular gubernamental mexicano, lo normal como la cara positiva de lo patológico, será *asimilado a lo sano*. Ello hará posible postular la continuidad necesaria entre los dos estados (entre ambos sólo hay variaciones de grado) que favorezcan la intervención autorizada; y atribuir valores *moralmente divergentes* a cada uno, que la hagan deseable. La continuidad entre lo normal y lo patológico no será contraria a las polaridades axiológicas, y el gobierno tratará de impulsar, a pesar de las vicisitudes, un esquema ideal de ciencia y progreso imaginado por una élite, pero que se anhela ver reflejado en el orden público.

En el alienismo mexicano que nacerá en este periodo se producirá entonces, a la luz de este anhelo, un desplazamiento que irá *de lo que piensa* el individuo a lo que *hace*; de lo que es capaz de comprender a lo que *es susceptible de cometer*, de lo que puede querer conscientemente a lo que *podría involuntariamente producirse en su comportamiento*. Este desplazamiento se efectuará en el registro que a su vez

---

[23] Elías José Palti, *op. cit.*, pp. 334-338.

irá de los estudios abstractos de fisiología cerebral centrados en un individuo cuya relación con el orden social concreto no es evidente y hay que explicitar; a los que ligan la cuestión de la locura a la evolución y degeneración de *la raza mexicana* constituida en objeto de debate de salud pública. En ambos registros permanecerá *un fantasma a exorcizar que creará las condiciones para un pensamiento en ruptura con la primacía clásica de la conciencia.* Efectivamente, la fisiología del sistema nervioso, durante el siglo XIX, a través de descubrimientos como el del acto reflejo o el del automatismo, atisbaba *la posibilidad inquietante de que la conciencia no abarcara toda la actividad mental.* Lo que más allá de la conciencia y de la intencionalidad del individuo constituía sin embargo la vida mental se transformaría en el evolucionismo en la *herencia*, y supondría la exploración sistemática del pasado concebido como la dimensión explicativa por excelencia, que se impondría en el terreno psicopatológico. Es cierto que existirían otros aportes cruciales que habría que tomar en cuenta; sin embargo ninguno que haya liberado la misma potencia de invocación, el mismo vértigo incitativo. El país instauraba, bajo los principios del Estado liberal, la desaparición de los estatutos jurídicos especiales que rigieron a los diferentes grupos étnicos y jerarquías estamentales en las que se encontraba dividida la sociedad novohispana bajo la permanencia terca de los corporativismos. Promovía al mismo tiempo la visión de la sociedad como un *todo orgánico*,[24] y la eliminación de los actores colectivos a favor de un proceso de *individualización* que asumía que las acciones humanas eran producto de la voluntad del sujeto.[25] Y sin embargo, la institución de una

---

[24] Tal y como señala Elías José Palti, hacia la segunda mitad del siglo XIX, tanto en su versión "liberal conservadora" como "liberal radical" será igualmente organicista. La dicotomía estricta entre individualismo y organicismo se tornará insostenible ya que la existencia de sujetos que preexistan a sus condiciones históricas, se tornará impensable. Es importante recuperar la ambigüedad conceptual y los antagonismos como dimensiones inherentes a este periodo. *Ibid*, p. 295.

[25] Cfr. Elisa Speckman Guerra, *Crimen y castigo. Legislación penal, Interpretaciones de la criminalidad y administración de justicia (Ciudad de México,*

sociedad como un conjunto articulado de individuos emancipados parecía descubrir, al mismo tiempo, la ruina de las bases de la conciencia como la posesión de uno mismo. La preguntas que estaban en juego eran las siguientes, ¿y si la conciencia no fuera ese centro de presencia por el cual el hombre se poseía y se gobernaba? ¿Cómo se conciliaría ese descubrimiento con la pretensión normativa de un Estado que pretendía regular a la sociedad a través de una educación moral garante del orden y del progreso?

La locura y el proyecto de normalización

> Father, Mother, and Me, Sister and auntie
> say all the people like us are We, and
> everyone else is They, and They live over
> the sea, while we live over the way, but
> –would you believe it?– They look upon
> We As only a sort of They.
>
> Rudyard Kipling

La primera tesis de medicina dedicada a lo que sólo posteriormente se consolidará como el ámbito de la psiquiatría en México,[26] fue la de Agustín A. Roa, que en 1870 escribía *Consideraciones generales*

1872-1910), Colegio de México /Universidad Nacional Autónoma de México, México, 2007, p. 315; Beatriz Urías Horcasitas, *op. cit.*, pp. 27-44.

[26] A lo largo de esta primera parte, y debido al arco temporal recorrido, utilizo indistintamente los términos "psiquiatra" y "alienista". Como advierte María Cristina Sacristán: "En México quienes a sí mismos se denominaron psiquiatras consideraron a los alienistas como los «precursores de la obra psiquiátrica». Sin embargo, pese a la introducción del término psiquiatra subsistió el de alienista que fue abandonándose muy lentamente. En una fecha tan tardía como 1956 se hace uso del término «alienista» como sinónimo de «médico psiquiatra» para referirse a psiquiatras en activo en ese momento", Cfr. María Cristina Sacristán, "Entre curar y contener: La psiquiatría mexicana ante el desamparo jurídico (1870-1944)", *Frenia* 2-2, (2002), pp. 63-64 n.5.

acerca de la enajenación mental, precedidas de algunas nociones sobre facultades intelectuales y que su autor dedicaba a Gabino Barreda (1818-1881), médico, e ilustre introductor del positivismo de Auguste Comte.[27] Barreda había hecho su aparición pública en 1867, año en que se festejaba el triunfo juarista sobre las tropas francesas invasoras. Bajo la égida de los liberales y con la introducción del ideario positivista, terminaba en México la era del antagonismo ideológico entre liberalismo y conservadurismo.[28] Así, el 16 de septiembre, cuando se conmemoraba el cincuenta y siete aniversario de la Independencia de México, Barreda fue invitado por el presidente Benito Juárez a dar el discurso para su celebración. En esa ocasión:

"Presentó el positivismo a México con la *Oración Cívica*. Ahí argumentó que los pasados sucesos de anarquía y desorden político habían sido una etapa dolorosa pero necesaria. Las ruinas eran un preludio del Estado Positivo, tanto en las ideas como en la política. El advenimiento del nuevo Estado, defendía Barreda, no era un diagnóstico basado en suposiciones y esperanzas, sino en un dictamen derivado de la ciencia [...] Esta concepción era innovadora por su fatalismo: La política y la sociedad estarían reguladas por los diagnósticos de la ciencia."[29]

---

[27] Las tesis sustituyeron a los discursos en la Escuela Nacional de Medicina a partir de 1869. Cfr. Francisco Flores, *Historia de la medicina en México desde la época de los indios hasta la presente*, t. 3, Oficina Tipográfica de la Secretaría de Fomento, México, 1886, p. 118. Sobre la introducción del positivismo en México por Gabino Barreda, Cfr. Leopoldo Zea, *El positivismo en México: Nacimiento, apogeo y decadencia*, FCE, México, 1968, pp. 55-62; Charles A. Hale, *La transformación del liberalismo en México a finales del siglo XIX*, FCE, México, 1991, pp. 23-24; pp. 223-224.

[28] Elías José Palti, *op. cit.*, pp. 291-292.

[29] Laura Cházaro, *El surgimiento del pensamiento sociológico mexicano a finales del siglo XIX: Porfirio Parra, Rafael de Zayas Enríquez y Andrés Molina Enríquez*, Tesis de Maestría en Filosofía de la Ciencia, Universidad Autónoma Metropolitana, México, 1994, p. 84.

Cuando, tras el discurso de 1867, Barreda recibió la invitación para participar en la comisión que reformó la ley de Instrucción Pública y fue nombrado director de la Escuela Nacional Preparatoria (escuela que sustituyó al antiguo Colegio de San Ildefonso), la reflexión sobre la sociedad mexicana, que aunaba ciencia y política,[30] no se produjo a partir de una demarcación que separara clara y nítidamente lo sociológico de lo biológico, lo psicológico o lo antropológico. Sino "a partir de los pasadizos y puentes comunicativos" que había entre lo que posteriormente serían campos disciplinares delimitados.[31] La psiquiatría (junto con la fisiología, la criminología, la biología o la psicología con las que a menudo se hibridaba), se constituyó en este marco más general *a partir de la preocupación por construir un saber acerca del hombre como un sujeto en sociedad.* Fundada en 1833 como Establecimiento de Ciencias Médicas, la que a partir de 1854 y hasta 1914 sería denominada Escuela Nacional de Medicina, se ocupó a menudo de los temas concernientes al alienismo *en la cátedra de medicina legal.* El modelo anatomoclínico –en consonancia con la analogía organicista y la metáfora del cuerpo social que regía la visión de la sociedad– señalaba la necesidad de buscar la relación clínica con la lesión anatómica que, de ser posible, debía manifestarse en el cuerpo, de ahí la necesidad de reunir en una sola formación a la medicina y la cirugía. Se privilegiaba la idea de enfermedad como "un conjunto de entidades morbosas bien definidas constituidas a partir de observaciones sistemáticas de signos y síntomas apoyadas mediante el estudio anatomopatológico".[32] Ahora bien, la dificultad de encontrar una lesión anatómica en casos de locura, no será para la psiquiatría un problema menor. La cátedra de enfermedades mentales, inaugurada en 1887, fue impartida por quien, aunque no ostentó ningún título en psiquiatría, está considerado el primer alienista mexicano por haber sido el primer director-médico

---

[30] *Ibid*; Charles A. Hale, *op. cit.*, pp. 18-49.

[31] Laura Cházaro, *op. cit.*, p. 346.

[32] Josep Comelles, *La razón y la sinrazón: Asistencia psiquiátrica y desarrollo del Estado en la España contemporánea*, PPU, Barcelona, 1988, p. 106.

laico de los dos hospitales para dementes: Miguel Alvarado. No por mucho tiempo, pues en 1890 la clase fue eliminada a causa de su fallecimiento.[33] Siete años más tarde, en 1897, la cátedra volvería a aparecer en el plan de estudios, para dictarse de forma ininterrumpida tres días a la semana, dos horas cada día.[34] La psiquiatría como especialidad no se instauró sino hasta 1906 como parte de la renovación del programa de la carrera de medicina, que incluía otras opciones de especialización como ginecología, oftalmología, dermatología, o bacteriología. El primer médico mexicano se titulará como especialista en 1909.[35] Hay que advertir sin embargo que hasta 1926 la psiquiatría no fue materia sujeta a examen por lo que, antes y después de su institucionalización formal como especialidad, los alienistas, más que formarse en aulas universitarias, se formaron en la práctica de los hospitales. Ello sin embargo no se traduce en que hubiera habido desinterés. Los artículos, tesis, traducciones, reportes de médicos legalistas y trabajos presentados en congresos nacionales e internacionales desde mediados del siglo XIX,[36] muestran que el proceso

---

[33] Alvarado fue superintendente del Hospital del Divino Salvador desde 1860. Sobre Miguel Alvarado. Cfr. Ramón de la Fuente y Carlos Campillo, "Perspectivas en medicina. La psiquiatría en México: una perspectiva histórica," *Gaceta Médica de México*, 3 (1976), p. 425. También Germán Somolinos D'Ardois, *Historia de la psiquiatría en México*, Sept.-Setentas, México, 1976, pp. 140-146.

[34] Archivo Histórico de la Facultad de Medicina de la Universidad Nacional Autónoma de México (Legajo) L. 152 (Expediente) E. 58 (Foja) F.1; Ana María Carrillo y Juan José Saldaña, "La enseñanza de la medicina en la Escuela Nacional durante el Porfiriato", en Juan José Saldaña (Coord.), *La casa de Salomón en México: estudios sobre la institucionalización de la docencia y la investigación científicas*, Facultad de Filosofía y Letras, Universidad Nacional Autónoma de México, México, 2005, p. 264.

[35] Ernesto S. Rojas fue el primer médico mexicano titulado como psiquiatra en 1909. Simultáneamente se tituló como ginecólogo. Véase Ernesto S. Rojas, *La histeria psíquica*, Tesis de Medicina, Escuela Nacional de Medicina, México, 1909. Cfr. Elia Patlán Martínez, *Historia de la psicología en México, 1867-1910. Estudio de caso: el Hospital de San Hipólito*, Tesis de Maestría en Historia, Universidad Nacional Autónoma de México, México, 2000, p. 107.

[36] Durante el siglo XIX salieron de las imprentas de la nación al menos 400 títulos de tema psiquiátrico entre artículos, tesis y libros de autores mexicanos e hispa-

de constitución del alienismo mexicano ha de contemplarse como un proceso que se venía gestando con anterioridad y que fue más complejo.[37] Se inscribió y fue un ámbito más, ni el único ni el más importante, en el proyecto nacional más amplio que contemplaba en la *normalidad,* un ideal moral.

Efectivamente entre 1860 y 1870, cuando el positivismo se afianza en México, se percibe de manera indiscutible la necesidad de una reflexión sistemática sobre la sociedad mexicana. Para la élite gobernante, el único modo de vencer a la anarquía era instituir "una doctrina verdaderamente universal que reuniera todas las inteligencias en una síntesis común".[38] *La moral* se develaba clave en un planteamiento para el que la reflexión sobre la sociedad tenía la finalidad de inculcar en los ciudadanos una conciencia de sus obligaciones tanto morales como políticas. *La nueva moral* era imprescindible si se quería huir tanto del "anárquico e inmoral escepticismo" como del estado metafísico y teológico. Es hora –decía Barreda– de buscar en el estudio riguroso del hombre mismo, y no en los dogmas religiosos, la causa y el fundamento de la moral.[39]

---

nos, así como traducciones de autores extranjeros. A nivel nacional aparecieron en revistas como *La Gaceta Médica de México, La Unión Médica de México, El Observador Médico, La Escuela de Medicina, El Estudio* y *El Semanario de Ciencias Médica.* Cfr. María Cristina Sacristán, "La contribución de La Castañeda a la profesionalización de la psiquiatría mexicana", en *Salud mental* 33 (2010), p. 475.

[37] No será sino en 1934, a instancias de Samuel Ramírez Moreno y Juan Peón del Valle, que vea la luz la primera revista de la especialidad, la *Revista Mexicana de Psiquiatría, Neurología y Medicina Legal.* Al año siguiente, Alfonso Millán y Leopoldo Salazar Viniegra fundaron la Sociedad para el Estudio de la Neurología y la Psiquiatría y editaron en 1936 su órgano oficial llamado *Manicomio,* ambos de corta vida. Gracias al esfuerzo de Manuel Guevara Oropeza se amplió este trabajo y en 1937 abrió sus puertas a la afiliación la Sociedad Mexicana de Neurología y Psiquiatría, todavía hoy existente, así como su órgano oficial, los *Archivos de Neurología y Psiquiatría de México.* María Cristina Sacristán, "La contribución", *op. cit.,* p. 479.

[38] Gabino Barreda, "Oración Cívica pronunciada en Guanajuato el 16 de septiembre del año de 1867", *Estudios, op. cit.,* p. 69.

[39] Gabino Barreda, "De la educación moral", *op. cit.,* p. 109.

"La ciencia, progresando y creciendo como un débil niño, debía primero ensayar y acrecentar sus fuerzas en los caminos llanos y sin obstáculos, hasta que poco a poco y a medida que ellas iban aumentando, fuese sucesivamente entrando en combate con las preocupaciones y con la superstición, de las que al fin debía salir triunfante y victoriosa después de una lucha terrible, pero decisiva [...] No diré tampoco cómo la ciencia ha logrado, en fin, abrazar a la política y sujetarla a leyes, ni cómo la moral y la religión han llegado a ser de su dominio."[40]

En la tradición médica y filosófica del siglo XIX, en el término "moral" se desplegaba una ambivalencia que es interesante explorar brevemente. Por *moral* se entendían tanto la parte afectiva o psíquica del ser humano, como los principios éticos y las buenas costumbres.[41] Para los positivistas se trataba de defender que el psiquismo o la parte afectiva del hombre no constituía un principio espiritual independiente. Era necesaria una sistematización de la moral sobre una base que fuera evidente y positiva. Barreda, influido por Franz Joseph Gall (1758-1828),[42] señalaba que el análisis de las facultades intelectuales y afectivas del hombre mostraba que había en éste tendencias innatas que le inclinaban hacia el bien y tendencias innatas que le impelían al mal. Estas inclinaciones tenían sus órganos en la masa cerebral. El

---

[40] Gabino Barreda, "Oración Cívica pronunciada en Guanajuato el 16 de septiembre del año de 1867", *op. cit.*, p. 73.

[41] Rafael Huertas, *op. cit.*, p. 52.

[42] Franz Joseph Gall padre de la frenología postulaba que las funciones mentales residían en áreas específicas del cerebro y que esto determinaba el comportamiento, y asumía que la superficie del cráneo reflejaba el desarrollo de estas zonas. El sistema frenológico de Gall se conocía en México por lo menos desde 1841, año en el que se encuentra un escrito del Dr. Rafael Lucio que cuestiona la propuesta. Cfr. Germán Somolinos D´Ardois, *op. cit.*, pp. 131-132; En 1874, el pensador socialista griego afincado en México, Plotino Rodhakanaty inició inspirado en Gall la publicación de un periódico de corta duración *El craneoscopo*. Cfr. Carlos Illades, "Plotino C. Rodhakanaty"en Carlos Illades y Ariel Rodríguez Kuri, *Ciencia, filosofía y sociedad en cinco intelectuales del México liberal*, Universidad Autónoma Metropolitana, México, 2001, pp. 19-35.

hombre, añadía, "no es por lo mismo un ser exclusivamente inclinado al mal, como lo habían supuesto los teólogos y los metafísicos, sino que hay en él, como lo había establecido el buen sentido vulgar, inclinaciones benévolas que le son tan propias como las opuestas".[43] El perfeccionamiento moral radicaba no en la búsqueda del bien en el *individuo* (error de juicio que con frecuencia cometían las religiones), sino en la búsqueda *social* del desarrollo de los órganos *individuales* que presidían las buenas inclinaciones, y en la disminución, en la medida de lo posible, de aquellos que presidían las malas. La ciencia era la única que permitía fundar la moral sobre una base firme, demostrable y capaz de un continuo e indefinido progreso. No obstante hay que destacar que nunca hubo un positivismo "ortodoxo" perfectamente autoconsistente, ni que tampoco en México fue el positivismo doctrina de una sola escuela.[44]

La importancia de la *moral* (en la ambivalencia que hemos descrito) era asimismo reconocida por los espiritualistas, que se leyeron a través de las obras de Guillaume Tiberghien (1819-1901) y Víctor Cousin (1792-1897), que tuvieron éxito en sectores del liberalismo, y partían de una rigurosa distinción entre las ciencias del espíritu y las ciencias naturales.[45] Las ciencias físicas y naturales, argüían, some-

---

[43] Gabino Barreda, "De la educación moral", en *op. cit.*, p. 109.

[44] Cfr. Leopoldo Zea, *op. cit.*, pp. 46-72; Charles A. Hale, *op. cit.*, pp. 221-265. A diferencia de estos autores habría que hacer hincapié que no nos referimos a que hubiera un tipo ideal positivista que sufriría desviaciones "locales"; sino que lo que hay que cuestionar en primer lugar, es la existencia de este supuesto tipo ideal. Cfr. Laura Cházaro, *op. cit.*, pp. 81-109.

[45] Guillaume Tiberghien fue seguidor de las ideas de Krause y del idealismo alemán. Cousin junto con Royer-Collard parte de una tradición francesa ecléctica y crítica ante el sensualismo. A pesar de ello hay entre ambas filosofías vasos comunicantes que justifican que hasta cierto punto puedan ser consideradas bajo el rubro espiritualista. Cfr. Leopoldo Zea, *op. cit.*, pp. 313-340; Charles A Hale, *op. cit.*, pp. 278-283; Carlos Illades, "Ciencia y metafísica en el siglo XIX" en Carlos Illades y Georg Leidenberger, *Polémicas intelectuales del México moderno*, Consejo Nacional para la Cultura y las Artes/Universidad Autónoma Metropolitana-Cuajimalpa, México, 2008, pp. 69-114; Laura Cházaro, *op. cit.*, pp. 58-80. La presencia del Krausismo en México, a través sobre todo del español

tían a los fenómenos que trataban a leyes, causas y conceptos. Pero cuando se trataba de las ciencias psicosociales o ciencias del espíritu estos procedimientos analíticos no tenían cabida porque éstos eran fenómenos de índole completamente distinta. Preocupados por la renovación del hombre, por la condición de su naturaleza y su vida en sociedad, los espiritualistas pensaban que las ciencias morales no podían ser pensadas como si fueran ciencias naturales y pudieran obtener resultados con la aplicación del método experimental.

La coincidencia de intereses en la preocupación por la cuestión moral; las circunstancias históricas y políticas; y los problemas filosóficos propios de cada una de las doctrinas en cuestión, coadyuvaron a que el enfrentamiento entre positivismo y espiritualismo fuera mucho más ambiguo de lo que habitualmente se ha querido ver.[46] Los espiritualistas, por su parte y para enredar más la cuestión, consideraban su doctrina como una filosofía no sólo de la mente *sino también de la materia,* y pretendían dilucidar las relaciones entre ambas.[47] Un intercambio constante realizado en una doble dirección de modo tal que la condición física de los individuos afectaría a las pasiones y a las ideas y, viceversa, las pasiones y las ideas incidirían directamente sobre la condición física. Las condiciones de enunciación de los discursos en México vendrían a inscribirse en los propios textos, no como el escenario en el que se desarrollaba la historia, sino como *formando parte del sentido integral de los mismos.* En este marco, y para el caso que nos ocupa, hay que destacar que en el alienismo decimonónico mexicano las ideas y las pasiones, las facultades del entendimiento en suma, *no se manifestarán jamás sin la intervención del cerebro y del sistema nervioso.* A veces el énfasis se situará en las facultades; otras veces en el substrato anatómico objetivable. La cuestión a su vez implica una doble vertiente. En primer lugar, si la

---

Julián Saénz del Río ha sido estudiada recientemente por Antolín C. Sánchez Cuervo, *El krausismo en México,* Facultad de Filosofía y Letras, Universidad Nacional Autónoma de México /Jitanjáfora Editorial, Morelia, 2004.

[46] Cfr. Charles A Hale, *op. cit.,* pp. 278-283.

[47] *Ibid.*

locura puede servir de evidencia, en un sentido material, a los efectos de la desviación moral. En segundo lugar, cómo pasar de la cuestión del sujeto concreto que enloquece, a la vinculación de la locura con el orden social.

Volvamos al joven Agustín Roa, que en 1870 para obtener su título de médico presenta *Consideraciones generales acerca de la enajenación mental, precedidas de algunas nociones sobre facultades intelectuales* en lo que es la primera tesis escrita en México sobre el tema. Roa hará hincapié en la cuestión de la fisiología, comprendida como la tentativa de considerar la vida mental como una manifestación o propiedad del organismo a través de la observación de sus funciones. Philippe Pinel (1745-1782)[48] había apelado ya a la observación y el análisis sistemático de los fenómenos perceptibles de la locura a partir del sensacionalismo de Condillac (una reelaboración del de Locke). Lo que un modelo basado en las impresiones sensibles y que ayudara a conceptualizar el modo de funcionamiento normal de la mente proporcionaba a Pinel, era la posibilidad de llevar a cabo un estudio *fenoménico* (y no metafísico) de la locura. A partir de aquí, y progresivamente, el estado mórbido sólo será en el ser vivo una modificación *cuantitativa* de los fenómenos fisiológicos que definen el estado normal de la respectiva función. Y sin embargo, pragmático antes que nada, Pinel ejerció influencia considerable sobre la organización del tratamiento de los alienados a través del *tratamiento moral de las pasiones*, al demostrar que hay siempre en el alienado trazas de razón que permiten restablecer, en una especie de alianza terapéutica, el diálogo interrumpido por la locura. Su discípulo, Jean-Étienne Dominique Esquirol (1770-1842) se concentró asimismo en la importancia de la sensibilidad, sin renunciar por ello

---

[48] Philippe Pinel ha sido considerado el padre de la psiquiatría. Además de ser reconocido como uno de los precursores de la nosología y del trato humanitario a los pacientes a los que habría liberado de las cadenas (como su contemporáneo William Tuke, en el famoso *Retreat* de York). Hay que señalar que ello ha sido discutido en especial por Michel Foucault. Sobre Pinel es imprescindible Dora B. Weiner, *Comprender y curar: Philippe Pinel (1745-1826),* FCE, México, 2002.

a subrayar la importancia de las pasiones como raíz de la afección. Pinel y Esquirol consideraban a las pasiones como pertenecientes a la vida orgánica *pero ligadas a la vida moral*.[49] Efectivamente, se trataba de contemplar la moral no como algo inasible e inaprehensible, sino como algo que en cierto sentido *pudiera ser materializado*. Por ello, localizaban las lesiones orgánicas causantes de la locura *en el epigastrio*, "ese lugar de encuentro de las que bien cabe llamar las contradicciones de la afectividad".[50] Al no identificar la locura con las lesiones cerebrales, podían defender además más claramente que ésta no atacaba todas las facultades intelectuales del individuo, y que era posible la curación.[51]

Cuando Roa escribe su tesis, a la influencia de Pinel y Esquirol se añade la de François Xavier Bichat (1771-1802), padre de la histología moderna; la de François Broussais (1772-1838) que establece una relación directa entre anatomía y fisiología y contempla a la enfermedad como efecto de un mero cambio de intensidad en la acción de los estímulos indispensables para el mantenimiento de la salud; y sobre todo la de Jules Bernard Luys (1828-1898), cuyos descubrimientos sobre la anatomía, la patología y las funciones del sistema nervioso central, permitían –según nuestro joven autor– "demostrar que las facultades intelectuales tienen su sitio en el cerebro".[52] Fiel al modelo en boga, Roa advierte que "los actos intelectuales son fenómenos

---

[49] Cfr. Philippe Pinel, *Tratado médico filosófico sobre la enajenación mental o la manía*, Nieva, Madrid, 1988. La obra de Esquirol ha sido publicada en español junto a la de Daquin en una nueva e interesante edición, J. E. Esquirol, J. Daquin, *Sobre las pasiones. Filosofía de la locura*, Asociación española de neuropsiquiatría, Madrid, 2000.

[50] Jackie Pigeaud, "La antigüedad y los comienzos de la psiquiatría en Francia" en Jacques Postel y Claude Quétel (Coords.), *Nueva historia de la psiquiatría*, FCE, México, 2000, p. 149.

[51] Marcel Gauchet y Gladys Swain, *Pratique de l'esprit humain, l'institution asilaire et la révolution démocratique*, Gallimard, París, 1980, p. 330.

[52] Agustín A. Roa, *Consideraciones generales de acerca de la enajenación mental precedidas de algunas nociones sobre facultades intelectuales*, Tesis de Medicina, Escuela Nacional de Medicina, México, 1870, p. 6.

puramente naturales [...] que tienen su origen en causas únicamente físicas".[53] Inmediatamente nos señala que el estado actual de conocimientos permite dar por sentado que la masa nerviosa encefálica se compone de celdillas nerviosas cuya aptitud especial radica en poder comunicarse con otras celdillas que se hallan en otros órganos del cuerpo, y transmitir a distancia la influencia que las anima. Roa parte por reflexionar sobre las facultades intelectuales en estado *normal* para sólo posteriormente acercarse a la patología.

La atribución a las constantes –cuyo contenido es determinado científicamente por la fisiología– de un valor de normalidad "traduce la relación de la ciencia de la vida con la actividad normativa de la vida [...] con las técnicas biológicas de producción e instauración de lo normal".[54] Con ello se hace referencia a un proceso general de *normalización* social, política y técnica que abarca a la idea de nación. La norma se considera válida por sí misma y trae aparejados un principio de calificación y un principio de corrección cuya función *no es en principio excluir* sino, como veremos, ligarse a una técnica positiva de intervención y transformación. La normalización es una concepción que admite y espera que el hombre pueda forzar a la naturaleza y hacer que se pliegue a sus intenciones normativas. Ante ella, la alteración que separa lo normal de lo patológico es entonces siempre cuantitativa. Barreda ensalzó "las virtudes de la homogeneidad, del control y hasta del adoctrinamiento".[55] La locura, curada o evitada, se transformará en la reconstitución de una moral que si bien no dejará de ser artificiosa en tanto que producida; no dejará de ser realidad, porque el artificio, lejos de ser ilusión o máscara, formará la trama misma de la experiencia.

El aparato nervioso –escribe nuestro autor– engendra la fuerza que propaga a lo lejos, la conduce, la recibe, la transforma como "esos admirables sistemas de transmisión eléctrica".[56] Roa se apoya

---

[53] *Ibid*, pp. 5-6.

[54] Georges Canguilhem, *op. cit.*, p. 176.

[55] Charles A Hale, *op. cit.*, p. 240.

[56] Agustín A Roa, *op. cit.*, p. 7.

en el descubrimiento de la corriente eléctrica y su producción y en la importancia que adquieren las partes sólidas, los tejidos, "la fibra nerviosa".[57] Los nervios, encargados de transmitir las impresiones más diversas, son en todas partes y en todos los órganos de la misma naturaleza. La nueva imagen de las tensiones, el cuerpo como un entrelazamiento de fibras nerviosas y como máquina productora de energía a partir del material sensible, crea una imagen particular, la del "nerviosismo", como signo de locura. Efectivamente, la emergencia de México como nación moderna, se percibe como la entrada en un mundo saturado de nuevos incentivos, demandas y riesgos, que requieren del sujeto la adaptación constante a nuevas experiencias. En el momento en que Roa redacta su tesis, se cuenta ya con las primeras líneas telegráficas, y a finales de la década de los setenta se inauguraría la primera línea telefónica, en lo que se concebirá como una nueva era subjetiva de comunicación e intercambio. Habría que esperar un poco más para que a finales del siglo XIX y principios del XX se generalizara el uso de lámparas eléctricas y se inaugurara el sistema de tranvía, a través del cual los habitantes deberían aprender a ajustar sus cuerpos y sentidos, a nuevos sentimientos de velocidad y de distancia. Además "las modernas estrategias de mercadotecnia, que incluían el uso de pendones y hasta dirigibles, generaron actitudes receptivas hacia la novedad y lo efímero".[58] Así, mientras que en el siglo XVIII la neurosis[59] era todavía enteramente desconocida para la mayoría y reservada a las clases pudientes, a finales del siglo XIX la experiencia de la enfermedad nerviosa se habría generalizado ante su identificación social con la exposición del individuo a pro-

---

[57] *Ibid.*

[58] Cristina Rivera Garza, *La Castañeda. Narrativas dolientes desde el manicomio general. México, 1910-1930*, Tusquets, México, 2010, p. 51.

[59] El concepto *Neurosis* designó, desde su introducción por el médico escocés William Cullen (1710-1790), las enfermedades *orgánicas* del sistema nervioso. Posteriormente se atribuyó a afecciones mentales cuya causalidad ya no era orgánica sino psicogenética. Con Freud acabaría señalando a las llamadas psiconeurosis, es decir, a la histeria y la neurosis obsesiva. Jacques Postel, "Las neurosis" en Jacques Postel y Claude Quétel (Coords.), *op. cit.*, pp. 230-238.

cesos de estimulación continua vinculados a la vida urbana. Reacciones patológicas acaecían, se pensaba, ante la sobreestimulación que o bien producía la excitabilidad, o bien el agotamiento nervioso. A menudo, la reflexión del Estado mexicano y sus ciudadanos en torno a los costos ocultos del proceso de modernización, se llevará a cabo a través del nuevo idioma especializado de "los nervios". La asimilación del cuerpo humano a los sistemas de transmisión eléctrica expresaba un principio organizador: la energía eléctrica y la fuerza productiva del sujeto eran manifestaciones vinculadas a una misma ley: la de la conservación. Para Roa, la celdilla nerviosa requiere de la integridad del tejido y de la renovación incesante del influjo que elabora, un influjo intermitente puesto que, como los combustibles que utiliza la industria, "se gasta poco a poco en las diversas funciones del organismo".[60] La preocupación posterior radicará en cómo la "utilización" de los "recursos combustibles" y sus cuidados podrán ayudar a los procedimientos preventivos: *una manera de combatir la degeneración junto con un ideal de moralización.*

La propiedad más notable de las celdillas, además de su capacidad de recepción y de retención de largo aliento de las impresiones sensibles, es el *automatismo*: capacidad de suscitar a través de vibraciones la actividad de nuevas celdillas que a su vez entran en acción y al unísono de las primeras. Aunque Roa no extraiga las consecuencias, el automatismo *supone la constatación de que una gran parte de la vida mental se desarrolla fuera de la conciencia.* Desde su empiricismo, *las ideas* no son sino impresiones sensoriales que el cerebro combina y encadena de distintos modos y es "en virtud del automatismo de las celdillas cerebrales que las ideas se llaman, se unen y se encadenan, que podemos adquirir nuevos conocimientos y referirnos a los antiguos".[61] *El juicio* consiste "en aprovechar los diversos datos que ha dado la experiencia para establecer sus relaciones y fallar acerca de sus semejanzas y diferencias".[62] Pero para juzgar con más exactitud

---

[60] Agustín A. Roa, *op. cit.*, p. 7.

[61] *Ibid*, p. 13.

[62] *Ibid*, p. 16.

es necesario guiarse por la *razón,* facultad que la experiencia mejora que se define por su capacidad de rectificar. *La razón no es la razón individual* sino "la que respecto al mismo objeto hayan formado la mayor parte de los hombres".[63] *El criterio racional se mide entonces de acuerdo al criterio de conformidad que el individuo presenta con su medio social,* y Roa llega a definir el genio como la capacidad de la imaginación de guiarse por juicios rectos, y de *limitarse a sí mismo* "por un grado extremo de razón".[64] La salud del juicio se muestra en el proceder ajustado a las normas sociales. Sólo la racionalidad científica plasmada en la lógica positivista asegura que la vida nacional se rija a través del consenso. La carencia de creencias comunes conduce no sólo al error, cuestión por demás grave, sino además, al caos y la violencia, disolviendo la convivencia social. En una carta a Mariano Riva Palacio, gobernador del Estado de México, escrita el mismo año que Roa presentaba su tesis, Barreda aseveraba: "Para que la conducta práctica sea, en cuanto cabe, suficientemente armónica con las necesidades reales de la sociedad, es preciso que haya un fondo común de verdades de que todos partamos, más o menos deliberadamente, pero de una manera constante."[65]

Se trata de crear un pensamiento lógico y racional cuya uniformidad pueda ser reproducida. La lógica inductiva impulsada por el positivismo tenía la finalidad de producir sujetos prácticos capaces de regirse por los criterios racionales de la ciencia y de alcanzar el consenso social. ¿Qué es entonces para Roa la enajenación mental? Consiste –nos dice– en un "cambio anatómico o de estructura, o un cambio fisiológico o funcional; es decir una alteración estática o dinámica del cerebro".[66] El cambio *fisiológico* implica una alteración en las operaciones del cerebro, mientras que el *anatómico* implica una alteración en la estructura cerebral misma. Predisponen a la lo-

---

[63] *Ibid*, p. 17.

[64] *Ibid*, p. 22.

[65] Gabino Barreda, "Carta dirigida al C. Mariano Riva Palacio, Gobernador del Estado de México, 10 de octubre de 1870", en *Estudios, op. cit.*, pp. 10-11.

[66] Agustín A Roa, *op. cit.,* p. 28.

cura, el sexo (las mujeres son más propensas a ella que los hombres); las ideas religiosas exageradas que "coincidiendo con la ignorancia y la superstición […] han impreso al delirio un carácter particular";[67] la civilización, que provoca que la enajenación se cobre más víctimas en sociedades destacadas por sus "progresos en las artes y en la industria";[68] la edad (más frecuente entre los treinta y cuarenta años edad crítica para el hombre, y los cuarenta y cincuenta edad crítica para la mujer) o el estado civil, siendo el más peligroso el celibato (que Roa parece entender como soltería) por favorecer en ambos sexos: "la vida irregular, la prostitución y dejar a los individuos sin apoyo moral en la sociedad".[69] Roa no se pregunta cómo estos factores, el sexo, la civilización o las ideas religiosas, pueden predisponernos a un cambio anatómico o funcional en el cerebro que provoque la locura. Tampoco se cuestiona sobre la localización específica que tendría dicha alteración en caso de ser anatómica, o sobre cómo podría especificarse orgánicamente su origen cerebral en caso de ser fisiológica. Hay que ver en ello el efecto de un dominio en el que plantear fisiología, anatomía y moral juntas, sin explicitar la relación que hay entre ellas, *todavía no constituye un problema*. "Los años posteriores a 1867 presenciaron el ascenso del positivismo como conjunto predominante de ideas sociales en México, de la misma manera que la filosofía positivista se convirtió en guía de la reorganización de la educación superior y la política positiva o científica en el concepto prevaleciente de gobierno".[70] Las adquisiciones de un conocimiento científico funcionaban por sí mismas como fuente de inferencia. Autorizaban la lectura de los datos tenidos por familiares. El núcleo duro de los conocimientos jugaba como una incitación a creer. Determinaba una propensión a acoger favorablemente cualquier construcción intelectual que lo tuviera en cuenta, o que pareciera acoger sus exigencias.

---

[67] *Ibid.*

[68] *Ibid.*

[69] *Ibid*, p. 34.

[70] Charles A. Hale, *op. cit.*, p. 320.

Roa puede sostener así que la causa predisponente por excelencia para la locura es la herencia, y apelar menos a un mecanismo explícito de transmisión que al debilitamiento de alguna fuerza "genital" que se produce en los matrimonios consanguíneos pero también en aquellos en los que se produce la "unión de una joven y un hombre de avanzada edad, de un joven y una señora próxima a la ancianidad o de dos jóvenes incompletamente desarrollados".[71] Los ebrios consuetudinarios "engendran hijos con aptitud especial a las enfermedades de los centros nerviosos y a la enajenación intelectual".[72] Esta lectura sobre los efectos perniciosos del alcohol, podemos añadir, es coherente con la imagen del "cuerpo como entrelazamiento de fibras nerviosas" que presenta el candidato a médico. La fragilidad nerviosa identifica la aparición de males como el alcoholismo. La imagen como valorización causal de las cualidades simbólicas del espasmo, de la agitación y la convulsión, se inviste y presenta en un fenómeno visible. El alcohol puede, efectivamente, provocar temblores y convulsiones, es decir, "destruir los nervios" y causar daños irreversibles en la propia progenie. Roa sin embargo no deja de señalar que:

"Si bien hay individuos que llevan consigo el germen hereditario y cuyo desarrollo no puede evitarse [...] hay también personas que presentan alteraciones intelectuales cuyo origen puede atribuirse racionalmente a la dirección viciosa de la inteligencia. Cuando a los niños se les permiten sus caprichos, dándoles libre curso a sus pasiones y fantasías se desarrolla en ellos una excitabilidad nerviosa [...] que los vuelve incapaces de soportar la contrariedad más ligera. Lo mismo sucede con esas educaciones precoces y pretenciosas que gastan, por decir así, la inteligencia y desarrollan en el niño una ambición sin fundamento sólido que tarde o temprano los conducirá a la enajenación intelectual."[73]

---

[71] Agustín A. Roa, *op. cit.*, pp. 32-33.

[72] *Ibid*, pp. 31-32.

[73] *Ibid*, p. 35.

El estado de cada individuo, su pasado, el cuidado que se dedica, compromete más que nunca a su descendencia *y se transforma en una cuestión moral que justifica los desvelos del Estado por el cuidado de todos.* La locura como enfermedad del cuerpo, como enfermedad de la materia, susceptible de ser identificada y diagnosticada en el marco estricto de la ciencia médica, coexiste con un dominio moral en el que se evidencian sus relaciones con el nuevo orden social que se intenta instaurar en México. La educación es el espacio para formar una nueva moral social pero esta labor no está completa si, a su lado, no se desarrolla una ciencia de la moral.[74] Así entre las causas ocasionales de la locura las emociones y las pasiones, advierte Roa en su estudio, tienen un lugar predominante. Ello se refleja particularmente en relación a las cuestiones que él mismo sitúa al lado de la materialización de la locura: la constitución de la familia, la cuestión de la sexualidad; la relación con una nueva concepción de la religión y lo religioso; o la preocupación inédita por los efectos de la civilización y el progreso industrial. En suma la relación del individuo consigo mismo, y con el orden social al que se ha de integrar.

Hay que volver a insistir en la preponderancia que tendrá la *moral* en el positivismo mexicano. En los planes de estudio que Gabino Barreda propone para la Escuela Nacional Preparatoria, el estudiante comienza por el conocimiento matemático deductivo, continúa con el conocimiento físico inductivo que culmina en el estudio de la botánica y la zoología y que favorece la experimentación, la comparación y la formulación de hipótesis; para, finalmente, llegar a la lógica y la moral.[75] El interés de Barreda por "transformar" la herencia filosófica metafísica del Colegio de San Ildefonso, adoptando un esquema que sincretice con sus intereses acerca de la reforma moral social necesaria en México, da como resultado una lectura concreta del positivismo.[76] Barreda contempla la lógica como una *lógica práctica* que

---

[74] Laura Cházaro, *op. cit.*, p. 97.

[75] Charles A. Hale, *op. cit.*, pp. 226-230.

[76] Zea señala que una de las diferencias más importantes radica en la actitud de Barreda con respecto al liberalismo, es que a diferencia de Comte ve en el liberalismo una fuerza positiva. Otro aspecto es que Barreda no combate al catoli-

tras haber recorrido el camino de la deducción y, sobre todo, el de la inducción, supone la culminación de la educación intelectual del alumno. La lógica práctica contribuye a la formación de esa nueva moral que ha de ser concebida como ciencia desde la cual se pueden determinar objetivamente los criterios bajos los cuales los individuos se relacionan dentro del ámbito social, y desde la cual es posible regenerar a la sociedad. Con ello se evitan dos peligros. El de la moral que demasiado ligada a la metafísica se centra exclusivamente en principios deductivos que retroceden inermes ante la realidad nacional; y el de tener que recurrir a los elementos morales que si bien se hallan en las religiones positivas, se caracterizan por no poseer uniformidad ni criterios firmes.[77] Hay que señalar que la Escuela Nacional Preparatoria "antes que proveer instrucción buscaba disciplinar (educar) los espíritus, formar personajes ascéticos, *maestros en el arte del gobierno de sí*".[78] La enseñanza debía servir al proceso de selección por el cual identificar aquellos sujetos idóneos para ser funcionarios de Estado, y por ello despojados de todo egoísmo o interés particular. Efectivamente, en tanto que representantes de una ciencia objetiva resultaban en última instancia perfectamente intercambiables entre sí, y por ello estaban capacitados para ejercer la función pública impersonal que la representatividad política requería. En el sistema de funciones inherente a una sociedad concebida como un todo orgánico, el programa educativo suponía, en este sentido, una política concreta de la subjetividad:

"La función específica del político sería la de representar a la nación en su totalidad, antes que a ninguna colección de

---

cismo para poner en su lugar a la Religión de la Humanidad sino para combatir al clero. Cfr. Leopoldo Zea, *op. cit.*, p. 57. La interpretación de Hale es más sutil con respecto a este último punto, Charles A. Hale, *op. cit.*, pp. 234-235. Laura Cházaro se concentra en el hecho de que Barreda nunca habla de sociología como cumbre del método positivo sino de lógica y moral. Cfr. Laura Cházaro, *op. cit.*, pp. 104-109.

[77] Gabino Barreda, "De la educación moral", *op. cit.*, pp. 108-109.

[78] Elías José Palti, *op. cit.*, p. 334.

sus voluntades individuales. Tal función estaría determinada por el doble carácter ético-epistemológico de su rol: lo que confería a dicha clase al mismo tiempo el derecho y el deber de gobernar sería no sólo su posesión de un saber de lo social, sino fundamentalmente, su facultad a la vez moral e intelectual para interpretar y expresar 'el sistema de las necesidades generales'. Es en este punto donde el gobierno de Barreda se revela como un estadio intermedio en el tránsito entre la vieja teoría de la soberanía y el nuevo arte de gobierno. En su orientación a la sociedad civil como el ámbito del cual debe emanar la nueva clase dirigente anticipa motivos fundamentales del arte de gobierno […] Sin embargo aun comparte con la anterior teoría de la soberanía su destinatario (el gobierno trascendente) y su meta (enseñarle cómo gobernar)."[79]

Para fortalecer y concretar su idea sobre la nueva moral "objetiva", Barreda señaló la necesidad de reconocer un ámbito de eventos morales que era necesario abordar como fenómenos derivados de las facultades mentales. La correspondencia entre las facultades mentales y morales y su localización cerebral u orgánica será precisamente el tema elegido por uno de sus discípulos, Porfirio Parra, que en 1878 le dedicará su propia tesis al respecto, *Ensayo sobre la patogenia de la locura*, presentada para obtener asimismo el título de médico.[80] Lo que en Agustín A. Roa todavía no constituía un problema, el que la locura como enfermedad de la materia, susceptible de ser identificada y diagnosticada en el marco estricto de la ciencia médica, coexistiera sin más con el dominio moral, en Parra ya lo era. Efectivamente, a finales de la década de los setenta e inicio de los ochenta:

"Los éxitos que el positivismo con su concepto de ciencia decía haber aportado al saber mexicano, fueron cuestionados

---

[79] *Ibid*, p. 337.

[80] La biografía de Porfirio Parra (1856-1912), uno de los médicos más prolíficos e interesantes del Porfiriato se trata sucintamente en Laura Cházaro, *op. cit.*, p. 190.

desde muchos aspectos: a nivel filosófico, político y hasta religioso [...] el supuesto triunfo de la ciencia sobre el dogma
dejó de ser una certeza y el idílico triunfo terminó siendo el
tema más debatido de la época. En medio de esta serie de debates que se abrieron con la llegada del positivismo en voz de
Gabino Barreda, se pusieron en evidencia los problemas que
el ocaso del siglo pasado enfrentó para plantearse el estudio de
las ciencias en general y el de las ciencias morales o subjetivas
[...] De hecho, esta situación provocó que dentro del mismo
grupo de positivistas surgieran redefiniciones."[81]

La serie de reformas curriculares en la Escuela Nacional Preparatoria, que darían lugar a encendidas polémicas en la prensa y en el Congreso,[82] supuso, el año en que Parra le dedicaba su tesis, la separación
del cargo de Barreda y su asignación a una misión diplomática en
Berlín. El núcleo del programa de reforma educativa de Barreda había girado en torno al ideal de una clase política profesional capaz de
desprenderse de todo atributo personal y representar al conjunto de
la sociedad. Lo que en su proyecto no llegaba a plantearse era *cómo
someter a la obediencia* a la masa de ciudadanos comunes, por qué
habría ésta de aceptar a aquella suerte de aristocracia del saber surgida de la Escuela Nacional Preparatoria como a la (única) legítima
depositaria del poder".[83] El paradigma barrediano de una voluntad
que el sujeto doblegaba en aras de una decisión lógica, y por ello impersonal y desinteresada, se percibía como ciertamente insuficiente.
La cuestión era tanto más acuciante debido a los disturbios generados en los últimos años del gobierno juarista y de Lerdo de Tejada.
Porfirio Díaz iniciaba, en 1877, su primer mandato presidencial, que
concluiría en 1911, meses después de haber estallado la Revolución.

---

[81] *Ibid*, pp. 110-111.

[82] En 1877, precedido por otras modificaciones como las de 1873, Ignacio Ramírez
aprobó la ley por la que eliminó en algunas carreras la obligación de estudiar
lógica y gramática. El positivismo veía así declinar su influencia, para renacer
en torno a 1890.

[83] Elías José Palti, *op. cit.*, p. 338.

El objetivo del régimen porfirista giraría en torno a las condiciones subjetivas de posibilidad del orden político y social; a las premisas materiales para la constitución de un ciudadano, a la vez individual y social. Ello condujo, en primera instancia, a una redefinición más incisiva sobre las facultades subjetivas que contribuyera a perfilar este tipo de ciudadano. En segunda instancia, al establecimiento de una serie de instituciones que lidiaran con las tendencias antisociales del cuerpo social, y frente a las cuales la racionalidad del Estado habría de ser afirmada. En la redefinición de las facultades subjetivas emprendida por el alienismo había dos caminos. El primero iba en el sentido de *una reducción integral* del rol de la conciencia. El segundo se orientaba hacia *un dualismo funcional* de instancias en el interior de la organización mental.

¿Qué era la locura según Porfirio Parra? Al igual que Roa, Parra subrayaba su carácter de afección fisiológica pero destacaba que su principal nota era la de suponer *la destrucción del carácter moral del individuo*. El completo desorden cerebral del maniaco, con sus ideas atropelladas, sus incoherentes determinaciones, su incansable locuacidad, sus desordenados movimientos, sus múltiples impulsiones, sus furores inmotivados, sus indescriptibles alucinaciones e ilusiones,

> "...el sombrío espectáculo del melancólico asaltado por terrores panofóbicos, sumergido en el tenaz silencio y la dolente inmovilidad; [...] el monomaniaco intelectual, que ora se arrulla en el optimismo de quiméricas grandezas, ora se cree la víctima infeliz de encarnizadas persecuciones [...] el monómano impulsivo a quien una fuerza irresistible obceca la inteligencia, arrebata la libertad moral, y le transforma en dócil instrumento, empujándole a ejecutar actos represibles, odiosos y aún execrables [...] a pesar de su infinita variedad [...] en todos, la inteligencia está profundamente alterada, pervertidos los afectos, viciadas las impulsiones en fuerza y dirección, en una palabra, *el ser moral en ruinas*."[84]

---

[84] Porfirio Parra, *Ensayo sobre la patogenia de la locura*, Tesis de Medicina, Escuela Nacional de Medicina, México, 1878, pp. 9-10.

No era extraño entonces que en torno a los enigmas de la locura se agrupara no sólo la medicina sino la *ley* –cuya función era mantener el orden– y la *filosofía*, que se interrogaba por el carácter de las relaciones entre razón y sinrazón. Parra reconocía tres maneras de abordar el asunto. En primer lugar, la de la patología de Pinel, Esquirol, Baillarger, Falret y otros que "bajo el punto de vista clínico [...] han allanado las mil dificultades que ofrece su espinoso diagnóstico, descrito y clasificado sus formas clínicas, desenmarañado su etiología, delineado su propósito y fundado su terapéutica racional" sin llegar a vencer, a pesar de tan notorios adelantos, "el atrasado estado de su patogenia".[85] El criterio meramente sintomático –parecía querer decir– descuidaba la búsqueda de los fundamentos fisiológicos y anatomopatológicos de la enajenación mental. En segundo lugar, la manera de la metafísica, estadio del conocimiento que impedía una evaluación racional y científica de la cuestión de la locura ya que con "sus concepciones embrolladas, sus arbitrarias divisiones, sus sutiles distinciones y el carácter ontológico de sus determinaciones", contribuía más a oscurecer que a dilucidar.[86] En tercer lugar, la de la psicología pseudocientífica: cuyas vagas concepciones referían "las proteicas manifestaciones vesánicas [...] a la inconcebible alteración de un principio ontológico y simple [...] a la desviación de las facultades del espíritu".[87] Al igual que Roa, Parra pensaba que el estado mórbido sólo era una modificación cuantitativa de los fenómenos fisiológicos que definían el estado normal de la respectiva función. La fisiología, era la doctrina que permitía un análisis científico del ser orgánico y moral del hombre que redundaba, a su vez, en la propuesta de una moral asentada en bases evidentes y objetivas.

Una vez más, lo que en Roa no había sido necesario, era sin embargo necesario en Parra. Así, comenzaba por precisar que para no perderse en el tortuoso laberinto de la psicología metafísica era imprescindible limitarse a considerar las facultades mentales como

---

[85] *Ibid*, p. 7.

[86] *Ibid*, p. 8.

[87] *Ibid*, pp. 8-9.

"simples hechos de observación, a descubrir las relaciones que las ligan y las condiciones de su manifestación".[88] Al observar al hombre, proseguía, nos percatamos de que coexisten en él dos factores: "uno visible, tangible, la organización" (lo que Roa había identificado con la *anatomía*) equiparable a lo que para los físicos era la materia; y otro "inmaterial, intangible, las funciones" (lo que Roa había identificado con la *fisiología*), equiparable a lo que para los físicos era la fuerza. Por ejemplo al contemplar a un individuo pensando, por un "simple hecho de observación distinguiremos el factor material o estático *cerebro*, y el factor inmaterial o dinámico *pensamiento*".[89] Parra consideraba necesario precisar las relaciones entre cerebro y pensamiento: "Un acto cualquiera sea intelectual, sea afectivo, supone siempre un cerebro en condiciones apropiadas, sin que pretendamos de ningún modo desentrañar la misteriosa naturaleza de su mutua relación [...] todas estas cuestiones las consideramos como ociosas, fuera del alcance de los métodos científicos".[90]

Intentaba recusar así, adelantándose, la acusación de *materialismo* que se suscitaba con fuerza entre los críticos del positivismo desde finales de la década de los setenta. La acusación de *materialismo* realizada frecuentemente desde el *espiritualismo*, suponía que el positivismo reducía al hombre a sus funciones orgánicas y eliminaba con ello el libre albedrío y la verdadera definición del ser moral. Los liberales de la vieja escuela llegarán a argumentar así, que el positivismo violaba la constitución de 1867 ya que con su reduccionismo organicista negaba la libertad de enseñanza y la libertad de credos.[91] Parra advertía: "protestamos enérgicamente contra tal cargo supuesto que las doctrinas expuestas difieren esencialmente del materialismo

---

[88] *Ibid*, p. 11.

[89] *Ibid*.

[90] *Ibid*, p. 12.

[91] Cfr. Carlos Illades, "Ciencia y metafísica en el siglo XIX", *op. cit.*, pp. 69-114. Estas disputas se acrecentaron en torno al debate de 1880, sobre los libros de texto que debían prevalecer en el plan de estudios. Véase también Leopoldo Zea, *op. cit.*, pp. 320-328; Charles A. Hale, *op. cit.*, pp. 266-319; Laura Cházaro, *op. cit.*, pp. 150-195.

clásico en que no consideramos al cerebro [...] como el artífice del pensamiento, ni mucho menos tratamos de penetrar en la producción íntima de tan eminente función. Nos limitamos, como lo hemos dicho ya, a considerar el cerebro y el pensamiento como términos correlativos [...] inseparables".[92] Lo que Parra quería defender era que la fisiología era capaz de llevar a cabo un estudio científico del hombre que abordara su aspecto orgánico sin renunciar por ello al ideal positivista de una moral *que poseyera causas regulares y fuera capaz de determinar objetivamente* los criterios bajos los cuales los individuos se relacionaran dentro del ámbito social.

Comenzaba entonces por describir el cerebro, que caracterizaba por la presencia de tubos nerviosos que centrípetamente conducían impresiones del exterior al interior, y centrífugamente impulsos motrices que iban del interior al exterior. Las celdillas nerviosas recibían las impresiones y de ellas partían asimismo los impulsos motrices. Se ligaban entre sí a partir de una serie de "hilos nerviosos" que, como redes de comunicación, procedían o se dirigían hacia fuera. En el sistema vegetativo y espinal, la celdilla nerviosa transformaba la fuerza que recibía a partir del estímulo externo en actos reflejos o movimientos complejos. En el cerebro, la celdilla nerviosa transformaba las impresiones sensibles en actividad consciente: "Transformación desconocida e incognoscible en su misteriosa intimidad –reconocía Parra– que en vano se esforzaría la ciencia en desentrañar limitándose a consignar tan grandiosa transformación".[93] Ello sin embargo no significaba de ningún modo poner en tela de juicio la fisiología cerebral puesto que "cuando nos aseguran los químicos que el cloro y el hidrógeno expuestos a los rayos solares entran inmediatamente en combinación, estamos muy lejos de conocer por qué [...] no se nos ocurre ni por asomo dudar por esto de la Química. ¿Por qué pues hemos de ser con la Fisiología más exigentes que con las demás ciencias?".[94]

---

[92] Porfirio Parra, *op. cit.*, p. 12.

[93] *Ibid*, p. 16.

[94] *Ibid*.

La actividad nerviosa centrípeta explicaba un fenómeno subjetivo básico: *la noción de la personalidad humana, del yo*. Según Parra, sólo con la toma de conciencia de lo externo aparecía la conciencia del sí mismo como resultado del conflicto de las actividades conscientes frente a un conjunto de impresiones sensibles. A través de la *reviviscencia* una suerte de fosforescencia orgánica de las células, las celdillas eran impresionadas por los sentidos o el contacto con el exterior y ello dejaba una impresión en el cerebro tal, que en parte se transformaba en otros modos de actividad nerviosa y en parte permanecía en estado latente pronta a reaparecer bajo un estímulo adecuado. La memoria y el desarrollo de las actividades abstractas y superiores del cerebro: la ideación, la comparación y el juicio, nacían así como resultado de la acción colectiva y simultánea de las celdillas cerebrales. Parra advertía entonces que la capacidad de transmisión de las celdillas cerebrales ya fuera por herencia o adquirida:

"Da una base sólida a la perfectibilidad indefinida de nuestra especie [...] la mala coordinación de las aludidas propiedades nos explica las falsas asociaciones de ideas, los malos hábitos cerebrales que llegan a hacer al hombre refractario a todo nuevo modo de pensar, enemigo de toda iniciativa, hostil a toda innovación; este fecundísimo estudio nos hace concebir fundadas esperanzas en los benéficos resultados que es capaz de producir en el desarrollo intelectual un sistema de educación filosóficamente concebido y metódicamente realizado."[95]

En el Estado, encarnado en una élite del saber, la educación intelectual del individuo debía llevar a la reconstrucción de la sociedad. El proyecto de normalización de la nación se caracterizaba por un procedimiento constante y una referencia a un estado terminal u óptimo. Así, la fuerza nerviosa no sólo se transformaba del exterior al interior transformando las impresiones sensibles en actividad consciente,

---

[95] *Ibid*, pp. 20-21.

además se transformaba desde el interior hacia el exterior transformándose en impulsión motriz:

"Esta impulsión motriz nacida en la periferia del cerebro puede considerarse como el elemento inicial de la voluntad, viene ella a cerrar el ciclo de las transformaciones cerebrales de la fuerza nerviosa y psicológicamente hablando representa las determinaciones que el hombre toma en virtud de sus diversas impresiones, emociones, ideas, juicios, etc.; de simple receptáculo de las excitaciones que provienen de cuanto le rodea, transfórmale la voluntad en ser activo, *capaz de reobrar sobre el mundo exterior y de modificarle de la manera más adecuada a la satisfacción de sus necesidades.*"[96]

Si además la sensibilidad general en sus diversas formas táctil, muscular y visceral que ponían en contacto con el exterior, contribuían a producir la idea de *yo*, ahora nos explicamos, señalaba:

"...como las alteraciones ilusorias o alucinatorias de las diferentes formas de sensibilidad general, viciando en su fuente la noción de personalidad, inspiran a ciertos monómanos concepciones tan extrañas acerca del estado de su persona, unos pretenden carecer de peso cuando la sensibilidad muscular está abolida, otros se creen de vidrio o cuadrúpedos cuando dicha sensibilidad está pervertida; es obvio concebir que las ilusiones y las alucinaciones que pasan en la sensibilidad visceral, consolidan la mayor parte de los delirios hipocondriacos."[97]

El *sensorium*, que Parra definía como un conjunto de sentidos y nervios que empujaba a los individuos a mantener un intercambio con las impresiones que le venían del mundo exterior y que se localizaba entre el medio ambiente y la actividad cerebral, percibía las impresio-

---

[96] *Ibid,* pp. 21-22.
[97] *Ibid,* p. 24.

nes y suministraba los elementos de las distintas operaciones psíquicas y coordinaba además la serie de actos voluntariosos centrífugos
encaminados a la realización de una acción en el mundo:[98]

> "Libre albedrío, libertad moral, actos voluntarios y otras fra-
> ses sinónimas empleadas con tanta frecuencia en los estudios
> psicológicos, significan para nosotros la perfecta y armónica
> coordinación que normalmente existe entre las fases del dina-
> mismo cerebral; así un hombre estará en posesión de su libre
> albedrío en el momento de ejecutar determinado acto si la ten-
> dencia que lo impele a su ejecución es normal en dirección y
> fuerza, si la percepción que suscita es la exacta representación
> de la realidad, si son debidas y conducentes las ideas que la
> iluminan, atento y despreocupado el juicio que la discierne,
> deliberadas y conducentes al fin, según el dictamen del juicio,
> las determinaciones voluntarias destinadas a realizarla."[99]

Libertad y necesidad debían dejar de aparecer como términos antinómicos. La facultad del individuo para actuar libremente no radicaba ya en la posibilidad de contradecir las funciones fisiológicas,
sino en la de llevarlas a cabo de manera exacta y coordinadamente.
En la esfera moral la necesidad (a diferencia de lo que acaecía en el
mundo físico) *era capaz de reflejarse en la conciencia*. El interés de
Parra por el cerebro consistía en que le permitía colocar el substrato
de la moralidad del hombre en un órgano material y huir del psico-
logismo espiritualista que contemplaba la libertad como una entidad
ontológica que constituía un principio independiente del organismo.
Y sin embargo su postura era más ambivalente de lo que parecía.
En su afán de no identificar completamente cerebro y pensamiento,
y de señalar cierta diferencia entre el ámbito físico (de la pura ne-

---

[98] Para ahondar en la importancia del *sensorium* en la medicina a partir del siglo
XVIII, Cfr. Anne Harrington, *Medicine, Brain and the Double Brain*, Princeton
University Press, New Jersey, 1989, p. 7.

[99] Porfirio Parra, *op. cit.*, pp. 26-27.

cesidad) y el moral (la libertad ligada no sólo a la correspondencia exacta con la realidad y a la coordinación de las funciones, sino a su reflejo en la conciencia), se acercaba más de lo que hubiera querido al espiritualismo que consideraba su doctrina: "Como un intento de reconciliar materialismo e idealismo. Para los espiritualistas, las ideas derivaban experimentalmente tanto de las sensaciones como de la conciencia a la cual llamaban el sentido último o la razón".[100] El dualismo descriptivo de Parra que admitía la autonomía de los niveles de explicación postulando al mismo tiempo la coincidencia; aunque fuera operativo y limitado, era suficiente para permitir, llegado el caso, la reintroducción de un cierto dualismo metafísico. A diferencia de Roa, Parra parecía percatarse de que si seguía la tesis del automatismo, se podía llegar a proponer una reducción integral del rol de la conciencia.

Al recusar la acusación de materialismo su camino era explícito y lo acercaba nuevamente a los espiritualistas. Ello será todavía más evidente posteriormente, en las disputas que entabló con algunos de ellos, como José María Vigil.[101] A efectos de lo que aquí nos interesa, hay que señalar sin embargo que Parra conocía el concepto de "acto reflejo" como conexión entre los nervios sensitivos y la respuesta motora automática, del sistema nervioso inferior (médula y nervios periféricos); pero lo separaba del cerebro (sistema nervioso superior o central) que vinculaba exclusivamente con la conciencia y las funciones superiores.[102] El cerebro era el responsable de "la más sorprendente metamorfosis de la actividad nerviosa, la conciencia".[103] No establecía la *continuidad anatómica* entre el sistema nervioso inferior y ni tampoco la *continuidad funcional*. Y sin embargo tampoco dejaba pasar la cuestión. Es más, su insistencia al respecto era recurrente: "convergerán [las impresiones] hacia su centro común, el cerebro, en donde transformándose en conscientes *mantendrán*

---

[100] Charles A. Hale, *op. cit.*, p. 280.

[101] Laura Cházaro, *op. cit.*, pp. 172-195

[102] Porfirio Parra, *op. cit.*, p. 14.

[103] *Ibid*, p. 15.

encendido sin cesar el fanal de la conciencia [...] La llegada no interrumpida de impresiones percibidas produce *la continuidad de la acción conciente* [...] [Hay] un fenómeno de *no interrumpida activa conciente*".[104] Y añadía, "téngase presente para mejor inteligencia de lo expuesto que la actividad cerebral propiamente dicha es *conciente en todas sus formas*".[105] Por un lado, se trataba de vincular estrechamente la conciencia al cerebro a través de los aspectos estático (material) y dinámico (inmaterial), sin llegar a identificarlos de manera unívoca. Por otro de no negar la singularidad de una conciencia que no se encontraba en el sistema vegetativo-espinal sino sólo en el cerebro y en las facultades superiores, *que por ello no tenían ninguna actividad inconsciente.* Se postulaba así una diferencia sutil entre el reino de la naturaleza y de la pura necesidad; y el reino de la moral en el que la necesidad sí era capaz de presentarse a la conciencia. Ello implicaba la posibilidad de reconocer simultáneamente *las bases orgánicas de la condición humana sin minar la representación, necesaria al proyecto de nación, de un sujeto cuya intención consciente y voluntaria se transformara de manera efectiva en acción moral.*

La ambivalencia de Parra se reflejaba asimismo en la inexistencia de exigencia experimental alguna que "comprobara" que la constitución del cerebro tenía alguna injerencia en la moralidad: "No es posible –escribía– en el estado actual de la ciencia señalar la alteración estática correspondiente, pero *creemos* firmemente que existe [...] esta conclusión *se deduce* lógicamente [...] consideramos a la locura como una neurosis entendiendo por esta palabra no una enfermedad sin lesión, *sine materia*, sino cuyas lesiones son variables y no siempre susceptibles de ser rigurosamente comprobadas por la autopsia".[106] Ante un sustrato material tan "inasible", y fiel sin embargo a la validación empírica, Parra buscará la evidencia de la moral y de sus desviaciones en el *comportamiento.* Ello supondrá no quedarse sólo en la fisiología, sino acercarse a la naciente criminología. Lo que

---

[104] *Ibid*, pp. 24-25.
[105] *Ibid*, pp. 30-31.
[106] *Ibid*, p. 43.

el itinerario de Parra mostraba era que la reapropiación de lo orgánico a través del estudio fisiológico del cerebro tenía como consecuencia una paradoja. *La de la presencia de una incognoscibilidad última en el organismo, por parte del sujeto que lo contemplaba como un dominio objetivo y positivo.*

En su *Ensayo sobre la patogenia de la locura* observamos sus primeros pasos hacia el comportamiento social, a través de la noción de *temperamento cerebral*. Si en la antigua teoría de los temperamentos los humores materializaban en el cuerpo desde la complexión hasta la idiosincrasia del individuo, para Parra se trataba de disposiciones orgánicas del cerebro debidas a la herencia o a la educación que no obstante imprimían a la actividad mental una dirección especial que sólo podía ser observada *a través del comportamiento*. Y sin embargo, al igual que antaño, los temperamentos se concebían como básica dependencia de lo físico y moral y, al igual que antaño, servían para contemplar todos los tipos como mezclas de los mismos elementos, y reconciliar así unidad y diversidad, articulando varias clases de complementariedad y de jerarquía social.[107] El estudio sobre la locura no se reducía sólo a la sensación ni a la localización cerebral, a través de la noción de temperamento cerebral, Parra pretendía situar asimismo la importancia del *medio*. Efectivamente, el temperamento cerebral indicaba la manera en la que cada hombre reaccionaba ante el mundo exterior, y él se centraba específicamente en tres tipos. En el *primero*, predominaba el modo pasional de reaccionar: "comprende a las personas emotivas, apasionadas y violentas; en hombres desprovistos de educación [...] fatales condiciones los arrastrarán al crimen".[108] El

---

[107] Esta cuestión ha sido muy bien dilucidada respecto a la Nueva España por Carlos López Beltrán, "Sangre y temperamento. Pureza y mestizajes en las sociedades de castas americanas" en Carlos López Beltrán y Frida Gorbach (Coords.), *Saberes locales: ensayos sobre historia de la ciencia en América Latina*, El Colegio de Michoacán, Zamora, 2008, pp. 298-342. Ver también en ese mismo volumen, Miruna Achim, "La querella por el temperamento de México: hipocratismo, meteorología y reforma urbana en el México del siglo XVIII", *op. cit.*, pp. 235-261.

[108] Porfirio Parra, *op. cit.*, p. 30.

segundo se refería a individuos caracterizados "por lo moderado de sus tendencias, la rectitud de sus ideas, la exactitud de sus apreciaciones, lo lógico de sus determinaciones y la constancia que despliegan en la ejecución de ellas".[109] Si la falta de una buena educación encaminada al bien moral, les empujaba al crimen, dichos individuos se caracterizaban por "su paciencia, astucia y la habilidad que pondrán en juego para la consumación de sus delitos".[110] El *tercer* temperamento cerebral describía por último a individuos que poseían una "manera imaginativa de reaccionar [...] su imaginación es fecunda [...] caracteriza de preferencia a los artistas, poetas y oradores populares".[111]

La locura no era sino la modificación *cuantitativa* que provocaba por ejemplo que la reviviscencia de las celdillas nerviosas hiciera aparecer impresiones pasadas dando lugar a las *alucinaciones*, percepciones sensibles sin un objeto real que las suscitara; o a que el sujeto no pudiera conciliar las impresiones de su medio con sus juicios o sus reacciones. La locura *no podía ser identificada con un acto espontáneo del cerebro*. Todo individuo dependía del *medio exterior* para tener conciencia de sí mismo y la enajenación mental no podía considerarse producto de una fuerza independiente de cualquier estímulo externo, sino de una modificación que alteraba el *sensorium que ponía en contacto con el medio*. Pero ¿cuál era la causa de las modificaciones cuantitativas que signaban el paso de la razón a la sinrazón? La excitabilidad exagerada de las celdillas cerebrales, respondía Parra. Así, la excitabilidad de las celdillas cerebrales hacía que el juicio, en lugar de llegar a una conclusión a través de la suma creciente de impresiones actualmente percibidas, de ideas, de recuerdos, etc., llegara a una conclusión *delirante* bajo la influencia de una sola idea, recuerdo o impresión: "basta que un loco víctima del delirio de las persecuciones, note que alguien le ve, para que sobre este dato precario, su juicio excitable base la inmotivada conclusión de

---

[109] *Ibid.*

[110] *Ibid.*

[111] *Ibid.*

que se le espía con el fin de hacerle mal".[112] Las diferencias entre los cuadros clínicos, por ejemplo entre la tumultuosa agitación del maniaco y la quietud impasible del melancólico, indicaban que la excitabilidad anormal de las celdillas cerebrales se manifestaba de distintas formas *según el temperamento cerebral del individuo y según sus circunstancias.* En virtud del temperamento cerebral, la excitabilidad del cerebro *exageraba patológicamente* lo que antes eran, simplemente, sus rasgos. *En virtud de las circunstancias* en las que su locura aparecía, se producían las formas particulares de la manifestación delirante. Las ideas reinantes y el carácter general de una época, imprimían también al delirio su forma característica: "¡Cuán comunes eran también las diversas formas de monomanía religiosa en concordancia con las arraigadas convicciones en materia de religión que tan generales eran entonces!".[113] Y sin embargo, había algo que todas las manifestaciones de locura compartían y que permitía que se emparentasen entre sí: "La excitabilidad cerebral aumentada [...] determina un estado de conciencia de marcado subjetivismo *en que se exagera el yo*, ya exaltándose e inspirando al individuo una noción exagerada de sus prendas, ya deprimiéndose y dando un giro triste a sus ideas."[114]

¿Qué condiciones tendían a reproducir la excitabilidad nerviosa del cerebro y se constituían por tanto en causa de locura? Entre las más significativas, Parra mencionaba la herencia que "transmitía el germen de la excitabilidad patológica"[115] y "el abuso de los alcohólicos".[116] La locura podía ser una predisposición en un sujeto que estallara no obstante en sus descendientes "bajo influencia de la menor causa ocasional".[117] Toda clase de impresiones intensas y repetidas podían producir en el cerebro un aumento de excitabilidad, de ahí la

---

[112] *Ibid*, p. 35.

[113] *Ibid*.

[114] *Ibid*, p. 41.

[115] *Ibid*, p. 44.

[116] *Ibid*.

[117] *Ibid*, pp. 44-45.

importancia de las emociones morales fuertes tales "como profundos pesares ocasionados por un cambio de fortuna, por esperanzas fallidas, pasiones contrariadas".[118] Las costumbres viciosas "como el onanismo, los excesos venéreos de la razón" podían ser causantes de locura por "el estado de eretismo o excitabilidad despertada en el sistema nervioso".[119] En consecuencia, con el objetivo que se había propuesto, Parra señalaba además la importancia en la etiología de la locura, de una educación incompleta o inconveniente que excitara de manera inconveniente la imaginación o careciera de la disciplina necesaria para motivar al individuo a someter a "la ilustrada decisión del juicio todas las determinaciones". En cambio, escribía:

> "Creemos que una educación sólida, completa, de carácter objetivo y enciclopédico, que ejercitara convenientemente todas las aptitudes cerebrales, fortificando los órganos del pensamiento, así como robustece los del movimiento el ejercicio metódico, lejos de figurar en la etiología de la locura, serviría para prevenirla: así es, que por nuestra parte no vacilaríamos en aconsejarla encarecidamente, en el tratamiento de las predisposiciones susceptibles de diagnosticarse, o siquiera de presumirse, tanto más cuanto que en la edad oportuna para recibirla es rarísimo el desarrollo de la locura."[120]

El orden subjetivo que debía reflejar el orden social, y viceversa, era garantizado por el ejercicio progresivo, graduado, que expondría con detalle a lo largo de una escala temporal, el crecimiento y el perfeccionamiento de la disciplina que había de venir impuesta y ser voluntariamente aceptada. El desarrollo de la moral dependía del mayor menor desarrollo funcional de los órganos de la armonía sobre los órganos del egoísmo y dicho desarrollo estaba en relación directa a la cantidad de "ejercicio" al que se sometiera la parte orgánica de al-

---

[118] *Ibid*, p. 45.
[119] *Ibid*.
[120] *Ibid*.

guna de las facultades. Educar bajo los criterios positivistas consistía en desarrollar una *gimnasia moral* que haría predominar los buenos instintos sobre los malos, "robusteciendo los órganos que presiden a los primeros, menguando a los segundos".[121]

Al leer a Roa y a Parra, ¿cómo aparece inscrita la cuestión de la locura? No podemos decir que entre uno y otro las ideas hayan cambiado. Lo que cambia es la condición de enunciación de los discursos que revelan un complejo conceptual, abigarrado y dinámico que hace que, más bien, lo que se entiende en las ideas ya no sea exactamente lo mismo. Efectivamente, mientras que en Roa la locura se asocia con una fisiología cerebral centrada en un individuo abstracto; en Parra se dan los primeros pasos para la definición de un individuo que sólo puede ser pensado en relación *con su medio concreto*. Hay en ambos varios aspectos que conviene destacar.

En primer lugar, la locura les permitía el acceso, más allá de sí misma, a la comprensión del hombre en su conjunto, porque aunque los estudios partían de la descripción de las funciones en estado normal, debían apoyarse en sus desarreglos si se quería captar de manera *objetiva* el funcionamiento *regulado* del espíritu humano. La insistencia de Roa de que el estado mórbido sólo era en el ser vivo una modificación cuantitativa de los fenómenos fisiológicos que definían el estado normal, o la de Parra de que "un cerebro excitable en alto grado, que en tal virtud reacciona ante la excitación más mínima se encuentra para su dinamismo en las mismas condiciones que otro cerebro de excitabilidad normal sujeto a excitaciones intensas"[122] mostraba esta solución de continuidad por la cual lo patológico, entendido como alejamiento de la normalidad, era también el alejamiento significativo por el cual la normalidad venía a revelarse por contraste.

En segundo lugar, reducir las diferencias entre lo normal y lo patológico implicaba además postular su carácter relativo (eran reducibles) y reconocer sin embargo la realidad de su diferencia. Lo que se sancionaba no era la distancia indivisa entre la locura y la razón,

---

[121] Gabino Barreda, "De la educación moral", *op. cit.*, p. 113.
[122] Porfirio Parra, *op. cit.*, pp. 34-35.

sino los grados de la locura, de peligrosidad para sí mismo y para los otros, instancia compleja que poco después, en consonancia con la política científica de la época, va a requerir del *experto*. El médico, escribía Roa reivindicando su función, "consultado acerca de la oportunidad de ciertos matrimonios, no perderá de vista ninguno de los casos que se acaban de citar. Si la mayor parte de los enajenados llevan consigo el vicio hereditario [...] no dejará a las personas interesadas, en la ignorancia de los peligros que más tarde tendrán que afrontar".[123]

En tercer lugar, la normalización que operaba reduciendo las diferencias no podía aplicarse como una regla siempre recta sobre un relieve sinuoso, debía adaptarse a los contornos y normas de aquello que normaba. Debía singularizarse para determinar con precisión el lugar ocupado por su objeto en la gradación fluida y sutil que iba de la razón a la locura. La anatomopatología favorecía ciertamente el acceso al gabinete especializado, a la sala de autopsias y al laboratorio, sin embargo sólo algunos desórdenes psiquiátricos aislados –la parálisis general, la afasia, cierto tipo de epilepsia– pudieron ajustarse cabalmente al modelo anatomopatológico de la neurología localizacionista–. En el caso del resto de los padecimientos, los estudios sobre neuroanatomía no desvelaron ningún daño material concreto. Los psiquiatras decimonónicos continuaron considerando estas perturbaciones de acuerdo al modelo anatomopatológico, sin embargo la atención se desplazará –como ya hemos visto– *al medio social*.

Tanto Roa como Parra conocían la distinción de la locura bajo el eje de la alucinación y el delirio, pero en su concepción de la locura por un lado se trataba de, ante la ausencia de una lesión orgánica localizada, hacer reinar el principio de lo único identificando a la locura como *el sustrato común* presentado de manera irrebatible en todos los casos: "Cualquiera que sea la causa, cualquiera que sea la forma de las alteraciones intelectuales, el hecho fundamental es idéntico en el fondo" señalaba Roa.[124] Por otro de manifestar que eso único,

---

[123] Agustín A. Roa, *op. cit.*, p. 33.
[124] *Ibid*, p. 28.

116

podía sin embargo manifestarse de muchas maneras distintas que, sin embargo y pese a la dificultad, era necesario clasificar: "En medio de [...] las diversas formas de la enajenación intelectual, no hablaré de las mil combinaciones de ideas extravagantes, los juicios erróneos y las numerosas concepciones delirantes que presentan los individuos enajenados."[125] De ahí la ausencia de criterios nosográficos estables, ora se hablaba de la lipemanía como una subespecie de la melancolía, ora de monomanía, ora de delirio, ora de locura circular, ora de locura moral, algunas categorías desaparecían de un autor a otro, otras se multiplicaban hasta la extenuación. Parra por su parte añadía: "Fértil la locura en tipos clínicos como ninguna otra enfermedad [...] como los más variados matices de una idea, como las múltiples formas de un juicio, los innumerables grados de una pasión y las mentidas apariencias de una sensación engañadora [...] a pesar de su infinita variedad hay en todos ellos un carácter común".[126] La reducción de las diferencias entre lo normal y lo patológico suponía, *además del surgimiento de múltiples estados intermedios*, que la nueva ciencia dependiera de las autoridades para extender su intervención a través de las competencias específicamente asignadas. Asimismo, suponía que la locura se tejiera en un tejido continuo de relaciones cotidianas y fuera objeto de una justicia ejercida por la sociedad *sobre ella misma, transversalmente*. A mediados del siglo XIX, en México solía pedirse un certificado médico que acreditara el padecimiento si el enfermo ingresaba por petición de su familia, pero si lo remitían los funcionarios autorizados se obviaba el diagnóstico probatorio de su locura, lo cual daba indicio:

> "...del grado de subordinación de la naciente medicina mental respecto *al poder público*. Para el egreso, los pacientes podían salir estuvieran curados o no, a petición de quien hubiera tramitado su ingreso, hecho que evidenciaba el escaso control de la medicina pues, por lo general, quedaba sujeto a *la voluntad*

---

[125] *Ibid.*

[126] Porfirio Parra, *op. cit.*, pp. 9-10.

de la familia. Conforme avanzó el siglo, las modificaciones introducidas en los reglamentos favorecieron el control de la incipiente psiquiatría, pero de manera aún muy restringida [...] Se exigía que el certificado estuviese firmado por dos médicos y avalado por el director del hospital, y se reducía el número de las autoridades competentes para remitir enfermos, quienes debían hacerlo siempre por escrito, *aunque sin necesidad del diagnóstico*. Todos los ingresos eran de carácter «provisional» hasta comprobar su pertinencia mediante un periodo de observación que no podía exceder de 30 días, declarándose en ese momento el internamiento «definitivo». Si la familia solicitaba la salida de algún [...] paciente sin estar plenamente restablecido [*sic*] [...], se aceptaba su petición bajo la condición de no volverlo a admitir en el futuro, una medida de presión que no hacía sino mostrar la debilidad de la medicina mental frente a las familias de los internos."[127]

La ausencia de una legislación federal que regulara el internamiento, los vacíos legales –que en un principio pudieron parecer atractivos–

---

[127] María Cristina Sacristán, "Entre curar y contener", *op. cit.* 67-68. Sacristán ha analizado la problemática de los juicios de interdicción, interpuestos por las familias para evitar la dilapidación de bienes por parte de ciertos sujetos como un proceso de resistencia de las autoridades del antiguo régimen, en este caso la familia, frente al Estado liberal. Cfr. María Cristina Sacristán, *Locura y justicia en México. La psiquiatría, la familia y el individuo frente a la modernidad liberal: El caso Raygoza (1873-1877)*, Tesis de Doctorado en Antropología Social y Cultural , Universitat Rovira i Virgili, Tarragona, 1999. A mi modo de ver es sin embargo particularmente pertinente la observación de Andrés Ríos Molina de que no hubo "instancia alguna del Estado interesada en tramitar un juicio de interdicción [...] ¿Dónde está el conflicto entre la familia que buscaba el control sobre el loco y el Estado que pretendía arrebatárselo? En ninguna parte", Andrés Ríos Molina, *La locura durante la Revolución Mexicana: los primeros años del Manicomio General La Castañeda, 1910-1920*, El Colegio de México, México, 2009, p. 202. La visión de Ríos se ajusta más a nuestra percepción de un Estado que si bien jurídicamente no reconoce a las antiguas autoridades corporativas, negocia con ellas como mediador indispensable y busca su convivencia.

restaron a la naciente psiquiatría capacidad de acción frente a la familias, frente al Poder Judicial (en el caso de los pacientes remitidos por la justicia) y frente al poder estatal.[128] El Estado mexicano, al negar a la psiquiatría una ley especial sobre alienados, tantas veces exigida, pretendía arraigar su autoridad como mediador indispensable, y evitar espacios que contasen con la certeza jurídica necesaria para desarrollar, de manera efectiva, su autonomía. No habrá en México un espacio autónomo bajo el control de la psiquiatría;[129] los muros del asilo no conformarán el punto válido donde lo que es válido fuera debe interrumpirse dentro. Lo que es válido fuera se prolongará en el interior del asilo. Ello tampoco impedirá ni la desorganización frecuente del sistema asistencial ni que las intervenciones del poder político sean, a menudo, improvisadas o fruto de soluciones coyunturales sin responder a una estrategia perfectamente diseñada y ejecutada.

En cuarto lugar, la uniformidad y la homogenización eran a la vez la condición y el *telos* de un proyecto de nación que en el caso de México implicaba a menudo el proyecto de identificar al Estado con la sociedad, y suponer entre los locos y los que no lo eran, una sola naturaleza. Por una parte entonces era necesario reconocer, como lo hacía Roa que "es un error creer que en esta temible enfermedad, siempre la asociación de ideas, los juicios y los raciocinios no conservan indicios del estado funcional normal: lo más frecuente, los pensamientos se encadenan con una lógica rigurosa; pero el punto de partida siendo falso, falsas serán también las consecuencias aunque deducidas lógicamente deben tener el mismo carácter".[130] El conocimiento y tratamiento de la locura exigían, en este sentido, que el individuo volviera a conectarse con la parte inalienable de su naturaleza. El loco no era remitido ya a una completa alteridad, sino que era situado en un continuo con el cuerdo con quien compartía las mismas estructuras mentales. Por otra parte, era necesario que en la locura,

---

[128] María Cristina Sacristán, *op. cit.*, p. 73.

[129] *Ibid*, pp. 65-80.

[130] Agustín A Roa, *op. cit.*, pp. 41-42.

para serlo, se alojara un principio de diferencia, una raíz tenaz que resistiera la uniformización. En la locura, advertía Parra: "siempre el yo ocupa el lugar prominente del *sensorium* enajenado sobreponiéndose a los afectos más caros del enfermo; esta notable particularidad psíquica le hace extraño a cuanto le rodea, le hace despreciar las conveniencias sociales y descuidar su persona, le constituye en malísimo observador, le aísla de los otros reduciéndole a vivir en un mundo imaginario poblado únicamente por las creaciones fantásticas de su delirio".[131] El conocimiento y el tratamiento de la locura impelían, en este sentido, que se extirpara de su interior el elemento de singularidad para adaptarse a la uniformidad moral exigible a todos.

En el anhelo positivista de transformar el cerebro humano en una imagen exacta del orden social, en su visión de la anarquía como el mayor obstáculo en el camino hacia la reconstrucción social a través de la educación científica, las tendencias altruistas eran innatas en el hombre y si se le educaba adecuadamente podrían prevalecer sobre el egoísmo o amor a sí mismo. Efectivamente, la solidaridad y el orden social estaban dados en función de los sentimientos altruistas que, *de forma coercitiva*, impondría una moral práctica. La locura era el epítome del egoísmo, del repliegue del individuo: "el marcado subjetivismo"[132] que provocaba en palabras de Parra que "ocupado el individuo solamente de su yo, descuide lo que le rodea e interprete de un modo erróneo las relaciones que tiene con su medio".[133] Su carácter *patológico* permitía indicar que la tendencia altruista sometida a influencias favorables triunfaba *normalmente* por encima de la tendencia egoísta. La insistencia de Parra era en ello tajante, *sólo a partir de la toma de conciencia del orden externo podía aparecer la verdadera conciencia del sí mismo*. La necesidad de mostrar, no sólo si en la locura se hacían palpables los efectos de la desviación moral, sino de mostrar su vinculación con ese medio externo transformado ahora en sociedad, le llevará como hemos señalado ya, a centrar su

---

[131] Porfirio Parra, *op. cit.*, p. 41.

[132] *Ibid.*

[133] *Ibid*, p. 42.

atención en el *comportamiento*. En su teoría de los temperamentos cerebrales había dado al respecto un paso significativo. Efectivamente, contemplada desde ese lugar la locura no era sino la exacerbación de las disposiciones anímicas habituales en el individuo sólo que en función de sus circunstancias y en un grado no autorizado por las convenciones sociales. El gesto de la locura *no era el de la ruptura sino el del exceso*. Ante respuestas como que la razón de la locura había de buscarse en la sobreestimulación de las celdillas cerebrales, dentro del esquema de Parra se producía un desplazamiento *de la interioridad a la exterioridad*. Si sin estímulos externos no había ninguna posible noción de yo, ¿qué estímulos externos sobreexcitaban las celdillas cerebrales del enajenado pervirtiendo sus relaciones consigo mismo y con el medio? Una vez más ello significaba centrar la atención en el comportamiento del medio social. El alienismo mexicano se inauguraba así bajo una paradoja. Por un lado al nacer como hemos señalado *a partir de la preocupación por construir una ciencia acerca del hombre como miembro de una sociedad*, una doctrina verdaderamente universal que reuniera todas las inteligencias en una síntesis común y que permitiera la reproducción homogénea del pensamiento y la conducta, su proceso de institucionalización no coincidió con el de su autonomía. Por otro lado, la psiquiatría buscaba inscribirse como rama de la medicina a través de la fisiología pero el callejón sin salida que ésta suponía, implicaba desplazar la atención de la localización material de las funciones mentales del individuo, a observar lo que éste *hacía*. Lo que estaba en juego era la demostración de la razón científica de su capacidad para extender sus principios a la totalidad de los comportamientos humanos, y a reintegrar en sus marcos aquello que parecería oponérsele sin remedio. Esta exigencia, una vez más, situaba al alienismo en una fragilidad peculiar porque implicaba continuamente minimizar lo disímil, para subrayar el *continuum* entre lo normal y lo patológico. Es decir, al minimizar la diferencia entre lo normal y lo patológico, el alienismo mexicano *desdibujaba la singularidad y especificidad de su objeto de estudio* porque introducía en todas partes lo relativo, relativizando con ello la autonomía de su posible campo disciplinar (que además se veía ya considerablemente mermada por el Estado) y que intersectaba así con el de la ley, la higiene o la educación. En otro nivel, suscitaba preguntas inquietantes: ¿por qué se podía hablar sólo de diferencia de grado como criterio de diferenciación entre lo normal y lo patológico, y al mismo tiempo conservar intacta una atribución a esos conceptos que no era cuantitativa sino moral? ¿Por qué no era posible mantener a la sinrazón en la diferencia pura?

Los extraños parentescos: locos, criminales, suicidas

> La existencia duradera de toda asociación real
> implica necesariamente la influencia constante,
> bien directora, bien represiva, ejercida entre
> ciertos límites [...] para restituir en el orden
> general a los que tienden, por su naturaleza, a
> desviarse más o menos, y a los que se desviarían
> infinitamente si se les abandonara absolutamente
> a sus propios impulsos.
>
> Auguste Comte

Los avances de la fisiología nerviosa que indicaban la difícil conceptualización de los límites de la conciencia, tenderían progresivamente una red en la que todos los hilos de la *herencia* irían a reunirse y anudarse. Se trataría de un recurso, primero *metafórico* y luego *sustancial*, que permitiría enunciar los vínculos entre unos sujetos y otros en términos de caracteres familiares, tribales, o nacionales.[134] Ya el padre del positivismo, Auguste Comte había entrevisto en la locura la desviación del sujeto del *legado* que los muertos habían dejado, y que a su vez debía ser transmitido a los futuros descendientes. Las perturbaciones psíquicas y colectivas, "como lo sugiere su nombre, se producían "sobre todo por el efecto de desviar al

---

[134] Carlos López Beltrán, "Enfermedad hereditaria en el siglo XIX: discusiones francesas y mexicanas" en Laura Cházaro (Ed.), *Medicina, ciencia y sociedad en México, Siglo XIX*, El Colegio de Michoacán Universidad Michoacana de San Nicolás de Hidalgo , México, 2002, p. 99.

individuo de su destino social". Cuando el individuo *se desviaba de la herencia* que los muertos legaban a los vivos y rehusaba su pertenencia a la Humanidad, optaba por la anarquía, "el síntoma de una verdadera alienación crónica".[135] La Humanidad, convertida por Comte en objeto de veneración, exigía "incorporarse íntimamente [...] simpatizar con sus vicisitudes anteriores y presentir sus futuros destinos, concurriendo activamente a prepararlos".[136] En México, Gabino Barreda retomó ciertos aspectos de esta lectura, y aunque "no [...] abrazó los pormenores idiosincrásicos de la religión de la humanidad [...], adoptó también el culto comteano a los santos difuntos [...] una parte integral del sistema positivista de moral y su fundamentación en la educación científica fue la adoración de la humanidad, [...] *la resurrección de los muertos en el alma de los vivos*".[137] La resurrección de los muertos en el alma de los vivos arraigará a través de una concepción muy definida de la historia y el *ethos* nacional. El culto a los héroes de la patria y las ceremonias cívicas, celebrarán la formación de la nación y la defensa de su soberanía, así como también de las instituciones liberales, de las cuales el Porfiriato se proclamará heredero y defensor. El interés por *la herencia* adoptará asimismo formas menos devotas a través de la preocupación por la degeneración de la raza, su posible relación con los límites de la conciencia individual y con un factor condicionante que el sujeto portaría en sí mismo, pero que no obstante lo excedería.

---

[135] Paul Arbousse Bastide, *La doctrine de l'education universelle dans la philosophie d'Auguste Comte*, t.2, PUF, París, 1957, p. 543. Habría que añadir que toda esta exposición de Comte tuvo su raíz en el acceso de locura, su famoso "episodio cerebral", que sufrió en 1826 cuando llevaba a cabo su curso de filosofía positiva. Hubo de ser internado en el establecimiento de Esquirol, el célebre discípulo de Pinel. Fue a raíz de esta experiencia que Comte pudo acceder a la ley de los tres estadios. La locura y el culto a los muertos serán preocupaciones recurrentes en la obra de Comte. Cfr. el espléndido libro de Raquel Capurro, *Le positivisme est un culte des morts: Auguste Comte*, EPEL, París, 2001.

[136] Auguste Comte, *Systéme de politique positive*, t.1, *Oeuvres d'Aguste Comte*, t.7, Anthropos, París, 1969, p. 353.

[137] Charles A. Hale, *op. cit.*, pp. 234-238.

Se trataba de la pregunta por lo que marcaba la continuidad entre los vivos y los muertos, pero *según las imbricaciones de la progenie*. A este respecto, podemos decir metafóricamente que si Comte optaba por lo que podríamos considerar un modelo *adorcista* de reconciliación con los muertos, la deriva posterior adoptaría un modelo *exorcista* de prevención y defensa.[138] Toda la inscripción de la psiquiatría en la patología evolucionista habría de tomar en cuenta esta concepción de la *herencia*. Se desarrollarán dos vertientes. La primera, la de la higiene, la purificación y *la corrección de lo hereditario a partir de la depuración*.[139] La segunda, *la normalización de lo hereditario* a partir del análisis minucioso de una supuesta caracterología nacional.[140] La adopción de los principios básicos del evolucionismo, reconocida directa o indirectamente, tendría mucho que ver que en este desplazamiento. Pero, ¿cómo se llegaron a aceptar en México estos principios?

Hay que recordar que aunque suponía que la causa de la locura radicaba en una lesión funcional o anatómica del cerebro, Porfirio

---

[138] Cfr. François Laplantine, *Antropología de la enfermedad*, Ediciones del Sol, Buenos Aires, 1999, pp. 215-227.

[139] Cfr. Laura Luz Suárez y López Guazo, *Determinismo biológico: La eugenesia en México*, Tesis de Doctorado en Ciencias Biológicas, Universidad Nacional Autónoma de México, México, 2000; Alexandra Stern "Mestizofilia, biotipología y eugenesia en el México posrevolucionario 1920-1960" *Relaciones. Estudios de historia y sociedad* 21-81 (2000), pp. 57-92; Beatriz Urías Horcasitas, *Historias secretas del racismo en México (1920-1950)*, Tusquets, México, 2007.

[140] Los primeros estudios en este tenor fueron Justo Sierra, *México y su evolución social* (1900-1902); Ezequiel Chávez, "Ensayo sobre los rasgos distintivos de la sensibilidad como factor del carácter del mexicano" (1901); Julio Guerrero, *La génesis del crimen en México: Ensayo de psiquiatría social* (1901); Andrés Molina Enríquez, Los grandes problemas nacionales (1908); Martín Luís Guzmán, "La querella de México" (1915), Manuel Gamio, *Forjando patria* (1916), y C. Trejo Lerdo de Tejada, *La revolución y el nacionalismo* (1916). Posteriormente la reacción antipositivista de Antonio Caso y José Vasconcelos hará aportaciones relevantes a la caracterología de un espíritu nacional. La reacción contra el nacionalismo revolucionario de *los contemporáneos* creará durante los años treinta el perfil del *homo mexicanus* a partir sobre todo de la

Parra, como hemos visto, no postuló exigencia experimental alguna, y tampoco hizo diseño experimental alguno que lo probase. Miguel Alvarado, que impartiría en 1887 la primera cátedra de enfermedades mentales, llevó a cabo autopsias en el Hospital del Divino Salvador, intentando hallar la causa material de la locura. En dos casos publicados en 1881 correlacionaba observaciones junto al lecho de las pacientes con los reportes *postmortem*. Prestaba atención al entorno social, identificando la edad, estado civil, ocupación. Procedía posteriormente a señalar los antecedentes familiares y los casos de alcoholismo presentes. Anotaba cuidadosamente lo que podía reportar de la evolución de los órganos reproductivos: menarquia, embarazos, abortos. Advertía que ambas habían sido conducidas al nosocomio afectadas por delirio de persecución, alucinaciones, amnesia parcial, y en uno de los casos una postura corporal rígida en la que las piernas y el torso formaban un ángulo recto. El factor que había disparado su locura había sido el consumo de alcohol.[141]

> "Alvarado reportó los resultados de las autopsias que realizó 24 horas después de ocurrido el deceso. Con escritura clara y sucinta, estos reportes incluyeron notas de anormalidades observadas en el cerebro: en un caso paredes cerebrales delgadas, gruesas meninges, sustancia cerebral pálida; en el otro meninges secas, en especial en los lóbulos frontales, y sustancia encefálica semejante "al puré de papas" en términos de consistencia y color. Alvarado, no obstante, evitó redactar conclusiones finales a partir de estas observaciones. Además

---

obra de Samuel Ramos. A partir de 1950 destaca la obra de Octavio Paz, *El laberinto de la soledad*. Bajo la dirección de Leopoldo Zea se inaugura una serie de estudios sobre lo mexicano (en la que destacan los estudios de Jorge Carrión, José Gaos, Salvador Nevares y Emilio Uranga). A este *corpus* se agrega posteriormente un conjunto de estudios psicológicos y sociológicos (escritos por Aniceto Aramoni, Raúl Béjar, Rogelio Díaz-Guerrero, Santiago Ramírez etc). A pesar de ser estudios diferentes, todos ellos comparten el interés por definir el *ethos* y el *pathos* del "sujeto nacional típico".

[141] Miguel Alvarado, "Casos clínicos", *La Escuela de Medicina* 3-10 (1881), pp. 155-156

de anotar la presencia de características inusuales en el cerebro no hizo mucho más. Como sus colegas, que trabajaban en otras naciones, Alvarado no tuvo éxito en detectar la fuente física de la demencia."[142]

El aprendizaje de la anatomía estaba vinculado al conocimiento de la imagen ideal que presentaban los textos. La disección se llevaba a cabo con la ayuda y guía del simulacro de la imagen que proyectaban en el cuerpo. Los textos de anatomía se esforzaban por ser cada vez más realistas y llegarían a apelar a la fotografía como recurso de objetividad:[143] "precisamente en el momento en el que el método anatomoclínico se aplicaba insistentemente, no siempre con éxito, en el estudio y explicación de los trastornos mentales, la fotografía se convertía en una pieza de convicción con valor probatorio (diagnóstico y pedagógico) y con valor de previsión (pronóstico y científico) que permitía anticipar el "saber al ver".[144] El mapa, sin embargo por así decirlo, precedía al territorio. Los procesos de los cuales derivaba la experiencia moderna de la enfermedad mental tenían en común que no obedecían, como a su *telos*, al proyecto de una aprehensión puramente científica de la locura. La erección de la locura como objeto de estudio tenía otros orígenes además del progreso de la ciencia, otros objetivos que los de un conocimiento finalmente positivo. La fisiología había insinuado la posibilidad de algo que molestaba y que perturbaba en la raíz de la imagen establecida del hombre como amo y dueño de sí mismo. Los primeros alienistas habían tratado de defender el método positivo y, al mismo tiempo, el carácter moral del individuo que haría viable la regeneración social guiada por el

---

[142] Cristina Rivera Garza, *op. cit.*, p. 97. Hay que señalar que en México la cirugía de tumores intracraneales empieza a llevarse a cabo en 1891, el paciente no sobrevivió. Cfr. F. Chico Ponce de León, "Historia de la cirugía de cráneo, de los tumores cerebrales y la epilepsia en México", *Neurocirugía* 20-4 (2009): 388-399.

[143] Cfr. Lorraine Daston y Peter Gallison, *Objectivity*, Zone books, New York, 2007, pp. 115-190

[144] Rafael Huertas, *op. cit.*, p. 88.

Estado. Mariano Rivadeneyra, alumno de Miguel Alvarado, escribía así en 1887, *Apuntes para la estadística de la locura en México* en el que se proponía señalar que las causas de la locura, afección de carácter cerebral, eran dos: "una situación o conjunto de ellas que impresionan dolorosamente al ser psíquico; [...] [y] el modo como el individuo reacciona, según el sentido de su educación social en lo que tiene de más lato, modelando aquella situación e imprimiéndole las huellas que en él han dejado los recuerdos de su pasado".[145] Rivadeneyra registraba las partidas de los enfermos del Hospital de San Hipólito de 1786 a 1886, y de las enfermas del Hospital del Divino Salvador de 1866 a 1886 con la finalidad de elaborar sus tablas. La normalización implicaba el establecimiento de medidas, jerarquías y regularizaciones en torno a una idea de una norma de distribución estadística que pudiera valorar la gradación de lo normal a lo patológico. Si bien hubo en la Colonia numerosos censos poblacionales, lo novedoso radicó en que en el siglo XIX, "la estadística dejó de ser un secreto de Estado y se volvió parte del conocimiento público en una pedagogía nacional [...] Se constituyó en una indagación científica con la que se esperaba re-descubrir al país y acuñar las medidas objetivas de la patria. La nueva disciplina nació con la misión de ofrecer las medidas e imágenes de su población, los medios para contenerla y controlarla en su camino al progreso".[146] La autoridad y credibilidad otorgada a la estadística haría de sus constructos algo real, que a su vez produciría la fabricación de nuevos sujetos.[147] En el breve ensayo

---

[145] Mariano Rivadeneyra, *Apuntes sobre la estadística de la locura en México*, Tesis de Medicina, Escuela Nacional de Medicina, México, 1887, p. 9.

[146] Laura Cházaro, "Imágenes de la población mexicana: Descripciones, frecuencias y cálculos estadísticos", *Relaciones. Estudios de historia y sociedad* 88-12 (2001), p. 18. Para lo relacionado con la estadística en México es imprescindible Laura Cházaro, *Medir y valorar los cuerpos de una nación: un ensayo sobre la estadística médica del siglo XIX, op. cit.* Véase también Claudia Agostoni y Andrés Ríos Molina, *Las estadísticas de salud en México: Ideas, actores e instituciones 1810-2010*, Universidad Nacional Autónoma de México, México, 2010.

[147] Margaret Lock y Vinh-Kim Nguyen, *Anthropology of Biomedicine*, Wiley-Blackwell, Massachusetts, 2010, p. 45.

introductorio a su estudio estadístico, Rivadeneyra se proponía establecer la relación existente entre la causa de la locura y la posición social que él contemplaba estrictamente ligada a la educación:

> "La sociedad [...] arregla esas circunstancias que muchas veces se atraviesan en nuestros días, lastimándonos al punto de enloquecernos, aunque sea sólo por unos instantes [...] Por educación de un individuo entendemos su fondo, su carácter, la manera propia que tiene de reaccionar como resultado del conjunto de todas las circunstancias, de todos los hechos que, simples en su mayor sencillez cuando comenzamos a recibirlos *en nuestra infancia*, son en mayor escala a medida que nuevos se les unen en el transcurso de nuestra existencia."[148]

A medida que el Estado desplegaba una serie de mecanismos (control sanitario, de natalidad, etcétera) para producir y regular la vida de la población, la infancia aparecía como una etapa distintiva de la vida del individuo que requería vigilancia y cuidado ya que en ella debían inculcarse las aptitudes adecuadas que más adelante debería poseer cualquier buen ciudadano. El marco escolar se convertía en una zona de protección donde evitar que el niño se enfrentara a las malas influencias de la calle, o como criticaba Roa, de la propia familia. La educación era gratuita y obligatoria, con programas y textos oficiales. Aunque una vez más, a efectos prácticos y de infraestructura, el proyecto educativo pronto reveló sus carencias. "Se concentró en las zonas urbanas y aun en ellas resultó insuficiente: en 1895 sólo 15% de la población sabía leer y escribir, cifra que apenas aumentó a 20% en 1910".[149] Rivadeneyra identificaba al niño como un ser en peligro

---

[148] Mariano Rivadeneyra, *op. cit.*, pp. 13-14.

[149] Elisa Speckman Guerra, "El Porfiriato", *op. cit.*, p. 390. Sobre la importancia de la infancia en este periodo y en el inmediatamente posterior, Cfr. Beatriz Alcubierre y Tania Carreño, *Los niños villistas. Una mirada a la historia de la infancia en México 1900-1920*, INHERM, México, 1996; Alberto del Castillo Troncoso, *Conceptos, imágenes y representaciones de la niñez en la Ciudad de México 1880-1920*, El Colegio de México/Instituto Mora, México, 2006;

cuyo cuidado era primordial. La vida social urbana e industrializada suponía una fuente continua de agitaciones y pasiones que se cobraban su precio en la vida mental de los sujetos volviéndolos "nerviosos" y que se agudizaba en el caso de aquellos cuyas circunstancias los exponían de manera incesante a emociones lacerantes. Citaba así a Joseph Guislain (1797-1860), para quien la causa de la locura radicaba en la reacción del cerebro ante una impresión moral dolorosa. El temperamento cerebral de Parra se desplazaba a un mayor énfasis en el contexto del sujeto (lo que en Parra eran las circunstancias), y la disposición orgánica parecía más producto del *afuera* que del *adentro*; un *afuera* en el que *el medio en el que se crecía* cobraba un papel determinante:

> "El medio favorable en que se desenvuelven las primeras impresiones ejerce tan notable influencia sobre las disposiciones futuras [que] se concibe que el estado contrario puede producir los más deplorables resultados [...] Ahora, si fijamos la atención en los recuerdos más salientes de las humildes mujeres que entran en nuestro estudio y buscamos sus impresiones más fuertes, más constantes, se nos figura tal vez [...] el papel de la educación que en ésta encontramos, si no completamente, al menos algo de la causa de su locura. ¿Por qué nuestras desgraciadas molenderas cifran su aspiración en su bebida matutina que les da fuerza a la vez que las envenena y enloquece? ¿Qué motivo existe para que el alcohol no sea lo que más entretenga la conversación sempiterna de las costureras [...] y en su lugar es el amor [...]? [...] Es la educación social de unas y otras la que lo determina, que insensiblemente hace encerrar las nece-

---

Elisa Speckman Guerra, "Infancia es destino. Menores delincuentes en la ciudad de México (1884-1910)", en Claudia Agostoni y Elisa Speckman Guerra (Eds.), *De normas y transgresiones, enfermedad y crimen en América Latina (1850-1920)*, Instituto de Investigaciones Históricas, Universidad Nacional Autónoma de México, México, 2005, pp. 225-253. También Alexandra Stern, "Madres conscientes y niños anormales: la eugenesia y el nacionalismo en el México posrevolucionario", Laura Cházaro (Ed.), *op. cit.*, pp. 293-336.

sidades y aspiraciones de las primeras en su bebida favorita; y a las segundas les ha formado aspiraciones semejantes [...] Este es el principio: *El cerebro se despierta* en las unas con sentimientos, con aspiraciones más elevadas que en las otras, cuyos ojos cuando comenzaron a fijarse encontraron con frecuencia seres que la embriaguez balanceaba."[150]

Rivadeneyra enfatizaba la importancia de la herencia, "el terreno tan innegable", pero parecía estar más interesado en *la herencia moral (psicológica) que en la física*: "En una locura suicida en que la herencia es hasta similar, ¿el recuerdo de la muerte desesperada de un padre, o las relaciones que del mundo llegan al fondo del corazón de un hijo, no habrán dejado su huella despertando en él extrañas ideas, gérmenes de la desesperación que se le ha enseñado?".[151] Citando a Benjamin Ball (1833-1893), advertía que la alucinación era "la irrupción del inconsciente en el terreno de la conciencia". Ello suponía "la reproducción de los recuerdos que más impresión han hecho y [que] hundidos hace largo tiempo de las profundidades desconocidas de nuestro pensamiento, resucitan fuera de nuestra voluntad bajo influencia del excitante".[152] El determinismo de Rivadeneyra, *al vincular tipos de oficios con tipos de locura*, tenía una orientación precisa. Controlar las profundidades desconocidas del pensamiento que podían irrumpir en la conciencia, implicaba observar "el minucioso estado del cerebro [...] donde la silenciosa labor de la educación creaba primero cierta predisposición a la locura".[153] Esta observación había de acompañarse de una actuación que favoreciese impresiones morales favorables en los primeros estadios de la vida. "Exigía, de forma implícita, una psiquiatría que trascendiera las paredes del hospital, donde sólo existían casos declarados de demencia y que llegara hasta los niveles iniciales y menos obvios de locura,

---

[150] Mariano Rivadeneyra, *op. cit.*, pp. 18-19.

[151] *Ibid*, p. 21.

[152] *Ibid*, p. 22.

[153] Cristina Rivera Garza, *op. cit.*, p. 96.

donde tuvieron lugar".[154] La observación sería el primer paso para instaurar una intervención preferiblemente temprana, en *las clases más desfavorecidas* cuya conducta y medio en que vivían, las hacía indefectiblemente propicias a la depravación. Rivadeneyra sin embargo concluía con el mismo interrogante que sus predecesores: "Este conjunto de fuerzas que forman o modifican con los años el carácter del individuo ¿no alterarán también la estructura de sus celdillas cerebrales [...]? ¿Es posible que engendren tan sólo perturbaciones dinámicas sin alterar en lo más mínimo los atributos estáticos de su cerebro?"[155]

La fidelidad a la validación empírica y la identificación de la cuestión de la locura con la cuestión moral provocó, como hemos señalado, que se diera el paso del interés por la fisiología al interés por el comportamiento social. El evolucionismo de Spencer con el postulado de que el progreso era el avance en la manera en que los hombres se adaptaban a los cambios inevitables *en su medio concreto*, permitió sustituir la unidad de estudio que era el cerebro, por una aproximación que daba importancia "a la variedad de pueblos y razas, costumbres, comportamientos, y características mentales".[156] El evolucionismo de Darwin, que llegó a México en la década de los setentas,[157] no fue sin embargo aceptado por Gabino Barreda. La idea de la selección natural le parecía implicar que se le atribuía a la naturaleza un modo de operar intencional que sólo era característico de la acción humana. Para Barreda, Darwin no respetaba los criterios de demarcación positivista. Había confundido ciertas correlaciones

---

154 *Ibid.*

155 Mariano Rivadeneyra, *op. cit.*, p. 26.

156 Charles A Hale, *op. cit.*, p. 331.

157 Para el evolucionismo en México. Cfr. Roberto Moreno de los Arcos, *La polémica del darwinismo en México siglo XIX*, Universidad Nacional Autónoma de México, México, 1984. Rosaura Ruiz Gutiérrez, *Positivismo y evolución: La introducción del darwinismo en México*, Universidad Nacional Autónoma de México, México, 1987. Leopoldo Zea, *op. cit.*, pp. 162-165; Charles A. Hale, *op. cit.*, pp. 322-379; Laura Cházaro, *El surgimiento del pensamiento sociológico mexicano a finales del siglo XIX, op. cit.*, pp. 234-256.

observadas entre las especies, con una relación de causalidad que lleva de unas a otras. Lo que discutía en el fondo tenía que ver con dos aspectos. En primer lugar, no podía ser que se atribuyera a la constitución moral del hombre las mismas causas que a la constitución morfológica en los animales. Si bien el hombre podía ser analizado desde la biología, poseía las operaciones, que le eran propias, del raciocinio y la moral. En segundo lugar, rechazaba la idea que se derivaba de la lucha por la existencia, de que los individuos perseguían intereses particulares y egoístas por encima de los generales, por *su convicción comteana de que el altruismo era el sentimiento que se imponía en la vida social a través de la educación*.[158] Barreda seguía a Comte en su adhesión a Cuvier con respecto a la naturaleza fija de las especies. Aunque sentía atracción por la doctrina de Lamarck, que aseveraba que las necesidades impuestas por el medio podían modificar cualquier órgano.[159]

Los discípulos de Barreda adoptarían el evolucionismo de Herbert Spencer, que les permitiría encontrar las peculiaridades de su sociedad en el esquema universal de la evolución. Frente al progreso de Comte más abstracto y ligado finalmente al culto de la Humanidad, Spencer consideraba al estado positivo no como transición sino como cúspide. Ante las vicisitudes del proceso de modernización en México era particularmente pertinente subrayar, siguiendo su planteamiento, que las sociedades como los organismos se desarrollaban irremisiblemente de lo simple y homogéneo, a lo complejo y diversificado. Era importante hacer hincapié en que este desarrollo significaba, también irremisiblemente, una diferenciación progresiva acompañada por una diferenciación gradual de funciones. Frente a Comte, que se había apegado a la doctrina de Cuvier de la naturaleza fija de las especies, Spencer adoptó tanto la teoría de la transformación como la de la transmisión por herencia de las características adquiridas y habló de "*selección social*". Ello era particularmente sugerente en una sociedad como la mexicana en la que eran visibles:

---

[158] Cfr. Roberto Moreno de los Arcos, *op. cit.*, pp. 17-42.
[159] *Ibid,* p. 63.

"Los logros y limitaciones de la modernización porfiriana [...]
las obras públicas, la arquitectura europea y la policía urbana
[...] los procesos de industrialización [...] no sólo crearon ex-
pectación y esperanza, sino también temor y agitación pues, a
pesar de su certeza en el progreso, la élite porfiriana también
tenía numerosas oportunidades para experimentar aprensión y
alarma. Los rumores de violencia incontrolable en el campo
confirmaron sus temores al salvajismo endémico del México
rural. Las noticias sobre enfermedades epidémicas de los barrios bajos de la ciudad capital dieron como resultado una creciente alarma por la posibilidad de contagio."[160]

Efectivamente, si en cifras aproximadas, en 1877 el país tenía nueve
millones de habitantes, en 1895 contaba con trece millones y para
1910 con quince millones. Si bien la sociedad era eminentemente
rural, durante el Porfiriato los centros urbanos crecieron de forma
destacada. Además de la capital, sobresalieron también Guadalajara,
Puebla, San Luis Potosí y Monterrey.[161] En la ciudad de México:

"Los confiados miembros de la élite porfiriana se las arregla-
ron para replicar a Europa con éxito [...] en el Zócalo e incluyendo los nuevos suburbios a lo largo de la avenida Reforma.
Los costosos restaurantes y modernos hoteles [...] competían
por la preferencia de la mejor gente de la ciudad [...] el este
de la ciudad pronto evolucionó hasta convertirse en un área
saturada de barrios bajos y de pobreza. Originada en el Zócalo
y con vecindarios de mala reputación como Tepito y la Bolsa,
la ciudad pobre recibió a la mayoría de los inmigrantes recién
llegados del campo [...] esa zona de la ciudad [tenía] un aspecto rural que la mayoría de la élite porfiriana hubiera preferido
prohibir. Los pobres urbanos habitaban populosas vecindades
o chozas de adobe las cuales muy a menudo se asemejaban a
corrales indios a lo largo de las calles sin pavimentar [...] La

---

[160] Cristina Rivera Garza, *op. cit.*, pp. 50-51.
[161] Elisa Speckman Guerra, "El Porfiriato", *op. cit.*, p. 376

carencia de servicios urbanos en la ciudad pobre acentuaba los problemas sanitarios durante la temporada de lluvias."[162]

Ante la realidad nacional, la segunda generación de positivistas anhelaba que el estudio sistemático, científico, de la sociedad les permitiese comprender las leyes que regían su funcionamiento y conducirlas, con lo cual podrían eliminar las trabas que obstaculizaban el progreso social. Si la primera generación había fincado sus expectativas en un programa educativo abierto del cual emergieran los mejores; para la segunda generación se trataba no sólo de inculcar las virtudes de la ciudadanía a través de una educación pública que ya mostraba sus insuficiencias, sino de identificar, clasificar e intervenir a aquellos que, por una u otra causa, no se conformaban a los nuevos estándares nacionales. La oposición axiológica entre lo normal y lo patológico daba forma y legitimaba otras oposiciones ligadas a la raza o al género. La insistencia en la adopción de una "política científica" emanada de este método, fincó el interés por reformar el sistema penitenciario, inaugurar el primer manicomio general de la nación, expedir códigos penales y sanitarios y crear reglamentos de policía. El Estado porfirista se proponía regular *a través de nuevas redes institucionales* "múltiples aspectos de la vida del individuo, desde sus compromisos con [...] la sociedad, hasta sus relaciones conyugales y familiares, sus hábitos de higiene y sus diversiones".[163] El entrelazamiento entre darwinismo y lamarckismo proporcionaba al *establishment* mexicano el anhelado revestimiento de cientificidad para ligar el conocimiento objetivo de la patología a la normatividad y al comportamiento social, y provocaba que en México el mendelismo no fuera aceptado hasta bien entrado el siglo XX.[164] Así, aun cuando se aceptaban y conocían las ideas de evolución, "algunos médicos negaban o disminuían el papel de la selección natural y la variación [...] para los

---

[162] Cristina Rivera Garza, *op. cit.*, pp. 52-53.

[163] Elisa Speckman Guerra, *op. cit.*, p. 378.

[164] Carlos López Beltrán, "Enfermedad hereditaria en el siglo XIX: discusiones francesas y mexicanas" en Laura Cházaro (Ed.), *op. cit.*, p. 107.

higienistas que atribuían al medio muchas patologías, las ideas de Lamarck eran un argumento más eficaz. Por lo menos su tesis de los caracteres adquiridos se adaptaba mejor a la idea higiénica de la transmisión de elementos debilitadores de la raza".[165] Efectivamente, mientras que en la teoría de Darwin las variaciones eran producidas azarosamente, las ideas de Lamarck permitían sostener las variaciones como una respuesta de los organismos al medio concreto; lo cual justificaba la intervención en nombre de la profilaxis. La lectura de Spencer en México no impidió sin embargo que de un modo cualitativo más sutil, "el pensamiento y la política social mexicana mostraran un sello comteano".[166] Así, mientras Spencer advertía que la *organicidad* de la vida colectiva debía estar sometida a la vida de las partes, al ser el todo producto de su interdependencia; el problema político de la desunión nacional y la existencia de una población no integrada a la naciente nación, llevó a subrayar una *organicidad* regida por la necesidad de las partes de someterse al Estado.[167]

A partir de la *herencia* y de su énfasis en la recepción evolucionista *sui generis*, la psiquiatría mexicana del siglo XIX y XX iba a poder devolver a los ámbitos de la enfermedad y la medicina mental todos los trastornos, todas las irregularidades de conducta que hasta entonces no competían a la locura propiamente dicha. *La herencia* era una manera determinada *de dar cuerpo* a la enfermedad en el momento en que no se la podía encontrar en el cuerpo individual. Se recortaba una gran suerte de cuerpo fantasmático que era el de una parentela afectada por enfermedades que, si se transmitían, permitían suponer un soporte material y por tanto llegar a un sustrato orgánico de la locura *que no era el de la anatomía patológica, pero que convivía con sus aspiraciones*. La herencia aparecía calificada por adjetivos diversos que apuntaban a establecer dicotomías y oposiciones. Las más comunes eran la herencia fisiológica (o normal) y la herencia

---

[165] Laura Cházaro, *Medir y valorar los cuerpos de una nación: un ensayo sobre la estadística médica del siglo XIX, op. cit.*, p. 217.

[166] Charles A Hale, *op. cit.*, p. 335.

[167] Cfr. Elías José Palti, *op. cit.*, p. 295 n.3.

patológica; la herencia física y la herencia moral (o psicológica). La herencia además podía ser directa (de padres a hijos), indirecta (a través de saltos generacionales), atávica, y de influencia.[168] Los primeros escritos en torno a la locura desde esta perspectiva se desarrollarán en el ámbito de la medicina legal y los realizarán médicos y abogados. La cátedra de medicina legal prácticamente se hizo cargo, hasta la primera década del siglo XX, de la cátedra en enfermedades mentales, coincidiendo con el desplazamiento del alienismo, de los estudios abstractos de fisiología cerebral, a la conducta de los individuos en el medio social. A menudo la única instrucción universitaria que recibían los futuros médicos sobre la locura, provenía de las lecciones sobre la necesidad de realizar un peritaje. Efectivamente, la identificación de la locura con la transgresión de la norma en un medio social concreto supuso que, ante la comisión del delito, cupiera la duda de si el acusado se hallaba o no en posesión de sus facultades mentales, una de las funciones de los médicos legistas debía ser fungir como peritos en los tribunales para definirlo. Los Códigos Civil (1870) y Penal (1871) conforme a los principios del liberalismo que los habían inspirado, y que los positivistas consideraban *espiritualistas y metafísicos*, relacionaban el delito con el libre albedrío y la responsabilidad moral, de tal modo que la normalidad del libre albedrío era condición necesaria para la imputabilidad. Luis Hidalgo y Carpio en el capítulo sobre alienación mental, que aparecía en su libro sobre medicina legal y que era la lectura señalada para los estudiantes de medicina en 1870, advertía que los alienados eran todos aquellos privados de libertad moral puesto que la perturbación de sus facultades mentales les impedía obrar de modo distinto al que lo hacían.[169] La

---

[168] Carlos López Beltrán, *op. cit.*, p. 108. López Beltrán señala que la herencia de influencia es aquella en la cual un embarazo previo deja alguna influencia en la madre que puede ser transmitida a un vástago posterior. Así, un hijo de un segundo matrimonio puede heredar algo del primer marido.

[169] Luis Hidalgo Carpio, "de la alienación mental" *Introducción al estudio de la medicina legal mexicana pudiendo servir de texto complementario a cualquier libro extranjero que se adopte para la cátedra de aquel ramo en la escuela de medicina*, Imprenta de I. Escalante y Cía., México, 1869, p. 199.

segunda generación de positivistas consideraba que, en el peor de los casos, estos principios eran abstracciones; en el mejor, una utopía. Libertad y necesidad, como hemos visto en Porfirio Parra, no eran términos antinómicos. Todos los fenómenos tanto orgánicos como inorgánicos se sometían a plenitud a las leyes que los determinaban. La libertad no era la facultad de hacer o querer cualquier cosa sin sujeción a fuerza alguna que dirigiese, porque el organismo humano era influenciado inevitablemente por estímulos externos, y el cerebro no era una excepción. Lo que había que determinar era si las funciones fisiológicas se llevaban a cabo de manera exacta y coordinadamente *reflejándose en la conciencia*. En tanto que el sujeto, como hemos visto, sólo podía comprenderse en relación con el medio, había que analizar *de qué factores externos dependía que ello fuera o no así*. Abogaban entonces por una observación científica inductiva de la sociedad mexicana que permitiera detectar las leyes que regían su desarrollo social y legislar en consecuencia. Ello haría posible detectar y prevenir la presencia del crimen en sectores sociales concretos.

En 1885, el abogado Rafael de Zayas que dos años después con su obra *La redención de una raza. Estudio sociológico* dedicada a Porfirio Díaz, ganaría la Medalla de Oro en el Certamen Literario de Orizaba, publicaba *Fisiología del crimen: Estudio Jurídico sociológico*. Zayas partía de que la disminución o ausencia del sentido moral era un defecto fisiológico de la organización mental, producto de una herencia ya fuera física o moral. Criticaba además el que los jueces no advirtieran la dificultad inherente a la hora de discernir las relaciones prevalecientes entre lo normal y lo patológico:

"La jurisprudencia ha visto hasta hoy las afecciones mentales con una indiferencia marcada, pues aunque ha elevado en tesis general no responsables a los locos por las acciones que cometen en sus arrebatos, no se ha detenido a establecer doctrinas juiciosas [...] tal parece que para los legalistas no hay más que dos estados perfectamente definidos: el de la razón completa y el de la demencia absoluta; es decir, que o se está loco o se está cuerdo. *No hay matices, no hay gradaciones* y lo que es peor aún, no se admite la locura sino en personas que han dado prueba de enajenación mental perfectamente caracterizada, con anterioridad al hecho criminal."[170]

Ello significaba que los jueces inspirados por los principios abstractos del código jurídico, no observaban los hechos en su singularidad y para ellos la enajenación se traducía irremisiblemente en inimputabilidad. Así, descartaban los episodios de locura pasajera o transitoria, y no tomaban en consideración la remisión o la recurrencia. Conforme a la compleja definición que ya hemos visto en Parra y que aunaba libertad y necesidad con una coordinación exacta de las funciones *que se veía reflejada en la conciencia*, había que advertir además que ésta era "una reunión de facultades como son la percepción, la memoria y las facultades reflectivas que existen independientes unas de otras, de manera que no puede haber tal unidad y que perfectamente puede lesionarse una, sin que por eso deba seguirse que la lesión interesa forzosamente a las demás".[171] Por todo ello, Zayas enfatizaba la dificultad para distinguir la locura: "los sentimientos, así como los actos de las personas cuya situación mental es dudosa, se acercan de tal modo en muchas circunstancias al estado normal que puede llegar a ser muy difícil para el médico decir si hay o no locura. ¿Dónde cesa la pasión llevada al más alto grado y dónde cesa el delirio o la alteración de la voluntad? En otros términos ¿cuáles son los límites donde cesa la razón y empieza la locura?".[172]

El parentesco entre crimen y locura se estrechaba aún más si se consideraba que el crimen suponía una ausencia total o parcial de sentido moral provocada por un defecto en la organización cerebral, y que este defecto en el sentido moral era asimismo la causa de locura: "El estudio de los criminales ha convencido a todos los que lo han practicado de que la falta parcial o total del sentido moral es muy a menudo, en esta clase especial, la consecuencia de un vicio

---

[170] Rafael de Zayas, *Fisiología del crimen. Estudio jurídico-sociológico*, Imprenta de R. de Zayas, Veracruz, 1885, p. 3.

[171] *Ibid*, p. 100.

[172] *Ibid*, p. 73.

de organización; y la observación de los alienistas más distinguidos establece que la ausencia del sentido moral es uno de los efectos ocasionales de la existencia de la locura en la familia."[173] Sin embargo el loco no era, *en principio*, un criminal: "la consecuencia del estado mental del enajenado por regla general no es la impulsión al crimen sino que el individuo que padece *la insensibilidad moral*, si siente alguna tendencia al mal incitado por alguna perversidad, no tiene la fuerza suficiente para poder sustraerse de la influencia nociva, del deseo violento, es decir no tiene la voluntad suficiente para dejar de querer".[174]

En lugar de constreñirse a una simple dicotomía entre razón y sin razón; la continuidad entre lo normal y lo patológico llevaba a Zayas a presentar una tipología de conductas propias de *criminales locos* o *alienados* que incluían desde la demencia temporal a las compulsiones (controladas e incontroladas); el delirio e incluso las alucinaciones auditivas. Como hemos señalado ya, la locura y el crimen eran afecciones orgánicas caracterizadas por un debilitamiento del sentido moral, que se transmitía a través de una herencia que asimismo podía ser moral o física. En el criminal alienado, señalaba Zayas, que seguía aquí las lecciones de la escuela antropológica italiana de Cesare Lombroso (1835-1909),[175] predominaba a menudo la *herencia atávica*, alternativa y discontinua, de caracteres físicos que no poseían sus

---

[173] *Ibid*, p. 31.

[174] *Ibid*, pp. 123-124.

[175] Lombroso propuso la concepción del delito como resultado de tendencias innatas, de orden genético, observables en ciertos rasgos físicos o fisonómicos de los delincuentes. Otro autor fue Enrico Ferri (1856-1929) que cuestionó el énfasis en características fisiológicas de los criminales, campo de estudio de Lombroso. En su lugar, se centró en el estudio de las características psicológicas, que creía eran las responsables del desarrollo de la criminalidad en el individuo. En México hubo asimismo interés por la criminología francesa. Se leyó a Gabriel Tarde (1843-1904) que criticó la idea lombrosiana de criminal innato y subrayó la importancia de la imitación y la innovación como fuerzas de la vida social. Destacó asimismo el planteamiento de Paul Broca (1824-1880) que descubrió el centro del habla en la tercera circunvolución del lóbulo frontal desarrollando la ciencia de antropometría craneal. También fue importante

139

antecesores directos pero cuya existencia se demostraba en hombres prehistóricos: "los asesinos nacieron con caracteres que fueron propicios a las razas prehistóricas: caracteres que han desaparecido en las razas actuales y que vuelven en ellos por una especie de atavismo. El criminal considerado de esta manera es un anacronismo, un salvaje en un país civilizado".[176] Asimismo podía ser producto de los "progresos de la civilización, los descubrimientos de la ciencia, las invenciones de la industria y principalmente en nuestro siglo las agitaciones de la política"[177] que provocaban en los sujetos afecciones nerviosas o propensiones a la impulsividad, que serían transmitidas a su progenie.

En esas circunstancias, el crimen podía cometerse contra los demás pero también contra uno mismo. Desde esta lectura *el suicidio* significaba de hecho atentar contra el medio social a partir de uno mismo, porque hay que recordar que el individuo se debía a ese medio. Zayas lo definía como una extinción o atenuación patológica del principio de conservación. En los casos de suicidio premeditado, la patología había iniciado tiempo atrás, en los casos de suicidio sin premeditación, se trataba de un acceso puntual. Gabino Barreda, en su artículo "Algunas consideraciones sobre el suicidio" publicado dos años antes, consideraba que el suicidio era producto del triunfo patológico de las tendencias egoístas sobre las altruistas y que el mejor medio para prevenirlo era "robustecer por medio de disposiciones legales esas simpatías altruistas haciendo recaer las consecuencias del suicidio sobre las personas más caras al criminal de manera que […] ninguna disposición testamentaria de un suicida sea respetada".[178] Si bien la locura también era consecuencia de la exacerbación de las mismas tendencias egoístas, la diferencia entre un suicida que es-

---

Henry Maudsley (1835-1919) que estudió las relaciones entre criminalidad y locura desde la teoría de la degeneración. Cabe señalar que en México prevalecía un uso "ecléctico" de estos autores.

[176] Rafael de Zayas, *op. cit.*, p. 35.

[177] *Ibid*, p. 99.

[178] Gabino Barreda, "Algunas consideraciones sobre el suicidio", *La Escuela de Medicina* 4-14 (1883), p. 161.

taba loco y uno que no lo estaba, radicaba en que en el primero el método para robustecer las tendencias altruistas tenía muchas más dificultades para prosperar, dado que en la enajenación mental podía suponerse "que la idea de hacer recaer las funestas consecuencias del acto que se va a cometer no se presenta a la mente de un hombre".[179] Con anterioridad, en 1876, Ignacio Maldonado y Morón en su *Estudio sobre el suicidio en México fundado en datos estadísticos*, había subrayado la necesidad de distinguir claramente los casos en los que el suicidio era producto de una alteración patológica en la organización física y los casos en los que la alteración patológica existía en la "psíchyca"[180] y había añadido: "No todos los suicidas son locos. Su diferencia entre estos y los suicidas razonables, está hoy perfectamente establecida."[181] Con Zayas, sin embargo, la gradación entre la razón y la sinrazón se calibraba de manera muchísimo más sutil, lo cual hacía a su juicio absolutamente imperioso el juicio del especialista. El suicidio no era producto ni de una voluntad libre ni de una inconsistencia puramente biológica sino de un organismo social vulnerable que, agotado, se sentía inerme frente a las dificultades de la vida: "Hay en nuestra época una marcadísima tendencia a revolucionarlo todo; nadie está contento con su posición, con su modo de vivir, con la profesión que ha abrazado. El agricultor quiere abandonar el campo por la ciudad, el obrero quiere abrazar las artes liberales, todos desean tomar parte en la cosa pública."[182]

---

[179] *Ibid.*

[180] Ignacio Maldonado y Morón, *Estudio del suicidio en México fundado en datos estadísticos*, Tesis de medicina, Escuela Nacional de Medicina, México, 1876, p. 82. Para analizar la reacción que la sociedad porfiriana tenía respecto al suicidio se han editado recientemente los expedientes periodísticos y novelescos (bajo la autoría del escritor decimonónico Ángel del Campo) realizados a partir del suicidio de Sofía Ahumada. Joven que se lanzó de la torre de la catedral de la ciudad de México el 31 de mayo de 1899. Cfr. Miguel Ángel Castro (Comp.), *El de los claveles dobles & Ni amor al mundo ni piedad al cielo. El suicidio de Sofía de Ahumada. Expediente de prensa y literatura mexicanas (1899)*, Universidad Nacional Autónoma de México, México, 2008.

[181] *Ibid.*

[182] Rafael de Zayas, *op. cit.*, p. 242.

Los científicos positivistas, hay que señalar, eran selectivos en su entusiasmo por el progreso y aspiraban a mantener y preservar el orden moral y social que sustentaba la diferencia entre los grupos sociales, las jerarquías étnicas y la familia nuclear. Su impulso regulador radicaba en la producción de conocimiento sobre las situaciones sociales y humanas de inestabilidad que, si no eran supervisadas, corrían el riesgo de socavar las bases de la naciente modernización. Siguiendo los principios evolucionistas en boga, Zayas definía la modernización *como una lucha por la supervivencia del más apto.* Así, hacía referencia al crecimiento de la industria y la división laboral que creaba una lucha encarnizada por la subsistencia que *en los más débiles* se traducía a menudo en instinto de muerte:

> "El hombre va a la fábrica a aprender un oficio rudo, mal retribuido; es un candidato para la embriaguez, para la enfermedad, y para el crimen. La mujer entra a servir como doméstica y es un candidato para la prostitución, para la miseria y para el crimen. El obrero hace competencia al obrero, y la máquina hace competencia al hombre. Cada nuevo invento en este sentido, elimina multitud de brazos, que quedan en la ociosidad haciendo mayor plétora de trabajadores: el jornal disminuye, la miseria crece y llega el caso ¡horrible atrocidad! en que se considera por el obrero la venida de una epidemia, como una bendición del cielo."[183]

Cuestiones como la elevada mortalidad, sobre todo infantil, la disminución de la talla, la miseria, las condiciones de trabajo, la extensión de la prostitución, la transgresión de la moralidad, eran simultáneamente consideradas causa y síntoma de la degeneración de la raza.

> "A la cuestión de clases se unió el fenómeno racial; una minoría de individuos blancos o mestizos deseaba establecer gobiernos liberales pero al mismo tiempo, debía asegurar su

---

[183] *Ibid*, p. 247.

142

dominio sobre una población de origen étnico distinto al suyo, mayoritariamente indígena [...] y a la que no deseaba conferir derechos ciudadanos. La Constitución consideró a los mexicanos iguales ante la ley, pero utilizó el mecanismo de elección indirecta para restringir el número de votantes [...] ¿Cómo sustentar la eliminación política de un sector social en el marco de una propuesta legal que acentuaba la igualdad? Si bien el principio de igualdad jurídica no se podía eliminar pues constituía un elemento importante en la legitimidad, era necesario atenuarlo e introducir criterios de diferenciación para justificar el que sólo algunos gozaran de una ciudadanía completa. El positivismo respondió a esta necesidad pues con base en principios científicos con términos evolucionistas concluyó que unos eran más aptos que otros para la vida social."[184]

Por un lado, Zayas subrayaba la *herencia atávica, física* del criminal alienado: "El rostro de este tipo es grosero, anguloso, estúpido: el color sucio. Las mujeres son feas de formas, de facies y de movimientos; todas tienen una expresión de fisionomía y de actitud tan siniestra como repulsiva".[185] Por otro, al hablar del suicidio, la embriaguez, la prostitución y de homicidio, esta vez provocados por una civilización que debilitaba a los individuos, se refería a la *herencia moral* particularmente presente en los individuos de sectores de baja extracción social. El entorno de dichos sujetos parecía orillarlos casi irremisiblemente a la afección fisiológica que se traduciría en ese defecto del sentimiento moral causante del crimen y la locura. En las ciudades en ebullición, la élite a la que Zayas pertenecía, interactuaba no sin disgusto, con un número creciente "de campesinos desplazados y trabajadores que migraban [...] llevando sus trajes tradicionales y mostrando la piel oscura característica de indios y mestizos. La participación de las mujeres en la fuerza laboral así como su acceso

---

[184] Elisa Speckman Guerra, *Crimen y castigo: Legislación penal, interpretaciones de la criminalidad y la administración de justicia, op. cit.*, p. 113.

[185] Rafael de Zayas, *op. cit.*, p. 133.

creciente a la educación [...] alertaba en contra de la influencia del feminismo. Indudablemente [...] se alababa el progreso, pero nunca a costo del orden".[186] Zayas subrayaba además la dificultad de distinguir de manera clara y distinta a criminales de criminales alienados y de aquellos que, sin ser criminales, eran alienados sin más, de manera que lo patológico ampliaba inusitadamente sus alcances. Su conclusión era la siguiente: la herencia provocaba que el defecto fisiológico del sentido moral se pudiese traducir en la ejecución de la acción criminal contra uno mismo o los demás: "Se es criminal no porque se quiera serlo sino porque no se puede dejar de serlo en virtud del imperio que ejerce sobre el individuo una razón más o menos dislocada, más o menos imperfecta".[187] La insistencia de Zayas en la gradación entre lo normal y lo patológico, entre la enajenación momentánea o permanente, que el médico legalista debía declarar, pretendía signar simultáneamente dos operaciones aparentemente contradictorias: la que mostraba un sujeto a merced de *"algo"*, que cobraba el relieve de una herencia que lo superaba. Y la circunscripción de un margen de maniobra para ese sujeto según su grado de enajenación, a través de la intervención dirigida a la prevención y a la corrección en lo que después llamará *la redención de una raza.* [188]

El peritaje del alienista que exigía Zayas producía así una paradoja. El delito pasaba del acto a la manera de ser, como si esta última no fuera sino el delito mismo pero en el estado de generalidad presente en la conducta habitual de un individuo. Aunque ninguna ley prohibía ser pobre, mestizo, indio, moralmente insensible, o afectivamente desequilibrado, lo que se penalizaba finalmente no era un acto concreto contra la ley, sino una irregularidad con respecto a una serie de reglas que podían ser sociales, fisiológicas, morales, psicológicas, etcétera. La atención dejaba de estar en el crimen. Lo que había que

---

[186] Cristina Rivera Garza, "Dangerous Minds: Changing Psychiatryc Views of the Mentally Ill in Porfirian Mexico 1876-1911", *Journal of the History of Medicine* 56 (2001), p. 40

[187] Cfr. Rafael de Zayas, *op. cit.*, p. 120.

[188] Cfr. Rafael de Zayas, *La redención de una raza. Estudio sociológico*, Tipografía de Rafael de Zayas, Veracruz, 1887.

señalar era *un modo de existencia social* en el que debía cabalgar y pesar el aparato judicial. Ello producía a su vez otro desdoblamiento. El médico se transformaba en juez. Hacía un acta de instrucción no en el nivel de responsabilidad *jurídica* de los sujetos sino de su responsabilidad *"real"*. Y simultáneamente el juez se transformaba en médico. Imponía al individuo medidas correctivas, de readaptación y de reinserción, proporcionaba *la cura normalizadora* que restablecía la salud del organismo social.

En el *Primer Concurso Científico* organizado en México en 1895, en el que se hizo una evaluación científica de la situación del país, el médico Rafael Lavista, bajo la influencia del evolucionismo de Spencer, reflexionaba sobre las relaciones que había de haber entre medicina y jurisprudencia. La transgresión a la ley, la criminalidad, era una enfermedad del organismo social: "Se engendra el estado que constituye la salud, siempre que se contemple la integridad funcional de los elementos anatómicos que constituyen la individualidad orgánica [...] De la misma manera en el orden social se observa el perfecto equilibrio de la vida de ese organismo cuando las unidades que lo constituyen *cumplen las leyes que les imponen las leyes sociales.*"[189] Y concluía: "tan fundamental es el conocimiento de las leyes biológicas para explicar el organismo como lo es el conocimiento de las leyes sociales para comprender los desórdenes en la sociedad".[190] En el limbo jurídico en el que se hallaba el incipiente alienismo mexicano este postulado sin embargo se traducirá en una sumisión del médico transformado en juez, al juez que finalmente combatía y curaba a través de la ley.[191] Rafael Lavista ponía en evidencia el meollo del

---

[189] Rafael Lavista, "Relaciones entre la medicina y la jurisprudencia", *Anuario de Legislación y Jurisprudencia*, 12 (1895), p. 244. Para un análisis del grupo social de los médicos incorporados al debate con la jurisprudencia. Cfr. Elisa Speckman Guerra, "El cruce de dos ciencias: conocimientos médicos al servicio de la criminología (1882-1901)" en Laura Cházaro (Ed.), *op. cit.*, pp. 214-218.

[190] *Ibid.*

[191] En 1886 se había creado el Consejo Médico-Legal para ayudar a jueces y magistrados en casos dudosos. Sin embargo ello no canceló la dependencia del alienismo de los poderes públicos. Cfr. Andrés Ríos Molina, *op. cit.*, pp. 69-70.

asunto cuando advertía el carácter que había de regir las relaciones entre medicina y jurisprudencia dentro de la ambigüedad que ya hemos descrito: "Es la sociedad la agrupación de múltiples personas que viven en comunidad ordenada, con deberes y obligaciones recíprocos aceptados de común acuerdo [...] la infracción de esas obligaciones y deberes ocasiona enfermedades sociales que toca a las leyes respectivas combatir y curar."[192] A menudo, en estas relaciones, serán los alienistas quienes habrán de negociar en aras de ver reconocida su legitimidad profesional y su autoridad científica.

En el concurso de 1895, los vínculos inextricables entre locura, crimen y suicidio se hicieron aún más evidentes a través del hilo conductor de *la herencia* que eligieron los miembros de la Academia de Medicina. José Olvera propuso que el Estado impidiera la unión matrimonial de individuos con patologías psíquicas: "se unen nervioso y nerviosa para engendrar por acumulación de herencias, neurosis más o menos graves, pero todas iguales para sellar la raza con la marca de la nerviosidad, traducida en unos [...] por suicidio, o también por la locura, o la demencia y lo más triste, los crímenes".[193] En las exposiciones aparecían recurrentemente dos conceptos que se unían al de *herencia*: el de *raza* y el de *degeneración*. Para comprender la idea de *raza* que se imponía en los ámbitos científicos, hay que tomar en cuenta los factores que signan su desplazamiento con respecto al sistema colonial de castas.

"La idea de pureza de sangre española se asienta en su opuesta, la de impureza, y se basa en una situación de matrimonios y descendencia mixta –religiosa y culturalmente–, en la noción de una transmisión hereditaria (a lo largo del linaje), de una mácula espiritual o moral, debida al vínculo genealógico con infieles, moros o judíos [...] *no se refería a caracteres físicos*

---

[192] Rafael Lavista, *op. cit.*, p. 244.

[193] José Olvera, "La epilepsia y la histeria, la neurosis hereditaria y degenerativa ¿deben considerarse como impedimento para el matrimonio?", *Primer Concurso científico*, Tipografía de la Secretaría de Fomento, México, 1895, pp. 8-9.

ni fisiológicos, sino a cualidades y proclividades morales, sobre todo ligadas a la infidelidad, al rechazo de Cristo. En la situación americana, los indios (y luego los africanos) no pueden ocupar el nicho de los moros o judíos infieles. Son muy pronto concebidos como paganos, primitivos, cristianizables: ignoran, no rechazan a Cristo. [...] «La idea de 'mezcla de razas' está de ese modo ausente de la manera en la que se concibe la cuestión de la pureza hereditaria [...] el judío o el musulmán no son ya el equivalente del Indio, así como los 'impuros' no lo son de los mestizos.» Fue la situación colonial misma la que con el decurso fatal de sus interacciones humanas, sociales y sexuales, forzó –por decirlo así– la reificación de la noción de pureza de sangre genealógico-espiritual a la española, enfocada en el origen genealógico-geográfico (español-europeo, indio-americano, negro-africano) y en las peculiaridades de la complexión física (blanco, moreno, negro). La valoración se desplaza así a los componentes materiales de la herencia; a los temperamentos y la complexión física, concebidos en términos hipocráticos como predominio de humores, y como básica dependencia de lo físico y moral de estos."[194]

La querella por los temperamentos cobró una relevancia inusitada en el Nuevo mundo, en el que desde Fernández de Oviedo a Bartolomé de las Casas hasta llegar por lo menos a Alexander von Humboldt fue discutido el temperamento que podía serles atribuido a los naturales de Indias. En las descripciones de autores como Juan de Cárdenas (1591), Enrico Martínez (1606), y Diego de Cisneros (1618),[195] se hallaban en juego: a) las características físicas y morales de los indígenas; b) la influencia perniciosa o no, del clima y el medio ambiente

---

[194] Carlos López Beltrán, "Sangre y temperamento. Pureza y mestizaje en las sociedades de castas americanas", *op. cit.*, pp. 303-304.

[195] Los títulos de las obras son: Juan de Cárdenas, *Problemas y secretos maravillosos de las Indias*; Enrico Martínez, *Repertorio de los tiempos e historia natural de la Nueva España*; Diego de Cisneros, *Sitio, naturaleza y propiedades de la ciudad de México*.

sobre la constitución y el temperamento; c) los efectos benignos o nocivos del mestizaje; o d) las vicisitudes acaecidas física y psíquicamente a los españoles que se afincaban en tierras novohispanas.[196] La teoría de los humores irá adquiriendo –bajo los auspicios de la Ilustración– una comprensión de la complexión cada vez menos flexible y más ligada a la superficie del cuerpo, apuntando a lo que será el concepto de "raza" que, sin embargo, en el siglo XIX se interioriza para localizarse en la estructura ósea y en la sangre.[197] El evolucionismo abrió además una nueva perspectiva de análisis. La reconstrucción científica hacía a los grupos parte de la naturaleza observable, y los convertía en objeto teórico a través del concepto de *especie*.[198] La raza se transformaba así, en el siglo XIX, en la manera *científica* de ligar la pertenencia a la familia, el grupo o la nación con un sustrato material transmitido de generación en generación, que se reflejaba en los rasgos físicos y morales de las personas y las colectividades.[199] Como José Olvera había manifestado en su intervención en el Concurso científico en la que mostraba el temor de que el matrimonio entre nervioso y nerviosa pudiera *marcar a la raza* con el sello de la neurosis, a través de la herencia la raza se vinculaba asimismo la noción de *degeneración*. La teoría de la degeneración conocida a través de Bénédict Agustin Morel (1809-1873) y Valentin Magnan (1835-1916) era definida como:

"Un deterioro hereditario constante, aunque no necesariamente irreversible, en el transcurso de cuatro generaciones [...]

---

[196] Cfr. Jorge Cañizares-Esguerra, "New World, New Stars. Patriotic Astrology and the invention of Indian and Creole Bodies in Colonial Spanish America, 1600-1650", *The American Historical Review 104* (1-1999), pp. 33-68. También Miruna Achim, *op. cit.*, pp. 235-261.

[197] Cfr. Roxanne Wheeler, *The Complexión of Race: Categories of Difference in Eighteenth- Century British-Culture*, University of Pennsylvania Press, Philadelphia, 2002.

[198] Laura Cházaro, *El surgimiento del pensamiento sociológico mexicano a finales del siglo XIX, op. cit.*, p. 237.

[199] Carlos López Beltrán, "Para una crítica de la noción de raza", *Ciencias* 60-61 (2001), p. 68.

[incluía] síntomas como depravación moral, manía, retardo mental y esterilidad. Los médicos atribuían una variedad de causas a la degeneración incluso alcoholismo, inmoralidad, dieta insuficiente y condiciones domésticas y ocupacionales insalubres. Sin embargo la causa principal de la degeneración [...] era la herencia."[200]

El éxito de la teoría de la degeneración se debió a las posibilidades que abría para interpretar las desviaciones de los comportamientos. Al definir los comportamientos patológicos en términos sociales, biológicos y psicológicos, hacía intervenir la herencia en un sentido colectivo superando así la noción individual y localizada de la fisiología anatomopatológica. Porfirio Parra, a quien vemos participar en el concurso científico de 1895 cercano ahora a la criminología, afirmaba que los criminales "degenerados o hereditarios" constituían "una faz de evolución regresiva en el ser humano".[201] La responsabilidad moral debía determinarse conforme al grado de libertad moral, es decir, *en la medida en que las distintas facultades se presentasen coordinadas y reflejadas en la conciencia.* Parra hacía hincapié, una vez más, en la gradación que iba de lo normal a lo patológico y en los grados progresivos de patología. Locos y degenerados eran producto de la herencia patológica, pero *degenerado no era sinónimo de loco*: "La naturaleza no salta del cuerdo al loco sino que entre uno y otro se interpone, como término medio, un grupo de hombres que no son ni locos rematados ni "sanos de espíritu" [...] son los degenerados, algunos alcohólicos, morfinómanos y cocainómanos, y también al-

---

200 Ian R. Dowbiggin, *Inheriting Madness: Professionalization and Psychiatryc Knowledge in Nineteenth-Century France*, University of California Press, Berkeley, 1991, pp. 1-2. Cfr. J. Edward Chamberlin y Sander L. Gilman (Eds.), *Degeneration: The Dark side of Progress,* Columbia University Press, New York, 1985; Nancy Stepan, *The Hour of Eugenics: Race, Gender and Nation in Latin America*, Cornell University Press, New York, 1996. También, Rafael Huertas, *Locura y degeneración. Psiquiatría y sociedad en el positivismo francés,* Consejo Superior de Investigaciones científicas, CSIC, Madrid, 1987.

201 Porfirio Parra, "Según la psiquiatría ¿puede admitirse la responsabilidad parcial o atenuada?", *Anuario de Legislación y Jurisprudencia* 12 (1895), p. 232.

gunos de los criminales natos."[202] Los degenerados eran individuos sobre cuyo sistema nervioso pesaba, "como fardo abrumador, la durísima ley de la herencia morbosa".[203] Parra los describía así :"son de inteligencia escasa, aunque a veces no carezcan de imaginación y de locuacidad, de carácter irascible, de trato difícil, de ánimo apocado, de afectos movibles y variables, están sujetos a numerables antojos y a indecibles caprichos y su postura es muy poco sensata".[204]

Lo que se había de juzgar o sancionar, una vez más, no era el delito en sí mismo, sino conductas irregulares que a través del concepto de *herencia* física y moral, normal y patológica, se proponían *como el lugar de formación de la infracción.* Parra proponía así que el código penal admitiera la responsabilidad atenuada "en los crímenes cometidos por individuos que sin estar locos eran socialmente disfuncionales; es decir, los degenerados, los alcohólicos, los desequilibrados, los drogadictos, así como aquellos que entraban dentro de la categoría de criminales natos [...] [que deberían quedar] sujetos a estrictas medidas preventivas y profilácticas".[205] Del problema jurídico de la atribución de responsabilidad al criminal alienado se había pasado entonces a otro problema distinto: ¿era curable o readaptable? ¿Peligroso para la sociedad? Al asemejar la locura al crimen y exponer posteriormente la necesidad de reconocer valores intermedios y ambivalentes a través de la degeneración, el alienismo por un lado constituía a la locura como portadora de una serie de riesgos que lo conminaban a actuar como instancia de higiene pública de *prevención,* y por otro hacía funcionar su saber como instancia de *regeneración* y *protección* social. La gradación de lo patológico a través de los hilos sutiles de la herencia y la degeneración permitía establecer, fijar, dar su lugar, asignar sitios, definir presencias, en el seno del orden social. Había que establecer diferencias y observarlas constantemente. Así, los *criminales degenerados* serán con mayor frecuencia los

---

[202] *Ibid.*

[203] *Ibid.*

[204] *Ibid*, p. 233.

[205] Beatriz Urías Horcasitas, *Historias secretas del racismo en México, op. cit.,* p. 130.

indígenas y los mestizos de las clases inferiores que se hacinaban en los sectores pobres y urbanos.[206] Los gobiernos mexicanos adoptaron el principio de la igualdad jurídica y se esforzaron por homogeneizar a la población. Pretendieron uniformar lengua y costumbres; algunos incluso promovieron el mestizaje con el fin de, como se decía en la época, "blanquear" a los indios, a quienes consideraban flojos, bárbaros y supersticiosos. Las opiniones que relacionaban a los sectores depauperados con la criminalidad se asociaban entonces, indefectiblemente, al origen étnico del indígena y del mestizo "no lo suficientemente blanqueado".

> "F de la Hoz [...] sostuvo: 'El crimen recluta la inmensa mayoría de sus corifeos en las clases bajas de nuestro pueblo que, perteneciente a la raza indígena se compone de individuos que tienen los signos característicos de un tipo siempre uniforme y muy poco variado.' Miguel Macedo depositó la criminalidad en el sector mestizo. Sin embargo, al hablar de mestizos se refería al mismo grupo que otros autores veían como indígena, es decir, a los habitantes de la ciudad en los cuales, como sostuvo el propio autor predominaba la sangre indígena. Sostuvo que subsistían en ellos los defectos propios de esta raza –caracterizada por su 'profunda apatía' y por no aspirar sino a la holganza endulzada 'con las delicias de la embriaguez y los placeres brutales a que ella conduce'– y que cercana a la 'barbarie' era capaz de realizar todos los actos de violencia [...] Más tarde, Emilio Álvarez sostuvo que el robo era característico de los indígenas y estaba causado entre otras cosas "por una ley de herencia perfectamente determinada".[207]

---

[206] Cfr. *Ibid*, pp. 71-114; Beatriz Urías Horcasitas, *Indígena y criminal. Interpretaciones del derecho y la antropología en México, op. cit.*; Pablo Piccato, "La construcción de las perspectivas científicas: miradas porfirianas a la criminalidad", *Historia mexicana* 48 (1997), pp. 133-181.

[207] Antonio Padilla Arroyo, *De Belem a Lecumberri. Pensamiento social y penal en el México decimonónico*, Archivo General de la Nación, México, 2001, pp. 89-93 citado en Gerardo González Ascencio, "Positivismo y organicismo en

Francisco Martínez Baca y Manuel Vergara publicaban en 1892 sus *Estudios de antropología criminal*. Influidos por Lombroso y Broca, crearon un gabinete de antropología criminal en la penitenciaría de Puebla.[208] La conformación asimétrica de los cráneos analizados, pertenecientes a indígenas, era para ellos la muestra de su degeneración, y de la patología moral que los incitaba al delito. Martínez Vaca y Vergara consideraban que había en la raza indígena indicios de una *herencia atávica* por la que les eran transmitidos rasgos que no provenían de sus antecesores directos *sino primitivos*. Estos rasgos podían encontrarse asimismo en la anatomía craneana de algunos mestizos:

"Estas razas, bastante degeneradas en razón de su cruzamiento, del medio social en que viven y de muchas otras circunstancias [...] han conservado ciertos caracteres atávicos que permiten clasificarlos y colocarlos como miembros de las razas primitivas prontas a extinguirse [...] de aquí la contrariedad de la aparición de ciertos caracteres, signos de progreso en la raza, con otros propios de las razas degeneradas; de aquí, en fin, que haya tanta desproporción entre las medidas de un cráneo hasta el grado de constituir la causa eficiente de la criminalidad en la raza indígena."[209]

La teoría de la degeneración permitía mostrar argumentos "objetivos" –los estigmas físicos– que hacían los diagnósticos más creíbles y asu-

---

México a fines del siglo XIX: La construcción de una visión determinista sobre la conducta criminal en alcohólicos, mujeres e indígenas", *Alegatos* 76 (2011), pp. 717-718.

[208] Ver nota 78 de este capítulo.

[209] Francisco Martínez Baca y Manuel Vergara, *Estudios de antropología criminal*, Imprenta de Benjamín Lara, Puebla, 1892, p. 41. Francisco Martínez Baca publicó también, *Los tatuajes. Estudio psicológico y médico-legal en delincuentes y militares*, Tipografía de la Oficina Impresora del Timbre, Palacio Nacional, México, 1899. Esta propuesta tuvo sus detractores. Cfr. Elisa Speckman Guerra, *Crimen y castigo, op. cit.*, p. 95 n.96.

mibles. Aunque durante el Porfiriato estas ideas ciertamente contaron con difusión y aceptación, no se vieron reflejadas en el código penal. Los principios liberales habían constituido la legitimidad de la nación, de la que el Porfiriato se proclamaba heredero. No será hasta 1929 que los redactores del nuevo Código anuncien su afiliación a la escuela positivista, pero con limitaciones: "aplicar sus premisas hubiera exigido contemplar una justicia diferenciada en razón al criminal, lo que violaría la igualdad jurídica garantizada por la Constitución".[210] En lo que sí se concordaba en el periodo, era en que el indígena, si bien propenso al crimen, como estableció Rafael Caraza en 1878, al realizar el primer examen psiquiátrico a un otomí, *no se volvía loco*.[211] Su cercanía a la naturaleza lo identificaba con el primitivismo (el indígena *era* primitivo, no devenía primitivo). Ligada a los males de la civilización, la locura sin embargo era la patología de lo que *dentro* de la incipiente vida civilizada amenazaba *a* la vida civilizada haciéndola devenir lo que no era: incivilizada y salvaje. *Ubicua*, su presencia era a veces mucho más difícil de detectar porque no necesariamente se la sospechaba a partir de un delito jurídicamente sancionado. Si el indígena era el criminal por excelencia, pero no estaba loco, lo que se trataba de demostrar entonces no era que todo criminal estaba loco, *sino que todo loco era un posible criminal*. El proyecto normalizador insistía en la necesidad de proteger a la sociedad y la manera de hacerlo se diversificaba. Las tensiones entre la jurisprudencia y la medicina se debían no que fueran dos formas opuestas, sino dos formas de velar por las conductas que contribuían al proyecto normalizador y que a menudo intersectaban. Si había que defender a la sociedad de los criminales había que hacerlo también de la locura, porque en el corazón de toda locura estaba inscrita la posibilidad de un crimen. *No era necesario esperar a que el crimen fuera cometido, era ineludible*

---

[210] Elisa Speckman Guerra, "Los jueces, el honor y la muerte. Un análisis de la justicia (Ciudad de México, 1871-1931)" *Historia mexicana*, 55-4 (2006): 1421.

[211] Rafael Caraza, "Informe que el médico cirujano del Hospital de San Hipólito que suscribe rinde sobre el estado mental de Marcelino Domingo", *El observador médico* 5 (1879), pp. 34-39.

para el naciente alienismo la labor de la prevención para justificar su profesionalización en el seno del orden social en nombre de la protección y también de la regeneración social.

En el México del siglo XIX y principios del XX, dos formas de locura acaparaban, *como ilustración de la relación entre locura y crimen*, toda la atención de los alienistas: *el alcoholismo* y *la epilepsia*.[212] Las dos ejemplificaban una *crisis* en la que sujetos que se percibían en posesión de sí mismos parecían poseídos *por una fuerza superior*. Las dos ejemplificaban la necesidad de hacer desaparecer una crisis que podía ser peligrosa; la crisis que podía provocar la muerte de otro. Las dos, por último, se constituían bajo formas identificables que permitían *adelantarse* a unos hechos que si bien todavía no se producían, podían acaecer y facilitaban que el alienismo propusiera medidas de profilaxis. En teoría, la locura borraba el crimen, no podía ser el crimen y a la inversa, el crimen no podía ser la locura. El espacio de la psiquiatría no era el de la jurisprudencia y viceversa. Cuando lo patológico entraba en escena, la criminalidad de acuerdo a la ley debía desaparecer y ceder su terreno al alienismo. Y sin embargo, en realidad, se trataba de un *continuum* ligado a una normalización en la que ambas se constituían a través de una red continua de instituciones en un proyecto normalizador que, *con mayores o menores vicisitudes*, las integraba y relegaba a un segundo plano la cuestión de la autonomía de los campos disciplinares.

---

[212] Me refiero a las disputas señaladas que se ubican en el ámbito de la medicina legal. Ello no significa obviamente que no hubiera otras formas de locura relevantes sino únicamente que fueron éstas las que en los debates criminológicos concentraron la atención y acapararon las publicaciones del periodo. Una de las enfermedades que más atención ha recibido (aunque no debido al número de publicaciones suscitadas en la época) ha sido la histeria. Cfr. Frida Gorbach, "La histeria y la locura: tres itinerarios en México de fin del siglo XIX", en Laura Cházaro y Rosalina Estrada (Eds.), *En el umbral de los cuerpos: Estudios de antropología e historia*, El Colegio de Michoacán /Benemérita Universidad Autónoma de Puebla, 2005, pp. 97-116; Martha Lilia Mancilla Villa, *Locura y mujer durante el Porfiriato*, Círculo psicoanalítico mexicano, México, 2001, pp. 206-212; también Andrés Ríos Molina, *op. cit.*, pp. 85-109; Cristina Rivera Garza, *La Castañeda*, *op. cit.*, pp. 127-165.

"Hacia el fin del siglo XIX, una vez afianzado el orden político, la emergencia de la cuestión relativa a un sistema regular impersonal vuelve a problematizar las distinciones entre lo normal y lo patológico, diluyendo nuevamente las fronteras entre lo permitido y lo prohibido. Desde el momento en que el objetivo era [...] disciplinar a una sociedad entera, el 'nuevo arte de gobierno' demandaría la elaboración de un nuevo tipo de conocimiento (el catálogo completo de las patologías humanas y conductas sociales aberrantes) y el establecimiento de una red de instituciones (capaz de regenerar la sociedad desde dentro, detectando los mecanismos de las patologías en evolución de los sujetos, así como las formas de su manifestación y difusión en el caso social)."[213]

Alcoholismo y *epilepsia* permitían que el eje de interrogación se desplazara a los modos específicos de la *espontaneidad* del comportamiento. Ello significaba que el funcionamiento sintomatológico de una conducta se medía ya no sólo a partir de la distancia que esa conducta representaba con respecto a las reglas de normatividad social, sino respecto a la manera en que esa conducta se inscribía en el eje de lo voluntario y lo involuntario. Es importante señalar el desplazamiento que se había producido con respecto a las ideas que vimos ilustradas en Porfirio Parra. Efectivamente, Parra había defendido la imposibilidad de la locura como un acto espontáneo del cerebro. Todo individuo dependía del *medio exterior* para tener conciencia de sí mismo y la enajenación mental no podía considerarse producto de una fuerza independiente de cualquier estímulo externo, sino de una modificación que alteraba el *sensorium que ponía en contacto con el medio*. El medio había servido de hilo conductor al positivismo criminológico que se interrogaba por la relación entre locura y crimen en sectores sociales concretos. Sin embargo, había supuesto la apertura de la caja de Pandora. Al anhelar extender su intervención en el campo social el alienismo se veía obligado a reconocer la presencia

---

[213] Elías José Palti, *op. cit.*, p. 462.

ubicua de la locura, pero defender simultáneamente la necesidad de la profesionalización implicaba asimismo reconocer su invisibilidad, excepto para un ojo singularmente entrenado. Había que postular al mismo tiempo el condicionamiento del medio, y que no obstante era difícil a primera vista detectar en ese mismo medio los individuos en riesgo. Cierta idea en torno a la imprevisibilidad de la locura que haría necesaria la vigilancia experta, acababa reforzando entonces, paradójicamente, la idea del automatismo y de la locura como acto espontáneo, que hacía aún más acuciante la necesidad de multiplicar y concentrar en los detalles más nimios, la necesidad de la profilaxis. Así, cuando la distancia y el automatismo eran mínimos, se consideraba que el sujeto *estaba en posesión de sí*, y que presentaba una conducta, en términos generales, *normal*. Cuando la distancia y el automatismo crecían se advertía un estado *patológico* que había que situar con precisión en función de esa distancia y ese automatismo creciente. En la dislocación del control voluntario del comportamiento se unían la norma que se oponía a la irregularidad y el desorden, y la norma que se oponía a lo patológico y lo mórbido. El concepto de prevención y de cura implicaba sin embargo una tensión insoluble que atravesaba las discusiones que hemos contemplado. Por un lado en aras de la regeneración, se aseveraba que las conductas *eran moldeadas* a partir de las instituciones. Por otro era necesario aceptar que había en individuos *naturalmente proclives a la transgresión*, porque si no ¿cómo justificar la necesidad de llevar a cabo la profilaxis?[214]

El *alcoholismo* era la forma de locura que asociaba más claramente la inquietud por la degeneración y el recurso a la reacción moral. Morel consideró el daño físico causado por el alcoholismo como uno de los factores clave de la degeneración humana. Por su parte, Valentín Magnan fue el autor que hizo las más brillantes aportaciones al estudio del alcoholismo, en varias publicaciones. En su libro, *De l'alcoholisme* consideraba al alcohol como el principal veneno social, capaz de producir la decadencia física y orgánica en los individuos y sus descendientes. En México, Sebastián Labastida lo definió

---

[214] *Ibid*, p. 456.

como "un mal de familia que afecta a la raza".[215] Se consideraba que los descendientes del alcohólico acababan formando un museo patológico donde podían contemplarse toda clase de monstruosidades de índole física y moral. Tan sólo en la capital del país entre 1885 y 1894, los médicos declararon cinco mil novecientas diecinueve personas fallecidas a causa del alcohol que era considerado asimismo causa de la neurosis, el histerismo, la tendencia al suicidio, la pérdida de facultades, el *delirium tremens* y la demencia alcohólica.[216]

"En el siglo XIX, el *delirium tremens* se consideraba como una manifestación del alcoholismo crónico. Después de un periodo prodrómico en el que había tristeza, insomnio y agitación, aparecían alucinaciones primero por las noches y luego durante el día [...] El paciente luchaba violentamente e interpelaba a sus visiones con miedo y cólera. Cuando las alucinaciones eran numerosas y fugaces, el delirio tomaba el aspecto de manía violenta [...] El señor Jiménez describía en México a los enfermos atados a la cama, con camisa de fuerza, vociferando e insultando con la cara enrojecida y cubierta por sudor; sus ojos estaban encendidos y brillantes y eran presa de temblores [...] Frecuentemente se observaban ataques epileptiformes."[217]

Juan Peón del Valle subrayaría, en 1905, que la embriaguez habitual no era necesariamente voluntaria. La distinción en el Código Penal que sólo eximía de delito cuando la embriaguez en el momento de cometerlo era completa y no se producía habitualmente, le parecía ab-

---

[215] Sebastián Labastida, "Acción del alcohol más allá del individuo", *Gaceta médica de México* 14-15 (1879), p. 309.

[216] Cfr. Nicolás Ramírez de Arellano, *El alcoholismo en México*, Tesis de Medicina, Escuela Nacional de Medicina, México, 1895, citado en Ana María Carrillo, "La profesión médica ante el alcoholismo en el México moderno", *Cuicuilco* 9-26 (2002), p. 305.

[217] Blanca Viesca Treviño, "La mujer y el alcoholismo en México en el siglo XIX", *Salud mental* 24-3 (2001, p. 27.

solutamente insuficiente porque la embriaguez completa implicaba el coma y un sujeto en tal estado no podía cometer un delito; además los alcohólicos tendían a infringir la ley ocasionalmente. Peón del Valle pensaba "que muchos individuos eran arrastrados a excesos alcohólicos por una *fuerza superior a todo razonamiento*. El ebrio habitual comenzaba por ser un vicioso, pero acababa siendo un enfermo, un dipsómano [...] Se oponía a que se negara que la embriaguez perturbaba la razón aun cuando fuera incompleta y habitual [...] El uso prolongado del alcohol alteraba el carácter. El alcohólico era impulsivo, colérico, celoso, padecía amnesia alcohólica (anestesia moral) y debilitamiento intelectual".[218] Secundino Sosa coincidía con Peón del Valle: "Durante la embriaguez se cometen actos delictuosos sin que la inteligencia vea y sin que la conciencia sienta".[219] Ello hacía ineludible el aislamiento del ebrio para que no perjudicara a los otros. Al alcohólico había que sujetarle a la interdicción no como un asunto de justicia penal sino de justicia civil y de beneficencia. Sosa sugería ser severo con los bebedores voluntarios para que no se convirtieran en dipsómanos, pero para los que ya lo eran pedía "tutoría, terapéutica, y caridad".[220] Las medidas coercitivas como el aislamiento del alcohólico y la petición al gobierno para que dictara medidas contra los bebedores voluntarios y fundara sociedades de temperancia, al igual que las terapéuticas y las curativas, tenían sin embargo una función. Eliminar el peligro de la embriaguez como amenaza para la salud biológica de la nación y como amenaza criminal para los ciudadanos. La especie, la raza, en definitiva la patria, pagaban los excesos individuales a través de una herencia que se metamorfoseaba en todo tipo de deshechos sociales. El alcohol –recordaba Sosa al respecto– es un "terrible segador de vidas que enloquece y embrutece".[221] La ingestión de pulque, asociada al alcoholismo de las clases populares,

---

[218] Citado en Ana María Carrillo, *op. cit.*, p. 303.

[219] Secundino Sosa, "La embriaguez y la dipsomanía", *Gaceta médica de México* 1-2o. serie (1901), p. 35.

[220] *Ibid*, p. 231.

[221] *Ibid*, p. 20.

fue ligada al acto delictivo porque se consideraba que, a diferencia de otras bebidas, ejercía un efecto peculiar sobre el sistema cerebro-espinal. El pulque, se aseveraba, convierte a los individuos en "locos armados".[222]

La epilepsia proponía un modelo en el que la distancia con respecto a la norma de la conducta y el grado de inmersión en el automatismo permitían inscribir más claramente un comportamiento en el registro de patología. El modelo era la convulsión, *prueba visible de lo invisible*, en cuanto liberación automática y violenta de los mecanismos fundamentales e instintivos del organismo humano. La epilepsia era el trastorno funcional que se manifestaba por esta liberación involuntaria, *susceptible sin embargo de innumerables gradaciones*. Eduardo Corral hacía referencia así a la "epilepsia enmascarada" que carecía de síntomas físicos, aunque los sujetos que la padecían experimentaban desde alucinaciones, hasta tendencias suicidas y homicidas.[223] Hidalgo y Carpio distinguía entre epilepsia simple y locura epiléptica;[224] y Secundino Sosa diferenciaba entre *tener* carácter epiléptico y *sufrir* del mal epiléptico.[225] Lo realmen-

---

[222] Roque Macouzet, "Por qué riñen los bebedores de pulque", *El Imparcial*, México DF, 24 de noviembre de 1900, p. 1. El pulque de hecho como bebida fermentada provocaba menos daño que el alcohol refinado. Hay que señalar que la preocupación por el alcohol no se tradujo en el cierre de expendios. Según Crispín Castellanos ello se debía a que desde la Colonia el alcohol había fungido como medio de control social y a los intereses de los dueños de haciendas pulqueras, introductores de la bebida, comerciantes y funcionarios públicos. Margarito Crispín Castellanos, "El consumo de Pulque en la ciudad de México durante el Porfiriato", *Cuaderno para la Historia de la Salud*, Secretaría de Salud, México, 1997, pp. 15-34.

[223] Eduardo Corral, *Algunas consideraciones médico-legales sobre la responsabilidad criminal de los epilépticos*, Tesis de Medicina, Escuela Nacional de Medicina, México, 1882.

[224] Luis Hidalgo y Carpio, *Compendio de medicina legal arreglado a la legislación del Distrito Federal*, t.1, Imprenta de Ignacio Escalante, México, 1877, p. 489.

[225] Secundino Sosa, "La responsabilidad en los epilépticos", *Gaceta médica de México* 29-3 (1893), pp. 96-106.

te peligroso, se subrayaba, era *el carácter epiléptico,* es decir, no las convulsiones sino el conjunto de *trastornos morales* ligados al padecimiento. Distinguir el carácter epiléptico era una empresa delicada que requería de una observación constante. La convulsión proporcionaba la imagen de lo que *preventivamente* había que detectar en el sujeto en un nivel más sutil, la propensión larvada *a seguir los propios instintos.* Ligada estrechamente a una herencia física o moral (el epiléptico tenía familiares "nerviosos", "histéricos", alcohólicos, onanistas, etc.), Eduardo Corral sostenía que su mayor característica *era la impulsividad,* puesto que las crisis provocaban *la degeneración* de las facultades afectivas y morales. Los epilépticos eran propensos al homicidio, al suicidio, a provocar incendios y a provocar o provocarse lesiones porque movidos por el automatismo actuaban involuntariamente siendo incapaces de reflexionar o de premeditar sus actos.[226] Ernesto Rojas llegará por su parte a hablar, siguiendo a Cesare Lombroso, de *epilepsias criminales* en las que *tras las convulsiones*, el sujeto sufría un delirio alucinatorio terrorífico que conducía a un *furor* "cuyo solo nombre da la idea de lo peligrosos que pueden ser los enfermos en tal estado".[227]

La imagen de la pura y simple liberación de los automatismos, la cuestión general de los automatismos mentales o motores, unía a las dos formas de locura: epilepsia y alcoholismo que prevalecerían hasta entrado el siglo XX. Rafael Serrano afirmaba que en estado de ebriedad un individuo oscilaba entre el sueño y la vigilia y podía cometer crímenes por la convicción de estar siendo atacado y en respuesta a reacciones motrices *independientes de su voluntad.* Ernesto Rojas advertía que después de las convulsiones epilépticas se producían en los pacientes actos inconscientes que iban del "*automatismo ambulatorio*, exhibiciones genitales, robo [...], homicidios, suicidios, automutilaciones, incendios y otros por el es-

---

[226] Eduardo Corral, *op. cit.*

[227] Ernesto Rojas, *Epilepsias criminales*, Tesis de Medicina, Escuela Nacional de Medicina, México, 1908, p. 33.

tilo".[228] Ambas enfermedades hacían referencia a lo que Mariano Rivadeneyra había definido como la irrupción de lo inconsciente, transformado ahora en impulso e instinto. En la gradación que iba de la razón a la sinrazón esta última se planteaba, finalmente, como triunfo de lo involuntario. Esta gradación que iba de lo normal a lo patológico (de la embriaguez ocasional al alcoholismo crónico, del carácter "peculiar" al epiléptico) era sin embargo infinita y volvía a plantear una cuestión inquietante, la de un peligro que no pudiera ser lo suficientemente previsto: ¿cómo podría delimitarse de una vez por todas la enfermedad de la salud, el vicio de la virtud?[229] Lo que permanecía sin ser pensado en *los extraños parentescos forjados entre la locura, el crimen y el suicidio,* era cómo en estos trayectos se atisbaba la inquietud por un doble fantasmático que habitaba al hombre *como un reverso de su conciencia. Un reverso que se* le presentaba bajo la *figura de una muerte* que vivía en él y que él infringía o se autoinfringía; y bajo la figura de una *vida,* la *herencia,* que le había sido transmitida y que él a su vez hacía *generar o degenerar.*

Nostalgia del absoluto

> Los demonios que vences con regularidad se llaman pulsiones de la libido, a los dragones que enardecen tu soledad puedes decirles traumas, el amor por tu celda no es sino una vulgar claustrofobia. Las alucinaciones que emergen de lo profundo hasta la altura de tus ojos empavorecidos, no son sino proyecciones. ¡Para qué Señor, para qué se me explicó que Satán es, si algo, apenas un pozo inexplorado de cualquier espíritu, el inconsciente de siglos venideros?
>
> Carlos Monsiváis

---

[228] *Ibid,* p. 31.
[229] Elías José Palti, *op. cit.,* p. 459.

¿De qué incertidumbre individual y social se trataba entonces en lo patológico, y desde qué certezas se creía resolver mediante la ciencia y la ley? Las ideas en México sobre el origen y la naturaleza de la patología se habían ido haciendo cada vez más complejas. Sus causas no eran vistas como *objetivas* ni como *subjetivas,* sino que tenían raíces simultáneamente *objetivas, subjetivas* e *intersubjetivas.* Es decir, sus orígenes eran a la vez fisiológicos, psicológicos y socioculturales. El objetivo que se privilegiaba era la protección de la sociedad. Hay que señalar que los problemas planteados no se referían entonces tanto a la *prevención* como a la *cura.* La progresión infinitesimal que iba de lo normal a lo patológico acababa irremisiblemente por dislocar el modelo de normalización. La aspiración a la que se abocaba era ya sólo una: *que los ciudadanos obedecieran la ley.* Más pronto que tarde, los científicos del Porfiriato habían advertido que la educación ya no era la panacea que anhelaban, y habían señalado *que sólo la religión* podía, en ciertas circunstancias, disciplinar los espíritus y reducirlos al hábito de la obediencia. El mismo Gabino Barreda había mostrado a este respecto más hostilidad hacia el deísmo anticlerical de los liberales *que al catolicismo tradicional.* Consideraba al primero "vago e incoherente", inadecuado, porque al no ligarse a ninguna institución era "difuso", lo cual significaba un peligro en un país en el que, al separar la Iglesia del Estado, se pretendía regular con precisión los límites de intervención de la primera.[230] En 1897, Justo Sierra reconocía: "No, la educación no basta para esta obra de caridad moral y de redención […] ¿Cómo pensáis educar, nos dicen las voces trémulas del pasado, cómo pensáis educar sin religión? Y es verdad sin una religión, sin un supremo ideal, no hay formación de caracteres ni dirección de almas".[231] Si bien Porfirio Díaz no derogó las leyes antieclesiásticas de Reforma, tampoco las aplicó todas. Admitió que la Iglesia recuperara propiedades, que se reinstalara el clero regular (frailes y monjas) y que se fundaran congregaciones de

---

[230] Charles A. Hale, *op. cit.*, p. 236.

[231] Justo Sierra, "Problemas sociológicos de México" (10 de enero de 1897), *Obras completas*, t.5, Universidad Nacional Autónoma de México, México, 1948, p. 210.

vida activa, consagradas a la educación y a la atención de enfermos y menesterosos. A cambio, la jerarquía eclesiástica actuó en favor del caudillo, desconoció los levantamientos populares hechos en nombre de la religión y participó en la evangelización de yaquis y mayos. Por otro lado, al reintegrarse a la labor benéfica y educativa, cubrió espacios que el gobierno difícilmente podía llenar con recursos propios. Lo que se reconocía ahora *explícitamente* sin embargo había sido advertido, desde hacía mucho tiempo, *implícitamente*.

En 1860, y a causa del proceso de secularización, los futuros alienistas habían tomado la dirección de los asilos para locos, que desde la colonia habían estado en manos de las órdenes religiosas. La autoridad médica venía así a sustituir a la autoridad religiosa, y en ello, más que una ruptura, había que advertir *la complejidad de un desplazamiento*. Efectivamente, la autoridad religiosa se había dirigido a la salvación espiritual del individuo. Su principio teórico era el de una oblatividad, que partía del servicio y la entrega a los demás, y que requería de un conocimiento de la conciencia de los individuos a los que guiaba, y de una habilidad para ejercer ascendencia sobre ellos. Lejos de desaparecer con la separación Iglesia-Estado, este modelo de autoridad adoptaría en el México moderno nuevas formas. La autoridad religiosa al uso se centraba en el individuo y en la verdad del individuo en sí mismo; proponía una individualización que hacía al sujeto consciente de la necesidad de la mediación de una institución (la Iglesia) y que lo integraba en una comunidad regida por la armonía: la comunidad de fieles. El proyecto de normalización supondría una serie de intervenciones que, centradas también en el individuo, lo hacían consciente de su pertenencia al seno social, de la necesidad de la mediación del Estado, y de que sólo a través del orden era posible el progreso. El alienismo temprano presentaba a este respecto una noción de obediencia, *distinta* a la que hemos visto más tardíamente, y que se veía reflejada en su defensa a ultranza *del tratamiento moral de la locura,*[232] dispositivo terapéutico impulsado por Philippe Pinel

---

[232] La primera referencia en México al tratamiento moral es la de José Pablo Martínez del Río, "Establecimiento privado para la cura de locos en Vanves", en el

que tenía como objeto restablecer, en una especie de alianza terapéutica, el diálogo interrumpido por la locura, mediante la articulación de tres mecanismos: La relación persuasiva-punitiva entre el médico y el enfermo; el manicomio y el aislamiento terapéutico y la terapia a través del movimiento. Hay que advertir que el tratamiento moral perseguía llegar al interior mismo de la perturbación psíquica. *Esta defensa coexistió sin problemas con la aproximación fisiológica y anatomopatológica.*

El involucramiento de la Iglesia en la asistencia a los dementes señaló la cercanía y la deuda del nuevo tratamiento moral a la religión, de forma que podemos decir que el tratamiento moral incorporó el cuidado pastoral de la Iglesia secularizándolo y convirtiéndolo en una instancia de jurisdicción y pericia médica. Tal y cómo se había aprendido la lección de la sumisión y la obediencia de las autoridades eclesiales se pretendía ahora que se aprendiera de las autoridades médicas. El meollo del tratamiento moral era la relación médico-paciente, *similar a la que había existido entre confesor y penitente.* El primero adoptaba frente al segundo el rol de pedagogo que, a través de la persuasión y la firmeza, era capaz de restablecer la normalidad en el segundo. Ello significaba asumir dos cosas. La primera, a la que ya nos hemos referido, que así como había en la naturaleza caída del pecador la posibilidad de la redención; había una parte inalienable en la naturaleza del enajenado con la que éste podía volver a vincularse. La segunda, la importancia adquirida por el alienista como figura "compuesta de omnipotencia médica y de seducción autoritaria"[233] impulsora del tratamiento. El alienista, como el sacerdote, *debía fungir como un padre,* dirigiéndose al paciente ora con firmeza, ora con dulzura. La descripción del Dr. Miguel Alvarado, propia de la hagio-

---

periódico de la Primera Academia de Medicina de México en 1837. Sobre su implantación en México. Cfr. Francisco Jesús Morales Ramírez, *La apoteosis de la medicina del alma: Establecimiento, discurso y praxis del tratamiento moral de la enajenación mental en la ciudad de México, 1830-1910,* Tesis de Licenciatura en Historia, Universidad Nacional Autónoma de México, México, 2008.

[233] Jacques Postel, *op. cit.,* p. 159.

grafía historiográfica de la psiquiatría nacional,[234] ilumina singularmente la cuestión:

"¡Cuánto no habrá sido el paternal afecto con que hace muchos años trata a las enfermas el médico citado [...] las que allí se distinguen por *furiosas* sonríen al verlo y le tratan con el respeto que sólo en el hogar se tributa al jefe de familia! Cruza el Dr. Alvarado por los salones y los patios del hospital, y las enfermas le llaman y le preguntan [...] enternece a cuantos tienen la suerte de observarlo. ¿Será esta la mejor recompensa para el modesto médico que consagra la mayor parte de sus horas pensando en el alivio y mejoramiento de tantas infelices que lo quieren y lo aclaman como un padre?"[235]

La *intimidación* como medio de tratamiento moral –propugnada por François Leuret (1797-1851)–[236] era útil sólo "en ciertos monomaniacos [...] desprovistos de toda complicación".[237] Luis G. Muñoz y Revilla, que fue practicante interno del hospital de San Hipólito, aclaraba:

"La conducta moral del médico, difícil siempre, lo es mucho más cuando se encuentra frente a un individuo cuyas facultades mentales están fuera del tipo fisiológico. La vía por seguir en estos casos, no se ha podido seguir de manera precisa.

---

234 Es decir: "una concepción de la historia basada en la creencia de que ésta la hacen los grandes hombres –para el caso médicos destacados–". Cfr. María Cristina Sacristán, "Historiografía de la locura y de la psiquiatría en México. De la Hagiografía a la historia posmoderna", *Frenia* 5-1 (2005), p. 11.

235 Juan de Dios Peza, *La beneficencia en México*, Imprenta de Francisco Díaz de León, México, 1881, pp. 26-32.

236 Leuret perteneció al círculo de colaboradores más cercanos a Esquirol. Propuso la represión enérgica en el tratamiento moral. Cfr. François Leuret, *El tratamiento moral de la locura*, Asociación española de neuropsiquiatría, Madrid, 2001.

237 Agustín A. Roa, *op. cit.*, p. 54.

> Aconsejan [...] tratar a estos enfermos, tan desgraciados [...]
> Manifestando interés por sus cuidados, tratando de hacerles
> conocer su triste posición, procurando desvanecer sus errores
> [...] Al lado de estos consejos dictados por la humanidad y
> por la razón se encuentran [...] los que recomiendan lo que
> ellos llaman intimidación [...] 'Frente a ciertos enfermos es
> necesario emplear rigor: en vez de disuadirlos y de consolar-
> los, se debe tratar de provocar en ellos fuertes emociones'.
> Según mi modo de ver ninguno de estos medios debe recha-
> zarse de manera absoluta ni usarse exclusivamente; de su
> oportuna combinación pueden sacarse grandes ventajas [...]
> Esta es la conducta que se sigue en nuestro establecimiento
> de locos."[238]

El que el tratamiento moral pudiera coexistir con la fisiología y la anatomía patológica por lo menos hasta el Porfiriato, nos ayuda a iluminar la relación singular entre moral y fisiología que seguiremos viendo reflejada después. Así, es absolutamente cierto que desde los inicios del alienismo mexicano se buscaron los correlatos orgánicos, el ámbito de la lesión, el tipo de órgano que podía verse afectado en una enfermedad como la locura. Se buscaron y en algunos casos (pocos) se encontraron. La relación definitiva entre la sífilis y la parálisis general progresiva había quedado demostrada en 1913, cuando Hydeyo Noguchi (1876-1928) y J. W. Moore aislaron el *Treponema pallidum* en el cerebro de los paralíticos generales.[239] La parálisis general progresiva aparecía durante la fase terciaria de la sífilis en que se veían afectados los centros nerviosos. Provocaba trastornos neurológicos y psíquicos como delirio, temblores, trastornos moto-res, alteración de los reflejos pupilares, de la memoria, de la afectivi-dad y de la capacidad de juicio. La enfermedad, evolucionaba hacia

---

[238] Luis G. Muñoz y Revilla, *El tratamiento de las frenopatías*, Tesis de Medicina, Escuela Nacional de Medicina, México, 1875, pp. 11-12.

[239] Jacques Postel, "La parálisis general progresiva" en Jacques Postel y Claude Quétel, *op. cit.*, pp. 198-208.

la demencia irreversible y finalmente la muerte. La presencia de la sífilis en el México posrevolucionario se vincularía al ir y venir de contingentes militares por la ciudad compuestos por hombres que establecían relaciones esporádicas con mujeres que encontraban a su paso, y a la reducción de controles sanitarios en los años de contienda.[240] Lo que nos interesa subrayar sin embargo es que el binomio sífilis-parálisis general llevaba a cabo tres funciones en la disciplina psiquiátrica que nos ayudan a dilucidar la relación entre moral y anatomía patológica. En primer lugar, actuaba de intermediario exacto entre esas enfermedades de las que no se encontraba huella de lesión anatómica que eran las llamadas enfermedades mentales, y las enfermedades de referencia anatomopatológica. En segundo lugar, a través de la transmisión sexual permitía desarrollar la vocación higiénica del alienismo de velar preventivamente por las conductas de los individuos. *En tercer lugar, y tal vez aquí el más relevante, la "ausencia de decencia", "la falta moral", "el pecado" con todo lo que en él podía haber de interior y de oculto, encontraba inmediatamente el castigo y la prueba objetiva en el organismo.*

Hay que señalar sin embargo que los alienistas enfrentaban un problema esencial porque las enfermedades mentales –a diferencia de la sífilis y de las esperanzas que el *treponema pallidum* hizo suponer al respecto– seguían sin poderse encontrar de manera objetiva en el organismo. La falta de moral que se veía materializada en la sífilis, con fatales consecuencias, era una excepción. Lo que debía entonces resolver el experto no consistía tanto ni primordialmente en saber si tal o cual comportamiento, tal o cual manera de hablar, tal o cual tipo de alusión, tal o cual categoría de alucinación se referían a tal o cual forma de lesión; el problema era saber si decir tal o cual cosa, comportarse de tal o cual modo, escuchar tal o cual voz, *era locura o no lo era*. Si la locura no podía, en la mayoría de los casos, ser contemplada como *una transgresión moral materializada orgánicamente, el tratamiento moral* sí podía convertirse en la prueba de su existencia. Entronizaba la vida de un individuo como conjunto

---

[240] Andrés Ríos Molina, *La locura durante la Revolución Mexicana, op. cit.*, p. 166.

de síntomas patológicos, y entronizaba al alienista como instancia encargada de supervisarla.

Hay que recordar al respecto que las actividades del psiquiatra en el alienismo incipiente eran dos. En primer lugar, la visita; en segundo lugar, el interrogatorio. La visita era el movimiento por el cual el médico revisaba los diferentes servicios del manicomio, y por la que idealmente podía ver todo de una sola mirada y controlar la situación de cada uno de sus pacientes con una sola caminata. La proporción desigual entre el número de internos y el –muchísimo más escaso– de alienistas hacía que la relación médico-paciente propugnada, a menudo se redujera al interrogatorio que entrañaba siempre la búsqueda de *antecedentes*. Como no se podía ni se sabía encontrar en el enfermo un sustrato orgánico de la enfermedad, se trataba de hallar en el marco de su familia una cantidad de acontecimientos que se refirieran a su existencia. Es decir, ante lo inaprehensible de la patología, buscar la herencia era para el alienista sustituir el cuerpo de la anatomía patológica por otro cuerpo (familiar) y cierto correlato material; era constituir un *analogon* metaindividual del cual sí se podían ocupar los médicos. Pero ¿cómo lograr que el paciente diera la respuesta que se estaba buscando?

El Manicomio General de La Castañeda considerado por propios y extraños como la cuna de la psiquiatría pública mexicana, fue inaugurado, como parte del proyecto de la segunda generación de positivistas, en 1910, por el entonces presidente de la República Porfirio Díaz. Creado a escasos meses del estallido de la Revolución Mexicana (que incidiría *indirectamente* en la vida de la institución), para dar inicio a los festejos conmemorativos del Centenario de la Independencia de México. Este hecho simbólico fue interpretado como una evidencia de la modernización del país. Situado en Mixcoac, en el Distrito Federal, su importancia estribaría en su extensión, más de ciento cuarenta mil metros cuadrados, y en su larga vida, durante la cual abrió sus puertas a más de sesenta mil pacientes procedentes de cualquier punto de la República. Aunque su proceso de desmantelamiento se inició en los años cuarenta (con la creación de las llamadas Granjas-hospitales y el establecimiento de la consulta externa) no fue definitivamente cerrado y demolido sino hasta 1968, año del movimiento estudiantil.[241] Pues bien, *idealmente*, el ingreso al Manicomio General iba acompañado por un oficio que remitía el gobernador de la ciudad (en el caso de indigentes o de sujetos que carecían de familia), la familia, el propio sujeto, algún allegado, otros hospitales, la Dirección General de Beneficencia Pública o alguna comisaria. Al oficio se añadía un certificado médico acompañando la petición de ingreso. Al llegar, los pacientes eran sometidos al interrogatorio que contestaban ellos o sus acompañantes y cuya finalidad era obtener sus datos personales (lugar de nacimiento y residencia, edad, estado civil y religión), tipo de carácter, grado de educación e inteligencia anterior al episodio de locura, y en el momento de la admisión. Se registraba su desarrollo en la niñez y los antecedentes familiares de individuos nerviosos, locos epilépticos, histéricos, alcohólicos, sifilíticos y suicidas. Se anotaban los datos concernientes a los padres (si tenían parentesco entre sí, sus enfermedades, grado de educación y hábitos viciosos). Se registraban los datos respecto a los hermanos y, de haberlos, los hijos.[242] Pese a su aparente exhaustividad hay que advertir dos cosas: los interrogatorios solían estar incompletos y aunque no lo estuvieran, para responder a las preguntas –que transcribía el Jefe de Admisiones– sólo había poco más de un renglón. Si no se obtenía respuesta se solía volver a ellos cuando el paciente (o su allegado) pudiera proporcionar la información.

En segundo lugar, en el interrogatorio no sólo se privilegiaban los antecedentes sino también los pródromos, las marcas individuales, antes de la locura. Como hemos señalado ya, aunque solía ser un familiar o un allegado quien respondía, lo ideal era que lo hiciera el propio individuo y que el alienista *pudiera tener habilidad para*

---

[241] Cfr. El monográfico, "Para una historia de la psiquiatría en México", *Secuencia* 51 (2001).

[242] A finales de los años treinta e inicio de los cuarenta nos encontramos con que el formato cambia. Se divide en las siguientes preguntas: ¿Ha sido confinado antes? Antecedentes previos a la admisión (quién lo refiere, certificado que presenta, personas que lo acompañan); Condiciones del paciente que llega (aspecto, actitud, expresiones, vestimenta); Evolución del padecimiento (según los informantes).

captar la atención y la confianza del paciente, y obtener así una respuesta. La locura se precedía a sí misma y por ello era necesario establecer un horizonte previo de patologías y anomalías, aun en los casos de enfermedad repentina. La finalidad del alienista era transformar aquello que se presentaba como una queja o malestar *en síntoma*; pero para ello requería de la colaboración del mismo sujeto, *he ahí el valor de ciertas características del tratamiento moral –como la intimidación o la confianza– que contribuirían, más allá de los objetivos del tratamiento moral per se, a ser retomadas en aras del diagnóstico.* Así, en el interrogatorio de ingreso a La Castañeda se le preguntaba al paciente si había sufrido enfermedades, si había tenido afecciones nerviosas, si abusaba o había abusado del alcohol o tóxicos, si fumaba o tomaba rapé; por qué motivo se había resuelto internarlo; si era la primera vez que perdía el juicio; a qué causa se atribuía su enfermedad y cuándo se notaron los primeros síntomas. A continuación el alienista debía describir el delirio, las extravagancias, dichos y actos irracionales y todo lo anormal que hubiera anotado en la conducta del enfermo. El objetivo último del interrogatorio al paciente consistía –y una vez más contemplamos el paralelismo con la autoridad religiosa– *en obtener una confesión (*o una *actualización del síntoma mismo, de manera que fuera visible).* No otra cosa era lo que Muñoz y Revilla describía como persuadir al enfermo y hacerle reconocer "su triste situación". No otra cosa era hacerle responder "si era la primera vez que perdía el juicio"; "a qué causa se atribuía su enfermedad" y "cuándo se notaron los primeros síntomas". Incluso en 1927, Vicente Calderón escribía:

> "El interrogatorio debe ser justificado y conciso, y durante él ir ganando, poco a poco, la confianza del paciente. Algunos autores aconsejan que se le fatigue y así llega a hablar sin ambages ni restricciones [...] Expresarse con naturalidad, con amabilidad, pues los insanos son sensibles a las manifestaciones de cortesía. Cuando no puede verificarse el interrogatorio por mutismo del enfermo, se procurará hacerlo hablar ya interrogándolo con voz imperativa, ya forzando su atención, o bien [...] dirigiéndole preguntas bruscas, por ejemplo, en uno

en quien se sospechan alucinaciones de persecución, decirle
¿por qué no les contesta puesto que lo insultan?"[243]

Veamos dos escenas. Rafaela C, nacida en Oaxaca, lavandera, entraba en el Hospital del Divino Salvador el 9 de julio de 1907. En 1910
sería transferida al Manicomio General en calidad de indigente. En
el momento de su entrada tenía veinticuatro años y en algunos lugares de su expediente aparecía como soltera y en otros como casada.
Su diagnóstico asimismo aparecía en lugares del expediente como
confusión mental crónica y en otros como demencia precoz. En el
registro se citaba información que no había sido recabada a través
de la enferma sino a través del Hospital General de Oaxaca en el que
había estado internada. Rafaela había tenido un aborto cuatro años
antes de su ingreso. A raíz de ese episodio había manifestado "ideas
incoherentes" durante un mes. Permaneció sana ocho meses. En los
últimos meses de su segundo embarazo mostró una "incoherencia
muy severa" que le duró un año. Tuvo accesos de impulsividad en
los que agredió a su madre, para pasar a periodos de calma y tranquilidad completa. Sin antecedentes familiares de locura, se la ingresó
primero en el hospital general de Oaxaca y luego en el hospital para
mujeres dementes de la ciudad de México. Se había observado en
ella pérdida de la afectividad y la emotividad, así como de memoria.
Disminución de atención, desorientación en tiempo y lugar, e indiferencia a todo lo que la rodeaba. Andaba "por los corredores hablando
sola en voz baja generalmente, rara vez en voz alta, por lo que *no
es posible entender lo que dice*". Se aludía a su capacidad autocrí-
tica escasa, y a sus contestaciones contradictorias. Al final aparecía
el único interrogatorio *registrado como tal*, llevado a cabo en 1935,
tras veintitrés años ingresada; el Dr. Buentello la obligaba a forzar su
atención con una pregunta imperativa: *"¿es verdad que oyes voces?"*
Respuesta: "Sí, la de mi mamá." Pregunta: "¿qué te dicen?" Respues-

---

[243] Vicente Calderón, *Exploración de los enfermos mentales*, Tesis de Medicina,
Facultad de Medicina, Universidad Nacional de México, México,1927, pp.
6-7.

ta: "No me han pegado." Fin del interrogatorio. Las estrategias de aproximación a la paciente habían logrado su finalidad: la confesión. *Rafaela había corroborado que oía voces y él había logrado con ello su objetivo: confirmar con ello un dictamen y entronizar al alienista.* Constatación final de éste: "Otro caso de adaptación a la vida nosocomial a través de los años. Su diagnóstico es demencia precoz."[244]

La autoridad del médico procedía directamente de su dominio de un lenguaje de ciencia que le permitía instruir, diagnosticar y recomendar, o no, el internamiento. La historia de Rafaela se fabricaba a partir de un lente "llamado historia natural de la enfermedad mental. Sus palabras y frases, eran transformadas en síntomas patológicos ('oír voces') y desvinculadas de una experiencia y de una historia de vida [...] De esta manera el orden mostrará una secuencia temporal que dará lugar a la idea de causalidad, una causalidad formal que en su intento de ordenar la subjetividad, la expulsa".[245] Hay que advertir en esta intervención que la consolidación de la medicina *como ciencia* en el siglo XIX y a principios del XX estaba lejos de garantizarse.[246] En el caso del alienismo, ante la doble ausencia de localización orgánica y de curaciones suficientemente significativas, además del interrogatorio, la presentación clínica frente a los estudiantes era *el modo en el que ese cuerpo enfermo que faltaba era sustituido por la existencia de un cuerpo institucional.* Inaugurado tras el establecimiento en 1906 de la especialidad de psiquiatría, La Castañeda pretendió ser una institución, no sólo de tratamiento, sino de enseñanza e investigación (aunque dichos objetivos quedarían pronto lastrados). En sus pabellones los estudiantes, atentos en torno del maestro al in-

---

[244] Archivo Histórico de la Secretaría de Salud (*AHSS*), Fondo Manicomio General (*F-MG*), Sección Expedientes Clínicos (S-*EC*), caja 1, expediente 27.

[245] Alberto Carvajal, "Mujeres sin historia: Del Hospital de La Canoa al Manicomio de La Castañeda", Monográfico "Para una historia de la psiquiatría en México", *Secuencia, op. cit.*, pp. 31-45.

[246] Cfr. Claudia Agostoni, "Práctica médica en la ciudad de México durante el Porfiriato: Entre la legalidad y la ilegalidad", *op. cit.;* de la misma autora "Médicos científicos y médicos ilícitos en la ciudad de México durante el Porfiriato." *Estudios de historia moderna y contemporánea de México*, 19 (1999), pp. 13-31.

terrogatorio que éste hacía al enfermo, se percataban de su habilidad para obtener esa respuesta que era transmutada en síntoma. Veamos la segunda escena.

Alberto Nicolat Olivera o Alberto Nicolat Talocín que se definía a sí mismo como mesías destinado por Dios a transmitir un mensaje de paz en plena Revolución, permaneció en calidad de reo acusado de robo por orden del Juzgado Cuarto de Instrucción, en el *Pabellón de peligrosos* del Manicomio General desde el 9 de octubre de 1919 hasta finales de agosto de 1923, para regresar posteriormente en 1933 y fallecer poco después entre sus muros. El área de intersección entre psiquiatría y jurisprudencia admitía categorías huidizas como "*charlatán*" o "pícaro". El *instinto* al que ya hemos hecho referencia, se transformaba en normal en su existencia, y en anormal en su funcionamiento anárquico, cuando no lograba ser dominado. El "pícaro", el "imaginativo", características con las que se describirá a Talocín, era aquel que en la lucha por la vida y debido a su amoralidad *dejaba aflorar su instinto de supervivencia simulando y engañando*. El diagnóstico que la psiquiatría propondrá al respecto será el de *paranoico paranoide*. La biografía de Talocín fue *relatada y transcrita por el alienista* Gregorio Oneto en su tesis de psiquiatría *Un loco, un anómalo ¿puede ser responsable?* presentada en 1924 para obtener el título de psiquiatra.[247] Destinada a dilucidar la cuestión de la res-

---

[247] Gregorio Oneto Barenque años después recorrió diferentes prisiones de la capital mexicana para ver a los internos fumar marihuana y analizar los efectos que ésta producía. Fue autor de *La mariguana ante la psiquiatría y el Código Penal. Estudio presentado al Tercer Congreso de la Asociación Médica Panamericana*. Además, asesoró a Juan Bustillo Oro en la realización de la película *El hombre sin rostro,* donde se narran los problemas edípicos de un médico que estrangulaba prostitutas de Reforma, al mejor estilo de Hitchcock. Este médico fue ampliamente conocido por la sociedad mexicana en septiembre de 1942 por haber sido el primer psiquiatra en analizar detalladamente al muy famoso multihomicidia Gregorio Cárdenas Hernández, *Goyo*, el "Estrangulador de Tacuba". Cfr. Andrés Ríos Molina, "Un mesías ladrón y paranoico en el manicomio de La Castañeda. A propósito de la importancia historiográfica de los locos", *Estudios de Historia Moderna y Contemporánea en México* 37 (2009), p. 72. Este artículo de Ríos es el que exhumó el caso Talocín.

ponsabilidad a la luz de la "medicina legal y la moral médica",[248] la tesis mostraba como la anormalidad de Talocín no lo eximía de ser responsable de sus acciones delictivas. Pues bien, en la presentación ante los estudiantes de su clase de psiquiatría, se producía un hecho curioso. El Dr. Mesa –mentor del joven alienista Gregorio Oneto– preguntaba a Talocín por el robo que había dado con sus huesos en el juzgado y luego, ante lo insólito de sus respuestas, en el manicomio "¿No le quitaron a usted una petaca de mano en la que llevaba usted ganzúas, sierras en fin un arsenal completo?"[249] Ni las ganzúas ni la petaca *aparecen en ninguna parte de las constancias procesales* que se recogen en su expediente y en las que sólo se señalaba que "los objetos recogidos a Talocín son cincuenta y dos pesos cincuenta y un centavos, cincuenta de ellos moneda de oro, dos huesos y un boleto de tranvía".[250] Nicolat sin embargo se sentía impelido a proporcionar al alienista una larga explicación: "No señor; lo que pasó es que junto estaban unos trabajadores clavando unas cajas y de ellos eran [...] pero yo no llevaba nada. (Dr. Mesa, secamente) –Puede usted retirarse Talocín–. Talocín [el comentario es de Oneto] comprende que en esta situación ha quedado mal con el grupo estudiantil, ya que por la enérgica actitud del Dr. Mesa su personalidad se manifiesta como la de un ladrón que está mintiendo."[251]

Podemos preguntarnos por esta presentación de un paciente del que se consideraba que el signo de su anomalía era la tendencia mentir en su favor, a narrar su biografía y relatar su historia no sólo ante el psiquiatra, sino ante el grupo de estudiantes. Parecería que con ello se aspirara a circunscribir, definir un foco patológico y mostrarlo y *actualizarlo en la confesión* que en este caso el Dr. Mesa le estaba pidiendo. Talocín debía confesar ante el grupo, pero qué, ¿su robo?

---

[248] Gregorio Oneto Barenque, *Un loco, un anómalo, ¿puede ser responsable?*, Tesis de Medicina, Facultad de Medicina, Universidad Nacional de México, México, 1924, p. 15. El expediente clínico de Talocín puede consultarse en AHSS, *F-MG*, S-*EC*, caja 97, expediente 25.

[249] Gregorio Oneto, *op. cit.*, p. 125.

[250] *Ibid*, p. 144.

[251] *Ibid*, p. 125.

¿Cabría esperar una confesión semejante de un paciente que era descrito por los alienistas como alguien que patológicamente siempre trataba de simular y engañar aparentando siempre lo mejor con respecto a su propia persona? Para "congratularse con todos" pedía entonces dirigir unas palabras al grupo, petición que le era concedida y en la que *lo que confesaba poniéndolo en acto no era su robo, sino lo que Mesa y Oneto consideraban el rasgo que caracterizaba a su patología, es decir, la egolatría*:

> "*Yo* que aquí en este Manicomio he aprendido a mover en terreno filosófico, comparativo y experimental las armónicas cuerdas del bien y el mal; *Yo* que a pesar de los sufrimientos angustiosos, de las agonías indescriptibles que he padecido, aun sé perdonar, *Yo* que deseo el bien para el daño que me hacen, os aconsejo: Haced ejercicios para que se vigoricen vuestros músculos; acostaos temprano y levantaos temprano; de este modo seréis fuertes, hercúleos y en vuestro cerebro las luminosas ideas de vuestros libros entraran a raudales."[252]

En su confesión obtenida por el alienista en presencia del grupo, Talocín se definía a sí mismo como: "un infeliz alucinado, un pobre visionario que por doquier veía hombres que robaban o intentaban robar";[253] "Loco, como se dice lo soy, no puedo negar la valía de usted (el director del Manicomio) en ciencia, en espíritu y en corazón. Esto sería acreditar anormalidad que pugna por demostrar que ya es cordura".[254] La confirmación del diagnóstico psiquiátrico por parte del interno era contemplada sin embargo por el alienista no como un signo de su restablecimiento, sino precisamente como una muestra de la "consecuencia obligada del orgullo por una parte, del utilitarismo por otra [propias del] paranoide".[255] *Ciertas características del*

---

[252] *Ibid*, p. 126.
[253] *Ibid*, p. 127.
[254] *Ibid*, p. 115.
[255] *Ibid*, p. 22.

tratamiento moral consistían entonces en poner en práctica estas estrategias de distanciamiento y acercamiento, para acceder y persuadir al paciente. Así se buscaba entronizarlo precisamente como tal y, con ello, entronizar asimismo al alienista. Si bien ciertos autores han hablado de la relación entre médico y paciente en términos de una "negociación tensa"[256] habría que tomar en cuenta dos aspectos. En primer lugar se trataba de una relación *jerárquicamente* establecida. En segundo lugar, antes de aseverar que en ella es posible escuchar *la voz del loco*, hay que recordar que esta voz no es algo que existe *a priori*, y que *a priori* opina sobre el asunto que le concierne. La contemplamos *a la luz de un expediente.* Lo que sabemos sobre ella nos llega a partir de un objetivo muy particular, *el de fabricar un caso.* Para hablar, el paciente debía responder y ordenar su discurso con base en las preguntas que se le hacían o en los hechos que eran reconocidos como tales, en el marco de inteligibilidad reconocida en los discursos del alienismo y la medicina legal. Lo mismo sucedía en una correspondencia en la que la petición o la queja así fuera a las autoridades del manicomio o a la propia familia, *se interpretaba bajo el lente de la enfermedad mental en el que el paciente quedaba inscrito, y con el que en el mejor de los casos, tenía que contar a la hora de dirigirse a otros.* Lo que en algunas historias quizá sí podríamos detectar sería cómo ciertos pacientes *hacían funcionar de otro modo las relaciones internas que definían el sistema.* Lo que no hay que olvidar en ningún caso, es que la finalidad del interrogatorio cuyas características impulsó el tratamiento moral, aunque vinculada con la posibilidad de establecer una alianza terapéutica que pudiera ayudar a recobrar la cordura, quedaría relegada a la necesidad de justificar un diagnóstico clínico.

---

[256] Cfr. Cristina Rivera-Garza, *La Castañeda, op. cit..* Otras lecturas que cuestionan esta aproximación que a mi modo de ver, si bien no hay que rechazar *sí matizar*, son las de María Inés García Canal, "La relación médico-paciente en el Manicomio La Castañeda entre 1910 y 1920, tiempos de revolución" en *http://nuevomundo.revues.org/14422; DOI: 10.4000/nuevomundo.14422* También Frida Gorbach, "¿Dónde están las mujeres de La Castañeda? Una aproximación a los expedientes clínicos del manicomio, 1910" en *http://nuevomundo.revues.org/61046 ; DOI : 10.4000/nuevomundo.61046*

"Se produce en cierto modo una teatralización de la locura
que pretende mostrar, hacerse ver a través de los casos clínicos, las características de la vesania. Dichas observaciones
clínicas están repletas de una "clínica de la mirada" a la que
los alienistas nunca renunciaron; así junto a la descripción del
paciente, de su temperamento, de sus características físicas, de
su comportamiento o, incluso de su protocolo necróptico en
caso de su fallecimiento, junto a lo que se puede "observar", la
incorporación de las palabras escuchadas o leídas, pretenden
igualmente mostrar, representar ofrecer una imagen de la locura y, en particular, de sus síntomas más representativos. Síntomas cuya identificación resultaba imposible con los métodos
exploratorios propios de la medicina interna."[257]

El segundo aspecto importante del tratamiento moral, además de la
relación médico-paciente, era *la defensa del aislamiento asilar*. Ella
permitía al alienismo mexicano el sueño – incumplido– de un espacio
autónomo. Este espacio tenía las *características religiosas* del retiro,
el silencio, la laboriosidad y la regulación estricta de las actividades,
salvo que a diferencia de la vida monástica que enfatizaba la ruptura
con el mundo, la finalidad era, en primera instancia, propiciar en el
sujeto una regeneración moral que hiciera posible su reincorporación en éste. Había en la institución la tentativa de demostrar que el
orden podía adecuarse a la virtud. En este sentido, el "aislamiento"
escondía, a la vez, una metafísica del orden social y una política de
la religión. Para el Manicomio General de La Castañeda se advirtió
que "En los pueblos de Mixcoac, San Ángel, Coyoacán cercanos al
sitio en que se erigirá el Asilo [...] abundan los árboles y flores y no
se encuentran establecimientos industriales que produzcan humos o
ruidos. El terreno domina una gran extensión del Valle y las perspectivas que de aquel se descubren son bellísimas".[258] Al igual que en

---

[257] Rafael Huertas, *Historia cultural de la psiquiatría*, *op. cit.*, p. 166.
[258] AHSS, *Fondo de Beneficiencia Pública* (*FBP*), *Sección Establecimientos Hospitalarios* (*SEH*), *Serie Manicomio General* (*Se- MG*), L 49, Expediente1, F,
15.

los edificios religiosos, se buscó que la arquitectura fuera utilizada como recurso moral para el paciente: "Una apariencia [...] que traiga al ánimo una impresión grata en armonía con el paisaje que rodeará el edificio. Notoria es la influencia de la contemplación de objetos agradables en la mente del hombre, influencia a la que no es insensible el desequilibrado".[259] Pese a la tentativa de defender la autonomía del espacio asilar, el aislamiento participaba, de manera ciertamente paradójica, en la integración de los que pretendía aislar terapéuticamente. Las paredes eran porosas y se producía así la repetición analógica *de las mismas normas* a ambos lados de los muros:

"La condición y permanencia del enajenado en un establecimiento especial, situado lejos de su familia es una condición indispensable en la mayoría de las veces, según la cual el tratamiento no puede ser emprendido con algunas probabilidades de éxito. El enajenado que permanece en el círculo de su familia no tarda en tener aversión a todos los que le rodean [...] Al contrario [...] en un local extraño, en medio de personas enteramente desconocidas, la vista de objetos nuevos, la emoción y la sorpresa producen en él una diversión útil, rompiendo la cadena de ideas delirantes y de preocupaciones; en presencia de personas extrañas, toma alguna circunspección y *acepta*, aunque con repugnancia, *los mismos consejos que, proviniendo de su familia, habrían provocado violentos accidentes*."[260]

La repetición analógica de las mismas normas sociales se advertía además en la distribución de los enfermos en el asilo. En rigor, la distribución no tenía nada que ver con el recorte nosográfico de la clínica, tal y como se presentaba en los textos teóricos. La distinción entre manía y lipemanía, entre manía y monomanía, toda la serie de manías y deficiencias no dejaba huellas ni podía notarse su efecto

---

[259] *Ibid*, F.26-27.
[260] Agustín A. Roa, *op. cit.*, pp. 51-52.

en la organización concreta del asilo. La división en el Manicomio era muy diferente. En primer lugar según el sexo; en segundo lugar según la condición socioeconómica (había indigentes, e internos de primera y de segunda categoría, que pagaban distintas tarifas). En tercer lugar, se separaban según criterios que sólo en dos casos, el de la epilepsia y el idiotismo, suponía la nosografía. Así en La Castañeda, hasta 1929, hubo un pabellón para epilépticos, degenerados, internos ancianos, internos agitados, internos semiagitados, internos pacíficos, idiotas, furiosos, criminales, e internos enfermos.[261] Esta distribución escandía efectivamente el espacio intraasilar *vinculándolo con las clasificaciones generales que se hacían de manera profana en el orden social,* pero no con los marcos nosográficos que se empezaban a construir. Con ello se ponía en cuestión el carácter de un aislamiento que consistía, más que en una exclusión de un espacio social, en una forma de inclusión del paciente en la sociedad, fijándolo en un lugar fabricado para él, *lo que suponía colocarlo bajo una rejilla de legibilidad.*

El último aspecto enfatizado por el tratamiento moral era la llamada terapia del movimiento, es decir, sobre todo el ejercicio y el trabajo terapéutico. El valor del trabajo, *ligado a menudo en las órdenes religiosas al voto de pobreza y sobre todo su identificación como remedio contra las divagaciones del espíritu,* era adoptado en esta última acepción (impedir la divagación), pero vinculado ahora a la percepción decimonónica que lo contemplaba, no como prueba de humildad, sino como fuente de progreso y orden social. El trabajo poseía una fuerza de constreñimiento superior a todas las formas de coerción física, en razón de que la regularidad de las horas, la exigencia de la atención, la obligación de alcanzar un resultado, desligaban al paciente de una libertad de espíritu que se suponía nefasta y lo colocaba en cambio, dentro de un sistema de responsabilidades. En el asilo la importancia del trabajo no estaba en principio tan asociada a su valor de producción, se imponía sin más título que el de regla moral; sumisión al orden, sentido de responsabilidad.

---

[261] AHSS, *FBP, SEH, Se-MG,* L 49, Expediente 1, F, 8.

"Los estereotipos de género del periodo decimonónico marcaron una diferencia en el tratamiento que recibieron mujeres y hombres en los hospitales para dementes capitalinos [...] Las actividades 'naturales' de la mujer o del hombre usadas como medios curativos de la locura, fueron justamente aquellas que garantizaban las identidades convencionales de género [...] Asimismo el trabajo terapéutico tuvo un fundamento socioeconómico. Los enfermos debían llevar a cabo labores no sólo de acuerdo a su sexo sino a su condición social [...] Los hospitales para locos capitalinos, al igual que la sociedad que los produjo, establecieron claras diferencias económicas, sociales y de género entre sus distintos asilados. El trabajo terapéutico no sólo fue útil para procurar el alivio de la locura y la disciplina manicomial, sino también para trasladar la estructura social de la época al interior de los manicomios."[262]

Ciertas características del tratamiento moral, más que el sistema terapéutico estricto que las englobaba, son las que perduraron en México. La cercanía y la distancia con los pacientes para contribuir a su diagnóstico; el aislamiento que no constituía una forma de exclusión sino de fijación e intervención; o la importancia del trabajo como modo de sujeción. La *obediencia*, tal y como fue comprendida en los primeros tiempos del alienismo, implicaba el desplazamiento de la autoridad religiosa a una autoridad médica que se establecía no sin vicisitudes. La finalidad de esta obediencia se ligaba estrechamente *al ideal de regeneración*. Señalaba el proceso de sujeción cotidiana producida por el manicomio, que constituiría en el sujeto la ley del otro, la identidad consigo mismo, la no admisibilidad de ciertos deseos, y la inserción en un orden social y en un sistema económico. En esta aspiración, el tratamiento moral podía coexistir perfectamente con otros tratamientos como el llevado a cabo con drogas (cloroformo, éter, láudano, hidrato de cloral, yoduros, arsénicos),[263]

---

[262] Francisco Jesús Morales Ramírez, *op. cit.*, pp. 155-156.

[263] Para una descripción sucinta del empleo de cada una de estas, y otras drogas Cfr. Luis G. Muñoz y Revilla, *op. cit.*, pp. 15-38.

como la hipnosis,[264] o como el tratamiento higiénico. Efectivamente, las drogas, los baños, si bien mejoraban la circulación de la sangre, o calmaban el sistema nervioso, apuntaban a asegurar el orden que se prescribía al interior del asilo (orden que asimismo se propugnaba en el exterior) y extenderlo al cuerpo del enfermo. La hipnosis asimismo permitía el control externo sobre el cuerpo del paciente, podía determinar la contracción o la parálisis de un músculo, excitar la sensibilidad en la superficie del mismo, y modelar o enderezar una conducta. El tratamiento moral podía convivir perfectamente con los anhelos de la anatomopatología porque en ausencia de la localización material de la locura coincidía con ella en el énfasis en la erradicación de la patología como modo de regeneración moral. La influencia externa y racional de la existencia ordenada del asilo, la autoridad del alienista y el adoctrinamiento de valores como la industriosidad, la limpieza y la disciplina, conducían al paciente al reconocimiento de su dependencia de un medio externo jerárquicamente ordenado en consonancia con la representación organicista socialmente vigente. Los métodos del tratamiento moral se consideraban más humanitarios que los de siglos anteriores y por lo tanto daban indicio del progreso del país en su forma de tratar a la locura. La disciplina, por ejemplo, no era sólo un modo de constricción y castigo, sino que debía instaurar las relaciones del paciente consigo mismo, de manera que fuera capaz de autocontrolarse. Estas características señalaban, como lo hemos precisado ya, el lugar de un origen común y de un desplazamiento con respecto a las raíces religiosas del alienismo. El objetivo de lograr a través de ellas la regeneración moral se iría identificando, a medida que la función del manicomio

---

[264] Samuel Ramírez señala en 1950 "La psicoterapia fue aplicada desde principios de siglo en forma de persuasión y de hipnotismo", *La asistencia psiquiátrica en México, op. cit.*, p. 57. Hemos encontrado numerosas referencias al hipnotismo. Entre ellas, Agustín Reyes, "Contribución para el estudio del hipnotismo en México", *La gaceta de medicina de México* 22-61(1887), pp. 450-463; Faustino Guajardo, *Algunas consideraciones sobre el hipnotismo*, Tesis de Medicina, Escuela Nacional de Medicina, México, 1887; Francisco Armendariz, *Breves consideraciones sobre el hipnotismo*, Tesis de Medicina, Escuela Nacional de Medicina, México, 1888.

se asociaba cada vez más a la de depósito, con *la sola salvaguarda de un orden, más o menos precario, en el asilo*:

> "La población ya había comenzado a crecer de manera inexorable a principios de 1916, de manera que para mediados de los años treinta casi duplicaba la cantidad que originalmente se había calculado acomodar [...] la renuencia o incapacidad de muchas familias para reincorporar en su seno a ex pacientes y la remisión al hospital por parte de las autoridades de mucha gente que en realidad no estaba mentalmente enferma [...] comenzó a lastrar los objetivos de enseñanza e investigación de la institución y resulta difícil dejar de lado la impresión de que para finales de los años treinta [...] el lugar se había convertido en una especie de bodega para pacientes."[265]

Si en los orígenes del tratamiento de la locura hay un desplazamiento con respecto a la religión, hay que señalar que la actitud de los alienistas mexicanos con respecto a la religión fue asimismo ambivalente. No hubo una condena unánime, sino respecto a tipos religiosos específicos que se identificaban con la superstición y el fanatismo. Los alienistas reconocieron pronto que *para regenerar a la sociedad desde dentro* había que detectar los mecanismos de evolución de las patologías en los sujetos, así como las formas de manifestación y difusión a través del cuerpo social. Un tipo de conocimiento "definitivamente desproporcionado para cualquier poder mundano; sólo la Iglesia tradicional guardiana de las almas y pastora del pueblo, podía hacerse cargo de [él]".[266] Si *implícitamente* se esperaba que la ascendencia del poder religioso fuera asumida y transformada por el alienismo, *explícitamente* se reconocía la importancia de la religión despojada de cualquier elemento que se considerara peligroso. Los

---

[265] Eric Van Young, "Estudio introductorio: Ascenso y caída de una loca utopía", *Secuencia* 51 (2001), pp. 22-23. También José Álvarez Amézquita, Miguel E. Bustamante *et al.*, *Historia de la salubridad y de la asistencia en México*, t.3, Secretaría de la salubridad y de la asistencia, México, 1960, p. 702.

[266] Elías José Palti, *op. cit.*, p. 462.

psiquiatras contemplaron a la religión como una fuerza que en su forma más apropiada y racional podía contribuir a la eliminación del desorden social y mental.

El catolicismo no había perdido su sitio en el plano religioso. Los mexicanos eran en su mayoría católicos; por ejemplo, en 1910 el 99% estaba bautizado y practicaba la religión. El Porfiriato buscó aprovechar las ventajas de contar con la Iglesia eliminando simultáneamente los inconvenientes. Así, aunque el protestantismo tenía una presencia mucho menor, recibía el apoyo de Díaz y de los gobernadores estatales, que con ello mostraban su apego a la laicidad legal, y lograban frenar una influencia excesiva de la Iglesia católica que pudiera suponer un riesgo a las competencias del Estado. Si bien el impacto de la religión protestante fue mínimo en términos numéricos –alrededor de 2% de la población si contamos a los extranjeros– su existencia simbolizaba el respeto de la libertad de creencias y la secularidad del Estado mexicano.

Casi todos los alienistas se hacían eco de esta ambivalencia al referirse a la importancia de la religión entre las causas del delirio. Roa advertía: "Las ideas religiosas exageradas coincidiendo con la ignorancia y la superstición han ejercido en todo tiempo una notable influencia en el desarrollo de la enajenación mental."[267] Ignacio Maldonado y Morón señalaba: "entregados los individuos a una vida contemplativa [no era extraño] cayesen con frecuencia en éxtasis quedando sujetos a sufrir alucinaciones que los impulsaban al suicidio".[268] Luis G. Muñoz y Revilla: "La religión [...] causa frecuente de graves trastornos individuales y sociales, por obrar directamente sobre la moral"[269] y Gregorio Oneto: "Es frecuente encontrar en los asilos sujetos que se creen santos, profetas, vírgenes, dioses."[270] Al mismo tiempo sin embargo reconocían que: "La religión, freno poderoso de las pasiones [...] se ha creído un importante modificador

---

[267] Augusto A. Roa, *op. cit.*, p. 28.

[268] Ignacio Maldonado y Morón, *op. cit.*, p. 12

[269] Luis G. Muñoz y Sevilla, *op. cit.*, p. 13.

[270] Gregorio Oneto, *op. cit.*, p. 37.

de [la moral] en sus estados patológicos";[271] "la religión es un eje del comportamiento y un regulador de afectos en la mayoría de los pacientes".[272]

¿Qué era lo que se valoraba de la religión? Ante todo, la tarea de poner un freno a las pasiones. La religión, que había tenido su sentido y gravedad en el horizonte de lo sagrado, ya no podía tenerlo sino en el de la moral y en el de asegurar que el sujeto obrara en conformidad con su medio. Se había convertido en un garante del orden y de las buenas costumbres, sin estridencias. Un ejemplo de esta transformación se visibilizaba con la cuestión del suicidio. Para nuestros autores, en sí misma, la tentativa de suicidio indicaba un desorden, que debía reducirse mediante la coacción. Ya no se condenaba a quienes habían tratado de suicidarse; se les imponía un régimen que era, a la vez, un castigo y un medio de prevenir toda nueva tentativa. El suicidio ya no era un sacrilegio. Se sancionaba, sí, en tanto que se contemplaba en él un indicio de marcado subjetivismo (ese triunfo de las tendencias egoístas al que se refería Barreda) que atentaba contra la pertenencia al medio común, al orden social, pero se *lo liberaba de todo significado de profanación*. Al definirlo como una conducta moral, el suicidio era llevado progresivamente a los límites *de una psicología, que habría resultado imposible sin esa moralización de lo que antaño fuera sagrado*. La religión vinculada a una tarea moral que salvaguardase los valores del orden social se deseaba, e incluso se anhelaba. Las formas de religiosidad que no coincidían con esta concepción eran patologizadas. Parra hablaba así de la "monomanía religiosa", la "supersticiosa creencia en la posibilidad de entrar en comunicación con las potencias sobrenaturales [...] la demonomanía, casi extinguida hoy, que suministraba el rico contingente de íncubos y súcubos".[273]

Álvarez se preguntaba: "¿Por qué si en nada pugnan con *nuestras ideas eminentemente liberales* desechar un medio que tan grandes

---

[271] Luis G. Muñoz y Sevilla, *op. cit.*, p. 13.

[272] José M. Álvarez, *Estudio teórico-práctico del tratamiento moral de la locura*, Tesis de Medicina, Escuela Nacional de Medicina, México, 1880, p. 22.

[273] Porfirio Parra, *op. cit.*, pp. 40-41.

ventajas podría suministrarnos en la curación de los pobres locos? Las prácticas religiosas *dirigidas por la prudencia de médicos experimentados* serían sin duda un excelente modificador de la moral en su estado morboso".[274] Esta aseveración muestra la preocupación de los alienistas por circunscribir severamente la actuación de las órdenes religiosas que anteriormente habían cuidado de los dementes. El monopolio era contemplado como un indicio de profesionalización, para ello era fundamental que la locura fuera percibida como una patología de la que había de hacerse cargo la medicina. En el caso de la psiquiatría la presión era doble: en primer lugar frente a las autoridades eclesiales que habían sido las encargadas tradicionales de las llamadas enfermedades del alma. En segundo lugar, debido al escaso éxito del modelo anatomoclínico en hallar la causa orgánica de la locura, el alienismo debía justificarse como rama de la medicina. La propuesta de Álvarez era una solución de compromiso. Por un lado se reconocía que las prácticas religiosas –como modo de consuelo y disciplinamiento moral– podían ser beneficiosas. Por otro, la jerarquía estaba clara. Debían ser sometidas a la supervisión, no del sacerdote, *sino del médico experimentado*.

En la misma ambigüedad Roa señalaba que, aunque había que demostrar la tesis, era razonable argüir que el catolicismo era menos peligroso para la cordura del sujeto porque suponía su *sumisión íntegra* a un fondo común de verdades, modo ineludible de cohesión nacional: "La doctrina católica no admite discusión; los creyentes la admiten por la sola fe, sin examen y sin que la imaginación medite sobre esos objetos abstractos y dudosos; mientras que en el protestantismo los dogmas religiosos son el objeto de un libre examen y de incesantes discusiones […] Puede decirse que en el protestantismo, la libertad de controversia, excita las pasiones y *conduce a todas las fuerzas de la inteligencia a un punto peligroso*".[275] Para los positivistas el catolicismo tenía ese espíritu corporativo que deseaban para un país que parecía siempre al borde de la anarquía; lo tenía porque

---

[274] José M. Álvarez, *op. cit.*, p. 100.
[275] Agustín A. Roa, *op. cit.*, p. 29.

contemplaba al individuo como destinado a formar parte de un todo jerárquicamente ordenado. En el protestantismo atisbaban valores mucho más centrados en el individuo *per se*, que los preocupaban hondamente aunque defendieran la laicidad del Estado.[276]

La religión era además necesaria porque cuando: "La creencia religiosa disminuye y la fe se desvanece [...] se engendra la duda, y con ella el escepticismo y la indiferencia; y la sociedad en que vivimos [va] haciéndose más y más escéptica y materialista";[277] "la fe y la religión son la base de la moralidad de los pueblos, el sostén más firme en las desgracias y la fuente más inagotable de resignación".[278]

Pero debía ser una religión cuya lógica fuera eminentemente moral y corporativa, que defendiera los principios del orden social; que al mismo tiempo se pudiera conciliar con "ideas eminentemente liberales", y cuya práctica estuviera sometida a otras autoridades, en este caso, *la prudencia de médicos experimentados*. Una vez más, lo que parecía estar en el centro de la ambigüedad en torno a la religión era *la cuestión de la obediencia* que ya a principios del siglo XX:

"Tenía algo de misterioso, algo que escapaba a los poderes racionales de la ciencia y la razón. En definitiva [...] se descubría que aquello que era impensable para Barreda formaba sin embargo, las bases de dicho concepto; a saber que el individuo obedece, da su conformidad a la Ley precisamente en el punto donde sus capacidades cognitivas se ven rebasadas; sólo en territorio ignoto existe auténtica sumisión a la Ley: obedecer por convicción, interés o inclinación personal, no es verdadera obediencia; en una comunidad de hombres perfectamente sabios, en fin no habría verdadera obediencia sino sólo decisiones lógicas e impersonales (como era el paradigma de Barreda de la voluntad). Y en una sociedad moderna en la que

---

[276] Cfr. Jean- Pierre Bastian, *Los disidentes: Sociedades protestantes y revolución en México 1872-1911*, FCE, México, 1993, pp. 303-314.

[277] Ignacio Maldonado y Morón, *op. cit.*, p. 12.

[278] *Ibid*, p. 108.

el individuo no puede por definición acceder a una visión global del sistema de las necesidades generales (el bien común), la obediencia [...] como un hábito regular que no se impone ni por la razón ni por la fuerza, sino que emana espontáneamente del sujeto es un requisito para la convivencia civilizada."[279]

Julio Guerrero –uno de los criminólogos (junto con Carlos Rougmagnac)[280] más importantes del Porfiriato– abogado al igual que Zayas, en 1901 publicaba su obra *La génesis del crimen en México: Estudio de psiquiatría social*, y mostraba el dilema en el que se encontraban las élites científicas de la sociedad mexicana. En su obra, que definía como "de psiquiatría, de vicios y errores, preocupaciones, deficiencias y crímenes",[281] trataba de explicar las causas que determinaban "la producción de los crímenes en el Distrito Federal; y las perversiones de carácter o de inteligencia que pueden ser sus condiciones concomitantes".[282] Su objetivo era " rastrear la existencia de una cultura atávica de violencia entre la clase inferior mestiza; es decir, un proceso evolutivo invertido en el cual las formas primitivas de vida (atavismos), tanto a niveles fisiológicos como psicológicos, aparecían en un ambiente más avanzado y amenazaban a las bases del progreso y la civilización".[283] Su descripción en la que entrelazaba geografía, ciencia e historia, seguía la trayectoria positivista de comenzar con el medio ambiente para finalizar con la estructura de clases en México. La religión servía a este respecto de curioso hilo conductor.

---

[279] Elías José Palti, *op. cit.*, pp. 462-463.

[280] Cfr. Carlos Rougmagnac, *Los criminales en México: Ensayo de Psicología criminal*, Tipografía El Fénix, México, 1904. El trabajo de Roumagnac recuerda al de Zayas al que sin embargo no cita. Sobre Roumagnac puede consultarse Robert M. Buffington, *Criminal and Citizen in Modern Mexico*, University of Nebraska Press, Lincoln and London, 2000, pp. 59-63.

[281] Julio Guerrero, *La génesis del crimen en México: Estudio de psiquiatría social*, Librería de la Vda. de CH. Bouret, México, 1901, p. XIII.

[282] *Ibid.*

[283] Cristina Rivera Garza, *La Castañeda*, *op. cit.*, p. 107.

Al hablar de la importancia de la atmósfera en el origen de los procesos patológicos y las conductas desviadas, Guerrero advertía que debido a la altura el aire en el México central contenía menos oxígeno, y se enrarecía a medida que se incrementaba la temperatura. Ello provocaba que "el quietismo y la calma, la tranquilidad de espíritu encuentren por consiguiente un centro principal en estas altitudes [...] a pesar de las leyes de Reforma hay todavía *muchos conventos clandestinos* donde grandes grupos de cansados de vivir y de perezosos para luchar con el mundo van a deslizar *en las reglas monótonas de las cofradías* una existencia de suspiros y bostezos".[284] Ante la aparente arbitrariedad de las sequías, inundaciones y distintos fenómenos naturales, "el mexicano llegó a admitir como principio capital de su criterio práctico que el éxito y la fortuna en todas las empresas, la riqueza y los honores, lo mismo que la ruina, la miseria y el desprestigio son fenómenos enteramente independientes de la voluntad humana".[285] Ello lo hacía proclive a la creencia en la suerte, la cual no era sino el criterio:

"...teológico envilecido con supersticiones más o menos groseras [...] Hay en México siempre ha habido un número correspondiente de creyentes para todos los cultos que le han querido forjar sus sacerdotes, con tal de que al ídolo se le haya atribuido un poder incondicional sobre todos los fenómenos de la Naturaleza [...] Con este mismo objeto de conseguir algo favorable de un fenómeno aleatorio, con esa misma fe con el que alguna entidad lo determina mediante sus ofrendas (¿apuestas?) y con procedimientos litúrgicos calcados en el mismo sofisma, aunque combinados en formas más groseras e inmorales, antes se había adorado a los dioses árboles y a los monstruos de la zoolatría maya: con el mismo fervor que hoy van las multitudes a las partidas de Guadalupe [...] antes se prosternaron en los tecalis de Cholollan."[86]

---

[284] Julio Guerrero, *op. cit.*, pp. 13-14.

[285] *Ibid*, pp. 31-32.

[286] *Ibid*, pp. 43-44.

El abandono de las áreas rurales, que para Guerrero eran *terra ignota*, y la migración a la ciudad, epítome de la civilización, había contribuido a una sobrepoblación y carestía que había incidido en la afección del sentido moral y las capacidades intelectuales del habitante de la urbe: "La población tenía como en Ayotzingo del distrito de Chalco, en Xochimilco, S. Juanico, Romita, la Piedad, Sta Julia, etc., una fama siniestra de crímenes e infamias [...] sus costumbres normales eran el estupro, *las brujerías y envenenamientos so pretexto de filtros*, la embriaguez, el juego y el asesinato.[287] Al estudiar a los habitantes de México a través de la evolución histórica de las relaciones sexuales, Guerrero distinguía cuatro tipos. El primero era caracterizado por "la promiscuidad de los sexos" y a siguiendo los preceptos de la teoría de la degeneración, Guerrero les auguraba "la esterilidad o la pronta extinción de las estirpes".[288] El segundo se caracterizaba por la "poliandria con la extinción de la patria potestad".[289] En este grupo la mujer, que tenía varios hijos de padre desconocido y que desempeñaba oficios como el de criada, era "una mezcla estrambótica de las ideas que espontáneamente produce su cerebro que se halla en un estado psicológico de *creencias en brujerías y hechizos*".[290] El tercer grupo, "la poligamia con el estado doméstico de celos y rivalidades",[291] suponía la infidelidad por parte de los varones y la fidelidad por parte de las mujeres y se caracterizaba por lo siguiente: "Los hombres tienen sus veleidades de incredulidad religiosa; pero las mujeres son sinceramente católicas. *No es ya una superstición ni un culto idolátrico a la estampa bendita o al santo de su parroquia, ni un fanatismo rudo tampoco*".[292] El cuarto y último grupo suponía "la monogamia en su doble forma de matrimonios solubles y definitivos"[293] y era descrito así:

---

[287] *Ibid*, pp. 132-133.

[288] *Ibid,* p. 158.

[289] *Ibid*.

[290] *Ibid,* p. 170.

[291] *Ibid*, p. 158.

[292] *Ibid*, p. 172.

[293] *Ibid*, p. 158.

"Moralmente se caracteriza por la honestidad en el lenguaje y hábitos privados. Los jefes de familia la reglamentan en un respeto constante hacia sí mismo haciendo observar en forma de aseo todas las prescripciones de la higiene y en un respeto mutuo entre sus miembros imponiendo en el trato las formas de una urbanidad [...] están unidos *por lazos civiles y religiosos* que no rompen por divorcios [...] aunque los maridos por lo general tengan deslices de amor más o menos trascendentales."[294]

Las formas de religiosidad criticadas por Guerrero eran aquellas en las que el sujeto podía interactuar y ser influenciado, o poseído, por fuerzas sobrenaturales que ejercían control sobre la naturaleza y la subjetividad. En ellas el yo se percibía a menudo como "hechizado", invadido o controlado por fuerzas ajenas; lo cual se oponía a la visión *de la condición moderna* de un yo estrictamente delimitado e internalizado que los alienistas consideraban *el signo de la normalidad*. Un "yo" unitario y autónomo, pero consciente de su pertenencia al orden social. Responsable y libre de la intervención divina *directa* en un cosmos que, si se regía por Dios, lo hacía *indirectamente y a través de las leyes de la naturaleza*. La experiencia de una paciente como Crescencia G. una viuda de 65 años internada en La Castañeda, que desafiaba a los médicos señalando que la raíz de su mal radicaba en que las brujas habían envenenado a su único hijo,[295] debía ser interpretada en términos "racionales". La comunicación entre el alienista y la paciente quedaba así fracturada cuando viejos términos relacionados con el enraizamiento de ciertas creencias y prácticas tradicionales, debían ser traducidos en el lenguaje profesional e institucional de la medicina mental y el manicomio.

No sólo la brujería sino las devociones, so pretexto de cercanía con Dios, frustraban las tendencias moralizadoras, y presentaban la imagen de una piedad cuya intensidad transgredía los límites de la

---

[294] *Ibid*, pp. 177-178.
[295] AHSS, *F-MG*, S-*EC*, caja 105, expediente 46.

190

vida civilizada: "A pesar de las Leyes de Reforma, hoy se enclaustra todavía a muchos hombres y mujeres [...] De estos *alucinados* se hacen cenobitas forzados a quienes *las nerviosidades* de su ascetismo predisponen a sufrir un infierno inútil y espantoso, en la contención continua de ardores que podrían satisfacer y santificar en un amor mundano [...] libres de los cilicios, el hambre, de sus *lúgubres alucinaciones* y de las calenturientas tentaciones de su celda".[296] El sujeto debía mantenerse en posesión de sí mismo pero no negar sus instintos, *sino controlarlos y dirigirlos,* en aras de que sirvieran a las necesidades sociales a las que, como ciudadano, se debía.

"Predicar la pobreza en sociedades donde la riqueza es la base del poder y la trama verdadera de su organismo, es por ejemplo fomentar directamente todos los vicios que el progreso tiende a extirpar; y en las multitudes abyectas y degradadas inculcar un principio erróneo de dignidad, que les quite la vergüenza de sus harapos y el deseo de salir de su miseria [...] Por esas predicaciones se respeta el harapo que no es sino nidero de microbios que atacan la salud del mendigo y llevan gérmenes de aniquilamiento y muerte [...] Predícase también contra toda innovación suntuaria y aún contra todas las comodidades del *confort*, como innovaciones diabólicas que ponen en peligro la salvación del alma. Las muchachas deben prescindir de atavíos elegantes [...] envolver sus gracias juveniles en el *tápalo* negro; vestir mal, vivir con una indumentaria miserable en viviendas destartaladas y con una alimentación escasa y notoriamente deficiente para sostener al cuerpo en un estado de tonicidad compatible con el trabajo [...] La anemia, *las nerviosidades, la tristeza* [...] y la muerte precoz son las consecuencias forzosas de este régimen, en todas las familias donde la juventud tiene toda la desgracia de estar en contacto con un predicador oficial de pobrezas, ayunos y maceraciones."[297]

---

[296] Julio Guerrero, *op. cit.*, pp. 311-312.
[297] *Ibid,* pp. 295-296.

Los tropos patológicos del *místico* y del *melancólico religioso*[298] revelaban las creencias de los científicos. Así, los místicos sufrían de "delirios" de santidad, creyendo que Dios se manifestaba en su cuerpo, o les había concedido poderes especiales como profetizar o hacer milagros. Los melancólicos religiosos vivían en el temor y la desesperación constante, angustiados por la idea del pecado. Lo que se denostaba era la tendencia de estos sujetos a desinteresarse de su medio y a replegarse sobre sí mismos. La patología del exceso en el místico y en el meláncólico religioso era una patología de la represión y de la negación del cuerpo y la persona social. Lo que se describía en la discusión sobre la patología religiosa no era sino el *ethos* de la responsabilidad individual, la productividad y la acción orientada hacia la prosperidad *en este mundo*. Presentado como natural y universal, este modelo de subjetividad expresaba las normas de un grupo y un sexo en particular: el de los varones burgueses. Sus aspiraciones se veían sin embargo complejizadas por un corporativismo que, si bien desaparecía a nivel jurídico, en la práctica se mantenía para evitar el peligro que más se temía: la anarquía.

Así aunque Guerrero aplaudía el resultado de las Leyes de Reforma, "la desligazón de la crisálida católica",[299] y era un crítico acérrimo del clero, advertía que la *propensión a la superstición y al crimen de la población mexicana* tenía mucho que ver con que el Estado liberal había "sido impotente para moralizar a la juventud a pesar de sus pretensiones de intelectualizar a la moral [...] pues no ha podido contener con lecciones abstractas los vicios de lenguaje, pensamiento y obras, que requerían un sistema severo de máximas, represiones y prácticas honestas que sustituyeran a los mandamientos y ceremonias litúrgicas del clero".[300] Reconocía que "en presencia de un Dios se-

---

[298] Sobre la melancolía en relación con la cultura hispánica y en particular con la religión en la Nueva España, es imprescindible consultar, Roger Bartra, *Cultura y melancolía*, Anagrama, Barcelona, 2001; también Roger Bartra (Ed.), *Transgresión y melancolía en el México colonial*, CEIICH/UNAM, México, 2004.

[299] Julio Guerrero, *op. cit.*, p. 390.

[300] *Ibid*, p. 319.

vero y omnipotente [los individuos] procuraban extirpar sus vicios, hacerlos clandestinos cuando menos, y luchar contra las tendencias depravadas. Eran por consiguiente menos frecuentes las abdicaciones de la voluntad moral que cuando el hombre se ha sentido solo y sin obligación de responder a nadie de sus acciones secretas ni de las que así le parecen".[301] Y admitía de manera aún más ambigua que: "El crepúsculo de la religión venido en México al chocar la Iglesia y el Estado por ideas muy distintas de las filosóficas y morales fue pues funesto a toda la sociedad."[302]

Las páginas de Guerrero permitían atisbar que la solidez y perdurabilidad del régimen se había vuelto materia de controversia. Un malestar subterráneo comenzaba a difundirse: "El modelo [...] [que] se suponía absolutamente científico y racional, se reencontraba así con su fuente secreta: la *ecclesia*. Y también dejaba al descubierto sus fisuras [...] *En la obediencia* habría siempre algo de inasible, de irracional; su consecución resulta un fenómeno no menos misterioso que el de la *legitimidad* y al mismo tiempo no menos imprescindible para el establecimiento del orden regular."[303] Arnaldo Córdova ha señalado de qué manera las pretensiones del régimen posrevolucionario supondrán, posteriormente, *una legitimación mística de la autoridad* en la que lo esencial sería que con la Constitución de 1917 se habría "instaurado un régimen político que automáticamente se colocaba por encima de todos los grupos sociales, obligándolos de grado o por fuerza a vivir en común y comprometiéndose sobre esta base a garantizar su existencia".[304] En el discurso oficial "la voluntad del Estado era al mismo tiempo la voluntad del pueblo" y el principio general que la animaba, "dejar al Jefe de Estado una amplísima libertad para conducirse como lo estime más acertado y provechoso".[305]

---

[301] *Ibid*, p. 264.

[302] *Ibid*, p. 389.

[303] Elías José Palti, *op. cit.*, p. 464.

[304] Arnaldo Córdova, *La ideología de la Revolución Mexicana*, ERA, México, 2007, pp. 244-245.

[305] *Ibid*, p. 247.

Habría que añadir además que el régimen posrevolucionario inauguró un modo de gobernar:

"En el que el jefe del ejecutivo presidía la nación como un Papa secular que contemplaba al ciudadano promedio como perteneciente a su rebaño [...] La Constitución de 1917 concedió a la Presidencia poderes inusitados [...] Esta Iglesia secular deriva su inspiración y legitimidad de santos notables como el Padre Hidalgo y José María Morelos [...] de Benito Juárez que separó al Estado de la Iglesia católica, de Francisco I Madero [...] Flores Magón [...] Emiliano Zapata y Francisco Villa [...] Al apelar a las masas el 'nacionalismo revolucionario' constituyó la doctrina de esta Iglesia secular."[306]

En la comunión de los santos del nacionalismo posrevolucionario, los elementos más jacobinos de la Constitución de 1917 serán descartados tras el conflicto cristero dando lugar a una complicidad equívoca en la que el Estado permitirá la existencia de la Iglesia negándole al mismo tiempo la personalidad jurídica. La existencia de la Iglesia, *estrictamente delimitada a una tarea dirigida a lo sobrenatural y trascendente*, implicaba seguir contando con una institución que tenía siglos de experiencia en ser la guardiana moral de las conciencias. La adoctrinación de los valores cristianos asociados con las buenas costumbres parecía constituir una herramienta política indispensable para el gobierno. Hay que recordar que el laicismo propugnado desde las Leyes de Reforma nunca tuvo como objetivo estimular la libertad de pensamiento, sino proveer de un conjunto de valores y actitudes modernas para impulsar la productividad económica, el orden social y la obediencia política. La libertad no se oponía, ni mucho menos, al Gobierno sino que era un elemento clave para el mismo pues permitía operar por persuasión y no necesariamente por coacción. Por una parte se reconocerá el papel de la Iglesia como agente de cohesión y

---

[306] George W. Grayson, *Mexico: Narco-Violence and a Failed State?*, Transaction Publishers, New Jersey, 2011, pp. 7-11.

de orientación del comportamiento individual y, por la otra, se pretenderá negarle toda injerencia en la esfera política. Al mantener una legislación que le negaba personalidad jurídica a la iglesia, el Estado posrevolucionario llevará a cabo dos cosas. En primer lugar, mantendrá una de las fuerzas forjadoras de la simbología que nutría el mito de nación y la cohesión social. En segundo lugar, lo hará de manera que la pueda controlar, lo que a su vez le facilitará simular su pretensión de constitutirse él mismo en guardián moral de las conciencias y de hacerlo, precisamente, en carácter de Iglesia laica. Ello le permitía presentar el orden que instauraba como el orden "natural" e inmanente de las cosas frente al orden eclesial "sobrenatural" y "trascendente". El Estado forjará él mismo un simbolismo y una mitología inspirada en gran medida en la institución eclesiástica, pero mantener la existencia de la Iglesia le permitirá hacerlo como si sólo se limitase a reflejar un orden secular y evidente por sí mismo. Grayson hace una comparación interesante entre la estructura de la Iglesia católica presidida por el Papa, y la del Estado mexicano posrevelocionario presidida por un presidente "fuerte". Subraya así la relevancia que en la Iglesia tienen los profetas y en el Estado figuras como Hidalgo, Juárez, o Zapata. La presencia de la curia, y la necesidad en el gobierno de un gabinete compuesto por miembros del partido y líderes sectoriales. La existencia de órdenes religiosas agrupadas en torno a la jerarquía eclesiástica y la existencia de grupos corporativos reunidos en torno al Estado mexicano a través de la afiliación sindical. La presencia recurrente de rituales y símbolos que reivindican la autoridad de la figura papal y de la figura presidencial. El control de los medios por parte del Vaticano a través del *Obsservatore Romano*, y de los principales periódicos por parte del Estado a través del estipendio o la amenaza. El Estado mexicano gobernaba como una Iglesia laica, y la percepción de que sólo bajo el modelo de *ecclesia* podía garantizar la obediencia de sus ciudadanos, *parecía revelar la presencia, ineliminable en la sociedad, de un residuo que rebasaba y que se resolvía, más bien, en la apelación al mito.*[307] La necesidad de hacerlo como

---

[307] *Ibid.*

ecclesia y apelando a valores nacionales de trascendencia *que sin embargo se hacían pasar por cuestiones de hecho*, provocaba que una pregunta persistiera: ¿por qué incluso la pretensión de orden más racional y "terreno" parecía exigir del individuo una obediencia que, en última instancia, era propia de esa religión cuya importancia, no obstante, se había tratado de reducir?

Demencia precoz
y esquizofrenia en México: relato de un silencio

Hay una dificultad intrínseca a la hora de intentar esbozar los perfiles diagnósticos de los pacientes internados en el Manicomio General de La Castañeda entre 1910 y 1968. La dificultad radica, en primer lugar, en lo ingente de una tarea que supondría la revisión exhaustiva de miles de expedientes. A eso se le añade que muchas veces aparecen diagnósticos diversos en distintas partes del expediente, *en muchos casos sin variación de los síntomas descritos,* o que simplemente el paciente nunca fue diagnosticado. La tercera dificultad sin embargo consistiría en la necesidad de reflexionar en el criterio de validez que se busca introducir a través de la estadística. En este caso podríamos añadir que lo que la historia mostraría a través del cambio o ausencia de diagnóstico no sería la incompetencia de los actores del pasado para plegarse a nuestras exigencias metodológicas, sino más bien el modo en que su historia de tanteos con la locura puede intervenir en la manera de realizar una crítica de ciertos modelos.

Ciertamente, se han realizado algunas tentativas en las que se ha pretendido "traducir" las distintas categorías utilizadas particularmente en las primeras décadas de existencia de La Castañeda a las categorías nosológicas actuales.[308] Estas tentativas presupondrían la

---

[308] Guillermo Gaytan-Bonfil, *El diagnóstico de la locura en el Manicomio General de La Castañeda*, Tesis de Licenciatura en Psicología, Universidad Nacional Autónoma de México, México, 2001, pp. 22-26. Cfr. Guillermo Calderón Narváez, *Las enfermedades mentales en México*, Trillas, México, 2008, p. 99.

existencia de una misma entidad en la que lo único que variaría sería el nombre y que las nomenclaturas que se siguen utilizando actualmente, por ejemplo la esquizofrenia, supondrían una suerte de progreso en el conocimiento en la que se habría alcanzado una suerte de culminación con respecto al anhelo de una descripción y definición más atinada. Así, los Dres. José Luis Patiño Rojas e Ignacio Sierra Macedo publicaban en1960 un informe a raíz de los cincuenta años de vida del Manicomio General, en el que bajo el rubro de esquizofrenia, que empezaría a utilizarse en México a mediados de los años veinte *de forma bastante minoritaria*, consideraban que, ya en 1910, se había diagnosticado al 11.45% de los pacientes ingresados. En 1920, se producía un incremento y el diagnóstico de esquizofrenia era adjudicado al 17.55% de los internos sumando en 1930 el 28.25%.[309] La esquizofrenia, advertían Patiño Rojas y Sierra Macedo "que en 1910 ocupaba el quinto lugar proporcional, asciende al primero en 1960 [...] el incremento [...] plantea un problema importante que debe ser tenido en cuenta por la Salud Pública".[310]

Como veremos, sin embargo, la esquizofrenia, *per se*, es una categoría altamente problemática y discutida, desde sus inicios hasta hoy, en el ámbito de la psiquiatría. Ello no significa, no obstante, que sea "una enfermedad falsa" sino que su realidad no puede separarse del hecho de que los individuos clasificados como esquizofrénicos se constituyen y producen en relación al esquema clasificatorio del constructo y a la matriz de prácticas e instituciones en las que se imbrica, y que a su vez contribuyen a su reproducción en lo que Ian Hacking llama el "efecto bucle" [*looping efect*].[311] En el caso de México, como habremos de ver, hubo a este respecto una enorme resistencia a adoptar de manera uniforme el concepto esquizofrenia, y hasta prácticamente los años cuarenta podemos encontrar referencias a ella coexistiendo con distintas nomenclaturas, especialmente

---

[309] José Luis Patiño Rojas e Ignacio Sierra Macedo, *Cincuenta años de psiquiatría en el Manicomio General*, Secretaría de Salud/Archivo Histórico, México, 1965, pp. 6-7.

[310] *Ibid*, p. 8.

[311] Ian Hacking, *op. cit.*, pp. 35-63; pp. 100-124.

la antigua de *demencia precoz,* que se consideraba sinónima, pero que parecía preferirse terminológicamente. Hay además, respecto a la información, discrepancias importantes.

Frente a Patiño y Sierra, algunos autores señalan que la demencia precoz en sus diversas formas fue la enfermedad más diagnosticada entre 1910 y 1920, seguida cercanamente por la epilepsia y el alcoholismo.[312] "La demencia precoz […] durante el inicio del periodo revolucionario afectó a alrededor de 9% de las mujeres y 11% de los hombres en 1910 […] En contraste durante los años veinte, y más aún, a lo largo de la siguiente década los médicos del manicomio centraron mucha atención a las enfermedades mentales asociadas con el alcohol y las drogas, dos condiciones de origen social que ellos percibían como curables".[313] Otros indican que dentro del grupo de las demencias, la demencia precoz habría ocupado en el mismo periodo el cuarto lugar detrás de diagnósticos como alcoholismo, epilepsia y neurosis.[314] Hay quien ha aseverado por ejemplo que el diagnóstico de esquizofrenia, a finales de los años veinte, se utilizaba sin parámetros uniformes y sin consenso entre los médicos, que una variedad de esquizofrenia se describía igual que otra manteniéndose no obstante la distinción entre ellas, y que los cinco síntomas que aparecían en el expediente para validar el diagnóstico eran exactamente los mismos que los de la psicosis alcohólica, por lo cual habría que cuestionar ambas categorías.[315] No se trata aquí de establecer una jerarquía, ni de señalar el lugar de un desconocimiento. Solamente liberando a las cronologías y asociaciones históricas de toda perspectiva de "progreso", restituyendo a la historia de la experiencia un movimiento que no toma nada de la finalidad de un conocimiento, se puede dejar

---

[312] Patricia Raquel Chávez García, *Análisis de expedientes clínicos del Manicomio General "La Castañeda" de 1910 a 1920,* Tesis de Licenciatura en Psicología, Universidad Nacional Autónoma de México, México, 1997, pp. 61-72.

[313] Cristina Rivera Garza, *La Castañeda, op. cit.,* p. 121.

[314] Andrés Ríos Molina, *La locura durante la Revolución Mexicana, op. cit.,* pp. 219-237.

[315] Guillermo Gaytán-Bonfil, *op. cit.,* p. 39.

aparecer el diseño y las estructuras de una experiencia particular de la locura, en el momento histórico en que se forjaban sus categorías. Es evidente que la pretensión normalizadora de la medicina (y de la psiquiatría), debidamente asistida por la estadística, facilitó la creación de nuevos espacios en los que enumerar y clasificar a las personas. No es que una determinada clase de sujetos ya existente comenzara a ser reconocida por los administradores o por los científicos expertos en la naturaleza humana, sino que esa clase de individuos "vino a ser" –se construyó– al mismo tiempo que la propia clase o categoría era formulada. Las clases humanas son interactivas, su manera de ser y de actuar, su subjetividad y sus acciones, no son independientes de cómo son descritas y clasificadas. El efecto bucle puede ser *directo* cuando los individuos conocen la manera en la que han sido clasificados, o *indirecto* cuando las clasificaciones son incorporadas a instituciones y prácticas. La evidencia empírica, dicho en otras palabras, no es independiente del modelo adoptado para interpretarla: "Una vez establecidos, los modelos generan su propia verificación excluyendo los fenómenos situados fuera de marco de referencia adoptado por el usuario. Los modelos son indispensables pero no están libres de riesgo, pues pueden ser vistos como la realidad y no como una manera de organizar la realidad".[316] Esto no quiere decir que un modelo dado fije un marco invariable: sólo quiere decir que lo que puede o no ser reconocido se produce en relación con el marco fijado por el modelo, y que es también en conexión con él que se cuestionan y transforman los principios que lo sustentan. Ahora bien, cuestionar las normas de los modelos que atañen a los procesos de subjetivación *y que gobiernan lo que un sujeto es o no es*, puede suponer en relación *con el modelo vigente*, correr el riesgo de no ser reconocido como sujeto.

Hemos señalado ya la preocupación característica de una época, por la cuestión de un *pensamiento en ruptura con la primacía clásica de la conciencia.* Pues bien, la esquizofrenia emerge cuando hay una sociedad en la que el sujeto es capaz de tomarse como objeto de auto-

---

[316] L. Eisenberg, "Disease and Illness: Distinctions between Professional and Popular Ideas of Sickness", *Culture, Medicine and Psychiatry* I (1977), p. 18.

conciencia y de experimentarse *a sí mismo como tal*, bajo una forma disociada o dividida. Se manifiesta a partir de una forma de conciencia que valora como normal la sensación de que existe una muralla invisible entre "el mundo interior" y "el mundo exterior"; entre un individuo y otro; entre el "yo" y el universo. La esquizofrenia es ante todo *un trastorno del sujeto y la subjetividad*, y supone por tanto una sociedad en la que *el sujeto y la subjetividad se han transformado en el centro de gravedad* y es posible ese marcado subjetivismo al que hacía referencia, sin ir más lejos, Porfirio Parra.

> "Dado que apenas existen descripciones claramente compatibles con el síndrome nuclear de la esquizofrenia anteriores a las primeras décadas del siglo XIX […] y que su misma formulación clínica se remonta al tránsito del siglo XIX al XX, parece innegable que el despliegue de la Modernidad ha participado de un modo determinante y decisivo en su constitución […] A nivel social y cultural ha sido necesario que concurrieran una serie de circunstancias para que un patrón previamente indefinido de alteridad y subjetividad pudiera ser concebido e identificado como 'esquizofrénico' […] Si hay un factor al que podamos otorgar un papel relevante en la aparición histórica de la esquizofrenia éste es, sin duda, la emergencia del sujeto moderno y la progresión de lo que genéricamente podemos definir como la conciencia psicológica. De hecho, puede decirse que la esquizofrenia se convirtió en una condición culturalmente posible en cuanto los seres humanos se vieron forzados a asumir lo que Anthony Giddens ha denominado el 'proyecto reflexivo del yo'."[317]

El primer trabajo en el que aparece *explícitamente* el término de esquizofrenia a nivel nacional es obra de Guillermo Dávila, que en

---

[317] Eric J. Novella y Rafael Huertas, "El síndrome de Kraepelin-Bleuler-Schneider y la conciencia moderna: Una aproximación a la historia de la esquizofrenia", *Clínica y salud*, 21-3 (2010), pp. 213-214. En este apartado sigo, en buena medida, a estos autores en su exposición de las perspectivas de Kraepelin y Bleuler.

1925 escribe *Estudio clínico de la esquizofrenia y de sus diferentes formas* y advierte:

"De esta larga serie de denominaciones las más usadas son tres: *Schizophrenia* por los autores alemanes; *hebefreno-catatonia* por los franceses y *Demencia precoz*, la de uso más generalizado en todo el mundo [...] La segunda tiene el defecto de sólo abarcar por el nombre dos formas clínicas dejando excluidas a otras dos muy importantes. Se ha objetado a la tercera el hecho de aplicarlo a una enfermedad que por lo común se desarrolla o aparece tarde en la vida de una persona y no en la adolescencia y en la que frecuentemente la demencia es un síntoma más aparente que real [...] Algunos autores [...] sostienen este término, sugieren que la palabra precoz debe aplicarse al síntoma demencia y que de este modo implicaría el hecho de que se trata de una enfermedad en que la demencia aparece rápida y precozmente independiente del hecho que aparezca temprano en la vida de un hombre [...] Sin embargo de todas ellas la más correcta me parece ser *Esquizofrenia* si se recuerda que de esta enfermedad tan oscura sólo el aspecto clínico es lo único bien conocido y estudiado y en la sintomatología lo dominante [...] es el desquiciamiento o la incoordinación de los elementos componentes de la psiquis [...] Las objeciones que se le han hecho casi únicamente se encuentran basadas en la extensión que le dio su autor, pero aplicado sólo a lo que se entiende por demencia precoz en la actualidad me parece ser el menos impropio [...] Sin embargo dada la extensión y el uso tan frecuente que se hace del término demencia precoz me conformaré con la costumbre y por ese motivo continuo dándole en este estudio tal denominación. En el fondo el asunto no tiene mayor importancia."[318]

---

[318] Guillermo Dávila, *Estudio clínico de la esquizofrenia en sus diferentes formas*, Tesis de la Facultad de Medicina, Universidad Nacional de México, México, 1925, pp. 16-17.

El asunto *sí* tenía la mayor importancia porque la fijación del concepto clínico convencional "esquizofrenia" a través de las obras de Emil Kraepelin, Eugen Bleuler (y posteriormente Kurt Schneider), no está exento de vicisitudes. Tal y como advierten Berrios, Luque y Villagrán.

> "El concepto actual de esquizofrenia ha sido considerado como resultado de la progresión lineal de una serie de definiciones que han concluido en la definición vigente en los manuales diagnósticos. Según la "hipótesis de la continuidad", la esquizofrenia ha existido siempre como un objeto natural 'real', y los alienistas de los siglos XIX y XX han ido puliendo sus aristas e impurezas hasta culminar en la definición del DSM-IV, que se considera como el paradigma de un objeto de estudio real, reconocible, unitario y estable. Sin embargo la investigación histórica muestra que la continuidad existente entre los planteamientos de Morel, Kraepelin, Bleuler y Schneider es escasa y que, por tanto, los sucesivos abordajes son inconexos y contrapuestos. Esto tiene dos consecuencias: en primer lugar, la idea de la progresión lineal que culmina en la actual definición es un mito. En segundo lugar, el concepto actual de esquizofrenia no procede de un único objeto de investigación sino de un mosaico compuesto de fenómenos clínicos provenientes de distintos enfoques y definiciones."[319]

No obstante, de la aseveración de Dávila podemos observar un conocimiento del sistema nosológico de clasificación de las enfermedades mentales propuesto por Emil Kraepelin que se combinaba con la recepción de Bleuler (quien propuso el término esquizofrenia) y que a su vez se equiparaba a las clasificaciones de la escuela francesa. Efectivamente, en 1860, Morel (a quien hemos visto como uno de los principales impulsores de la teoría de la degeneración) se refería,

---

[319] Germán E. Berrios, Rogelio Luque, José Luis Villagrán, "Schizophrenia: A Conceptual History", *International Journal of Psychology and Psychological Therapy*, 3-2 (2003), p. 111.

en su *Traité des maladies mentales,* a la *démence précoce* como un caso terminal de locura hereditaria que conducía a un adolescente de catorce años considerado un alumno brillante, a la inmovilización súbita e irreversible de todas sus facultades. El término "demencia" hasta el siglo XVII se utilizó para describir estados de incompetencia psicosocial, sin que el ser innata o adquirida, la edad o la irreversibilidad, fueran parte de su semántica. En el siglo XVIII, se refirió además a estados *adquiridos* de déficit intelectual a cualquier edad y cualquiera que fuera su etiología. A finales del siglo XIX, se asoció a un estado *irreversible* que afectaría sobre todo a la *memoria* particularmente en los *ancianos* (demencia senil).[320] Cuando Morel se refería a la demencia precoz, lo hacía en el segundo sentido alegando un déficit intelectual que, en este caso, acaecía en un joven y del que se desconocía la etiología que él suponía ligada a un proceso de degeneración. Años más tarde, Emil Kraepelin propuso el término *Dementia praecox* con un horizonte conceptual mucho más ambicioso, al pretender establecer una entidad nosológica diferenciada con respecto a otras enfermedades mentales y a los estados psicopáticos degenerativos.

La descripción de Ewald Hecker (1843-1909) de la llamada *hebefrenia* fue la primera en vincular una enfermedad *con su aparición específica en la pubertad,* y con una característica que se mantendrá hasta el día de hoy, *la presencia de perturbaciones en las relaciones que el individuo tiene con el lenguaje.* Karl Ludwig Kahlbaum (1828-1899) describió además la *catatonia,* un estado en el cual el paciente se sentaba calladamente, o mudo por completo, inmóvil, sin que nada lo hiciera cambiar su posición, con el aspecto de estar absorto en la contemplación de un objeto, los ojos fijos en un punto distante, sin volición aparente, ni reacción ante las impresiones sensoriales. Algunas veces se producían repeticiones de movimientos estereotipados o actividad motora excesiva (sin propósito, no influida por estímulos externos). Era relativamente frecuente la flexibilidad cérea completa, igual que en la catalepsia, lo que le llevó a pensar que la catatonia era

---

[320] *Ibid*, p. 117.

el síntoma de una enfermedad de las estructuras cerebrales. A ellas se les unía la descripción que Sander había hecho de la *paranoia* como una enfermedad no deteriorante que cursaba con ideas delirantes, ajena, también a otras patologías conocidas. Estas aproximaciones permitieron a Kraepelin reunir bajo un mismo epígrafe de "procesos de deterioro" (*Verblödungsprocesse*) un conjunto de cuadros clínicos formado por la *Dementia praecox* –más próxima a la hebefrenia de Hecker que a la *démence précoce* de Morel–, la *Katatonie* y la *Dementia paranoides*. Estas tres formas fueron finalmente consideradas una sola enfermedad –denominada justamente *Dementia praecox*– a partir de 1899.[321]

Como es sabido, Kraepelin estableció entonces dos grandes grupos de psicosis endógenas: la psicosis maniaco-depresiva, *curable,* y la demencia precoz, *incurable.* El alienismo había enfrentado serías dificultades a la hora de diagnosticar. Kraepelin señaló que había que definir a las enfermedades mentales de acuerdo a patrones de edad, curso y pronóstico, siendo esto último lo más importante.[322] La demencia precoz (literalmente senilidad de los jóvenes) era entonces una enfermedad que acontecía sobre todo en la adolescencia y en los inicios de la edad adulta (que podían "estirarse" bastante) y *que se definía por su pronóstico de deterioro irreversible.* Su origen radicaba en un proceso mórbido del cerebro muy probablemente causado por algún tipo de autointoxicación (un veneno segregado dentro del cuerpo) procedente de las gónadas sexuales, lo que explicaba por qué aparecía después de la pubertad. Aun cuando la investigación patológica fue incapaz de probar su teoría, Kraepelin siguió creyendo firmemente que debía haber algún tipo de atrofia cerebral subyacente al trastorno. La demencia precoz podía ser *hebefrénica, catatónica* y *paranoide.* En esta última forma Kraepelin incluía, de manera muy

---

[321] Eric J. Novella y Rafael Huertas, *op. cit.*, p. 217; Cfr. Emil Kraepelin, *La demencia precoz,* Polemos, Buenos Aires, 2008, pp. 115-204.

[322] Sobre la aparición y desaparición de síntomas en diversos periodos y su asociación a distintas entidades nosográficas. Cfr. Germán E. Berrios, *Historia de los síntomas de los trastornos mentales: La psicopatología descriptiva desde el siglo XIX*, FCE, México, 2008.

discutida, lo que Valentin Magnan (1835-1916) había caracterizado por "delirio crónico de evolución sistemática".[323] En 1906, Juan Peón del Valle describía este delirio entre las pacientes del Hospital la Canoa de la ciudad de México (del que había sido nombrado director ese mismo año):

"Trinidad L.... de cuarenta años, soltera y natural de México [...] como seis años antes de ingresar al Hospital, comenzó a notarse que su carácter se hacía retraído y apático, que sufría de insomnios y que era presa de excitaciones más o menos violentas a la menor contrariedad. Exageró sus prácticas religiosas, se vio llena de escrúpulos y se manifestaba en ocasiones segura de que se condenaría por sus pecados [...] Refiere que primero oía voces confusas hasta que un día oyó que el Corazón de Jesús le decía: 'Tú eres la única que practica y ha practicado la verdadera religión; sólo tú tienes razón'. Desde aquel momento las voces se hicieron claramente hostiles: la injurian por todos lados a la vez [...] pero nunca repiten lo que ella piensa. En la actualidad sus enemigos le han hecho ver diablos y dragones horribles que noche a noche entran en su pieza y la llenan de pestes que no la dejan respirar. Debajo de su cama salen esqueletos, y algunas veces muertos en largos mantos blancos [...] Ve en las paredes pequeños agujeros por donde sus perseguidores acechan [...] Los diablos le introducen la cola en la boca y en las partes genitales. Recién entrada al Hospital sentía que los alimentos tenían sabor y olor de materias fecales mezcladas por los diablos, y esto la hacía rehusarse tenazmente a comer [...] Las alucinaciones auditivas son intensísimas y variadas [...] en los casos extremos tiene que recurrir a pegarles a las voces con su rosario, al cual llama 'espada de cuatro filos'. Agita violentamente su rosario en el

---

[323] Valentin Magnan (1835-1916), padre de la "Psicosis delirante aguda" o "Bouffée délirante aiguë", y el "Delirio crónico de evolución sistematizada" fue como hemos visto en páginas anteriores partidario de la teoría de la degeneración y dedicó un importante estudio al alcoholismo.

aire mientras pronuncia palabras soeces y entonces oye que las voces le dicen: 'Ya nos vamos; no nos pegue... hija de... no nos corte'. En algunas ocasiones las voces le dan órdenes que ella se ve obligada a cumplir y de aquí la multitud de actos extravagantes y peligrosos que la enferma comete de tiempo en tiempo. Tiene un primo que la defiende: [...] recorre toda la ciudad persiguiendo a los diablos que quieren hacerle daño y los hace correr porque es santo. Ella sabe que su primo fue bautizado con el nombre de Ramón, pero sabe, porque él se lo ha dicho, que fue antes Pablo, que después fue apóstol Pedro y que ahora es apóstol Pablo-Pedro-Ramón. Dice que el motivo de su persecución es que ha sido elegida por Dios para ejercer la verdadera religión."[324]

La dificultad de incluir el "delirio crónico de evolución sistemática" de Magnan en la demencia precoz paranoide radicaba no obstante en que, a diferencia de lo que Kraepelin señalaba, no necesariamente se dirigía hacia un deterioro terminal de las facultades, ni se iniciaba precozmente; ni en el sentido de la edad de aparición del delirio, ni en el sentido de la rapidez de su evolución. Ello llevaría a la escuela francesa a distinguir entre un delirio crónico que debía formar parte de *la demencia precoz*, y otro delirio crónico que debía formar parte de una entidad nosológica diferente, la *paranoia*. Con el tiempo, Kraepelin fue arrinconando la paranoia, hipertrofiando las "formas paranoides" de la *Dementia praecox*. Para él, los principales síntomas de la demencia precoz eran los síntomas deficitarios: deterioro afectivo, desorganización del pensamiento, disgregación volitiva, etc. A los que se sumaban, *en segundo lugar*, ideas delirantes, alucinaciones o trastornos psicomotores. Hay que señalar no obstante, que *ningún síntoma o conjunto de síntomas era patognómico (es decir,*

---

[324] Juan Peón del Valle, "Importancia de los sentimientos en la genesiología del delirio de persecución. Ensayo de psicopatología patológica aplicada al tratamiento moral de la enajenación mental". Memoria presentada a la Academia Nacional de Medicina para el concurso de Enfermedades Mentales y Nerviosas, *Gaceta médica de México*, 1-3o (1906), pp. 233-234.

identificaba la enfermedad). Dos personas con el mismo diagnóstico de demencia precoz podían presentar síntomas muy diversos. *Lo que identificaba a la demencia precoz era su pronóstico de un deterioro progresivo e incurable que suponía la incapacidad permanente.* Otra categoría que los alienistas mexicanos equipararon a menudo a la demencia precoz hasta el punto de señalar en los diagnósticos: "demencia precoz o confusión mental crónica", fue precisamente *la confusión mental crónica* de Emmanuel Régis (1855-1918), cuyo *Précis de psychiatrie* se reeditaba por cuarta vez en 1909, siendo el texto de formación de los jóvenes mexicanos aspirantes a psiquiatras. Para Régis la confusión mental crónica era producto de una confusión mental previa suscitada por un proceso de autointoxicación glandular y cuyo carácter agudo simplemente se cronificaba.[325] En 1920, Julio Rodríguez Caballero la describía así: A. O originario de Chavinda, Michoacán, de treinta y cinco años, había ingresado en el Manicomio General de La Castañeda en 1919. Dos años antes había comenzado a tener "insomnio, dolores de cabeza, alucinaciones visuales y auditivas e ideas delirantes múltiples y desordenadas". Se manifestó en él una apatía creciente, se recluía en su casa, permanecía muchos días en la misma postura, indiferente afectivamente a su entorno y al medio. Como el de Trinidad L el de A. O era un discurso religioso. Las únicas palabras suyas que el alienista registraba eran: "dice que Dios le manda los espíritus blancos".[326]

Como hemos señalado ya, Kraepelin pensaba que el diagnóstico se determinaba por la forma en que los síntomas evolucionaban a lo largo del tiempo.[327] Cuando eran irreversibles, se trataba de la demencia precoz que el alienismo mexicano identificaba con categorías como la confusión mental crónica. Kraepelin fue conocido en México por lo menos desde 1903, en que encontramos una colaboración suya en *La Escuela de Medicina, periódico dedicado a las ciencias*

---

[325] Cfr. Emmanuel Régis, *Précis de Psychiatrie*, Doin, París, 1909, p. 203.

[326] Julio Rodríguez Caballero, *Estudio sobre la confusión mental*, Tesis de la Facultad de Medicina, Universidad Nacional de México, México, 1920, p. 63.

[327] Emil Kraepelin, *op. cit.*, pp. 211-238.

médicas, donde desarrollaba sus observaciones sobre la neurastenia, cuadro clínico de agotamiento nervioso propio de la vida moderna. Así, advertía:

"Muy difícil puede llegar a ser también la delimitación entre neurastenia y aquellas formas de atontamiento que en la actualidad reunimos provisoriamente bajo la denominación *de demencia precoz*. Sobre todo los casos que evolucionan en los jóvenes de una manera lenta, bajo el cuadro de la hebefrenia, son considerados y tratados en muchos casos, durante años enteros, como neurasténicos. Llevan a este error la falta de fuerzas para el trabajo, la aparición de trastornos hipocondríacos, la masturbación repetida y los accesos de exaltación violenta que estallan de vez en cuando [...] En estos casos es de la mayor importancia el reconocimiento de la [...] debilidad del juicio que se revela con frecuencia en el carácter extravagante de los conceptos hipocondriacos, por la pobreza de ideas, por la pérdida de la excitabilidad psíquica [...] por el embotamiento del carácter [...] por la risa inmotivada [...] a todo lo cual se añaden generalmente en el transcurso del tiempo algunos signos de automatismo."[328]

El 9 de mayo de 1925 visitaba la ciudad de México y se alojaba durante ocho días en el Hotel Geneve. Uno de sus viajes más conocidos había sido el que realizó a Java, para comprobar si los tipos de enfermedad mental sufridos por la población indígena eran los mismos que los observados en los hospitales psiquiátricos en Europa. Concluyó que lo eran aunque "la ausencia relativa de delirio entre los javaneses podría estar relacionada con el menor estadio de desarrollo intelectual alcanzado, y la poca frecuencia de las alucinaciones auditivas podría reflejar el hecho de que el habla tiene mucha menos importancia de la que tiene en nuestro caso, y que los pensamientos

---

[328] Emil Kraepelin, "Diagnóstico de la neurastenia" en *La escuela de medicina, periódico dedicado a las ciencias médicas*, t.18-7 (1903), p. 146.

tienden a ser gobernados por imágenes sensoriales".[329] El objeto de su visita a México era recabar información en el Manicomio General para realizar un estudio comparativo sobre la parálisis general y la sífilis en diversas partes del mundo. Así, se hizo acompañar por el profesor Felix Plaut ayudante del Profesor Wasserman, padre de la prueba reactiva para detectar la *spirochaeta pallida*, "Kraepelin venía de Estados Unidos de Norteamérica donde estudió la parálisis general entre los negros y en los indios de las tribus sioux e intentó complementar estos estudios entre los indígenas mexicanos [...] Visitó la Academia de medicina el 13 de mayo de 1925 [...] Por desgracia ninguno de los que asistieron dejó constancia de esta visita [...] Su libro de introducción a la clínica psiquiátrica, traducido al francés en 1907 [...] fue estudiado por los médicos mexicanos quedando constancia por los *ex libris* que se encuentran".[330] Conservamos, según el propio Dávila, un comentario que Kraepelin habría realizado en su visita. Narraba el joven alienista: "Según Kraepelin refería durante su reciente estancia en México, en más de doscientas autopsias de dementes precoces que ha hecho, nunca ha encontrado [el sistema nervioso de la vida vegetativa] alterado anatómicamente".[331]

Frente al carácter relativamente discreto de la visita de Kraepelin, ese mismo año de 1925, visitaría de manera triunfal la ciudad de México, Pierre Janet (1859-1947). Alumno de Jean-Martin Charcot, rival de Freud, ejercería una enorme influencia en la psicología de Jean Piaget y en la psiquiatría de Jean Delay. Janet estuvo en México con motivo de las actividades con las cuales la Universidad Nacional celebraba los quince años de su fundación.[332] Dictó un curso entre

---

[329] Emil Kraepelin, "Comparative Psychiatry", S.R Hirsch y M. Shepherd (Eds.), *Themes and Variations in European Psychiatry*, Wright, Bristol, 1994, pp. 3-6.

[330] Ignacio Ruiz López y Diana Morales Heinen, "La obra de Emil Kraepelin y su influencia en México a sesenta años después de su muerte", *Archivo de Neurociencias* 1-3 (1996), pp. 196-197.

[331] Guillermo Dávila, *op. cit.*, p. 53.

[332] Henri F. Ellenberger, "Pierre Janet and Psychological Analysis", *The Discovery of the Unconsconscious: The History and Evolution of Dynamic Psychiatry*, Basic Books, New York, 1981, pp. 333-417.

agosto y septiembre intitulado "Psicología de los sentimientos y su perturbación patológica".[333] Había elaborado *la teoría del automatismo psicológico total o parcial* para explicar los comportamientos amnésicos que se observaban en los *estados de disociación de la conciencia*, expresión de síntomas esencialmente histéricos, emanados de ideas fijas subconscientes, derivadas éstas a su vez de acontecimientos vividos traumatizantes, de los que los "ataques histéricos" eran la reproducción. Desde 1901, Janet había emprendido el análisis descriptivo de otra "gran neurosis", construida "según el modelo de la epilepsia y de la histeria", "la psicastenia" (término creado por él para sustituir el de neurastenia) y que fue objeto de una obra importante, *Les obsessions et la psychasthénie*, publicada en 1903, el mismo año en el que aparecía en México el artículo de Kraepelin que versaba, precisamente, sobre la neurastenia."Durante su estancia Janet reunió a los alienistas mexicanos y fundó con los más importantes (Ezequiel A. Chávez, Mesa Gutiérrez, Aragón, Miranda y Guevara Oropeza) la *Sociedad Mexicana para Estudios Psicológicos*; a pesar de este entusiasmo y de los proyectos iniciales la sociedad no sobrevivió más que tres o cuatro sesiones al partir su fundador. Janet influiría también en las autoridades universitarias para la creación de una enseñanza psiquiátrica teórica".[334] Efectivamente, una de las consecuencias de la visita de Janet fue el establecimiento de la instrucción formal de la psiquiatría en la Universidad Nacional, ya que, a partir de 1926, la cátedra de psiquiatría –que se impartía como materia no sujeta a examen– se hizo obligatoria para todos los estudiantes de la carrera de medicina: "Habría que pensar que ya estaba establecido un campo de intereses y de prácticas institucionalizados aunque al margen de

---

[333] Este curso es citado en el estudio magistral de Janet sobre el vínculo entre psicopatología y mística como un preámbulo a éste. Cfr. Pierre Janet, *De la angustia al éxtasis, t.2*, FCE, México, 1992, p. 12. El curso fue recuperado por Héctor Pérez-Rincón en1980 de la biblioteca de los herederos del doctor Enrique O.Aragón. Cfr. Pierre Janet, *Psicología de los sentimientos*, FCE, México, 1997.

[334] Héctor Pérez-Rincón, "México", Jacques Postel y Claude Quétel, *op. cit.*, p. 527.

la universidad –por ejemplo en algunos hospitales como La Castañeda–, que estaban ejerciendo fuerza y presión y que a eso mismo respondió la visita de Janet, personaje que probablemente no vino sino a ser el aval, la autoridad visible, la voz de un saber autorizado capaz de consolidar la presencia de esta red de fuerzas, presiones e intereses que al parecer ya actuaban dentro y fuera de la universidad".[335]

La visita en 1925 de dos autores tan aparentemente diferentes como Emil Kraepelin, padre de la psiquiatría biológica y Pierre Janet, figura señera de la psiquiatría dinámica, indica la situación del alienismo mexicano en este periodo, que se ejemplificaría de manera particularmente sugerente en la recepción de la obra de Eugen Bleuler (1857-1939) padre de la esquizofrenia[336] y en la identificación entre ésta y la demencia precoz del mismo Kraepelin. Hay que advertir que a finales de los años veinte, coincidiendo con el establecimiento de la instrucción formal de la disciplina, habrá en México un mayor interés en una homogenización de la nosografía, que no obstante tardará en concretarse. Así aunque en las dos primeras décadas del siglo XX se conoce la obra de Kraepelin y hallamos ya el diagnóstico de demencia precoz, éste aparece junto a otras formas de demencia como la hebefrénica, la catatónica y la paranoide (que no parecen ser entendidas como subtipos de demencia precoz) y a las que se sumaban las llamadas demencias depresivas, periódicas o de manía aguda, o la enajenación mental bajo la forma de demencia etílica o de la monomanía religiosa. El criterio para diagnosticar a la demencia precoz parecía consistir en la edad, el diagnóstico de la demencia hebefrénica sin embargo se achacaba a la "pérdida de atención y afectividad, estereotipias y delirio polimorfo"[337] y el de la demencia de manía aguda por, citar otro ejemplo, por: "una excita-

---

[335] Guadalupe Rocha, *Las instituciones psicoanalíticas en México: Un análisis sobre la formación de analistas y sus mecanismos de regulación*, Tesis de Maestría en Psicología Social, Universidad Autónoma Metropolitana, México, 1998, capítulo I, *Acheronta* 14 (2001), http://www.acheronta.org/.

[336] Cfr. Henri F. Ellenberger, "Psychiatry and Psychotherapy", en *op. cit.*, pp. 284-291.

[337] Patricia Raquel Chávez García, *op. cit.*, p. 70.

ción súbitamente desarrollada".[338] La clasificación de Kraepelin que permitía por un lado establecer una enfermedad específica: la demencia precoz en cada uno de sus tipos, y por otro hacer un pronóstico preciso, interesó al alienismo mexicano como reivindicación de su carácter de especialidad médica, *a partir del periodo en que se logró su institucionalización formal*. Ello coincidió con su conflagración con la esquizofrenia que habremos de dilucidar más despacio, no sin advertir que la esquizofrenia de Bleuler *no era* la demencia precoz de Kraepelin.

Efectivamente, en 1911 el psiquiatra suizo Bleuler publicó su *Dementia praecox oder Gruppe der Schizophrenien*, donde ofrecía una caracterización del cuadro *no a partir de su evolución* como había hecho Kraepelin, sino de lo que consideraba su rasgo psicopatológico fundamental: *la escisión del yo o la desintegración de las facultades psíquicas*. Esta nueva perspectiva llevó a Bleuler a introducir el neologismo "esquizofrenia" (literalmente, "mente escindida") para denominar la entidad aislada por Kraepelin. Ahora bien, su propuesta no se limitaba a sugerir una mera variación terminológica, sino que se derivaba de una nueva mirada. Las primeras ediciones del *Lehrbuch* de Kraepelin aparecieron durante su estancia en la clínica psiquiátrica de la Universidad de Dorpat (Estonia), donde había ejercido entre 1886 y 1890: "La barrera idiomática existente entre el médico alemán y la mayoría de sus pacientes, que sólo hablaban dialectos eslavos, debió desempeñar un papel importante en su método de exploración, pues limitó ostensiblemente el interés de Kraepelin por los testimonios de unos pacientes a los que apenas comprendía".[339]

Por el contrario, Bleuler "había ocupado la dirección del Hospital suizo de Rheinau entre 1886 y 1898, antes de asumir la cátedra de psiquiatría en su Zurich natal y la dirección de la clínica universitaria de Burghölzli. Su trato con los pacientes fue muy distinto, ya que no sólo pudo comunicarse en su propia lengua, sino que se afanó en establecer con ellos un contacto afectivo y un vínculo personal muy

---

[338] *Ibid.*

[339] Eric J. Novella y Rafael Huertas, *op. cit.*, p. 208.

cercano".[340] Por lo demás, Bleuler acusó la influencia de toda una serie de autores como Wilhelm Griesinger (1817- 1869), Jean-Martín Charcot (1825-1893), Sigmund Freud (1856-1939) o el mismo Pierre Janet (1859-1947) que le animaron a cultivar el análisis psicológico de la enfermedad mental, a pesar de que –también en el caso de la esquizofrenia– nunca dejó de tener por segura la intervención de causas orgánicas en su desencadenamiento y dinámica inicial. En estas coordenadas clínicas y científicas, Bleuler revisó la obra de Kraepelin y "descubrió" una serie de "síntomas fundamentales" que "no constituyen una sintomatología propiamente dicha, es decir, un conjunto de fenómenos que se pueda describir u observar directamente en la clínica, sino más bien una hermenéutica, la interpretación psicopatológica que se puede dar a estos fenómenos".[341] Estos síntomas fundamentales (las célebres cuatro A de Bleuler) incluían, por este orden, trastornos de las *asociaciones* (los pacientes operan con ideas y conceptos que no tienen relación y pierden su continuidad, produciendo asociaciones "ilógicas" y formalmente incoherentes), trastornos *afectivos* (con gran tendencia al retraimiento y aplanamiento emocional o a la aparición de una afectividad incongruente), *ambivalencia* (presencia simultánea de pensamientos, sentimientos o actitudes contradictorias) y *autismo* (una manifestación particular y característica consistente en el predominio morboso de la vida interior sobre la vida de relación). A su juicio, dichos síntomas eran los constantes y exclusivos del esquizofrénico, que podría presentar además otros más llamativos pero "*accesorios o secundarios*" como delirios o alucinaciones. Asimismo, y con el fin de "comprender la enfermedad esquizofrénica", Bleuler propuso distinguir los síntomas surgidos directamente del "proceso patológico" (los "síntomas primarios") de aquellos "síntomas secundarios que sólo comienzan a operar cuando la psique enferma reacciona". *En este sentido, discutió las dos principales premisas de Kraepelin. La prognosis no podía ser el criterio de diagnóstico porque la enfermedad no necesariamente*

---

[340] *Ibid.*

[341] Jean Garrabé, *op. cit.*, p. 57.

conducía al deterioro irreversible; y el deterioro de todas las facultades, que Kraepelin había contemplado como la enfermedad misma, no era entonces la enfermedad, sino un producto derivado de la misma. Bleuler estableció un total de cinco formas clínicas, coincidiendo en tres de ellas con las formas kraepelinianas (subgrupos paranoide, catatónico y hebefrénico) y añadiendo una forma simple (caracterizada por presentar únicamente los síntomas fundamentales) y otra "latente", compensada o paucisintomática.[342] Así pues, la categoría asumió en sus manos una amplitud mucho mayor que la de la demencia precoz kraepeliniana, de modo que una de las consecuencias más notables de su obra fue justamente su extensión a la práctica totalidad de los cuadros psicóticos y, por tanto, una problemática generalización de su uso.

Volvamos a Guillermo Dávila en cuyo trabajo se registraba por primera vez el uso del término "esquizofrenia" en México si bien como sinónimo de demencia precoz.[343] Dávila advertía que en ese año de 1925, en el Sanatorio del Dr. Rafael Lavista de Tlalpan, la proporción de pacientes que sufrían la enfermedad era de poco más de un 33%. Coincidía con el criterio de Kraepelin de que se trataba de una enfermedad de la pubertad y edad adulta temprana. Era importante destacar que, según Dávila, la demencia precoz parecía "ser un poco más frecuente *entre los que estudian* que entre los que se dedican a trabajos materiales".[344] Era asimismo importante destacar que aun cuando no consideraba la raza como criterio determinante, la consignaba puntualmente en su registro de casos, de los que había ocho descritos *como de raza blanca y dos como de raza mestiza.* Con respecto a su etiología señalaba: "es muy confusa; todo se reduce a suposiciones o a opiniones más o menos fundadas y que, en muchos

---

[342] Eugene Bleuler, *Demencia precoz: El grupo de las esquizofrenias*, Lumen, Buenos Aires, 1993, pp. 240-257.

[343] A diferencia de lo que sucedió en Brasil donde se trató de distinguir entre demencia precoz y esquizofrenia. Ana Teresa Venancio, "Classifying differences: the dementia praecox and schizophrenia categories used by Brazilian psychiatrists in the 1920s", *História, Ciências, Saúde* 17-2 (2010), pp. 327-343.

[344] Guillermo Dávila, *op. cit.*, p. 34.

casos, distan bastante de la verdad, y no podemos con certeza hasta ahora decir sino que lo único que se tiene bien conocido es el papel de la herencia".[345] Sobre su patogenia, Dávila seguía a la escuela francesa con Lavignel-Lavastine y señalaba que lo más plausible era que fuera el resultado de la acción de factores endocrinos tóxicos desarrollados en la pubertad que obrarían sobre un "cerebro ya tarado o degenerado".[346] Esta observación de Dávila era particularmente interesante.

Efectivamente, como hemos visto, Kraepelin especularía hasta el final con la idea de que la demencia precoz era producto de una autointoxicación por sustancias de origen sexual. Esas sustancias se acumulaban en el organismo y producían lesiones en el cerebro. Lo relevante era que, a diferencia de lo que autores como Porfirio Parra habían señalado en 1878, el origen de la locura no había de rastrearse en las celdillas cerebrales del sistema nervioso central, sino en cualquier lugar del cuerpo. Lo que los críticos perdían de vista al citar *sólo* el fatalismo de Kraepelin, era que si el origen de la demencia precoz estaba en una causa biológica directa, activa y viva en cualquier lugar o en todo el cuerpo presente *más* que en un proceso biológico de transmisión hereditaria, podía ser potencialmente prevenible y tratable si los misteriosos mecanismos de autointoxicación eran descubiertos.[347] Dávila, sin embargo, aunque reconocía la posibilidad de la intoxicación y rastreaba particularmente el sistema nervioso vegetativo, admitiendo la necesidad de buscar alteraciones bioquímicas, ligaba inextricablemente esta aproximación a la teoría de la degeneración de un cerebro *ya tarado, para subrayar la irreversibilidad del padecimiento*.

Había cuatro síntomas que presentaba como inicio de la demencia precoz y que no coincidían exactamente con los de Bleuler. *El primero* era la modificación de las inclinaciones afectivas hacia la familia que reflejaba *el trastorno de la afectividad* caracterizado por

---

[345] *Ibid*, p. 37.

[346] *Ibid*, p. 44.

[347] Richard Noll, *American Madness: The Rise and Fall of Dementia Precox*, Harvard University Press, Cambridge/London, 2011, p. 123.

la discordancia y la indiferencia, que Dávila consideraba patológicas cuando se ligaban específicamente a la relación del sujeto con los suyos: "se volvió irascible, colérico con sus padres";[348] "aunque recuerda muy bien a su esposo e hija no sólo no desea verlos, sino que se opone a ello, y al preguntarle por qué no quiere verlos dice ¿para qué?";[349] "no se preocupa por salir del sanatorio, ni le importa el estado de sus familiares, no expresa deseos de verlos ni de saber de ellos".[350] *El segundo, relacionado asimismo con el trastorno de la afectividad, era la risa*: "ruidosa, se produce sin causa que la motive, sin ir acompañada de ningún estado afectivo determinado".[351] *El tercero*, la afición a lo extravagante. Los pacientes eran "partidarios de todas aquellas reformas sean puramente científicas, sean sobre nuevas orientaciones artísticas".[352] Dávila señalaba críticamente un caso en que el sujeto, de apenas catorce años, se había dedicado "a leer con ahínco novelas folletinescas, policíacas y de aventuras habiendo leído alrededor de 500".[353] *El cuarto* era el hecho de que los pacientes omitían sucesos de los cuales su inteligencia les daba perfecta cuenta. Estos dos últimos síntomas se referían *al trastorno de la percepción*, más amplio de lo que Bleuler había considerado como la perturbación lingüística y trastorno de la asociación de ideas, en tanto que Dávila incluía, aspectos como la presencia de alucinaciones fundamentalmente auditivas y que podían ser elementales (zumbidos, silbidos) y completas (voces que desarrollaban largas conversaciones, cantos); fenómenos ambos que para Bleuler eran secundarios y no primarios. Dávila añadía finalmente *un último trastorno, el de la voluntad*, que consistía en una disminución de la misma bajo la forma de la inhibición psíquica, el negativismo (tendencia de los enfermos a hacer todo lo contrario de lo que se

---

[348] Guillermo Dávila, *op. cit.*, p. 113.

[349] *Ibid*, p. 115.

[350] *Ibid*, p. 131.

[351] *Ibid*, p. 59.

[352] *Ibid*.

[353] *Ibid*, p. 128.

les indicaba), y el *sparrow* o *barrage* en el que el proceso de acción quedaba bruscamente detenido en el curso de la misma.[354] Como trastornos secundarios mencionaba el delirio, que si se presentaba era escasamente o no sistematizado; los trastornos psicomotores y la estereotipia.

Los síntomas podían aparecer de modo progresivo: "Trátase de un sujeto joven y en apariencia normal desde el punto de vista psíquico con inteligencia muy despierta a veces (profesionistas, diplomáticos, etc.) en el que se producen rápidamente modificaciones o cambios en sus sentimientos afectivos; [...] parece no tener voluntad; se encoleriza por cualquier causa, presenta reacciones contradictorias. Frecuentemente presenta *ideas místicas*, eróticas de carácter fugaz y mal sistematizadas".[355] Esta descripción de la esquizofrenia como "enfermedad juvenil" ("hebefrenia", "demencia precoz") permite atisbar cómo la adolescencia y la edad juvenil empezaron a ser problemáticas en tiempos de la industrialización y la urbanización, con la emigración del campo a la ciudad, la disolución de la vida comunitaria y la dificultad en adaptarse a la cultura urbana e industrial. Ciertos autores se preguntan si "no será una nueva enfermedad producto del fracaso de los campesinos en su esfuerzo por incorporarse a la cultura industrial de las ciudades".[356] Si la aparición de la esquizofrenia no habrá tenido que ver con estas vicisitudes en una edad crítica en la formación del yo y del nuevo modelo de instrucción en el que se trata de instaurar una relación del sujeto consigo mismo como entidad esencialmente autónoma, capaz de objetivar y formalizar sus propios procesos de pensamiento: "la invención de la demencia precoz coincide con el paso de la civilización rural a la urbana y *con el desarrollo de la educación burguesa* que modifica el contenido y la duración de los estudios progresivamente laicizados, privilegiando las ciencias exactas en detrimento de las humanidades

---

[354] *Ibid*, pp. 72-73.

[355] *Ibid,* pp. 59-60.

[356] Antonio Colodrón, *Cinco conferencias sobre la esquizofrenia*, Triacastela, Madrid, 1999, p. 86.

[...] ¿El fracaso universitario, la inadaptación a una forma de sociedad, serían síntomas o causas de la demencia precoz? La pregunta sigue vigente".[357]

La primera forma de la demencia precoz de Kraepelin era la que, siguiendo a Bleuler, Dávila llamaba *simple,* Bleuler la caracterizaba porque sólo se presentaban los cuatro síntomas fundamentales. Trastornos de las *asociaciones,* trastornos *afectivos, ambivalencia* y *autismo.* J. R. R de veintiséis años, raza blanca, natural de México, D. F., estudiante de la carrera consular había ingresado al Sanatorio en 1923. Seis años antes, convaleciente de fiebre tifoidea aparecieron bruscamente las primeras manifestaciones de enfermedad: anorexia e insomnios. Se besaba las manos de continuo y pedía que se le inyectara neosalvarsán convencido de que padecía sífilis. Se volvió irascible, colérico con sus padres y en una ocasión golpeó fuertemente a la madre. Se masturbaba delante de ellos y alguna vez "anduvo dentro de la casa desnudo (exhibicionismo)".[358] *Era frecuente que el paciente rezara* "con fervor. Se ponía de rodillas, pedía perdón a sus padres así como por todos los pecados que había cometido y besaba el suelo".[359] Dávila constataba que al interrogarlo contestaba "en voz apenas perceptible su nombre por dos o tres veces acompañado del sonido *chists"* y repetía la pregunta que se le hacía. Caminaba a pequeños brincos, uno o dos pasos y un salto con el pie derecho levantando el izquierdo. Su afectividad era paradójica y la visita de sus padres no producía "en él el menor placer. Si ellos se ríen, él se ríe también como manifestación exclusiva de sugestionabilidad".[360] *No se registraban ni delirio, ni alucinaciones,* pero "tendía a masturbarse con frecuencia", cometía "actos verdaderamente sucios como coger excrementos, orinarse en los botellones, etc.".[361] El diagnóstico era demencia precoz simple en fase terminal

---

[357] Jean Garrabé, *op. cit.,* p. 32.

[358] Guillermo Dávila, *op. cit.,* p. 113.

[359] *Ibid.*

[360] *Ibid.*

[361] *Ibid,* p. 114.

con "destrucción completa de las facultades psíquicas y estado demencial absoluto".[362]

La segunda forma de la demencia precoz era la *hebefrénica* que Dávila consideraba equiparable al delirio de Sérieux caracterizado por ser interpretativo, autorreferencial, y basarse en la suspicacia, el recelo y la desconfianza. Lo que Bleuler había considerado trastornos secundarios se transformaban aquí en primarios para lograr esbozar esa forma propia de demencia precoz que era la hebefrénica. Los sujetos presentaban en la pubertad oscilaciones del equilibrio psíquico más pronunciadas que en el individuo normal. Eran frecuentes los delirios de autoacusación, "originados por el hábito de la masturbación que es frecuentísimo en ellos".[363] Las alucinaciones auditivas consistían en "voces que los insultan y los maldicen". Destacaba asimismo, como había aseverado Hecker, la incoherencia en el lenguaje: "Pues sí no, déjeme salir, sin cigarro, bueno, estoy bien, no me importa ¡ay, ay!, já, já, já";[364] así como la incoordinación, "Buenos días, días bonitos, Porfirio Díaz, el presidente de la República, imperio, Alemania es imperio, la guerra europea, mister Wilson se murió, Monroe fue el autor de, actor de teatro, Caruso, el gran cantante."[365] Dávila explicaba:

E. E, originaria de Villahermosa, Tabasco, de raza blanca, soltera y dedicada a las tareas del hogar, había ingresado al Sanatorio en 1922. Se había educado en un colegio de religiosas y era sumamente aficionada a los viajes, a la lectura y a los festejos. A los diecinueve años se quejaba de que "algo como un animal se le subía del estómago a la garganta".[366] Tuvo después neuralgia durante un año y poco después sufrió moralmente a causa de una decepción amorosa. Comenzó a "manifestar ideas extrañas" decía que *"se le iba el mundo"*, "tenía miedo por todo a veces tan intenso que le hacía llorar y

---

[362] *Ibid.*
[363] *Ibid*, p. 117.
[364] *Ibid*, p. 118.
[365] *Ibid*, p. 119.
[366] *Ibid*, p. 122.

le ahuyentaba el sueño".[367] Posteriormente "gritaba constantemente, se desgarraba los vestidos, se reía, hablaba y cantaba sola hasta dos y tres horas consecutivas".[368] En estos estados vociferaba palabras que encadenaba de manera ininteligible y neologismos. En el examen clínico habitualmente se encontraba sentada en una silla. Ajena al mundo exterior, hablaba consigo misma. Su lenguaje era monótono y monosilábico. No se la podía entender porque a veces hablaba muy rápidamente y otras porque se consideraba que lo que decía no tenía sentido. Por ejemplo se la podía escuchar murmurar: "ya lo mató, ya lo mató, eso no puede ser, el niño, el niño".[369] Coleccionaba hojas de plantas que rompía en pedacitos haciendo grupitos con ellos y volviendo a separarlos una y otra vez. Dávila constataba: "descuidada en el vestir, sus ropas se ven rotas y sucias. Los zapatos raspados, las medias caídas, el cabello en desorden […] diagnóstico: demencia precoz hebefrénica con destrucción bastante acentuada de las facultades psíquicas. El estado demencial es casi completo".[370]

La tercera forma de demencia precoz que registraba Dávila era *la demencia precoz catatónica* que definía clásicamente como caracterizada por formas de estupor combinadas con síntomas catalépticos e hiperkinesia. Dávila sin embargo se refería a la necesidad de poderla distinguir en el diagnóstico de la encefalitis letárgica[371] y advertía que

---

[367] *Ibid.*

[368] *Ibid.*

[369] *Ibid.*

[370] *Ibid.*

[371] *Ibid*, p. 128. Mary Boyle en una hipótesis muy sugestiva planteó de hecho que los casos que Kraepelin diagnosticaba como de dementes precoces no coincidían con los pacientes modernos de esquizofrenia porque los primeros sufrieron de encefalitis letárgica, una enfermedad viral que se expandió por Europa a partir de 1890 y hasta 1927. Los supervivientes desarrollaron una forma post-encefalítica de Parkinson. Los síntomas eran los mismos que los de la demencia precoz catatónica. El punto de Boyle no es que Kraepelin se equivocó (nunca podremos saberlo) sino que demencia precoz, como esquizofrenia, son categorías inciertas. Cfr. Mary Boyle, *Schizophrenia: A Scientific Delusion*, Routledge, London, 1990. Oliver Sacks dedicó a la encefalitis letárgica uno de sus libros más hermosos *Despertares*.

a diferencia de las formas anteriores, en ella el deterioro se producía más lentamente. R. R, joven de quince años de edad, natural de Villanueva, Zacatecas, raza blanca, había ingresado en el sanatorio en 1924. Cuatro meses antes, sus padres habían advertido cambios bruscos de carácter y accesos de irascibilidad injustificados. Notaron en él la existencia de "ideas absurdas y faltas de ilación".[372] Como por ejemplo, "Haré con la electricidad lo que quiera".[373] A menudo escribía "absurdos" y pintaba "planos de pueblos originarios".[374] Tenía accesos de risa sin causa aparente que la motivara. Dávila consignaba su mutismo, su desinterés absoluto, su negativismo, su excitación motriz y su tendencia a sostener actitudes corporales especiales. Sufría de demencia precoz catatónica en estadio temprano con la peculiaridad de que el padecimiento se había presentado en un niño.

La última forma *de demencia precoz era la paranoide* de la que Dávila subrayaba su singularidad. Así, reconocía que se presentaba en una edad más tardía (entre los veinticinco y treinta años). En personas de "inteligencia muy desarrollada".[375] Comenzaba lentamente a través de una ligera apatía. Posteriormente se producían accesos de miedo y angustia, seguían el delirio de persecución y las alucinaciones auditivas. "El paciente oye voces que lo acusan de prácticas sexuales perversas que lo insultan con palabras soeces, que le dan malos nombres, lo amenazan".[376] Siguiendo a la escuela francesa, Dávila señalaba las dificultades de la caracterología de Kraepelin. La forma paranoide compartía con otras formas de demencia precoz las estereotipias, los amaneramientos del lenguaje y la desconexión de los procesos psíquicos. Como diferente de ellas, estaba el hecho de que estos últimos no se producían de manera tan severa, y que la demencia total era extremadamente rara. Ello llevaba a Dávila a considerar a la demencia precoz paranoide como un estado de transición entre la de-

---

[372] Guillermo Dávila, *op. cit.,* p. 129.
[373] *Ibid.*
[374] *Ibid.*
[375] *Ibid*, p. 135.
[376] *Ibid*, p. 136.

mencia y la paranoia a la que en rigor habría que denominar "pseudo-demencia precoz con aspecto paranoide o esquizofreno-Paranoia".[377] J. R tenía setenta y dos años de edad; era originario de Guanajuato, de raza mestiza, viudo; de profesión ingeniero y médico cirujano. Había ingresado al sanatorio Dr. Lavista en 1900 y llevaba veinticinco años internado. Hijo de una familia de vastísima cultura, su padre fue una figura intelectual ampliamente reconocida en México, si bien se le consideraba a él y a los suyos "extravagantes y de costumbres raras".[378] Extremadamente brillante, fue un magnífico estudiante y concluyó con éxito sus dos carreras universitarias, aunque por sus rarezas sus compañeros le apodaban "el loco R". Se preocupaba poco de las conveniencias sociales y le gustaba la vida nocturna. Llevó una vida de desenfreno y "tuvo varias queridas con las que se paseaba públicamente".[379] Era asimismo irascible y pendenciero. "La vida de hogar no pudo llevarla a largo tiempo pues desde el primer momento tuvo ideas de celos irrefrenables las que motivaron la separación de su mujer pues la golpeaba frecuentemente y la tenía encerrada bajo llave".[380] Rara vez accedía a que saliera de casa y cuando lo hacía la obligaba a salir de noche y disfrazada de hombre y la llevaba a los lugares más solitarios y apartados de la ciudad. Como médico ejerció brillantemente, fue invitado a Francia y tuvo gran clientela. A los treinta y dos años comenzó a sufrir de melancolía, se encerró en una habitación en la que permaneció un año, a oscuras y sin hablar con nadie. Al salir, la situación cambió por completo. Se hizo locuaz, alegre, cantaba y bailaba casi de continuo, "lo que motivó que fuese internado al antiguo manicomio de San Hipólito donde estuvo por espacio de catorce años".[381] Allí comenzó a aislarse una vez más y a expresar ideas místicas delirantes: "pasaba la mayor parte del día de rodillas, rezando y con los brazos en cruz [...] comía alimentos

---

[377] *Ibid*, p. 142.
[378] *Ibid*, p. 146.
[379] *Ibid*, p. 147.
[380] *Ibid*.
[381] *Ibid*, pp. 147-148.

pobres, y sólo los indispensables para no morir de inanición".[382] Presentaba alucinaciones auditivas y creaba neologismos. Tenía ideas delirantes de reivindicación: "es pre-criminal de herencia y por sí mismo y tiene que purgar sus faltas".[383] Ideas de inmortalidad: "no he de pre-morir nunca de diferentes y contradictorias maneras, todos somos pre-inmortales",[384] ideas místicas que tal y como consignaba el alienista al ser "las más acentuadas y numerosas [...] le han obligado a crear rezos y oraciones, palabras cabalísticas, modos especiales de persignarse".[385] Dávila señalaba que, sin embargo, a diferencia de lo que acaecía en otras formas de demencia precoz, el paciente conservaba la memoria, la atención, el juicio, y el razonamiento, por lo que su diagnóstico era de demencia precoz paranoide.

Había varios aspectos que se repetían incesantemente en los casos que señalaba Dávila y en otros que aparecen en los expedientes clínicos del mismo periodo en pacientes diagnosticados con demencia precoz, esquizofrenia (y delirios asociados). En primer lugar, la preocupación *por considerar dentro de los trastornos de afectividad, propios del padecimiento, la cuestión de la masturbación sobre todo en los varones.* A este respecto, habría que señalar que la presencia de fuerza, agresión y vitalidad en las mujeres como P. A., "disipada, coqueta que fue desflorada y se entregó sin escrúpulo a sus amigos, poseída de constantes excitaciones sexuales"[386] o E. E. que "organizaba constantemente fiestas [...] y se desgarraba los vestidos"[387] eran recurrentemente patologizadas.[388] Habría que añadir sin embargo que, en los diagnósticos a las mujeres, se aludía más bien, como señalaba

---

[382] *Ibid*, p. 148.

[383] *Ibid*.

[384] *Ibid*.

[385] *Ibid*.

[386] *Ibid*, p. 145.

[387] *Ibid*, p. 122.

[388] Andrés Ríos Molina y Cristina Rivera-Garza han encontrado numerosas evidencias en casos de mujeres diagnosticadas de histeria. No sucede lo mismo en los casos de la demencia precoz y la esquizofrenia en los que encontré sin embargo las llamadas alucinaciones genitales.

Francisco Núñez Chávez a *alucinaciones genitales*: "en particular, las alucinaciones de violación, introducción de cuerpos en la vagina, de ultrajes, etc.".[389] Soledad P, la víspera de ser internada al Manicomio había hecho correr a su hija mayor de un modo excesivo y le había propinado un fuerte golpe en el estómago. Intentaba extraerle de esta manera un *salvavidas* que sus enemigos le habían introducido por los genitales. A ella misma le habían echado varios que aún conservaba "metidos en la vagina y que la habían hecho concebir y parir un número enorme de niños que después eran muertos por los que le echaban los *salvavidas*".[390] Su perseguidor principal era su amante, quien había hecho también que le introdujeran en la vagina "un vendedor de nieve y su querida, para obligarla a soportar todas las inmoralidades que estos seres cometen en sus propios órganos sexuales".[391] Las alucinaciones genitales de mujeres como Soledad P, indican una función de la sexualidad que conjugaba en un acto único la dominación física y moral. Un uso y abuso de su cuerpo sin que ella participara con intención o voluntad compatibles, y que ella veía como amenazador no sólo para sí misma, sino también para otras mujeres, en este caso, su propia hija.

A diferencia de la femineidad, la masculinidad era un *status* condicionado a su obtención –que debía ser reconfirmada con una cierta regularidad a lo largo de la vida– mediante un proceso de demostración o conquista. A este tenor, la ausencia de fuerza y agresión entre los varones era lo que se concebía como patológico. Así, J. R. R. que "tendía a masturbarse con frecuencia" era "descuidado en su porte y su actitud era estúpida", permanecía "de pie, cerca de la pared, siempre en el mismo lugar, con las manos en los bolsillos" tenía además "melindrería y manierismos".[392] La visión de un hombre joven, mas-

---

[389] Francisco Núñez Chávez, *Estudio clínico de los delirios sistematizados alucinatorios*, Tesis de la Facultad Nacional de Medicina de México, México, 1926, p. 41.

[390] Juan Peón del Valle, *op. cit.*, p. 229.

[391] *Ibid.*

[392] Guillermo Dávila, *op. cit.*, p. 113.

turbador, *improductivo*, débil, pasivo, mentalmente incapacitado y *socialmente retraído*, descubría en virtud de su ausencia, un ideal de masculinidad: Fuerte, viril, agresivo y disciplinado.[393] Hombre era el que *producía* y obtenía logros sociales que podían ser reconocidos *públicamente*. La masturbación emasculaba al hombre en tanto que se asociaba a la adquisición de cualidades consideradas eminentemente femeninas como la presencia de una sexualidad pasiva en la que se carecía de autonomía y de voluntad (no se era capaz de ejercer control sobre sí mismo), y que frente a la satisfacción de la conquista pública se satisfacía en el ámbito privado. Era precisamente el fracaso del acto en sí, su no llevar aparejada ninguna conquista, lo que señalaba su carácter patológico: "Su instantaneidad; su periodicidad [...] la limitación del apetito a una exhibición *que nunca es el punto de partida de aventuras lúbricas*. Todos estos datos imponen la idea de una enfermedad".[394] La patologización del onanismo no servía tanto para prescribir un acto como *un tipo genérico desviado de la norma*: débil, socialmente aislado, *reducido irremisiblemente a sí mismo*. La masturbación se asociaba a la locura cuando ciertos elementos que emergían novedosamente para formar el engranaje de la moderna sociedad burguesa como la privacidad, se llevaban a un extremo que cuestionaba su relación con la posibilidad de la vida pública:

> "Para aquellos encargados del proceso de civilización, el sexo solitario sustentaba la desconcertante posibilidad de lo imposible: un lenguaje privado del cuerpo en el cual solo el mastur-

---

[393] Sobre la constitución de la masturbación como problema moral y médico a partir del siglo XVIII, se considera que la primera obra representativa es la de Auguste Tissot *El onanismo* (1774). Puede consultarse Michel Foucault: *Los anormales*, FCE, México, 2006; Michel Foucault, *Historia de la sexualidad 1. La voluntad de saber*, Siglo XXI, México, 2007; Thomas Laqueur, *Sexo solitario. Una historia cultural de la masturbación*, FCE, Buenos Aires, 2007.

[394] Carlos Herrera Garduño, *Cómo llegar a un diagnóstico en psiquiatría*, Tesis de la Facultad de Medicina, Universidad Nacional Autónoma de México, México, 1931, p. 26.

bador conoce qué significa un signo [...] existía un totalmente privado reino de placeres y de comercio en el que tenía lugar la comunicación, que privaba a los de fuera de su papel de interlocutores. Ese mundo no podía regularse socialmente pues, por definición, no estaba a la vista."[395]

A este respecto cabría señalar que no sólo los alienistas indicaban una presencia *de facto* del onanismo, sino que además a menudo los hombres mismos "alucinaban que se les masturbaba".[396] Francisco B internado en el asilo en 1906, aseveraba que sus perseguidores de la ciudad de México le enviaban "fluidos que lo obligaban a masturbarse tan luego como está en presencia de ciertas personas o de alguna mujer. Para evitar masturbarse en estos casos tiene necesidad de abrazarse fuertemente a las pilastras y a los muebles y a veces pasa horas enteras en esa actitud".[397] Del lado de la masturbación y el autoerotismo, la causalidad médica de la sexualidad improductiva y solitaria que atentaba contra el proyecto de normalización productiva y social, jugaba a la vez un papel supletorio y condicional y permitía explicar lo que, de otro modo, no parecía explicable a los contemporáneos.

Las reflexiones que vinculaban a la demencia precoz y la esquizofrenia con la sexualidad se relacionaban con la cuestión de cómo constituir una virilidad capaz de producir, determinarse y controlarse a sí misma sin, no obstante, negar su pertenencia al orden. Así, se constituían dos normas de sexualidad que no suponían lisa y llanamente la inhibición del cuerpo de placer (entre los varones). Efectivamente, era necesario un sujeto activo, capaz de determinarse a sí mismo interiorizando los principios sociales, que en la medida de lo posible permitiese reducir la vigilancia externa a favor de la interna. Para ello había que simultáneamente *favorecer la iniciativa*, la expresión sexual *pública* masculina siempre y cuando *fuera moderada* con

---

[395] Thomas Laqueur, *op. cit.*, p. 278.

[396] Francisco Núñez Chávez, *op. cit.*, p. 41.

[397] Juan Peón del Valle, *op. cit.*, p. 240.

respeto a "las conveniencias sociales"[398] y siempre y cuando los interlocutores privilegiados de la escena fueran a través de la conquista de la mujer, los iguales, aliados o competidores, que garantizaran la pertenencia al grupo de los viriles. La otra norma sexual, centrada en las mujeres abogaba sin embargo por la exaltación de un cuerpo productivo y reproductivo que, confinado al ámbito del hogar, debía velar por la conservación de sus elementos frente a cualquier amenaza externa. Al mantener por ejemplo la idea de que la violación era un "delito contra las costumbres" y no contra la persona, lo que se indicaba era que la agresión a través del cuerpo de la mujer se dirigía a otro hombre (vinculado a esa mujer) y amenazaba a la sociedad en su conjunto al poner en riesgo derechos y prerrogativas de su padre y de su esposo tales como el control de la herencia y la continuidad de la estirpe. Al incitar al respeto a las "conveniencias" lo que se defendía no era la individualidad o el derecho ciudadano, sino "el orden", una vez más, "la costumbre".

Las alucinaciones genitales guardaban, en el caso de las pacientes, cierta relación con lo que al abrigo del espacio doméstico vivían cuando el hombre bajo cuya dependencia se encontraban abusaba de ellas porque *podía* hacerlo, es decir, porque formaban parte de un espacio que él controlaba y consideraba suyo; o cuando un agresor se apropiaba de su cuerpo en un espacio abierto, público, porque *debía hacerlo para mostrar que podía*. En el caso de los hombres se ponía de manifiesto precisamente la ansiedad con respecto a la pérdida de la hombría, y *una posible feminización que se asociaba además con la pérdida de iniciativa y de incidencia en la esfera pública*. Efectivamente, si como hemos señalado la masturbación emasculaba, también lo hacían las alucinaciones en las que por ejemplo el paciente E. C "experimentaba la percepción de que el Diablo verificaba en él coito anal"[399] y al hacerlo "le arrancaba los órganos genitales y la posibilidad de la palabra".[400] El énfasis de los alienistas era notable:

---

[398] Guillermo Dávila, *op. cit.*, p. 147.
[399] Francisco Núñez Chávez, *op. cit.*, p. 41.
[400] *Ibid.*

"Es conveniente reprimir el hábito de la masturbación, tan frecuente en ellos, y ejercer disciplina sobre sus costumbres".[401]

A este respecto cabe señalar que las descripciones de algunos sujetos diagnosticados en este periodo (pensemos en J. R. R) han hecho dudar a algunos autores de su parentesco con los pacientes actuales: "Investigaciones llevadas a cabo a partir de 1980 muestran que los casos severos y persistentes a lo largo del tiempo descritos por Kraepelin y Bleuler ya no se ven. Ciertos de los síntomas que ellos describen son extremadamente raros […] Kraepelin y Bleuler investigaron poblaciones de pacientes que no son los sujetos diagnosticados de esquizofrenia de hoy."[402] A nosotros nos interesa más subrayar que la demencia precoz y la esquizofrenia como objetos significativos del discurso y de la práctica ejercen su propia influencia causal en quienes, en un escenario social, las padecen. Lejos de vivirse como una liberación feliz de los instintos, los expedientes de los pacientes muestran que la preocupación por la masturbación parecía vincularse más a la cuestión de lo que Laqueur describía *como un lenguaje privado* del cuerpo que no admitía interlocutores. La preocupación fundamental en torno a la masturbación en este periodo radicaba, como señalaba asimismo Laqueur, no en que fuera placentera, ni siquiera en su estar por fuera de los fines de la procreación, sino *en que se ligaba a un objeto imaginario y en que inauguraba una comunicación en la que el signo sólo era conocido por el masturbador*. Lo interesante era que a menudo la instauración de *este lenguaje privado en el cuerpo* parecía ser vivida por el mismo paciente de manera compulsiva y traumática. *Como si la desapropiación de sí* que parecía sufrir y que era reconocida como indeseable por el modelo de sujeto moderno, fuera registrada, de manera perturbadora, en un idioma contemporáneo reconocido por todos: *el del onanismo*.

En segundo lugar, el siguiente aspecto que los casos mostraban era la vinculación del diagnóstico de una perturbación en la afectividad con *la descripción negativa de las relaciones que el paciente sostenía con*

---

[401] Guillermo Dávila, *op. cit.*, p. 155.
[402] Mary Boyle, *op. cit.*, p. 65.

su familia. La fuerte vigorización de la familia a partir del siglo XIX se relacionaba con su función de introducir al sujeto en los esquemas de individualización y normalización.[403] Hay que advertir que la familia iniciaba al sujeto *reconociendo su singularidad*. El apellido, el entrelazamiento de los lazos contractuales, los lazos de propiedad, los compromisos personales y colectivos, señalaban su diferencia con respecto a un proyecto de normalización ciudadana, a menudo caracterizado por la monotonía y la isotopía. A diferencia de las relaciones que primaban en el proyecto de normalización, la familia era entonces un sistema de dependencias que se establecía de una vez por todas bajo la forma del nacimiento y el matrimonio y sin embargo, era asimismo el engranaje que hacía posible una normalización que sólo *aparentemente* contravenía. Efectivamente, al introducir al sujeto a un sistema de compromisos y obligaciones, a la necesidad de la asistencia a otros miembros de la familia, a la obligación de proporcionarles alimento; la familia subrayaba la importancia del trabajo y del reconocimiento de la dependencia de los otros. El corporativismo del Estado mexicano contemplaba en la familia el ideal por la que un sujeto podía ver reconocida su *individualidad*, pero como *parte de un todo* que lo integraba y superaba y en el que primaban relaciones jerárquicamente establecidas. La importancia de la familia era aún más exacerbada si tomamos en cuenta que hasta 1940 el promedio de duración de la escolarización en las ciudades era de menos de seis

---

[403] A partir de las Leyes de Reforma, en una tentativa del Estado de controlar lo que había sido una institución a su vez controlada por la Iglesia, el único vínculo matrimonial reconocido como legalmente legítimo era el civil. A pesar de ello, eran frecuentes el concubinato y el matrimonio religioso. Durante las dos primeras décadas del Siglo XX menos de la mitad de los sujetos acudían al juzgado civil para legitimar su unión. Cuando a partir de 1929 se estableció que para contraer matrimonio religioso, había que contraer primero matrimonio civil, éste comenzó a incrementarse. A pesar de que la Ley de Relaciones Familiares de 1917 permitía el divorcio, habría que señalar una resistencia social al mismo, que se mostraba en una incidencia más bien escasa. Cfr. Pilar Gonzalbo Aizpuru y Cecilia Rabell Romero, "La familia en México" en Pablo Rodríguez (Coord.), *La familia en Iberoamérica 1550-1980*, Universidad Externado de Colombia/Andrés Bello, Bogotá, 2004, pp. 92-125.

años.[404] La familia era la instancia que permitía desplazar al sujeto de su medio al espacio institucionalizado y normalizado. En un ideal de nación que se promovía como un tejido disciplinario familiar que podía sustituirla, reconstituirla y permitir a la vez prescindir de ella en nombre de ella misma, la familia era la primera instancia de detección de lo normal y lo patológico. Aseveraba Guillermo Dávila: "En casi todas mis historias clínicas esta alteración [de las inclinaciones afectivas hacia la familia] es constante."[405]

En tercer lugar, otro aspecto destacado era la presencia recurrente, a la que ya hemos hecho referencia, de los discursos religiosos considerados "desviados" o "supersticiosos" en los pacientes. Este aspecto compartía con el énfasis en la masturbación el de que también *se asociaba a una perversión de la realidad; a depositarse en objetos imaginarios o inexistentes* que encerraban al sujeto en sí mismo. Desde los que "se ponían en oración por largas horas";[406] los que declaraban que Dios les "mandaba los espíritus blancos"[407] a los que afirmaban ser perseguidos por "la brujería, el magnetismo, la magia, poderes ocultos o sobrenaturales, transmisión del pensamiento [...] etc.".[408] El alienista aseveraba: "Hemos tenido la oportunidad de ver numerosos enfermos paranoicos, *dementes precoces,* delirantes [...] que se habían entregado a prácticas de espiritismo, magnetismo en épocas anteriores inmediatas a aquella en que se desarrolló su psicosis [...] hemos sabido que coincidían estas prácticas con rarezas de carácter y extravagancias que nos revelan ya el principio de la enfermedad mental".[409] Producir un sentido de orden social secular bajo el control racional del Estado significaba fabricar un espacio conceptualmente no religioso que presuponía una facticidad objetiva. Así, si la religión era el ámbito de la trascendencia, "su reino no era de este mundo",

---

[404] *Ibid,* p. 112.

[405] Guillermo Dávila, *op. cit.,* p. 59.

[406] *Ibid,* p. 133.

[407] Julio Rodríguez Caballero, *op. cit.,* p. 63.

[408] Francisco Núñez Chávez, *op. cit.,* p. 45.

[409] *Ibid,* p. 26.

y el dominio de la realidad empírica se trasladaba "naturalmente" a la razón gubernamental. Fanáticos, supersticiosos y alienados eran quienes, con su conducta y discurso, no admitían esta delimitación:

> "Las ideas religiosas como causa determinante de la locura obran de una manera general, sobre los espíritus débiles, los niños, las mujeres, las personas de temperamento muy nervioso pero sobre todo y principalmente en los religiosos y las religiosas, y de éstos de preferencia en aquellos afiliados a órdenes monásticas y contemplativas […] El papel que las supersticiones tienen en la etiología de las psicopatías está en íntima relación con la religiosidad exaltada, los espíritus ignorantes y débiles no resisten al miedo o al contacto de la hechicería, del sonambulismo extralúcido del espiritismo o aún del hipnotismo de los charlatanes, hombres indignos y sin escrúpulos, y además sin ninguna ilustración, hacen de estas pobres gentes sus víctimas. Especulan sobre la credulidad del público y buen número de sujetos […] han llegado […] a la psicosis."[410]

Masturbación, dificultades en las relaciones con la familia y superstición no bastaban sin embargo para establecer de manera certera un diagnóstico. Hemos señalado ya la dificultad de la identificación de la demencia precoz y la esquizofrenia. Hemos advertido asimismo que en México la identificación prevaleció como lo mostraba la siguiente definición que incluía la nomenclatura de Kraepelin y la definición de Bleuler: "lo que caracteriza a la *demencia precoz* […] es sin duda *el mecanismo esquizofrénico*, es decir, la desconexión, la desarmonía en el funcionamiento de las facultades psíquicas".[411] Efectivamente, recordemos que el criterio diagnóstico de la primera era la *prognosis* y que Bleuler lo cuestionaría, así como *las principales asunciones de Kraepelin sobre la demencia progresiva*. Para éste, en rigor, el diagnóstico sólo era posible retrospectivamente es decir cuando el

---

[410] Carlos Herrera Garduño, *op. cit.*, pp. 35-36.
[411] Francisco Núñez Chávez, *op. cit.*, p. 89.

paciente estaba ya en el estadio terminal de la demencia irreversible porque era ese precisamente el signo para establecer que padecía de demencia precoz. Tener que llegar al final de la enfermedad para diagnosticarla, suponía un absurdo en el razonamiento médico. Bleuler en cambio diagnosticaba no siguiendo la evolución a lo largo del tiempo sino detectando lo que para él eran síntomas propios de la escisión psíquica del sujeto (*spaltaung*). Para Kraepelin el destino de la demencia precoz era el de la pérdida irremisible de las facultades psíquicas. Para Bleuler cabía la posibilidad de cierto restablecimiento. En la clasificación de Kraepelin la dificultad radicaba en admitir que estados cuya clínica era tan diferente como la hebefrenia con sus trastornos formales de lenguaje; la catatonia con sus manifestaciones psicomotrices; y los delirios paranoides más o menos sistematizados; pudieran no ser sino simples formas de *una misma enfermedad*. A ello se sumaba que no siempre la enfermedad se producía en la adolescencia o en la edad temprana adulta. La esquizofrenia de Bleuler era asimismo bastante inasible. Al señalar que las alucinaciones y los delirios no eran sino *trastornos secundarios accesorios* que podían o no presentarse, el concepto se ampliaba considerablemente. Ello era notable en la consideración de la *esquizofrenia latente*: "Hay también una esquizofrenia latente, y estoy convencido de que es la forma más frecuente, si bien rara vez estas personas se ponen en tratamiento. No es necesario dar una descripción detallada de todas las formas de la esquizofrenia latente [...] Suscitan la sospecha de esquizofrenia personas que son irritables, extrañas, caprichosas, solitarias, o exageradamente puntuales."[412] La línea de demarcación entre lo normal y lo patológico se difuminaba cada vez más. Ello tenía que ver con proyectos de investigación diferentes. Mientras Kraepelin anhelaba hacer de la locura una entidad natural sujeta al escrutinio científico, para Bleuler había que captar a los sujetos que enloquecían insertos en las mismas luchas existenciales que el resto.

Guillermo Dávila aseveraba: "La demencia precoz es una psicosis principalmente de la juventud con aspectos clínicos diferentes pero

---

[412] Eugen Bleuler, *op. cit.*, p. 252.

caracterizada sobre todo por la desunión de los elementos psíquicos que funcionan automáticamente; por ser de marcha progresiva y hasta hoy completamente incurable".[413] La *prognosis* era kraepeliniana y Dávila concluía señalando que los individuos debían "ser recluidos [...] no pueden vivir dentro de la vida común con las personas normales".[414] Sin embargo el diagnóstico no se llevaba a cabo a lo largo del tiempo (no se esperaba a que el paciente hubiera llegado a la demencia absoluta) y como hemos visto se consideraban diversos síntomas entre los que destacaba la *spaultung* de Bleuler. ¿Por qué considerar la incurabilidad en un periodo en el que había en el país interés por la psiquiatría dinámica y la psicoterapia que se había puesto de manifiesto en el acercamiento a Pierre Janet (quien fue finalmente quien fungió como la voz de un saber autorizado capaz de consolidar la presencia de esta red de fuerzas, presiones e intereses de la psiquiatría mexicana) de quien Bleuler también abrevaba? Habría que recordar que el periodo en el que la nosología de Kraepelin se establecía en México (aunada a la esquizofrenia de Bleuler) fue el periodo posrevolucionario en el que el Manicomio General de la Nación, institución más representativa de la psiquiatría nacional:

> "...enfrentó el problema de sobrepoblación de internos, fenómeno que reflejó la creciente demanda de hospitales durante el inicio de la época revolucionaria [...] En un tiempo de cambios y trastornos cuando la violencia y el hambre no eran raras, el hospital brindó alojamiento a grandes cantidades de pacientes desposeídos [...] Para 1920, sobrepasada ya la álgida etapa constitucionalista los problemas del hospital psiquiátrico superaron los temas de provisión de alimentos y ropa, pues a éstos se sumaron la falta de colchones, electricidad y medicamentos básicos [...] Un solo médico era el responsable de la atención y el tratamiento de 98 internos del pabellón A para internos pacíficos [...] cada enfermero del hospital se

---

[413] Guillermo Dávila, *op. cit.*, p. 22.
[414] *Ibid*, p. 155.

hacía cargo de 150 internos [...] 86 médicos supervisaban a 1024 internos [...] Bajo estas circunstancias se incrementó el énfasis en las funciones de custodia de la institución [...] Las autoridades y los psiquiatras lucharon incesantemente para modernizar el manicomio pero pronto surgieron de nuevo los viejos problemas; sobrepoblación, falta de recursos y, con el tiempo, indiferencia social."[415]

En México los pacientes *cuando eran diagnosticados* lo eran sin que fuera necesaria la demencia irreversible, diagnosticar, según el criterio de Kraepelin, *equivalía a hacer un destino del pronóstico de ese sujeto* que, *sin embargo, siguiendo a Bleuler,* se llevaba a cabo sin necesidad de que éste llegara a un estadio terminal de demencia. El énfasis en la irreversibilidad se manifestará en la preferencia generalizada por el término *demencia precoz*, asociada desde los inicios a la incurabilidad. Los síntomas se interpretaban desde las cuatro A de Bleuler que adquirían una elasticidad considerable y permitían diagnosticar sin tener que esperar que la enfermedad siguiera su curso. Más que la validez de la pretensión científica sobre la especificidad de la enfermedad, su curso natural y su pronóstico real, la nosología "dura" de Kraepelin al distinguir entre la psicosis maniaco-depresiva como curable y la demencia precoz como incurable se transformaba en una herramienta para distinguir, *con legitimidad científica en el periodo en que la psiquiatría mexicana se formalizaba disciplinarmente,* a los pacientes recuperables de los irrecuperables, necesidad básica en instituciones cada vez más masificadas, que permitían discriminar en el uso de los escasos recursos disponibles. Efectivamente las psicosis maniaco-depresivas y la demencia precoz se convertían en dos categorías que permitían a los médicos reunir en dos grupos a un buen número de los pacientes de los manicomios cuya tentativa de agrupación anteriormente había provocado la multiplicación de las categorías. El resto podía agruparse –a muy grandes rasgos– a través de la parálisis general, las intoxicaciones (de alcohol, drogas,

---

[415] Cristina Rivera Garza, *La Castañeda, op. cit.*, p. 67-68.

etc.), la senilidad, el idiotismo o retraso mental, la epilepsia y las neurosis. *Descartar a los pacientes como incurables a priori por el desarrollo natural de su misma patología y no por el fracaso de la psiquiatría*, permitía el acercamiento de ésta al psicoanálisis y la psicoterapia que, tal y como fueron comprendidos, suponían una prolongación de los antiguos anhelos para la intervención social y la regeneración moral de la nación, objetivo con el que había nacido el alienismo mexicano.

En 1923, aparecía la primera tesis dedicada a Freud seguida de otra en 1929.[416] Guillermo Dávila, el joven que en 1925 presentaba su tesis sobre la esquizofrenia, llevaría a cabo, nueve años después, seminarios sobre Freud en la Facultad de la Universidad Nacional Autónoma de México. Junto con Raúl González Enríquez y Alfonso Millán, Dávila formaría parte de la primera generación de psicoanalistas formados por Erich Fromm (1900-1980) en México.[417] El "psicoanálisis humanista", combinación híbrida de un psicoanálisis sin metapsicología (ni libido ni tópica), un marxismo "humanista" (sin lucha de clases ni determinación en última instancia por la economía) y una espiritualidad moral (trascendencia sin Dios), propiciaba el viejo sueño de la psiquiatría decimonónica de una intervención pedagógica sobre el individuo y su integración en el seno del orden social.

---

[416] La primera es de Manuel Guevara, *Psicoanálisis*, Tesis de la Facultad de Medicina, Universidad Nacional de México, México, 1923. La segunda de José Quevedo, *Isaena. Un caso de tratamiento psicoanalítico*, Tesis de la Facultad de Medicina, Universidad Nacional de México, México, 1929. Aunque nos parece sumamente problemática su conclusión de la influencia del psicoanálisis en la elaboración de las historias clínicas, para una aproximación. Cfr. Juan Capetillo, "Cuerpos sin historia: de la psiquiatría al psicoanálisis en México (1880-1920)", *Frenia* 8-(2008):, pp. 207-220.

[417] Influido por Freud y Marx, Fromm estudió especialmente la influencia de la sociedad y la cultura en el individuo y trabajó en estrecho contacto con pensadores de la Escuela de Frankfurt. Posteriormente desarrolló un profundo interés por el Budismo. En México ejerció una amplia actividad además de escribir, entre otros, *Sociopsicoanálisis del campesino mexicano*. Cfr. Salvador Millán y Sonia Gojman de Millán (Comps.) *Erich Fromm y el psicoanálisis humanista*, Siglo XXI, México, 1981.

No hay que olvidar que, por ejemplo, el Doctor Fournier, director de la Facultad de Medicina, estableció una reforma en los programas en los que la psicología médica, a través de Millán y de De la Fuente principalmente, quedaría imbuida del pensamiento de Fromm; Guillermo Dávila, jefe ahora del Departamento de Psicología , intervendría para la difusión del psicoanálisis humanista; en el campo de la educación el Dr. Jorge Derbez organizaría y dirigiría de 1956 a 1967 el Departamento de Psicopedagogía de la Universidad contribuyendo también en la difusión de la obra de Fromm con la intención de aplicar la comprensión psicoanalítica a problemas de la educación superior; el Dr. José F. Díaz llevaría al campo de la educación primaria y preescolar la difusión y aplicación del psicoanálisis, estableciendo servicios de consulta y orientación en diversos centros escolares; Arturo Higareda iniciaría la aplicación del psicoanálisis en el campo de la delincuencia juvenil.[418] El objetivo de la psicoterapia se vinculaba así al de la higiene mental que una vez más intersectaba con la psiquiatría: Controlar la salud psíquica de los sujetos para hacerlos más aptos a la vida productiva de la nación y aminorar con ello el peligro social. Ya en 1931, Silvestre Delgado había escrito:

"Por ser *menos los individuos con trastornos mentales graves* que con leves, la higiene mental concede *mayor importancia* en su programa de acción al grupo más numeroso constituido por individuos cuyas anormalidades mentales sólo se manifiestan por pequeñas desviaciones de la personalidad psíquica y mental que se traducen por desadaptación social, actitud poco común frente a la vida, etc. [...] La prevención de los desajustes mentales como los suicidios, la delincuencia, la degeneración en la ética [...] y otro sinnúmero de dificultades personales y sociales, tienen plena cabida en lo que corresponde a la higiene mental [...] La proporción alarmante de enfermos mentales hace que las instituciones destinadas para su alojamiento sean insuficientes, lo que obliga a que perió-

---

[418] Para todos estos desarrollos. Cfr. Guadalupe Rocha, *op. cit.*

dicamente se deje libres muchos de ellos sin estar curados, lo que es un grave peligro para la seguridad pública."[419]

Conocer el estado psíquico de la población y la transmisión de los elementos constitutivos que se reflejaban en el carácter del mexicano, fue el objetivo de muchos de los estudios de los psiquiatras afines al psicoanálisis (sobre todo a partir de autores como Adler y posteriormente el mismo Fromm). Lo fue asimismo la tentativa de instaurar medidas profilácticas y preventivas a través de la educación. En el caso de la demencia precoz y la esquizofrenia, la psicoterapia no se contempló, y autores como Dávila –interesados en el psicoanálisis– no volverían a escribir sobre ella. Ello tiene que ver con que la demencia precoz y la esquizofrenia en México se ligaron inextricablemente a la incurabilidad a través de dos fantasmas que venían de lejos y que hemos de explorar. El *fantasma de la degeneración y el fantasma de la regresión.*

Morel fue el primero en ligar la *démence précoce* a la *degeneración* a través de la herencia. Para Kraepelin la demencia precoz suponía un deterioro irreversible. La degeneración, que con Morel se había referido al deterioro hereditario constante producido a lo largo del tiempo a través de cuatro generaciones, *se transformaba en la esquizofrenia en un déficit psíquico, ahora subjetivo, que gradual pero inexorablemente, hacía que el paciente degenerara o empeorara a lo largo del tiempo.* Para Bleuler aunque el deterioro no era necesariamente irreversible era algo que cabía esperar en los pacientes de esquizofrenia. No era el saber psiquiátrico el que se ponía en cuestión, sino una enfermedad ante la que poco o nada se podía hacer.

Esta visión se percibía inicialmente en el éxito que tuvo entre los alienistas mexicanos, en los años treinta, la biotipología que Ernst Kretschmer (1888-1924) había propugnado a principios de los años veinte. Kretschmer describía la presencia de biotipos representados

---

[419] Silvestre Salgado, *Impresión general sobre el aumento de las enfermedades mentales*, Tesis de la Facultad de Medicina, Universidad Nacional Autónoma de México, México, 1933, pp. 87-89.

por grupos de individuos de descendencia común que presentaban los mismos caracteres hereditarios. Había una relación entre la estructura del cuerpo y el tipo psicológico normal y patológico. En 1931, Alberto Aranda de la Parra lo describía así: "Lo que interesa es cierto estado del psiquismo, *constitucional por regla*, que determina al sujeto frente a dificultades de la vida a reaccionar de una manera pre-determinada, siendo esto justamente lo que caracteriza a la esquizofrenia: la parte ocasional puede ser variable […] esta forma de reaccionar sería el tipo psicológico."[420] La teoría de Kretschmer establecía un *continuum* entre lo normal y lo patológico señalando la existencia de una serie esquizofrénica en la que la estructura del cuerpo develaba una constitución que iba de lo esquizotímico a lo esquizoide, hasta llegar a lo esquizofrénico. Hay que señalar que por constitución se comprendían las características somáticas, físicas, más básicas y permanentes; *más relacionadas con la herencia biológica*. Kretschmer proponía que la relación entre estructura corporal y tipo psicológico se producía a nivel endocrino e intervenía decisivamente en las manifestaciones de la psique. Asimismo, al defender beneficios para la herencia a través de la mezcla racial, su propuesta tenía sentido en un país como México en el que:

"A partir de los años veinte, los gobiernos emanados de la Revolución pusieron en marcha un programa de 'ingeniería social' cuyo propósito fue transformar física y mentalmente a las masas que habían participado en la revuelta. Dicho programa tuvo varias vertientes. Los antropólogos cercanos a la esfera del poder diseñaron una política 'indigenista' para integrar a los grupos étnicos al resto de la población por medio del mestizaje, la españolización y la educación […] La demografía enfrentó el problema de la despoblación del país incentivando la migración de individuos de raza blanca y descartando sobre

---

[420] Alberto Aranda de la Parra, *Acción del cloruro de calcio en la esquizofrenia y en la psicosis maniaco-depresiva empleado por vía endovenosa*, Tesis de la Facultad de Medicina, Universidad Nacional Autónoma de México, 1931, p. 29.

todo a las razas asiáticas, en contra de las cuales se desataron verdaderas campañas. Finalmente, los médicos adscritos al Departamento de Salubridad Pública y a la Secretaría de Educación Pública adoptaron las propuestas de la eugenesia y de la higiene mental buscando controlar la reproducción de los «indeseables» (los alcohólicos, los toxicómanos, los epilépticos, *los enfermos mentales*, los individuos aquejados de enfermedades venéreas y de desviaciones sexuales) por considerar que estas alteraciones eran producto de una herencia degenerativa que corrompía fatalmente el tejido social. En términos generales, el proyecto de «ingeniería social» en el período posrevolucionario buscó crear una nueva sociedad formada por ciudadanos racialmente homogéneos, moralmente regenerados, física y mentalmente sanos, trabajadores activos y miembros de una familia. Estas ideas fueron una pieza clave en el proceso de legitimación y de propaganda de los nuevos regímenes, a pesar de que su eficacia real fue muy limitada. Es importante destacar además que el proyecto en cuestión concretizó el viejo propósito de transformar a la sociedad a través de la modificación de las condiciones materiales y de la educación, tratando además de intervenir directamente sobre los mecanismos de la herencia."[421]

Kretschmer distinguía cuidadosamente entre tres tipos corporales básicos, el *asténico* (flaco, de hombros estrechos y pectorales sin desarrollar); el *atlético* (hombros anchos, pectorales desarrollados, estómago firme y piernas firmes);[422] y el *pícnico* (figura redondeada, cara

---

[421] Beatriz Urías Horcasitas, *Historias secretas del racismo en México*, op. cit., pp. 365-366.

[422] La descripción de Kretschmer de la mujer atlética era muy diferente: sobredesarrollo, estolidez desagradable, exceso de masa muscular lejos de "nuestra idea de belleza". Ernst Kretschmer, *Physique and Character: An Investigation of the Nature of Constitution and of the Theory of Temperament*, Harcourt, Brace and Company, New York, 1936, p. 29. Una exposición y crítica de Kretschmer puede revisarse en Karl Jaspers, *op. cit.*, pp. 711-727.

ancha, estómago compacto, cuello corto y piernas delgadas) –y sus correspondientes tipos psicológicos–.[423] Estos tipos –subrayaba– no eran tipos ideales, es decir, no se trataba de favorecer uno por encima de otros sino sólo de describir "las características más marcadas en la media de la población. Los valores que se describen como *típicos*".[424] Habiendo clasificado distintas estructuras corporales, mostraba cómo los esquizofrénicos solían pertenecer al tipo asténico y atlético. Ahora bien dentro del tipo asténico y atlético había que distinguir entre el carácter esquizotímico que entraba dentro de la normalidad; el esquizoide que suponía ya la anomalía y el esquizofrénico (la locura). La fluidez que iba del primero al tercero sería fuertemente criticada por los opositores de la teoría de los tipos.[425] En México, su éxito se debió a que permitía dar cauce a lo que otras teorías "abstractas" como las del temperamento cerebral de Parra tenían la desventaja de no reflejar; la ansiedad social ante la diversidad de la composición étnica, y la aspiración simultánea a la unidad nacional. Teorías como la de Kretschmer mostraban lo persuasivo de esta ansiedad, porque vinculaban los problemas sociales a tipos psicológicos que eran reconocibles somáticamente. *Además, su gradación entre lo normal y lo psicológico permitía conjugar las determinaciones biológicas de la herencia con un vago indeterminismo sociológico que hacía viable tanto el señalamiento de un paciente como destinado a la degeneración e incurable, como la labor higiénica y profiláctica que se transformaba en la razón de ser de la psiquiatría.* Ello dio lugar a soluciones por lo menos curiosas. Algunos autores señalaron que el carácter esquizoide suponía una disposición hereditaria a la en-

---

[423] Kretschmer añadió también un término para la mezcla de tipos, el displásico. *Ibid*, p. 20.

[424] *Ibid*, p. 89. Kretschmer seguía la tipología francesa de Rostan que en 1828 había descrito tres tipos de constitución: la digestiva, muscular y cerebral. Cfr. Lucy Hartley, *Phisiognomy of Expression in Nineteenth-Century Culture*, Cambridge University Press, Cambridge, 2001.

[425] El más importante fue Kurt Schneider (1887-1967) que negó la idea de un *continuum* que fuera de la psicosis a la personalidad normal. Cfr. Jean Garrabé, *op. cit.*, pp. 125-126.

fermedad que, si bien entonces estaba destinada a padecerse, podía presentarse "con menor o mayor intensidad".[426] Otros relacionaban al carácter esquizoide con la *esquizofrenia latente* de Bleuler:

"El temperamento nervioso no se encuentra solamente en aquellos individuos que en el curso de su vida tienen manifestaciones más o menos acentuadas de enajenación mental, sino que lo encontramos igualmente en el vasto dominio de los psicópatas; Bleuler al hablar de la esquizofrenia habla de la esquizofrenia latente a la que considera como incubadora de la esquizofrenia manifiesta que observamos en los sanatorios. Le da el mismo nombre por considerarla como enfermedad atenuada que puede permanecer como tal durante toda la vida del sujeto, o bien exacerbarse y tomar los caracteres antisociales o de profunda desadaptación tal y como la conocemos en los asilos [...] Kretschmer [...] establece una diferencia exacta entre constitución esquizoide y esquizotímica [...] a la primera la considera como una enfermedad atenuada con los mismos caracteres que en la esquizofrenia [...] sin fuerza constitutiva, desde el punto de vista neurótico y la considera como patológica, diciendo que oscila entre dos polos: hiperestesia y anestesia afectivas [...] por otro lado considera la constitución esquizotímica [...] quizá con los mismos caracteres pero en tal manera atenuados que se puede considerar como normal [...] El temperamento esquizoide [...] es hereditario esto es indiscutible. ¿Intervendrán las leyes mendelianas en esto? ¿Será una herencia directa? ¿Intervendrán factores predisponentes, como el alcoholismo de los padres, sífilis o tuberculosis de los mismos? [...] Lo único que se puede asegurar con certidumbre es la intervención del factor hereditario."[427]

---

[426] Alberto Aranda de la parra, *op. cit.*, p. 30.

[427] Pablo Lavista, *Algunas consideraciones sobre la teoría infecciosa de la esquizofrenia*, Tesis de la Facultad Nacional de Medicina, Universidad Nacional Autónoma de México, México, 1935, pp. 19-20.

241

La herencia permitía señalar la tarea ineludible de la profilaxis en un ámbito que una vez más unía la anomalía social y la patología mental; y al mismo tiempo considerar al paciente *no esquizotímico ni esquizoide sino ya diagnosticado como esquizofrénico, víctima de un proceso de degeneración o de déficit progresivo, que lo convertía en irrecuperable.* Las medidas profilácticas en las que una esquizofrenia latente podía transformarse en delito o en locura; y el temperamento esquizotímico devenir en la esquizofrenia, signaba una vez más la preocupación que hemos visto esbozarse en páginas anteriores y que servía para iluminar los desvelos del alienismo en un dominio que pretendía abarcar todo el campo social: "Los males sociales más graves y extendidos en las clases desheredadas de la sociedad y en las clases laborantes (obreros y campesinos) no se limitan a ellas […] La *enajenación mental* y las narcomanías […] no son exclusivas de una clase social."[428] Ello permitía la indagación acerca de las posibles causas responsables de que la predisposición hereditaria se activara. Para unos había que definir: "si por un factor transmisible de modo recesivo o dominante […] hay en los enfermos una menor resistencia latente, hereditaria y de orden degenerativo del sistema nervioso central".[429] Otros indicaban la importancia de comprender el agente tóxico como un virus "filtrable totalmente independiente del virus conocido o […] bien como un ataque anterior a las glándulas endocrinas creando en ellas una disfunción y una intoxicación crónica para el sujeto capaz de poner en liberación el automatismo psíquico que en un enfermo con predisposición constitucional se convertiría en esquizofrenia".[430] Como fuera, las disquisiciones sólo abarcaban al tipo esquizotímico "normal" pero cuyas características exacerbadas podían desarrollar la esquizofrenia; y al tipo esquizoide anómalo característico de los infractores de la ley, y los transgresores morales. El objetivo era la tarea de prevención ya que "aquellos individuos

---

[428] Alfonso Pruneda, "La higiene y la medicina sociales", en *La gaceta médica de México*, 64-3 (1933), pp. 130-131.

[429] Alberto Aranda de la parra, *op. cit.*, p. 30.

[430] Pablo Lavista, *op. cit.*, p. 32.

que refieren a sí mismos lo que ocurre en el ambiente y para quienes los derechos de los demás son poca cosa comparados con los propios, son psicópatas de diversas clases, sobre todo *esquizofrénicos latentes* y *descendientes de esquizofrénicos*";[431] ante estos sujetos que si bien estrictamente hablando no estaban enajenados mentalmente por la enfermedad (en cuyo caso no habría mucho que hacer), pero cuya anomalía se ligaba estrechamente con ella, era necesario señalar que:

"La profilaxis de la delincuencia y de la criminalidad es profunda, su prevención no está solamente en el Código Penal sino en evitar el avance rápido de los padecimientos mentales y trastornos psíquicos [...] Debe ensayarse la esterilización de los anormales en los casos indicados legal y científicamente [...] Para llegar a la meta de la higiene mental hay dos caminos: uno que se dirige a la prevención de las indisposiciones mentales y psíquicas y otro que va más allá porque busca la elevación de la personalidad sana con el objeto de superar sus máximos potenciales."[432]

Las teorías de la esquizofrenia develaban las inquietudes de la sociedad mexicana con respecto a sí misma. Guillermo Dávila asoció la esquizofrenia a jóvenes casi en su totalidad y como él mismo escribía de *raza blanca*, dedicados al estudio y con un futuro prometedor. En su obra se atisbaba la ansiedad sobre un mal que, como escribía uno de sus contemporáneos,"escoge el periodo más arrobador de la vida para herir funestamente y sin remedio".[433] Otros autores extendían la esquizofrenia a todos los sectores sociales y tras señalar que era "hereditaria" añadían sin embargo que "nuestros indígenas se ven atacados de ella con frecuencia sorprendente" pero que ello no era

---

[431] Edmundo Buentello y Villa, *Consideraciones clínicas y nosológicas sobre el delirio de interpretación*, Tesis de medicina, Facultad nacional de medicina, México, 1930, p. 52.

[432] Silvestre Delgado, *op. cit.*, pp. 112-113.

[433] Enrique O. Aragón, "La hebefrenia", *Gaceta médica de México*, 54-3 (1921), pp. 222

"sólo debido a la herencia sino a un mecanismo psicológico de otra índole".[434] En un estudio realizado en 1931, en el que Luis Gutiérrez Vargas estudiaba una muestra de internos en el Manicomio General de La Castañeda según la tipología de Kretschmer además de consignar que treinta y ocho de los enfermos presentaban el tipo atlético y tres el pícnico, señalaba que de ellos treinta y uno tenían la piel "morena", seis "poco morena", dos "más blanca que morena", y otros dos "blanca".[435] Los biotipos servían así para recodificar las categorías raciales en un léxico, aparentemente más neutral, basado en la comprensión de la naturaleza única de la diferencia hereditaria individual, en vez de girar en torno al concepto de razas puras. Cuando Gutiérrez Vargas hablaba de "poco morenos", "morenos", o "más blancos que morenos" no hacía sino develar las tensiones irresueltas que conformaban la trama del proyecto idílico posrevolucionario de una sociedad homogeneizada por el mestizaje. La teoría de los tipos arraigaría y en un informe posterior de 1947 José Gómez Robleda advertía que el temperamento de los hombres mexicanos era *esquizotímico,* siendo sus enfermedades mentales más frecuentes la neurosis obsesiva y *la locura esquizofrénica.* Asimismo advertiría en los indígenas un funcionamiento defectuoso de las glándulas suprarrenales que los hacía predominantemente bajos de estatura, propicios a los mareos, la estupefacción, la falta de imaginación, el asma, *la psicosis maniaco-depresiva* y la hipersexualidad.[436] Estas características, añadía, no eran provocadas por una inferioridad racial sino por las condiciones de marginación en las que se habían visto inmersos. El razonamiento sinuoso a través del cual se pretendía conceder un valor determinante a la herencia de un grupo étnico y amparar así cierto estado de cosas,

---

[434] Pablo Lavista, *op. cit.,* p. 17.

[435] Luis Gutiérrez Vargas, *Relaciones del desarrollo corporal con el temperamento psicológico del individuo (observaciones en enfermos esquizofrénicos y maniaco depresivos),* Tesis de la Facultad de Medicina, Universidad Nacional Autónoma de México, México, 1931, pp. 49-135.

[436] José Gómez Robleda, *La imagen del mexicano,* Conferencia sustentada en el Anfiteatro Simón Bolívar el 1 de octubre de 1947, durante el ciclo organizado por la Sociedad Mexicana de Estudios y Lecturas, México, 1948, pp. 21-22.

y conceder también un valor determinante al ambiente que propiciara la tarea de regeneración de la nación, permitía *simultáneamente* evitar y alentar intervenciones. En la lectura general de la población mexicana, ello significaba excluir a lo que se consideraba los esquizofrénicos propiamente dichos como destinados –*à la Kraepelin*– a una degeneración y pérdida de facultades irreversible; para separar a los que se hallaban potencialmente en riesgo sobre los que se podía ejercer algún tipo de labor preventiva.

El segundo fantasma al que se vincularon la demencia precoz y la esquizofrenia, fue sin duda el de la *regresión*. Efectivamente, a partir de la *spaultung* de Bleuler y su defensa *de una desunión de los elementos psíquicos que funcionan automáticamente*, se subrayaría la semejanza del paciente con el niño y con el primitivo. En su interés por la locura el mismo Darwin, con la publicación de *La expresión de las emociones en el hombre y los animales* (1872), había subrayado la lectura de un autor leído ampliamente en México como Henry Maudsley,[437] para quien los pacientes sujetos a condiciones degenerativas retornaban a un estadio más primitivo tal y como evidenciaban sus gruñidos y aullidos salvajes, y la rudeza de su comportamiento. En el mismo tenor, J. Hughlings Jackson (1835-1911) distinguía entre los síntomas negativos (el deterioro de las funciones superiores) y los síntomas positivos (alucinaciones, delirio, conducta esterotipada) que contemplaba como fenómenos regresivos procedentes de los niveles más primitivos del sistema nervioso.[438] La ecuación infancia igual a primitivismo era particularmente sugerente. El demente precoz, el esquizofrénico se transformaba en la muestra del deterioro irreversible que acaecía si el adulto regresaba a la infancia. Escribía

---

[437] Ver nota 78 de este capítulo.

[438] John Hughlings Jackson es considerado uno de los padres de la neurología inglesa. Su obra clásica *A study of convulsions* (1869) marcó un hito en el estudio de las epilepsias. Sus publicaciones fueron tan numerosas como novedosas. Realizó importantes aportes a la metodología del examen neurológico, en neurooftalmología, localización cerebral del lenguaje y neurobiología evolutiva. Para lo que nos ocupa, cfr. G.E Berrios, "Positive and negative symptoms and Jackson", *Archives of General Psychiatry* 42 (1985), pp. 95-97.

Dávila: "Poco a poco se van convirtiendo en niños, *con completo automatismo de sus funciones de asociación* e incapaces de afrontar la lucha de su existencia".[439] Edmundo Buentello añadía: "En el niño [...] en su predominio sobre la lógica los deseos tan pronto nacen se encuentran ya realizados [...] esta actividad semejante a la del salvaje y el hombre primitivo [...] *Lo patológico* se caracteriza en primer lugar por la imposibilidad de corregirlo y sobre todo por su ulterior elaboración si está ya puesto en acción el correspondiente mecanismo afectivo".[440] Y Alberto Aranda de la Parra: "Esta noción del déficit dinámico *primitivo* [...] considera la pérdida del contacto con la realidad como la manifestación del trastorno psíquico primitivo: proceso de compensación, construcción de un mundo imaginario."[441] La vinculación de la esquizofrenia y la demencia precoz con estados regresivos se asociaba a la idea de un exceso de pasión o de deseo que para el sujeto era imposible constreñir y que, incapaz de soportar la frustración, le hacía buscar su realización en un mundo imaginario que contravenía al de la realidad. Ello coincidía *con una inquietud con respecto a la figura del niño como objeto y sujeto de peligro potencial*. Efectivamente, se trataba en primer lugar de subrayar en él un estado anterior *salvaje* que la familia y el Estado debían *civilizar*. En segundo lugar de exponer mediante la asociación con la locura irreversible la imagen de lo que el fracaso en la tentativa civilizatoria podía suponer.

En el Primer Congreso Mexicano del Niño llevado a cabo en 1921, el Doctor Rafael Santamarina advertía de la necesidad de dilucidar "una imagen del tipo de niño *normal y promedio* que asiste a nuestras escuelas".[442] Posteriormente, en su calidad de Director del Departamento de Psicopedagogía e Higiene establecido en la Secretaría de

---

[439] Guillermo Dávila, *op. cit.*, p. 69.

[440] Edmundo Buentello y Villa, *op. cit.*, p. 50.

[441] Alberto Aranda de la Parra, *op. cit.*, p. 29.

[442] Rafael Santamarina, "conocimiento actual del niño mexicano desde el punto de vista médico-pedagógico" en *Memoria del primer Congreso Mexicano del Niño*, El Universal, México, 1921, pp. 264-266.

Educación Pública, Santamarina introducía la biotipología, la antropometría y la psicometría en las escuelas mexicanas a través de la
creación de las pruebas estándar. Samuel Ramírez Moreno destacaba,
veinticinco años después, el papel de la psiquiatría en el proceso:
"Desde hace más de treinta años se empezaron a usar *tests* psicológicos [...] Los *tests* que se emplearon en las escuelas para determinar
el desarrollo de los niños *normales* y la clasificación de los débiles mentales fueron los de Binet-Simon adaptados por el Dr. Rafael
Santamarina".[443] Ramírez Moreno consideraba ineludible establecer
programas de higiene mental en las escuelas para "prevenir desequilibrios de la psiquis y evitar alienados, criminales o perversos",[444] y
había recomendado que las instituciones educativas proporcionaran
atención especial a "los niños que ya tienen una constitución psi-
copática o un padecimiento mental o nervioso". Es decir, los niños
que ya en el ámbito de la familia podían definirse como "indisci-
plinados, amorales, perversos, psicópatas o enfermos".[445] En el año
de 1936, las tareas del Departamento de Psicopedagogía e Higiene
serían definidas así: "prevenir los estados psicopatológicos en los escolares, conservar la salud mental y mejorar el estado psíquico del
escolar, estudiar a los *niños problema*, desarrollar la higiene mental
del aprendizaje, estudiar los problemas sexuales de los estudiantes,
finalmente llevar a cabo una labor de propaganda y educación".[446]
La regeneración de una nación cuyo modelo acababa siendo el de la
gran familia posrevolucionaria, suscitaba en torno al niño una serie
de factores que estaban circularmente ligados: valoración económica
y afectiva de la infancia, aprensión en torno a ella en cuanto respon-

---

[443] Samuel Ramírez Moreno, *op. cit.*, p. 57.

[444] Samuel Ramírez Moreno, "Higiene mental escolar en México. Labor que debe
desarrollarse. Formación de Ligas y Comités", *Revista Mexicana de Psiquiatría Neurología e Higiene Mental* 3-18 (1937), p. 8.

[445] *Ibid*, p. 9.

[446] Instituto Nacional de Psicopedagogía de la Secretaría de Educación Pública,
Departamento de Psicopedagogía y Médico Escolar, Talleres Gráficos de la
Nación, México, 1936, p. 92.

sabilidad de los peligros corridos por el niño pero también en cuanto a los peligros que el niño podía hacer correr a otros. Al considerar que en la infancia incidían el medio social y los factores biológicos, se hacía culpable a la sociedad y principalmente a los padres del comportamiento anormal de sus hijos. Silvestre Salgado advertía:

"Es interesante estudiar las condiciones económicas y morales de la familia porque hay niños que están lacrados socialmente necesitando por lo tanto mayores cuidados del Estado [...] es indispensable hacerles comprender a los padres su propia importancia en la situación total del niño y hacerles formar un concepto de la relación de sus propios actos en su situación [...] a menudo manifiestan exageradas reacciones emotivas frente a ciertos problemas [...] y en cambio dejan pasar por alto los celos, la hipersusceptibilidad, y otros muchos signos de graves trastornos en la personalidad [...] Sus propias reacciones [...] a menudo provienen de problemas mentales propios y merecedores de un estudio cuidadoso."[447]

La infancia como fase histórica del desarrollo vital que podía determinar la forma general del comportamiento se convertía en el gran instrumento del alienismo. Quedaban sometidas con pleno derecho a la inspección psiquiátrica todas las conductas del niño en la medida en que eran capaces posteriormente de bloquear e interrumpir la conducta del adulto, y reproducirse anacrónicamente en la madurez. Escribía una vez más Edmundo Buentello:

"En el niño, el desarrollo imaginativo normal que todos conocemos, hace que su predominio sobre la lógica los deseos tan pronto nacen se encuentran ya realizados [...] esta actividad imaginativa del niño semejante al salvaje y a la del hombre primitivo, ha servido [...] para hacer dos grupos: el primero corresponde al de los mitómanos [...] vanidosos y perversos.

---

[447] Silvestre Salgado, *op. cit.*, pp. 94-104.

La mixtificación, la calumnia, las denuncias falsas [...] y el vagabundaje forman parte de este cuadro. En el segundo grupo el carácter egocéntrico se acentúa más aún [...] el pensamiento, *lejos de tener tendencias a socializarse,* deja el campo libre al ensueño que les satisface [...] La desviación o perversión imaginativa es o puede ser un carácter común en las constituciones morbosas infantiles [...] y *en la constitución esquizofrénica paranoide.*"[448]

Asimismo eran psiquiatrizables todas las conductas del adulto en la medida en que de una u otra manera, con la analogía, la semejanza o la relación causal pudieran asemejarse a la conducta del niño: "El demente precoz es un niño –añadía Dávila– en el cual, al empezar a adquirir nociones, una idea siempre viene acompañada de la evocación de la idea antagonista [...] En los adultos esto desaparece o sólo existe en casos muy limitados."[449] Al considerar a la infancia (compartida por normales, anómalos y locos) punto focal, la psiquiatría podía llegar a ser la ciencia de las conductas normales y patológicas; ser la instancia del control general de las conductas. Paradójicamente identificar al esquizofrénico con el niño, significaba abandonar a aquél a favor de éste, de manera que la psiquiatría ya no trataba de curar, o no lo hacía esencialmente. La conversión del demente precoz en niño signaba el fracaso de la familia que, si no lograba adherirlo al sistema de normalización, acudía a otras instancias para *refamiliarizar* al individuo, transformándolo en adulto como miembro de un sistema recíproco de obligaciones. *La psiquiatría, sin embargo, caracterizaba como irreversible la regresión a la infancia, se convertía en custodia de ciertos individuos y dedicaba sus esfuerzos a promover la curación de lo que consideraba la raíz del mal, las familias, los niños que aún no devenían adultos, no los adultos que habían –según ella– devenido niños–.* Con ello, se atribuía la función de protectora de la sociedad. La higiene mental, escribía Silvestre Salgado

---

[448] Edmundo Buentello y Villa, *op. cit.*, pp. 48-49.
[449] Guillermo Dávila, *op. cit.,* pp. 80-81.

"será en el porvenir la verdadera profilaxis de todas las psicopatías y enfermedades mentales".[450]

Los pacientes diagnosticados de demencia precoz y de esquizofrenia fueron asociados por lo tanto con el espectro de la *degeneración* y de la *regresión*. Así, la visión orientada hacia la psicoterapia y el psicoanálisis en México los declaró irrecuperables y pudo con ello prestar atención a la intervención a través de la modificación de las circunstancias que incidían en el mexicano de tipo "medio". Se propuso un modelo en el que la esquizofrenia era el fruto regresivo del surgimiento automático de las fuerzas primarias del *ello,* en un yo debilitado que sufría irremisiblemente sus efectos. Este desarrollo se hace aún más evidente si examinamos brevemente lo que concierne a los grandes hitos del tratamiento de la enfermedad.

A finales de los años treinta comenzaron a proponerse el uso de la insulina, la inducción de crisis convulsivas mediante el metrozol, el electroshock y la lobotomía prefrontal.[451] En 1933, el psiquiatra alemán Manfred Sakel daba a conocer los resultados de sus experimentaciones con la insulina. El "método de Sakel", insulinoterapia o terapia del coma insulínico, había sido descubierto accidentalmente al comprobar que tras administrar insulina a morfinómanos éstos convulsionaban.[452] Si bien sus resultados fueron muy alentadores, la insulina *no intervenía en los mecanismos patogénicos –por lo demás desconocidos–* de la esquizofrenia, sino que *disminuía la sintoma-*

---

[450] Silvestre Salgado, *op. cit.*, p. 112.

[451] Samuel Ramírez Moreno, "Tratamiento de la esquizofrenia por choques convulsivos de pentametilentetrazol", *Gaceta Médica de México* 48-5 (1938), pp. 449-471.También Ramón de la Fuente *et al.*, *Salud mental en México*, FCE, México, 1997, p. 15. El Centro Médico Nacional 20 de noviembre del Instituto de Seguridad Social de los Trabajadores del Estado (ISSTE) lleva a cabo en la actualidad operaciones de psicocirugía, procedimiento neuroquirúrgico que se basa en la intervención de conductos nerviosos patológicos del cerebro para modificar síntomas de la conducta en pacientes afectados de esquizofrenia, trastorno obsesivo compulsivo, y trastornos de alimentación. *http://www. issste.gob.mx/website/comunicados/boletines/2005/enero/b002_2005.html*

[452] Jean Garrabé, *op. cit.*, pp. 95-97.

tología a costa de un riesgo enorme en su implementación. Samuel Ramírez Moreno escribía:

"La técnica puede resumirse en lo siguiente: Estando el enfermo acostado y en ayunas aplicarle la inyección subcutánea o intramuscular de insulina [...] Los incidentes que se señalan son: el choque seco, que se caracteriza por la ausencia de transpiración; el choque severo, crisis epilépticas, colapso vasomotor, hipotermia debajo de 35 grados, pulso arriba de 40; taquicardia de 120 y más [...] El tratamiento da como resultado cierto número de muertes [...] Nosotros lo hemos empleado y en ocasiones hemos podido observar complicaciones graves y síntomas alarmantes que nos han obligado a interrumpirlo. Tengo referencia de algunos resultados funestos que han obtenido varios colegas mexicanos, por lo cual desde hace algún tiempo hemos dejado de usarlo en nuestra práctica y sólo lo instituimos en casos especiales."[453]

El médico húngaro Ladislao von Meduna estudiaba desde 1924 el antagonismo entre las preparaciones neuronales de epilépticos y esquizofrénicos. Tras encontrar apoyo en otras experiencias en la literatura médica, se convenció de llevar este antagonismo biológico a la clínica.[454] Dedujo que ambas enfermedades, por alguna razón desconocida, tendían a excluirse. Estos supuestos teóricos demostraron después ser erróneos, pero Meduna hizo sus primeros intentos de provocar convulsiones artificiales en pacientes utilizando alcanfor. Las lesiones y a veces los abscesos que provocaba el aceite alcanforado lo llevaron a privilegiar la experimentación con estricnina, brucina, tebaína, pilocarpina, y otros, sin resultado. A partir de 1937, luego del Congreso organizado por la Sociedad Suiza de Psiquiatría en Münsingen, comenzó a utilizarse progresivamente cardiazol para inducir

---

[453] Samuel Ramírez Moreno, "Causas y tratamientos de la esquizofrenia", *Gaceta médica de México* 74-1 (1944), pp. 191-194.

[454] Jean Garrabé, *op. cit.*, p. 97.

convulsiones en pacientes preferentemente esquizofrénicos. Como la insulina, el cardiazol *tampoco intervenía en los mecanismos patogénicos de la esquizofrenia*, sino que *disminuía la sintomatología*. Por esta razón, la cardiazolterapia motivó innumerables experimentaciones. Sus mejores resultados se daban en pacientes esquizofrénicos agudos; en los crónicos, el fracaso era la regla. Ramírez Moreno describía el tratamiento de la siguiente manera: "El choque consiste en un ataque epiléptico [...] Aura en ocasiones, pérdida de la conciencia, convulsiones tónicas –a veces precedidas de movimientos desordenados y mioclonias– convulsiones clónicas, sueño profundo y además otros pequeños síntomas de cada periodo como mordedura de la lengua, emisión de orina, eyaculaciones sin erección, estados crepusculares paroxísticos, etc."[455]

En Roma, en abril de 1938, se aplicó el primer electroshock en seres humanos registrado como experiencia clínica. Hacía dos años que los italianos Ugo Cerletti y Lucio Bini venían experimentando en la producción de convulsiones mediante electricidad en animales.[456] Los médicos mexicanos, de manera ciertamente diletante y sin demasiadas expectativas, experimentaron con sus pacientes internados en el Manicomio Nacional las "ventajas" que ofrecía el electroshock. El doctor Mario Fuentes que escribió el artículo "El electrochoque en psiquiatría y en medicina general" que se publicaba en 1948, aclaraba sin ruborizarse:

"...que [el procedimiento] llegó a México en 1940, pero que no se le dio la debida importancia ni se reconoció la extensión de este recurso terapéutico. Es hasta 1943 que se comenzó a emplear en el Manicomio de La Castañeda [...] El doctor Guillermo Calderón Narváez [...] relata que encontró un equipo de Terapia de Electrochoque embalado y después de leer el instructivo de los fabricantes, comenzó a utilizarlo en ese hospital [...] Fuentes señala que el electrochoque está especialmente indicado en las psicosis afectivas [*no en la esquizofrenia se-*

---

[455] Samuel Ramírez Moreno, *op. cit.*, pp. 205-210.
[456] Jean Garrabé, *op. cit.*, p. 98.

parada desde Kraepelin de las psicosis afectivas o maniaco-depresivas] concepto que se iba solidificando con los años."[457]

Hay que señalar sin embargo que los psiquiatras mexicanos repararon con creces la indolencia inicial de sus predecesores y en la *Evaluación de servicios de salud mental en la República Mexicana* de 2004 la Organización Panamericana de Salud se vio obligada a recordarles que:

"Las informaciones ofrecidas por los responsables médicos de algunas unidades de ingreso en hospitales psiquiátricos indican un posible exceso en el uso de la TEC (Terapia Electro Convulsiva), lo que no concuerda con la literatura científica, que presenta tasas en enfermos ingresados no superiores a 9%. En particular, para administrar la TEC en los casos de esquizofrenia es importante conocer la última revisión Cochrane: "[…] Existe una evidencia *restringida* a apoyar su utilización, en particular combinada con medicamentos antipsicóticos, para aquellas personas esquizofrénicas que muestran una escasa respuesta a la medicación. La investigación para el empleo de la TEC en personas que padecen esquizofrenia está aumentando, pero –aun después de más de cinco décadas de uso clínico– todavía *es inadecuada*"."[458]

La descripción clínica de Kraepelin y el modelo de la esquizofrenia de Bleuler siguieron siendo (y siguen siendo hasta el día de hoy) los basamentos del concepto de esquizofrenia. El concepto, sin embargo, ha sido acusado de no cumplir los requisitos básicos de un constructo científico útil y no satisfacer los criterios de *fiabilidad* (hasta qué punto existe acuerdo sobre quién es esquizofrénico y quién no) y

---

[457] Ricardo Colín Piana e Ignacio Ruiz López, "Inicios de la terapia electroconvulsiva en México", *Archivo de Neurociencias* 2-1 (1997), p. 27.

[458] Organización Panamericana de la Salud, *Evaluación de servicios de salud mental en la República Mexicana,* Representación de OPS/OMS en México, México D.F, 2004, p. 33.

validez (hasta qué punto el constructo tiene relación con causas, pronóstico y respuestas al tratamiento compartidas): "En lugar de concluir infiriendo la demencia precoz y presentando evidencia empírica en su favor, Kraepelin comenzó con la demencia precoz y procedió a describir lo que denominó sus casos [...] Escribía como si los datos que apoyaran la introducción de su concepto [de demencia precoz] hubieran sido ya presentados como evidencia, cuando lo cierto es que no lo habían sido."[459] Bleuler por su parte partió de Kraepelin, lo cual ya era un problema en tanto que partió de datos que en realidad no existían, pero además "no estableció el criterio a través del cual unos síntomas podrían calificarse como fundamentales y otros como accesorios [...] tampoco describió ninguna relación consistente entre unos y otros".[460] Las categorías de demencia precoz y de esquizofrenia tuvieron sentido en la transformación social de las necesidades que valorizó la constitución de un sujeto racional y moderno, para el que el progreso se convertía en imperativo de identidad. El alienismo reivindicaba una autoridad basada en la evidencia científica pero parecía verse incitado por fantasmas que concernían a la sexualidad, las dificultades en las relaciones familiares, la separación entre lo público y lo privado, y las relaciones inéditas con los nuevos regímenes de creencia. Los conceptos de funcionalidad y productividad atribuidos al sujeto moderno eran precisamente aquellos de los que carecía su Otro: el sujeto psicótico. La experiencia de la normatividad, estructurada tanto por los conceptos científicos como por los juicios morales, debe situarse entonces en más de una dimensión.

Hay razones que pueden hacernos atisbar el éxito de la hipótesis continuista entre la demencia precoz y la esquizofrenia. Ayudaba a simplificar la complejidad del comportamiento de los individuos y proveía de un cierto marco de inteligibilidad ante lo que antes se percibían como conductas dispares entre las que no había ninguna conexión. Hemos señalado con anterioridad cómo la continuidad permitió distinguir, *con el aval de la legitimidad científica*, a los pa-

---

[459] Mary Boyle, *op. cit.*, p. 46.
[460] *Ibid*, p. 64.

cientes curables de los incurables, y favoreció simultáneamente el acercamiento al psicoanálisis y la psicoterapia que, tal y como fueron comprendidos en México, suponían una prolongación de los antiguos anhelos del alienismo por la regeneración moral de la nación.

La llegada de tres discípulos de Ramón y Cajal[461] a México, exiliados tras la Guerra Civil Española, Isaac Costero (1903-1979) en el área de anatomía patológica, González Rodríguez Lafora (1886-1971) en la de neuropatología, y especialmente la de Dionisio Nieto (1908-1985), que ocupó la cátedra de Patología del Sistema Nervioso en la Facultad de Medicina de la Universidad Nacional Autónoma de México, y fue director del pabellón del Manicomio General de La Castañeda, abrió la vía a la investigación neuropatológica y a la psicofarmacología, que exploraremos más adelante.[462] Si con anterioridad la fragilidad disciplinar de la psiquiatría se había evidenciado en que al reducir la diferencia entre lo normal y lo patológico el alienismo mexicano *desdibujaba la singularidad y especificidad de su objeto de estudio* porque introducía en todas partes lo relativo, relativizan-

---

[461] Santiago Ramón y Cajal (1852-1934), Premio Nobel en 1902, descubrió la sinapsis o los mecanismos que gobiernan la morfología y los procesos conectivos de las células nerviosas, una nueva y revolucionaria teoría que empezó a ser llamada la "doctrina de la neurona", basada en que el tejido cerebral está compuesto por células individuales. Cfr. Pedro Laín Entralgo, *Dos biólogos: Claudio Bernard y Ramón y Cajal*, Espasa Calpe, Buenos Aires, 1949; José María Piñero, *Cajal*, Salvat, Barcelona, 1985.

[462] Sobre el exilio español de estos científicos en México. Cfr. José Luis Díaz, "El legado de Cajal en México", *Revista de Neurología* 48-4 (2009), pp. 207-215. Sobre Lafora en México y su estudio del famoso violador de Tacuba internado en La Castañeda, Goyo Cárdenas, cfr. Rafael Huertas y Raquel Álvarez, *¿Criminales o locos? Dos peritajes psiquiátricos del Dr. Rodríguez Lafora*, CSIC, Madrid, 1987. También Andrés Ríos Molina, *Memorias de un loco anormal: El caso de Goyo Cárdenas*, Debate, México, 2010, pp. 55-90. Sobre Dionisio Nieto, cfr. María Cristina Sacristán, "En defensa de un paradigma científico: el doble exilio de Dionisio Nieto en México 1940-1985" en Rafael Huertas *et al.*, *De la edad de plata al exilio: construcción y reconstrucción de la psiquiatría española*, Frenia, Madrid, 2007, pp. 327-346. También Adela nieto, *La obra científica de Dionisio Nieto*, Instituto de Investigaciones Biomédicas, Universidad Nacional Autónoma de México, México, 1990.

do con ello su autonomía que intersectaba con la ley, la higiene o la educación, ahora se evidenciaría con la neurología que precisamente acabaría cuestionando el *continuum normal patológico*. La neurología procuraba obtener respuestas, pero no respuestas verbales de los sujetos, sino respuestas descifrables clínicamente en su cerebro. Si el paciente diagnosticado de demencia precoz había desaparecido *en el modelo psicoterapéutico en aras de facilitar las investigaciones preventivas y profilácticas sobre el medio social*, ahora el paciente diagnosticado de esquizofrenia desaparecía *en el modelo biomédico en aras de facilitar una investigación sobre el cerebro*. Los espectros una vez más eran dos, *el de la degeneración y el de la regresión*. En la neurociencia, la degeneración cobraba relevancia en la fisiopatología de la esquizofrenia en términos de gliosis o de imagimática cerebral, y se transformaba en neurodegeneración. La regresión aparecía desde que lo que los neurólogos percibían era, una vez más, una liberación de las funciones inferiores, subcorticales, *primitivas del cerebro* debido a una falla en la inhibición que normalmente ejercían las funciones corticales superiores. Lo que parecían modelos absolutamente distintos (*el psicoterapéutico y el biologicista*) coincidían. Había regresión, había primitivismo y el énfasis se situaba o bien en un déficit cognitivo *progresivo* o bien en un deterioro asimismo *progresivo* de la función social.¿Qué es entonces la historia de la demencia precoz y de la esquizofrenia sino *el relato del silencio* del sujeto diagnosticado de la demencia precoz y la esquizofrenia, mientras a su alrededor se desplegaban las hipótesis?

Breve antología de vidas extraviadas

> Estamos más bien ante una antología de vidas [...]
> son espejos que inclinan menos a servir de lecciones
> de meditación que a producir efectos breves cuya
> fuerza se acaba casi al instante [...]Vidas singulares
> convertidas, por oscuros azares, en extraños poemas;
> tal es lo que he pretendido reunir en este herbolario.
>
> Michel Foucault

En la aventura de la investigación crítica hemos prestado atención a los casos concretos, casi invisibles, que hemos encontrado, como por fortuna, en manuscritos y archivos. Estos casos aparecen registrados de modo que fragmentos de la historia de cada sujeto ilustran la historia natural de la enfermedad mental.[463] Las citas y referencias *de y a* pacientes que fueron diagnosticados de demencia precoz y esquizofrenia producen, sin embargo, un efecto. Si citar al otro es fundamentar el propio discurso en una posición de saber donde se asevera que uno está en posición de dominar el discurso ajeno que se cita, no deja de ser cierto tampoco el hecho de que "algo diferente vuelve al discurso con la cita del otro [...] la amenaza y la expectativa de un *lapsus* [...] [que] no deja de remitirnos a otro lugar".[464] La selección que viene a continuación es fruto de una decisión y, por ello, sesgada. Es fruto, en el trabajo de archivo, de "esas impresiones de las que se dice que son físicas, como si pudiesen existir sensaciones de otro tipo". He procurado "mantenerlas en la forma misma que me impresionaron".[465] La cita no es un agujero por el que se contemplaría el paisaje de otro discurso; reclama la posición activa del lector, nos lleva a interrogar los supuestos de nuestras certezas y señalan un inicio que dibuja una pregunta "por el lugar de la historia singular de cada loco en tanto tejido cuya urdimbre es profunda y radicalmente social".[466] Podemos empezar por leer:

"Félix V. remitido al Manicomio General de La Castañeda por la Oficina de Migración de Nuevo Laredo en 1927, diecinueve años, procedente de San Luis Potosí. Fue a Estados Unidos de América a trabajar y se desempeñó como picador de algodón. No habla y a duras penas dice su nombre. Perdió su trabajo y

---

[463] Alberto Carvajal, *op. cit.*, p. 33.

[464] Michel de Certeau, *La escritura de la historia*, Universidad Iberoamericana, México,1993, p. 241.

[465] Michel Foucault, *Vida de los hombres infames*, La piqueta, La Plata, 1996, pp. 121-122.

[466] Alberto Carvajal, *op. cit.*, p. 55.

empezó a decir: 'que los difuntos lo espantan'. Negativismo y mutismo absoluto. El interrogatorio es imposible."[467]

"P. A. de cuarenta y un años de edad, natural de Jalisco, de raza blanca, soltera y profesora de música, ingresó al sanatorio en 1924. De carácter y costumbres extravagantes fue enemiga de los quehaceres domésticos y se dedicó de preferencia a la música y al canto. Gustaba de vestirse elegantemente y gastar fuertes sumas de dinero desordenadamente. Perfeccionó sus conocimientos de canto en el extranjero. Disipada y coqueta, tuvo varios amantes y en Europa dio a luz un niño, a quien puso un nombre extravagante y llamativo. No tuvo cariño ni apego a su hijo que se crió en manos ajenas y posteriormente fue internado en un colegio. Cinco años antes de ingresar al Sanatorio, a causa de una impresión moral, sufrió un periodo de tristeza y abatimiento profundo y a expresar ideas incoherentes: 'tengo horror por los microbios', 'la procreación humana es indecente', 'hay escasez de comida', 'mi madre me ha echado sus gentes encima para que me maltraten y me cambien la fisonomía'. Usa pinturas para la cara, se pone los párpados con un rodete negro, gran cantidad de polvo en la cara y cosmético para los labios, lo que le da la apariencia de máscara [...] Llevando el pelo estirado hacia la región occipital, lo enrolla formando una trenza muy apretada, que queda después en posición horizontal [...] sus vestidos son de colores brillantes con numerosas adaptaciones creadas por ella [...] Su lenguaje está cargado de neologismos y revela múltiples ideas delirantes [...] En la noche cree que entran a su habitación y le descomponen los huesos, le maltratan los ojos, etc. En lo que se refiere a su madre y hermanas las odia, piensa que son las que tratan de perjudicarla y quienes le envían gentes para que 'la mortifiquen espiritualmente'. [...] Las labores materiales que efectúa son reformadas y les da un carácter especialísimo. No corresponde a ningún

---

[467] *AHSS, F-MG, S-EC*, caja 196, exp. 10949.

objeto definido sino a figuras y dibujos creados por ella a los cuales les ha dado distinta significación. Por ejemplo en un tejido de hilaza explica que borda una hostia, un elote, hojas de elote, corredores y oficinas de palacio y la capilla real. Todo de manera arbitraria y caprichosa."[468]

"Óscar C., de veintiún años de edad, estudiante, natural de México D. F., ingresó en el Manicomio General de La Castañeda en 1924. Es bisnieto del antiguo dueño de la hacienda La Castañeda. Comenzó a manifestar un miedo intenso manifestando que 'lo querían ahorcar'. Se negaba a salir de su casa, a levantarse de la cama, a rectificar sus actos y se masturbaba con frecuencia. En el interrogatorio su temor excesivo dificultó que se pudieran obtener de él algunas respuestas. El matrimonio de sus padres es 'moral y socialmente un fracaso'. Su padre estuvo loco seis meses antes de casarse y sufrió de psicastenia. Su madre es angloamericana y padece de histeria. Tras el nacimiento de Óscar su padre se marchó a París donde dilapidó su fortuna, y su madre abandonó el hogar y marchó a la Habana en busca de una vida de aventura. Un hermano mayor murió en la revolución. Otro, alcohólico, en un encuentro con la policía. Sus padres se han vuelto a unir y han tenido otro hijo en quien se advierten 'todos los signos de los neuropsicópatas'. Antes de manifestarse su enfermedad Óscar ya era raro, irascible, tendía a exagerar y le obsesionaban 'la historia y las matemáticas'. Tuvo una relación con una mujer de un 'medio social inferior' y por disgustos con ella se hirió con un arma punzocortante. Presenta negativismo absoluto, impulsos de suicidio. Habla de manera ininteligible. Sólo se le entiende 'quiero matarme', 'sáquenme de aquí'. La tristeza, la indiferencia completa, las alucinaciones oculares y auditivas, y el delirio de persecución son recurrentes."[469]

---

[468] Guillermo Dávila, *op. cit.*, pp. 145-146; 80.
[469] *AHSS, F-MG, S-EC*, caja.166, exp. 9448.

"J. S., de Guanajuato, treinta y ocho años, de oficio tejedor y pintor. Hace tres años empezó a sentirse perseguido por la policía que creía reconocer en personas que accidentalmente encontraba. Más tarde comenzó a oír voces, primero como murmullo y luego claras y perfectamente articuladas pero sólo cuando se encontraba en una determinada 'pulquería'. Lo insultaban de manera directa y así por ejemplo refiriéndose a él y a un amigo suyo oyó que decían: 'pintores mulas que no saben trabajar'. Durante mucho tiempo escuchó en el techo de su habitación voces que eran de la Madre Matiana, por lo que en varias ocasiones intentó desprenderlo o lo picaba con un cuchillo para dar con la persona cuyas voces oía. Escucha varias voces perfectamente claras: dos voces son de niño, una voz ronca de mujer, y otra de hombre. Es raro que hablen todas a la vez y cuando lo hacen no puede entender lo que dicen. Generalmente es una voz a veces débil como si viniera de lejos y otra fuerte, como si estuviera junto a él. Las que más lo insultan son las de la mujer, en primer lugar, y luego la del hombre. Las de los niños lo defienden. No es raro que riñan entre sí, atacándolos unas y defendiéndolo otras. En ocasiones no son insultos lo que oye, sino órdenes: 'No te emborraches', 'Vete, aléjate'. Le adivinan el pensamiento pues repiten lo que interiormente piensa. Ha percibido sin causa alguna, olor a fósforo y a azufre. Ha sentido que alguien le tocaba el hombro mientras la voz le llamaba. Algunas veces ha intentado averiguar la causa del origen de sus voces: 'fue a ver a una hechicera para que lo desembrujara, después creyendo que eran por intervención diabólica se hizo profundamente religioso, exageraba las prácticas de piedad, usaba agua bendita con la que rociaba su casa y sus vestidos y llevaba pendientes del cuello numerosas reliquias y escapularios'. Al principio, desesperado por tanta alucinación molesta lanzaba contra el sitio donde oía las voces cualquier objeto a su alcance; hoy, a pesar de los insultos que oye, se muestra tranquilo, a veces indiferente: se ha familiarizado con sus alucinaciones."[470]

[470] Francisco Núñez Chávez, *op. cit.*, pp. 71-73.

"P. J. H., de veintisiete años, natural de Chihuahua, soltero, ingeniero de minas, de raza blanca, ingresó al sanatorio en 1924. Declaraba que 'era perseguido por el gobierno pues lo tomaban como conspirador en la revolución del año de 1923 y lo habían acusado de tal modo que no tenía salvación posible. Estaba condenado a ser fusilado y esperaba que de un momento a otro fueran por él'. Cuando tocaban a su casa, se atemorizaba de modo extraordinario y decía que 'ya lo iban a matar'. Al simularle que iban por él [...] ardid del que se valieron para internarlo, con resolución dijo: 'estoy a sus órdenes' y se dejó conducir desde Chihuahua al sanatorio con el convencimiento de que iban a ejecutarlo [...] Si se le ofrecía alguna cosa, si se le invitaba a escribir a su familia, contestaba siempre que era inútil todo, que ya no podía desear nada puesto que 'lo habían arruinado' y que 'se apresuraran a acabar con él para no hacerlo sufrir ya'. Cada día se hace más retraído, más desconfiado. Se pone de rodillas y en oración por largas horas, se alimenta poco y no duerme [...] Varios meses tiene de permanecer en la misma postura [...] Su aspecto es el de un autómata movido por resortes."[471]

"O. B., de veinticuatro años de edad, de México D. F, soltero, ferrocarrilero, de raza mestiza. Ingresó en el sanatorio en 1925. Se siente sano aunque por momentos ha creído 'perder la cabeza'. Tiene alucinaciones auditivas. Escucha cuando está en su pieza la voz de su padre; luego son voces desconocidas que le dan malas noticias: 'B. acaba de matar a tu padre". En estos casos su rostro denota miedo y tristeza, y todo su cuerpo es agitado por un temor convulsivo. La afectividad reviste aspectos paradójicos: la noticia de que toda su familia había muerto le causó risa."[472]

---

[471] Guillermo Dávila, *op. cit.*, pp. 133-134.
[472] *Ibid*, pp. 120-121.

"Señorita A. M. B., natural de Guanajuato, de cuarenta y siete años de edad. Soltera, criolla, profesora de corte. Ingresó en el sanatorio en 1927. Desde joven mostró gran dedicación al estudio, costumbres morigeradas y tendencia al misticismo. Al morir su única hermana en 1910 aumentó sus prácticas de devoción agudizándose éstas aún más a raíz de la muerte de sus padres [...] Aparecieron ideas delirantes múltiples de carácter persecutorio [...] Su porte revela descuido, sus ropas son sucias y rotas, lleva en el pecho colgados rosarios y crucifijos. En los oídos se coloca tapones de algodón para no oír las voces que la atormentan [...] varias personas le hablan, a todas las conoce, son sus padres hermanos y parientes. La molestan, la insultan, se burlan de ella [...] dos o más personas practican actos obscenos en su pieza. A veces ha visto a lo lejos, a través de una ventana, las caras de su padre y de su madre [...] Las enfermeras son carceleras pagadas para cautivarla y destruir su pureza. La persecución de la que es objeto, encabezada por sus hermanos se ha extendido contra el clero y contra todas las personas católicas. [...] A consecuencia del automatismo psíquico manifiesto existe un profundo ataque a la personalidad. Ella es hombre, de cincuenta años, se llama el Caballero de la Triste Verdad. Tiene un hijo de dieciocho años que sufre los mismos ataques que él. Es millonario e inmaculado."[473]

"La señorita E. H., natural de Nuevo León, de cuarenta y tres años, perteneció a la orden de las dominicas y siendo novicia vino a México como profesora de un colegio fundado por dicha orden en la villa de Azcapotzalco. A principios de 1910, comenzó a experimentar sentimientos de odio inmotivado por la superiora de su convento. Se hizo desobediente e indisciplinada, sufría por momentos de accesos de agitación motriz durante los cuales gritaba, desgarraba sus ropas y expresaba ideas absurdas. Un día salió corriendo de la capilla donde

---

[473] Edmundo Buentello y Villa, *op. cit.*, 87-90.

acababa de tener una visión acerca de las futuras guerras que sobrevendrían en la república mexicana [...] Constantemente hablaba de que ella 'se sentía inspirada por Dios' y sería 'la futura superiora de su convento'. Fue llevada a su casa donde tuvo ideas de persecución contra las religiosas del convento; ideas de grandeza inspiradas por Dios; alucinaciones psíquicas ('siento que me dicen, oigo mentalmente') y algunas raras alucinaciones visuales pues afirmaba que 'veía al diablo vestido en parte de mujer, con tacones altos y envuelto en una capa'. Ejecutaba actos ordenados por las alucinaciones. Tuvo frecuentes impulsos de suicidio intentando arrojarse a un pozo o debajo de un tren eléctrico, etc. Fue internada en el Manicomio General donde tuvo una pasión amorosa por el médico del pabellón que ella afirmaba le había sido sugerida por Dios. 'Si obedecía cediendo, el mismo doctor se encargaría de llevarme o conducirme a mi convento' A su salida del Manicomio y viviendo de nuevo en su casa aseveraba que 'ella sería transformada en una criatura superior'. Oyó en varias ocasiones la voz de su madre que había muerto y que le decía: 'Hija mía, acuérdate que te llevé en mi seno'. Estando en misa, oyó que la voz del que había sido su confesor la instaba a anunciar el fin del mundo, a gritar y golpear a los fieles, y al llevarlo a cabo fue conducida a la comisaria. Se la internó en el sanatorio donde afirmaba haber visto 'por inspiración que yo era la mujer del apocalipsis que san Juan me vio dando gritos por los dolores del parto, en el cielo. Me dijeron por inspiración que el cielo era la Iglesia, que los dolores de parto eran mis terribles dolores de cabeza y sufrimientos; que el niño que nació era varón. Es decir, una idea grande y varonil'."[474]

"El señor J. J. O. de cuarenta y cuatro años, natural de Tamaulipas, internado en el sanatorio en 1926. Hace seis meses comenzaron a mostrarse en él frecuentes insomnios, senti-

---

[474] Francisco Núñez Chávez, *op. cit.*, pp. 68-70.

mientos de desconfianza. Se quejaba de que sentía transformarse sin causa ni motivo y alternativamente en muy delgado o muy obeso; alto o pequeño. Por este mismo tiempo se entregó con ahínco a prácticas de espiritismo. Se sentía hipnotizado, decía que los alimentos tenían mal sabor, oía ruidos significativos y murmullos de voces. Poco después las voces se hicieron claras y precisas. No hablaban con él pero las escuchaba hablar de él. De esa manera supo que 'la familia que él había considerado como la suya no lo era en verdad, que la que creía su madre no era sino una mala mujer que lo odiaba aunque fingía como si realmente él fuera su hijo'. Sus hermanos en complicidad con una 'india' de una de sus haciendas trataban de matarlo. Se explicaba entonces muchos acontecimientos de su vida a los que, en un primer momento, no había dado importancia. Por ejemplo, 'un día al bañarse en un tanque estuvo a punto de morir ahogado porque no sabía nadar; el piso estaba muy resbaloso, perdió el equilibrio y después de muchos trabajos y tragar mucha agua, logró salir a la orilla sin ser ayudado por los que nadaban con él'. Ahora sabía que 'la india, cómplice de su madre, tenía medicinas que tomándolas podía sumergirse en el agua y permanecer mucho tiempo sin necesidad de salir a flote y que fue ella la que le tiró de los pies para que se ahogara'. Esa misma 'india' mandaba por la noche que golpearan unos 'troncos de mulas' que utilizaba en su coche mientras vivía en la hacienda, que les inyectaran con sustancias misteriosas con el fin de que los animales se hicieran asustadizos y difíciles de domar, para que 'se desbocara el carruaje y él muriera'. Las voces le habían informado directamente por medio de 'vocina' que era hijo de Alfonso XII. Eran las encargadas del 'desligue' y no pararían hasta entregarlo a su verdadera familia. Todas estas noticias que él ignoraba habían sido el 'difuntazo' que le tenían preparado. Le habían mostrado al mismo tiempo toda su vida en una película que se reproducía con una luz especial que mandaba detrás de su cabeza. Allí había visto cosas que tenía olvidadas como que en una ocasión se desbarrancó con un caballo pero no se mató porque fue 'cayendo lentamente, como sostenido por un fluido hasta el fondo del precipicio."[475]

"Ma. de los Ángeles C., natural de Zacatecas, ingresó al Manicomio General en 1922. A los cuatro o cinco meses sufrió la rotura de la espina debido 'a que una sirvienta la dejó caer de los brazos'. Tuvo una niñez delicada y hasta los cuarenta años no se apreció en ella nada anormal. A esta edad se vio conmocionada por el suicidio de sus hermanos, por la muerte de su madre y por el 'vicio de la morfina que había sido contraído por uno de los suicidas'. En 1914, ante la amenaza de la rebelión villista, huyó en un ferrocarril amenazado por los revolucionarios. Viajó diez o doce días en un furgón destinado al acarreo de ganado acompañando a su padre al destierro político. A lo largo del camino sufrió zozobras pensando que los iban a fusilar. Al llegar a Estados Unidos de América, un hermano suyo sufrió un delirio furioso atribuido a las drogas heroicas. Aunque él lo negó se le internó en un sanatorio donde permaneció por poco tiempo aparentemente restablecido. Ella se sentía feliz en el extranjero porque: 'siempre ha sido muy sensible a las miradas indiscretas que su cuerpo mal formado provoca en las gentes, en poblaciones pequeñas'. Entre 1916 y 1917, volvió a Zacatecas. Lloró durante un mes y se negó a salir de su casa. Un hermano la visitó después de años de no verla y advirtió 'el cambio experimentado, su desamor, su indiferencia'. Seis meses después regresó y se percató de que su hermana dormía vestida, costumbre adquirida durante la última enfermedad de su padre que ya no era necesaria. Hablaba de 'diablos y apariciones', fuera de eso 'su apariencia era perfecta'. En su tercera visita, ella 'hablaba sola lo cual interrumpía al darse cuenta de que él escuchaba' y 'desconocía y aborrecía a su familia'. Se la internó al Manicomio General señalando sus 'cambios de carácter, negativismo, la presencia

---

[475] *Ibid*, pp. 77-79.

de alucinaciones oculares y auditivas, sus monólogos, pérdida de afectividad, estereotipia y presencia de un delirio polimorfo'. Su diagnóstico inicial de demencia precoz hebefrénica se transformó en 1929, en esquizofrenia paranoide. La paciente decía ser un 'hombre y llamarse Santiaguito. Ser un católico-eclesiástico y que por lo tanto su enemigo se negaba a responder'. En 1930, su diagnóstico volvió a ser de demencia precoz hebefrénica. Se hizo referencia a 'su excitación y depresión. Inconstancia, ideas delirantes, marcadísima catatonia. Exceso de simbolismos y neologismos. Actitud defensiva y complejo de inferioridad'. Ella afirmaba llamarse Santiago o san Lázaro y no tener padres ni hermanos. Ser 'de Europa y no de la república. Estar a 2 de julio pero no sabe de qué año porque aquí los meses son de 30 días y en Europa de 40. Ser casada desde que nació y por eso haber gozado. Ser mujer, pero de presentación masculina, para defenderse de sus enemigos."

La siguiente anotación se registra en el expediente de Ma. de los Ángeles C., más de veinte años después, en 1954. Se da orden de internar a la paciente en un asilo de ancianos, se notifica que es una enferma pacífica que no tiene familia. Ma. Ángeles C. moría el 26 de junio de 1955. En la última anotación que en su expediente abría el largo paréntesis de silencio de más de veinte años en los que no se volvería a escribir sobre su estado, se puede leer todavía: "No vale la pena anotar sus frases. Corresponden al estado descrito, y cada día varían totalmente".[476]

Adenda

Hemos observado cómo la posibilidad perturbadora de que la conciencia no abarque toda la actividad mental, los extraños parentescos

---

[476] *AHSS, F-MG, S-EC*, caja 138, exp. 18.

forjados entre locura, suicidio y crimen, la presencia en el sujeto de un reducto de irracionalidad, la preocupación por la degeneración y la decadencia, *se constituyen en fantasmas* en una modernidad nacional en la que la *norma* parece confrontarse con lo que se le resiste, encontrar un punto de apoyo, demarcar sus limitaciones y manifestar su insuficiencia. Y sin embargo, no debemos perder de vista el despliegue de un pensamiento y un discurso que, aunque *en otro nivel*, retoman y recuperan aquello que parecía escapárseles en un principio. La locura no carece en sí misma de leyes. Se revela como centro y efecto de una intensa *producción normativa*. Recorrer la historia nos ha permitido abrir un lugar en el que los fantasmas en torno a los cuales se constituye la cuestión de la locura reaparecen, salen a la luz para mostrar quiénes y cuántos son, cómo son y qué es lo que quieren. La locura se constituye como objeto de saber de una disciplina, la psiquiatría, que se erige no sin vicisitudes como *un proyecto moral de normalización*. No hay que olvidar sin embargo que la moral (como una ética que mantenía una relación ambigua con la religión) y lo moral (como lo psíquico cuya relación con lo orgánico hay que dilucidar) se impregnan mutuamente, se relacionan, se atraviesan constantemente en el mundo subjetivo sobre el que el alienismo pretende intervenir.

La ansiedad en México por inaugurar la modernidad pone en evidencia las tensiones que recorren una vida nacional que pretende, simultáneamente, constituir un modelo de ciudadano autónomo, pero que se identifique a sí mismo como parte de un todo jerárquicamente ordenado (según clase, raza y género); que sea capaz de materializar valores como cierto racionalismo religioso, cierta forma de relacionarse con el deseo y de insertarse como miembro productivo en la sociedad. La modernidad suponía dejar atrás el antiguo régimen corporativista que se contemplaba como rémora de la Colonia. Había que incentivar la individualidad, sin embargo, en un país que en la práctica *sí* seguía funcionando de manera corporativa y que se contemplaba siempre al borde de la anarquía, al mismo tiempo había que someter a la individualidad a estrecha vigilancia. Así mientras se reforzaba la separación entre lo público y lo privado, el alienismo mostraba su preocupación por un "marcado subjetivismo" o "un repliegue del individuo sobre sí mismo", formas en las que definirá la locura. La masturbación se contemplará como peligrosa por lo que supone para el individuo entregarse de manera *solitaria a un objeto imaginario*. *Otro tanto acaecerá con la religión cuando no se limite a objetivos disciplinarios y moralizantes*. La fluidez y la indistinción que atraviesan a menudo las relaciones entre suicidas, criminales y locos, hacen énfasis en lo mismo: el encapsulamiento en el sí mismo frente al orden social. La constitución de la demencia precoz y de la esquizofrenia como trastornos del yo, difícilmente hubiera podido consumarse sin el telón de fondo provisto por una cultura donde el yo tiende a ser comúnmente percibido como problemático y donde las fuentes del malestar acaban siendo ubicadas y procesadas en el ámbito de la subjetividad, *un mundo interior adscrito al individuo*. A partir de esta concepción subjetiva (y en sus inicios eminentemente burguesa) se buscará instruir al conjunto de la población en una nueva política de la subjetividad. Podemos recordar cómo en sus inicios la esquizofrenia se asocia fundamentalmente a jóvenes precisamente "burgueses" y, sólo posteriormente se va generalizando al conjunto de la población. Hay un efecto histórico sobre el sujeto, producto de la nominación que subraya aspectos hasta entonces más o menos inéditos. A su vez, al incluir un sujeto en esa clase se resignifica la categoría que se amplia, a medida que el modelo de subjetividad que supone, se generaliza.

Lo que atisbamos en las páginas que acabamos de leer no implica sin embargo la mera reducción de la locura a las normas culturales que hemos visto desplegarse desde finales del siglo XIX. No es casual que las secciones en las que hemos esbozado un trayecto, acaben en una pregunta. La investigación científica sobre la locura no se agota en las incipientes categorías nosológicas y nosográficas, *se vincula con interrogantes sobre el sujeto mismo convertido en problema, sobre las posibilidades de su conciencia y lo que, desde sí mismo, parece rebasarlo. Interrogantes que no son exactamente los de la ciencia pero que la atraviesan y la sostienen*. Todo sucede como si, insertos en una problemática que hace de las formas históricas y culturales la limitación última, introdujéramos las premisas de otro tipo de descripción, en la que la locura es el efecto de un conjunto de procesos positivos que no llegan a agotarla, hasta el punto de hacer que estos procesos deban reformarse *permanentemente* y desplazar su lugar de ejercicio. Los fantasmas que hemos explorado bajo la forma de los extraños parentescos forjados entre locura, suicidio y crimen; la sinrazón; o la moral no nos permiten domeñarlos definitivamente. La persistencia que se produce a través de los desplazamientos y las re-significaciones de cuestiones como *la degeneración* o *la regresión* (que también atisbamos en la neuropsiquiatría contemporánea) vuelve la seguridad del presente ante sus espectros cada vez más sospechosa. El intento de exorcizarlos en nombre de los progresos de una disciplina (histórica o psiquiátrica) que avanza, ahora sí, con evidencia irrefutable, no debería hacernos olvidar que "antes de saber si se puede diferenciar entre el espectro del pasado y el del futuro, del presente pasado y del presente futuro, puede que haya que preguntarse si *el efecto de espectralidad* no consiste en desbaratar esta oposición".[477] Los espectros son instituidos por las normas que producen la locura como objeto de un saber y de una práctica; pero al mismo tiempo esas normas, *al producir sus fantasmas en el seno de la racionalidad, la afectan de modo que nada asegura que pueda ser integralmente recuperada o sobrepasada, en una hipotética reconciliación del sujeto consigo mismo.* Los fantasmas de la locura finalmente nos remiten cuando leemos, por ejemplo, las últimas líneas del expediente de Ma. de los Ángeles C., "a todas aquellas formas del asedio que no se dejan apresar, localizar, exorcizar bajo el conjuro y las fórmulas mágicas de recitación del presente, de la actualidad y de los nuevos discursos que pretenden haber acabado con ellos".[478]

---

[477] Jacques Derrida, *Espectros de Marx, op. cit.*, p. 53.

[478] Carolina Meloni, "Epitafios: Aporías de la conjuración" en Cristina de Peretti (Ed.), *Espectrografías (Desde Marx y Derrida), op. cit.*, p. 77.

II. Desde la antropología: heterotopías

Historias de fantasmas o la razón hechizada

Ciencia, magia y religión: ¿primitivismo y locura?

> En la práctica eso equivalía a utilizar los
> mismos métodos etnográficos para los
> "Blancos" que para los "Negros", para
> el pensamiento culto y el pensamiento
> "salvaje", o mejor dicho, equivalía a
> desconfiar muchísimo de la noción misma
> de "pensamiento".
>
> Bruno Latour

Los pacientes ven diablos, dragones. Se ponen de rodillas, rezan con fervor. Dicen poder hacer con la electricidad lo que quieran. Aseveran ser elegidos. Leer la mente. Estar en contacto con espíritus que les persiguen, o sufrir modificaciones y transformaciones inconcebibles en su propio cuerpo. Hay *una inquietud en el orden social* que Enrique O. Aragón describía así en el interrogante sobre la locura, en su breve artículo de 1901 sobre la *demencia precoz hebefrénica*: "Si todavía creyéramos en los embrujamientos y en los bebedizos, yo estaría dispuesto a creer que el estado patológico que comento es el resultado de un tremendo bebedizo o filtro maldito preparado en sábado por hechicera perversa".[1] Lo interesante de esta aseveración es lo que el alienista dice, *y también lo que calla*. Efectivamente, entre los aspectos más relevantes de lo moderno destaca su carácter esencialmente comparativo, su naturaleza de oposición.

Una condición moderna "presupone un acto de autodistanciamiento consciente de un pasado o una situación que se contempla como *naif*";[2] Aragón advierte así: "Si *todavía* creyéramos en embrujamientos..." y *marca una distancia* con los pacientes. Por supuesto los fenómenos que se manifiestan son tan extraños *que si no fuéramos científicos*, si no *supiéramos*, podríamos pensar que tienen que ver con la brujería. Sin embargo no lo pensamos. Y no lo hacemos *porque somos sujetos modernos*. Los que se creen sujetos a algún hechizo son ellos, los locos, precisamente porque han devenido irracionales. En ellos la civilización se pierde a sí misma y se vuelve primitiva. El discurso de Aragón muestra cómo la magia, la superstición, ha servido de Otro que hace posible la constitución de la forma *apropiada* de religión y de la ciencia moderna.

Los evolucionistas decimonónicos identifican la magia con el comportamiento *primitivo* y la religión con el *civilizado*. La religión ya no hace referencia a la observancia ritual en el orden *externo* y se *interioriza* progresivamente. Deviene un asunto de *ideas y creencias* que el individuo debe mantener *sólo en el ámbito de la vida privada*. Los discursos y prácticas que no admiten esta interiorización (y privatización) y que invaden espacios que no son los socialmente asignados, ya no son considerados religiosos sino "patológicos", "mágicos", "supersticiosos".[3] Los límites entre lo que es ciencia y lo que no lo es, se dibujan, defienden y refuerzan en contextos particulares.

---

[1] Enrique O. Aragón, *op. cit.,* p. 219.

[2] Gustavo Benavides, "Modernity" en Mark C. Taylor (Ed.), *Critical Terms for Religious Studies*, University of Chicago Press, Chicago, 1998, pp. 187-188.

[3] La genealogía occidental del término religión y su progresiva interiorización han sido rastreadas efectivamente en Wilfred Cantwell Smith, *The Meaning and End of Religion,* Fortress, Minneapolis, 1991, pp. 15-50; Michel Despland y Gerard

En la sociedad moderna la ciencia idealmente se instituye a través de un trabajo de los límites que define un emplazamiento *privado* para la religión, uno *público* para sí misma, y uno *exterior* para la magia. Ninguno de estos emplazamientos está dado de antemano, son fruto –como hemos señalado del establecimiento de las fronteras–. Cierta cartografía del conocimiento sirve de "justificación interpretativa de la restricción del conocimiento legítimo a un espacio, y a su negativa a que pueda estar presente en otros. Funge como guía para aquellos que desean saber qué creer y cómo *localizar* el conocimiento creíble en el que pueden basar sus decisiones prácticas".[4] Tal y como Bruno Latour advierte, la Ciencia *(con mayúscula)* como forma de conocimiento exenta de contingencia y de contaminación social y axiológica no existe. Los factores que posibilitan la experimentación, reproducción y estabilización del conocimiento científico no dependen sólo de unas condiciones determinantes sino de las prácticas, el estado de la investigación, los intereses de los investigadores, etc. No obstante, debido a la centralidad de las redes científicas en la organización social moderna, la magia ha fungido discursivamente como la categoría que permitiría delinear con precisión, a través del contraste, *el sueño de un horizonte epistemológico científico exento de contaminación axiológica y social*:

> "El pensamiento salvaje y el pensamiento culto, aunque a veces podían producir bellas relaciones, interferencias irisadas, no tenían entre ellos puntos de contacto duraderos puesto que el primero cubría al segundo con un manto multicolor de formas ajenas a la fría naturaleza objetiva de las cosas. Se podía, en efecto, practicar la historia de los pensamientos científicos [...] pero su programa tenía por finalidad descubrir aún más el

---

Vallée, (Eds.), *Religion in History: The Word, the Idea, the Reality*, Wilfrid Laurier University Press, Ontario, 1992; Talal Asad, *Genealogies of Religion: Discipline and Reasons of Power in Christianity and Islam,* Johns Hopkins University Press, Baltimore, 1993; Tomoko Masuzawa, *In Search of Dreamtime: The Question for the Origin of Religion* University of Chicago Press, Chicago, 1993.

[4] Thomas F. Gieryn, *op. cit.*, pp. 340-341.

pensamiento culto para liberarlo todavía más completamente de esos restos de irracionalidad, de simbolismo, de metáfora, de ideología, que permanecían ligados al libre ejercicio de la Razón."[5]

El positivismo evolucionista denominó "salvajes" a los pueblos cuyas "supersticiosas" tentativas mágicas de controlar el mundo partiendo de bases asociativas se basaban en lo que describió como "sistemas espurios de leyes".[6] En este sentido, la magia es una actividad identificable con las ciencias y la técnica en su "fase infantil" dictaminaba, sin ir más lejos, Marcel Mauss.[7] La historia que Enrique O. Aragón no cuenta es precisamente ésta: la manera en la que su discurso *científico trata de conjurar la magia que produce la modernidad misma*, a través de la constitución de un sujeto racional, que se opone a su Otro: *irracional, primitivo y supersticioso. Características que asimismo definirán al sujeto psicótico.* Las cuestiones que se situaron al lado de la materialización de la locura a finales del siglo XIX fueron, como hemos visto, la constitución de la familia, la cuestión de la sexualidad, la educación, la preocupación inédita por los efectos de la civilización y el progreso industrial, y la relación con una nueva concepción (interiorizada) de la religión. Pues bien, entre todas ellas, *la última ha mostrado una singular persistencia*, que hay que intentar dilucidar.

Desde Kraepelin y Bleuler, la demencia precoz y la esquizofrenia se han visto asociadas a la relación perturbada que el sujeto sostendría con el lenguaje y los procesos de significación. Esta relación podría consistir en *"la experiencia de extrañeza e imposición del lenguaje, del pensamiento, de los actos y sentimientos"*[8] a través de los delirios

---

[5] Bruno Latour, "Llamada a revisión de la modernidad. Aproximaciones antropológicas", *AIBR. Revista de antropología iberoamericana* (2005), p. 3.

[6] James George Frazer, *La rama dorada*, FCE, México, 1965, p. 76.

[7] Marcel Mauss, "Esbozo de una teoría general de la magia", *Sociología y antropología*, Tecnos, Madrid, 1971, p. 149.

[8] José María Álvarez y Fernando Colina, "Origen histórico de la esquizofrenia e historia de la subjetividad", *Frenia* 9 (2011), p. 8 n.1

de inserción, telepatía, robo o transmisión de pensamiento que la psiquiatría contemporánea *considera característicos de un pensamiento mágico.*[9] Habría una comprensión mágica del lenguaje característica del paciente en el hecho de experimentar que no es él quien habla o piensa, *sino que es él quien es hablado o pensado por una fuerza enigmática que no puede controlar:* "Se trata de la inefabilidad de experimentar el propio pensamiento, los propios actos, las propias sensaciones corporales o los propios sentimientos como si fueran ajenos, impropios o impuestos, como si estuvieran determinados o provinieran de otro lugar –no importa que sea exterior o interior– del que el sujeto, perplejo y sumido en el enigma, no se reconoce como agente sino como un mero y exclusivo receptor."[10] El sujeto esquizofrénico "se nos presenta sobre todo como un ser que no ha podido o sabido defenderse de la presencia xenopática del lenguaje que habla a través de él, es decir, como si estuviera poseído por *el nuevo demonio que encarna lenguaje*".[11] Una característica del pensamiento mágico o esotérico, sería *la primacía del significante sobre lo significado,* del aplastamiento del significado por el significante que puede manifestarse de varias maneras. Por ejemplo otorgando valor a ciertas palabras por su ritmo y aliteración y no por su contenido, como sucede en el caso de las palabras mágicas "*abracadabra*". En el marco de los talleres impartidos entre 2008 y 2011, observé que algunos pacientes se detenían en rimas y juegos de palabras que escribían una y otra vez como si ejerciesen sobre ellos una suerte de fascinación: "jirafa, girasol, gira, gira, fa, sol, sol, la, si, simiente, miente, té, métete, girasol", escribió uno de ellos. A veces, el flujo del discurso se determinaba a través de significantes potenciales generados por sílabas individuales o por las partes constitutivas de las palabras: "José es jar*dinero* y tiene *dinero.*" Las rimas, la llamada ensalada de palabras como las que describía Guillermo Dávila en 1925: "Buenos días, días bonitos, Porfirio Díaz, el presidente de la república, imperio, Alemania es im-

---

[9] American Psychiatric Association, *op. cit.*, p. 302.
[10] José María Álvarez y Fernando Colina, *op. cit.*, p. 8 n.1.
[11] *Ibid*, p. 18.

perio, la guerra europea, mister Wilson se murió, Monroe fue el autor de, actor de teatro, Caruso, el gran cantante";[12] parecían dar cuenta de esta *consideración mágica del lenguaje en la que los pacientes se detenían morosamente en los significantes. Como si parecieran tener vida propia, contener una fuerza secreta.* Este detenerse llevaba a T, a quien le había dejado para leer un pequeño cuento, a la imposibilidad de acabarlo porque debía prestar atención a cada uno de ellos. La atención al aspecto material del lenguaje podía llevarles asimismo a la *literalidad*, al no tomar en cuenta el contexto al que se está aludiendo; o la *sobreinterpretación* que alimentaba la capacidad para establecer coincidencias de manera reductora y unificante. Este tratamiento del lenguaje como fuerza mágica *impedía la rectificación y el acotamiento* que unas palabras habitualmente ejercen sobre otras.

La otra característica tendría que ver con el establecimiento de *conexiones causales significativas* entre sucesos, cosas y/o personas, que no guardarían ninguna relación entre sí. En los delirios de control, el paciente experimenta que si piensa en "dinero" efectivamente crea dinero; o que si por ejemplo pronuncia la palabra "muerte", ésta sobreviene inexorablemente. Desde la psiquiatría, el pensamiento mágico que caracteriza a la psicosis se vincula entonces con dos aspectos: la imposición de los procesos de *significación* como ajenos e impuestos al sujeto por fuerzas misteriosas, y la conexión causal *significativa* entre eventos que no están efectivamente relacionados como causa-efecto.

Por otro lado, el hilo conductor que atraviesa el discurso y la *praxis* de los pacientes, si bien hila la trama de la familia, la sexualidad, o el orden social en su sentido más amplio, *lo hace a partir de una urdimbre mágica o religiosa a la que ellos mismos otorgan una enorme importancia.* "Buena parte de los pacientes que presentan síntomas psicóticos tienden a lo mágico como temática de sus tendencias delirantes."[13] Es muy frecuente que "asocien el inicio de sus dificultades

---

[12] *Ibid*, p. 119.
[13] Marco Fierro Urriesta *et al.*, "Psicosis y sistemas de creencias" *Revista colombiana de psiquiatría* 32-3 (2003), p. 289.

con una experiencia religiosa de algún tipo o con una transformación en su actitud religiosa como si estos referentes señalaran el significado virtual y enigmático de [sus] experiencias [...] que permanece diferenciado de una alianza a un sistema específico y organizado de creencia [...] Mezclan referentes religiosos con representaciones de otros sistemas como la filosofía [...] o la ciencia".[14] Una vez más el énfasis *radicaría en la significación*: "Estos significantes permiten a los pacientes explorar y tamizar el sentimiento de extrañeza que elude a la descripción en cualquier sistema diagnóstico."[15] El pensamiento mágico se vincula por lo tanto con la preocupación (eminentemente moderna) por la constitución de los procesos de significación; preocupación que es compartida por los sujetos diagnosticados, *absortos ante su funcionamiento, o inmersos en el proceso radical de su desciframiento.*

La relación entre la psicopatología y la superstición puede ser considerada, tal y como hemos visto, hasta cierto punto clásica,[16] pero lo cierto es que es una relación que ha perdurado hasta el día de hoy. Por ejemplo, las creencias y las ideas supersticiosas sobre castigo y responsabilidad se consideran, *en la actualidad*, factores clave en la comprensión de las alucinaciones auditivas en los pacientes psi-

---

[14] Ellen Corin, "Pychosis: The Other of Culture in Psychosis: The Ex-centricity of the Subject", *op. cit.*, pp. 286-287.

[15] *Ibid*, pp. 287-288.

[16] Referencias clásicas son Alfred Storch, *The Primitive Archaic Form of Inner Experiences Schizophrenia, Nervous and Mental Disease,* Publishing Company, New York and Washington, 1924; Eugene Bleuler, *Textbook of psychiatry*, Macmillan, New York, 1934; Charles Odier, *Anxiety and magic thinking*, International University Press, New York, 1947; Geza Roheim, *Magic and schizophrenia,* International University Press, New York, 1955. Para una visión general de la relación entre psicopatología y magia desde la historia de la psiquiatría puede consultarse: Pierre Marchais, *Magie et mythe en psychiatrie*, Masson, París, 1977. Me ha resultado indispensable para las referencias que siguen a continuación el artículo de José M. García-Montes, Marino Pérez Álvarez, Louis A. Sass y Adolfo J. Cangas, "The Role of Superstition in Psychopathology", *Philosophy, Psychiatry, & Psychology*, 15-3 (2008), pp. 227-237.

cóticos.[17] El concepto de "pensamiento mágico" *o atribución a un acontecimiento (o acción o idea) una influencia causal que, de hecho no tiene nada que ver con él,* funge como indicador de trastornos de personalidad a través de la "escala de ideación mágica".[18] Se considera que los pacientes adultos diagnosticados con esquizofrenia tienen una tendencia mayor al pensamiento mágico que la población normal,[19] o incluso que otros pacientes psicóticos.[20] A este respecto, el pensamiento mágico ha sido considerado uno de los factores predictivos más influyentes de un desarrollo posterior de la esquizofrenia y ha sido vinculado a la aparición de las alucinaciones visuales y auditivas.[21]

Ciertamente, ningún estudio ha podido mostrar que el pensamiento mágico tenga un rol causal en la aparición de la locura, pero sí se asume que se asocia a ciertos problemas psicológicos. El pensamiento mágico se considera común en los niños hasta la edad de once o doce años (edad en que, según Piaget, comenzarían a distinguir claramente entre la fantasía y la realidad) y supuestamente sólo se encontraría en adultos de las llamadas sociedades primitivas y en el consultorio de los psiquiatras de las sociedades occidentales moder-

---

[17] José M. García-Montes, Marino Pérez-Álvarez *et al.*, "Metacognitions in patients with hallucinations and obsessive-compulsive disorder: The superstition factor", *Behaviour Research and Therapy* 44 (2006), pp. 1091-1104.

[18] Cfr. M. Eckblad y L. J. Chapman. "Magical ideation as an indicator of schizotypy", *Journal of Consulting and Clinical Psychology* 5 (1994), pp. 215-225; E.V Subbotsky y G. Quinteros, "Do cultural factors affect causal beliefs? Rational and magical thinking in Britain and Mexico". *British Journal of Psychology* 93 (2002), pp. 519-543.

[19] Cfr. R.Tissot, y Y. Burnard. "Aspects of cognitive activity in schizophrenia" *Psychological Medicine.* (1980), pp. 657-663.

[20] Cfr. L. George, y R. W. Neufeld. "Magical ideation and schizophrenia", *Journal of Consulting and Clinical Psychology* 55 (1987), pp. 778-779.

[21] P. Chadwick y M. Birchwood. "The omnipotence of voices. A cognitive approach to auditory hallucinations". *British Journal of Psychiatry* 164 (1994): 190-201; H. Close y P. Garety. "Cognitive assessment of voices: Further developments in understanding the emotional impact of voices. *British Journal of Clinical Psychology* 37 (1998), pp. 173-188.

nas.[22] En el *Manual diagnóstico y estadístico de trastornos mentales* que se encuentra en su cuarta versión revisada *(DSM-IV)* y que constituye el sistema más utilizado en la práctica psiquiátrica hoy, el pensamiento mágico es una de las características que definen *el trastorno esquizotípico de la personalidad*:

> "Estos sujetos pueden ser supersticiosos o estar preocupados por fenómenos paranormales ajenos a las normas de su propia subcultura [...] Pueden sentir que tienen poderes especiales para notar los hechos antes de que sucedan o para leer los pensamientos de los demás. Pueden creer que tienen un control mágico sobre los demás, que puede ser utilizado directamente (p. ej., creer que el que la esposa saque el perro a pasear es el resultado directo de que uno pensase que debía hacerlo una hora antes) o indirectamente a través de realizar rituales mágicos (p. ej., pasar tres veces por encima de un determinado objeto para evitar que ocurra alguna desgracia)."[23]

La investigación, sin embargo, no parece apoyar la idea de que el pensamiento mágico desaparece en la adolescencia;[24] ni de que no se presenta en la población adulta occidental.[25] A pesar del *Manual diagnóstico y estadístico de trastornos mentales,* los individuos no necesariamente rechazan "prácticas y creencias mágicas" cuando su cultura oficial se rige bajo la égida de la racionalidad científica.[26] Frente a la idea de la cultura como un todo coherente y homogéneo,

---

[22] José M. García-Montes, Marino Pérez Álvarez, Louis A. Sass y Adolfo J. Cangas, "The Role of Superstition in Psychopathology", *op. cit.*, p. 229.

[23] American Psychiatric Association, *op. cit.*, p. 658.

[24] D. Bolton, P. Dearsley, R. Madronal-Luque, y S. Baron-Cohen. "Magical thinking in childhood and adolescence: Development and relation to obsessive compulsion" *British Journal of Developmental Psychology* 20 (2002), pp. 479-494.

[25] E. V. Subbotsky, "Magical thinking in judgements of causation: Can anomalous phenomena affect ontological causal beliefs in children and adults?" *British Journal of Developmental Psychology* 22 (2004), pp. 123-152.

[26] E. V. Subbotsky and G. Quinteros, *op. cit.*, p. 540.

hay que señalar que la identidad de cada grupo se forma a través de identificaciones con algo, pero ese algo es sólo *nominalmente* lo mismo para cada miembro del grupo. Es decir, cada miembro se identifica de manera diferente con ese algo, a través de un rasgo singular que le es significativo. Gananath Obeyesekere llama *el trabajo de la cultura* al proceso a través del cual las formas simbólicas que existen en la cultura son creadas y recreadas por los sujetos. Los símbolos tienen entonces un carácter doble. Por un lado permiten elaborar la singularidad de la experiencia subjetiva; por otro lado, la comunicación con los otros.[27] Ello puede suponer que a través del símbolo se defina la naturaleza idiosincrásica y absolutamente singular de una experiencia, o que se contribuya a su articulación cultural más amplia. La identificación pública de las características del objeto que realizan los miembros del grupo, no necesariamente coincide con las características en las cuales la identificación del individuo con aquel objeto está basada. Así, a nivel simbólico cada uno imagina que los demás se identifican de la misma manera que él. Mientras el grupo sostenga esta identidad a través de su diferencia de otro grupo, el carácter ficticio de esta presunción permanece oculto y el grupo parece más cohesionado de lo que realmente es. En suma, la relación entre el sujeto y el orden social parece bastante más compleja que lo que el *Manual diagnóstico y estadístico de trastornos mentales,* considera. No es posible nunca hablar de comportamientos absolutamente singulares definidos de manera aislada, sino que incluso los comportamientos más atípicos solamente se definen en contextos de relaciones sociales, que definen, a su vez, posiciones subjetivas.

La pregunta que nos interesa tiene que ver entonces *con el carácter de la superstición en la sociedad moderna y su relación con la psicopatología.* La constitución decimonónica de la categoría "magia" inició y propició en la antropología diversos debates disciplinares que acaecieron a lo largo del tiempo y que, no obstante, pese

---

[27] Cfr. Gananath Obeyesekere, *The Work of Culture: Transformation in Psychoanalysis and Anthropology*, University of Chicago Press, Chicago, 1990.

a basarse en distintas premisas teóricas, se esforzaban por mantener la distinción entre los enclaves de la magia, la religión y la ciencia. Radcliffe-Brown, tras analizar las distinciones entre magia y religión elaboradas por Durkheim, Frazer y Malinowski, escribía:

"Viendo esta falta de acuerdo respecto a las definiciones de magia y religión y la naturaleza de la distinción entre ellas, y viendo que en muchos casos el que la práctica de que hablamos sea un rito particular mágico o uno religioso varía según cuál de las definiciones aceptemos, es razonable que adoptemos la única actitud sensata en el presente estado de conocimiento antropológico, que es evitar, en la medida de lo posible, el uso de los términos en cuestión hasta que se llegue a un acuerdo general sobre ellos."[28]

La propuesta de Radcliffe-Brown no prosperó porque, tal y como advierte Jonathan Z. Smith:

"Cada sociedad parece tener un término (o términos) para designar modos rituales, creencias y agentes como peligrosos y/o ilegítimos y/o desviados (incluso algunos textos convencionalmente llamados 'mágicos' por los investigadores, contienen hechizos y encantamientos contra lo que los textos mismos llaman 'magia'). Las etnoclasificaciones difieren ampliamente y pueden ser muy complejas. Más aún, está lejos de ser claro que en muchos casos las distinciones nativas sobre lo peligroso, ilícito, y/o desviado de ciertas prácticas y agentes puedan ser comprendidos apropiadamente en nuestros términos comunes de *'magia'*, *'brujería'*, *'hechicería'*".[29]

---

[28] A. R. Radcliffe-Brown, *Estructura y función en la sociedad primitiva*, Península, Barcelona, 1972, p. 158. Partidario de la eliminación del término es también David F. Aberle, "Religio-Magical Phenomena and Power, Prediction and Control", *Southwestern Journal of Anthropology* 22 (1966), pp. 221-230.

[29] Jonathan Z. Smith, "Trading Places", *Relating Religion: Essays in the Study of Religion*, The University of Chicago Press, Chicago, 2004, p. 219.

La respuesta no podía ser sustituir el término "magia" o "superstición" por términos y categorías nativas porque, para que el término o categoría nativa fuera inteligible para nosotros, tendríamos que hallar una categoría *análoga* (que una vez más podría ser la de magia o superstición). En nuestro caso, entendemos "magia" *como una categoría histórica, forjada en el siglo XIX*, para señalar *modos relacionales* que deben ser cuidadosamente separados de la religión y de la ciencia. La "magia" (o cualquiera que sea el término que usemos como análogo) no es un asunto de los *otros* sino de *nos-otros*. La esquizofrenia, algunos de cuyos procesos se creen visibles hoy a través de la escala de ideación mágica, "surge en la época moderna con la emergencia del discurso científico y la declinación de la omnipotencia divina. Estos dos hechos interdependientes supusieron nuevos tipos de experiencias respecto a las relaciones con el universo, con los otros y con uno mismo [...] Dios pasaba –en el mejor de los casos– a la reserva, o bien se le consideraba directamente una hipótesis innecesaria".[30] La magia es, a este respecto, la categoría que por oposición se hace cargo de lo que no puede ser contenido en la forma apropiada de situarse con respecto a la religión en la modernidad (Dios como reserva o como hipótesis inútil) ni en el discurso secularizado de la ciencia.

Hemos querido pues, en primer lugar, ahondar en las relaciones que la modernidad sostiene con la categoría magia que ella misma instituye. Para ello, hemos elegido dos obras que constituyen hitos en la teoría antropológica sobre la cuestión: la de Evans-Pritchard y la de Lévi Strauss.[31] La antropología *como disciplina* es ella misma moderna. Su nacimiento en el siglo XIX enmarca precisamente la obsesión por separar la magia de la religión y de la ciencia. Hay

---

[30] José María Álvarez y Fernando Colina, *op. cit.*, pp. 15-16.

[31] En mi lectura de ambos sigo a James Siegel y Christopher I. Leihrich. Cfr. James Siegel "The Truth of Sorcery", *Cultural Anthropology* 18-2 (2003), pp. 135-155; James Siegel, *Naming the Witch*, op cit, pp. 29-53; pp. 70-110 (especialmente su fructífera reflexión sobre el accidente y la posibilidad/imposibilidad de su institucionalización); Christopher I. Leihrich, *The Occult Mind: Magic in Theory and Practice*, Cornell University Press, Ithaca, 2007, pp. 104-120.

en ella una forma específicamente moderna de proceder, que devela aspectos de esa modernidad en la que se forja. Los textos que hemos elegido no nos hablan tanto de los otros (los azande, los zuñi o los melanesios), como de lo que a través de los otros *la modernidad intenta conjurar de sí misma*. La operación de los límites que realizan tanto Evans-Pritchard como Lévi-Strauss será aquí representativa. El primero se esfuerza en mostrar que las creencias en la brujería son coherentes dentro del sistema zande *pero* concluye que el sistema zande es finalmente ilusorio, frente a la realidad objetiva cuya representante es la ciencia. El segundo, Lévi-Strauss, postula la unidad estructural de *una* mente humana, que sin embargo se manifiesta de *dos* maneras *distintas*: la del pensamiento salvaje y la del pensamiento domesticado que no han de ser confundidas:

> "Al volver de los Trópicos los antropólogos siempre podían confiar en las certezas de las ciencias como los monjes orando pueden respaldarse en su 'misericordia' cuando empiezan a flaquear un poco....Aunque su propia disciplina nunca conseguía del todo la unidad exigida para superar la prueba de la Ciencia con mayúscula, los antropólogos siempre podían pedir prestado a otros ámbitos más avanzados el incremento de certeza esperado [...] El punto esencial de esta situación clásica, o mejor dicho moderna, es que la afirmación de la multiplicidad, en el fondo, comprometía a bastante poco puesto que no invadía nada verdaderamente esencial: no tenía anclaje ontológico duradero."[32]

Leer estos textos significa descubrir un Evans-Pritchard y un Lévi-Strauss semejantes a los que la tradición disciplinar transmite y, a la vez, distintos. Nuestra pregunta, una vez más, es por *esos espectros* que precisamente ponen en cuestión los límites que la modernidad establece para sí misma, y que nos develan algo de la condición del

---

[32] Bruno Latour, "Llamada a revisión de la modernidad. Aproximaciones antropológicas", *op. cit.*, pp. 3-4.

orden social. Es por esta vía que, *a través de lo que se nos cuenta de los otros*, nos vemos llevados a interrogar los supuestos de *nuestras* certezas y a admitir que, cuando éstas se desmoronan y nos vemos tentados a poner el problema del lado de "la realidad", desconocemos activamente que dicha "realidad" está tramada con los efectos y condicionamientos de un orden social, que se caracteriza *por el exceso*. Lo que observamos precisamente en Evans-Pritchard y en Lévi-Strauss es la lectura que hacen de los otros a través *de una preocupación que es la suya*: la de la relación entre el *signo y lo significado*, la de cómo reconocer (o no) conexiones *causales significativas y que sean verdaderas*. Su inquietud es una inquietud moderna: la de contemplar los procesos de significación como una multiplicidad enigmática que sin embargo en nombre de la ciencia, o de las leyes universales de la mente, hay que dominar. Lo que parecen atisbar *y al mismo tiempo ignorar* es que lo social, efectivamente, no se sutura en algún punto a partir del cual sea posible *fijar el sentido de manera independiente a cualquier práctica articulatoria*. Esta imposibilidad nos enfrenta una vez más a la *locura* que, ya en 1901, conjuraba Enrique O. Aragón *apelando a un primitivismo y a una superstición que había que separar cuidadosamente de la Ciencia*: "Si *todavía* creyéramos en los embrujamientos y en los bebedizos, yo estaría dispuesto a creer que el estado patológico que comento es el resultado de un tremendo bebedizo o filtro maldito preparado en sábado por hechicera perversa." Veamos más despacio la urdimbre de la conjura.

Releyendo a Evans-Pritchard: el oráculo

> El interés principal de Evans-Pritchard parece haber sido el de mostrar cómo un sistema metafísico podía imponer una creencia mediante procedimientos diferentes de autovalidación.
>
> Mary Douglas

Empezamos por E. E. Evans-Pritchard porque su obra es, como supo ver Mary Douglas, singularmente iluminadora al respecto: "¿Por qué habían de tener valor explicativo las creencias en dioses y espíritus invisibles, en el *mana* y el *tabú*? [...] Evans-Pritchard lo resolvió al ampliar todavía más la pregunta [...] se preguntó cómo era posible que se aceptase un sistema metafísico, *fuese el que fuese.*"[33] En su obra *Brujería, magia y oráculos entre los azande* (1937) Pritchard advierte al lector que la brujería: "Proporciona una *filosofía natural* por la cual se explican las relaciones entre los hombres y los sucesos desafortunados."[34] La brujería explica lo que de otra manera sería un accidente y, en rigor, *y en última instancia*, permanecería inexplicable. Los accidentes implican un "daño" cuya *máxima expresión es la muerte* que entre los azande (y precisamente en tanto que "daño") *siempre es provocada por la brujería*: "Entre las causas de la muerte, la brujería es la única que tiene alguna significación para el comportamiento social. El hecho [...] *no excluye lo que llamamos sus causas reales* sino que se superpone sobre ellas y da a los acontecimientos sociales su valor moral."[35] La naturaleza de la brujería entre los azande del sur de Sudán (azande en plural, zande en singular) comienza por explicar un *accidente*: "a veces se cae un granero. No tiene nada de sorprendente. Todos los azande saben que las termitas se comen los soportes y que la madera más dura se deteriora al cabo de años de uso [...] que se derrumbe es fácil de comprender pero ¿por qué tenía que derrumbarse en el momento concreto en que estas personas concretas estaban sentadas debajo?".[36] Evans-Pritchard aclara entonces que "existen medios disponibles y estereotipados para reaccionar ante tales acontecimientos".[37] Esta aseveración ha implicado una tendencia

---

[33] Mary Douglas, "Brujería: el estado actual de la cuestión treinta años después de brujería, magia y oráculos entre los azande", en Max Gluckman *et al.*, *Ciencia y brujería*, Anagrama, Barcelona, 1991, p. 36.

[34] E. E. Evans-Pritchard, *Brujería, magia y oráculos entre los azande*, Anagrama, Barcelona, 1976, p. 83.

[35] *Ibid*, p. 92.

[36] *Ibid*, p. 88.

[37] *Ibid*, p. 83.

antropológica que hasta muy recientemente, en líneas generales, ha privilegiado *la función social de la brujería*. Una versión disciplinar más o menos aceptada podría ser la siguiente. Un accidente ocurre "por ninguna razón en especial", y afecta nuestra vida. La magia sirve para nombrar ese accidente y asegurar que tiene un origen. Lo que pasa por "ninguna razón" y por lo tanto parece proceder de "ninguna parte" *se recupera para la vida social*, si bien de manera ambigua, al contribuir a reforzar la creencia de que la muerte o la desgracia *son extrañas* al transcurso normal de la vida.

La primera dificultad que adviene con esta interpretación se produce cuando advertimos que entre el accidente y la explicación del infortunio hay un hueco. Efectivamente, el accidente, tal y como subraya Evans-Pritchard, es singular. *Me* acaece de *una vez*. El problema de la explicación radica en que lo que me interesa no es por qué se cayó el granero. Sé que las termitas se comen los soportes y que la madera más dura se deteriora al cabo de años. Lo que me interesa es por qué se le cayó a X y por qué tuvo que ser precisamente cuando X estaba allí. Entre la singularidad del evento y la generalidad de la explicación hay necesariamente una discrepancia. Uno podría decir: "fue porque le hicieron brujería"; también podría decir: "fue mala suerte", en última instancia, *la singularidad* del accidente (por qué entonces, por qué a X) es lo que persiste como interrogante. La insistencia de los informantes nahuas de Tlaxcala, a los que entrevistó Hugo Nutini al señalar la necesidad de proteger a sus niños de la chupada de la bruja o *tlahuelpuchi*, y la insistencia de Nutini en explicar la causa "real" de sus temores como un *sistema self-fulfilling*,[38]

---

[38] Hugo Nutini, *Bloodsucking Witchcraft: An Epistemological Study of Anthropomorphic Supernaturalism in Rural Tlaxcala*, University of Arizona Press, Tucson, 1993. Nutini publicó junto con Horacio Fábrega, el artículo "Witchcraft-Explained Childhood Tragedies in Tlaxcala, and their Medical Sequelae", trabajo realizado con población nahua de Tlaxcala y los datos y las observaciones se obtuvieron entre los años 1960 y 1966. La profundización de este trabajo es el libro de Nutini. El complejo de la *tlahuelpuchi* se vincula para él con una imbricación inconsciente de la cuestión del infanticidio y con un sistema complejo "self-fulfilling" en el que, si se cree que algo ocurrirá, su resultado es debido a una acción inconsciente. Algo que se pronostica resulta cierto de antemano,

necesariamente no coinciden, porque el segundo reduce los miedos de los primeros a categorías más generales, y éstos con la insistencia en la palabra *tlahuelpuchi* lo que señalan es precisamente la singularidad del acontecimiento que les concierne, y del que no pueden decir más que eso: "fue *tlahuelpuchi*". Si bien entonces podemos pensar con Evans-Pritchard que la magia *explica el infortunio concreto*, puede asimismo acaecer que la renuencia de los informantes obedezca a una imposibilidad. El significante "bruja", "*tlahuelpuchi*", puede ser un significante sin significado, es decir, uno cuyo poder consiste *en generar relaciones entre significante y significado que proliferan sin cesar, sin lograr jamás sedimentarse*. Así, por un lado, "bruja", "tlahuelpuchi" serían los significantes necesarios para el sistema de la brujería y, por otro lado, los significantes que impedirían su estabilización. Esta inestabilidad provocaría que la magia dependiera de la sospecha incesante de que un poder está operando; *y que más que acallar esta sospecha* términos como "brujo", "hechicero" o "*tlahuel-puchi*" *la alimentasen*. La teoría de la *función social de la magia* se vería entonces seriamente cuestionada. Con lo que se lidiaría sería con la tentativa fallida de lidiar con un exceso en el orden social en el que el significante "brujo" carecería de propiedades particulares y cuyo significado, siempre *provisional*, sería un epifenómeno del mismo sistema de significados que genera. La brujería no consistiría en *un despliegue racional de funciones que obedecería a una lógica subterránea, sino que expresaría lo contrario: cómo la sociedad construye y gestiona su propia imposibilidad*.

Hay que recordar que, para Evans-Pritchard, la magia es fundamentalmente pragmática, se integra al conocimiento ordinario y no

---

relacionando la ideología de este padecimiento con las manifestaciones físicas de las víctimas. Nutini señala que el infanticidio tiene una incidencia relativamente alta en el medio tlaxcalteca que se atribuye a la acción de la *tlahuelpuchi*, pudiendo únicamente conjeturar sobre cinco razones, como son, el antagonismo entre suegra y nuera; el adulterio por parte de la mujer; la eliminación de uno de los mellizos al poco tiempo de nacer; demasiados hijos en la familia y la eliminación de bebés defectuosos. Lo que significa que en Tlaxcala cualquier bebé que muere bajo circunstancias extrañas puede ser diagnosticado como un caso de chupada por la *tlahuelpuchi*.

significa la minimización del conocimiento positivo. Tal y como él mismo aclara: "La brujería explica *por qué* los acontecimientos son nocivos para un hombre y no *cómo* suceden."[39] La brujería suplementa entonces la determinación empírica de las causas: "El zande acepta una explicación mística de las causas de la desgracia, la enfermedad y la muerte, pero no permite esta explicación si entra en conflicto con las exigencias sociales que manifiestan la ley y las costumbres."[40] En la sociedad zande no se puede aseverar que uno engaña o comete adulterio porque está embrujado "puesto que los azande reconocen la pluralidad de causas y la situación social indica cuál es la relevante, […] A veces la situación social exige una estimación de la causa de sentido común y no una mística".[41] Los azande comienzan por ver una peculiaridad en un evento, que hace que no pueda ser explicable bajo los términos ordinarios. Cuando un zande sospecha que está embrujado consulta al oráculo, y es en este momento cuando la narrativa del accidente cambia de registro. Los sucesos de la vida cotidiana que habitualmente permanecen desapercibidos, se transforman en una historia mágica. Hay entonces un desplazamiento de la primera a la tercera persona. Efectivamente, el zande consulta al oráculo; "*algo*" presente sólo a través de signos. Ese "*algo*" no puede hablar a través de la voz del que consulta, aunque éste sospeche quién lo ha embrujado, porque su sospecha no es suficiente para establecer la identidad del agresor. Sólo el oráculo ha de pronunciarse a través de procedimientos muy definidos que permiten señalar quién es el brujo o bruja. El oráculo funciona a través de la administración de un veneno (*benge*) a los pollos, haciendo preguntas a las que el ave responde muriendo o sobreviviendo:

> "Hay dos pruebas, la *bambata sima*, o primera prueba, y la *gingo*, o segunda prueba. Si un ave muere en la primera prueba, entonces otra ave debe sobrevivir en la segunda prueba, y

---

[39] E. E. Evans-Pritchard, *op. cit.*, p. 90.
[40] *Ibid*, p. 93.
[41] *Ibid*, p. 92.

si el ave sobrevive en la primera prueba, otra ave debe morir en la segunda para que el juicio se acepte como válido. Por regla general, la pregunta está entramada de tal forma que el oráculo tiene que matar al ave en la primera prueba y perdonar a otro pollo en la segunda prueba de corroboración para dar una respuesta afirmativa, y perdonar al ave en la primera prueba y matar a otra en la segunda para dar una respuesta negativa; pero esto no sucede así de forma invariable y a veces se entraman las preguntas en la manera contraria. La muerte del ave no aporta en sí misma una respuesta positiva o negativa. Depende de la forma de la pregunta [....] [Kisanga] pregunta si el hechicero [que provocó su enfermedad] vive en nuestro lado de la parte nueva del asentamiento gubernamental. Si vive allí, oráculo del veneno, mata al ave. El ave SOBREVIVE dando la respuesta 'No'."[42]

No existe ningún discurso estereotipado, ninguna fórmula, en que haya que dirigirse al oráculo. Éste no obra por lo que el hombre dice o repite. El que interroga simplemente administra un veneno (que se recolecta la lejana región boscosa del río Bomokandi y sufre un proceso de transformación ritual) que permite que aparezca una respuesta a partir de la supervivencia o la muerte del animal. El pollo, evidentemente, no puede hablar por sí mismo y sin embargo da una respuesta. La oposición vida/muerte contiene un mensaje para los azande. El ave, viva o muerta, supone una voz oracular, *una voz que proviene de otro lugar*. No obstante, la respuesta no está simplemente dada en el código que todos los azande comparten, sino en aquello que, dentro del código, permite realizar. Una conjunción entre pregunta y respuesta que permite evadir la experiencia. La pregunta: "Si Adiyambio, que padece una úlcera profunda, sigue en nuestro asentamiento estatal ¿morirá?",[43] permite vincular *mágicamente* dos cosas: la supervivencia de Adiyambio y la permanencia en el asen-

---

[42] *Ibid*, pp. 282-287.
[43] *Ibid*, p. 285.

tamiento. El oráculo proporciona la palabra mágica, la cópula que hace que cualquier cosa pueda ser unida a otra.[44] Como fuente de conocimiento de posibilidades impensables, el oráculo *estimula así la expresión del impulso de las conexiones mentales*. En las acusaciones de brujería el sujeto se encuentra como objeto de un resentimiento que antes no estaba claro. El oráculo no prohíbe ningún pensamiento impulsivo sobre el odio que otros puedan tener hacia el consultante. Cuando Kisanga pregunta si el hechicero que provocó su enfermedad vive en su lado de la parte nueva del asentamiento gubernamental, y el ave sobrevive dando la respuesta "no", significa que el hechicero no ha sido identificado, pero que *sí* hay un hechicero. Otra pregunta se realiza entonces al oráculo para identificar al causante del daño, el ave muere y la respuesta a esta nueva pregunta es "sí" develándose finalmente su identidad. La amenaza de muerte se materializa. El peor pensamiento posible para Kisanga, "me estoy muriendo", adquiere valor. Un pequeño signo, quizá un malestar en el estómago, significa, *de hecho*, que alguien está tratando de matar a Kisanga. El oráculo no niega, sino que justifica su miedo y lo hace visible. El miedo ya no le pertenece, tiene un lugar en una historia sobre el mundo zande que otros comparten. La verificación de la sospecha retorna a Kisanga al seno de lo social. Cuando Kisanga sólo sospecha, sopesa si A, B o C es el hechicero. No obstante, desde que sólo son sospechas, carece de certeza, no sabe cómo actuar hacia A, B, o C, ni finalmente hacia nadie, porque cualquiera puede ser el hechicero. Al pronunciarse, el oráculo permite que Kisanga pueda obrar tal y como corresponde a su situación, socialmente asignada. Lo que la palabra "hechicero" representa para él en su forma más virulenta, que el daño puede provenir *de cualquier parte*, es neutralizado.

Volvamos a la primera escena. Evans-Pritchard nos insiste en que para el zande "la brujería es un lugar común y rara vez pasa un día

---

[44] Lo que quiero decir es que la función de la palabra mágica es la misma que la de la cópula, no que cualquier palabra mágica de cualquier contexto se traduzca por "es". El uso mágico del significante mágico es la vinculación, como veremos posteriormente a la luz de Marcel Mauss y Lévi-Strauss.

sin mencionarla".[45] Un accidente acaece y el zande conoce las causas naturales que lo producen. No obstante se pregunta: "¿Por qué, pues debe este hombre concreto, en esta ocasión, mediando toda una vida poblada de situaciones similares de las que él y sus amigos salen sanos y salvos, ser herido por esta bestia concreta? ¿Por qué en esta ocasión y no en otras ocasiones?"[46] En este punto se sospecha ser víctima de brujería o hechicería. Los azande distinguen entre la brujería, realizada por los poseedores de un poder personal que radica en una substancia material localizada en el vientre, y la hechicería, realizada por las personas que utilizan medicinas para alcanzar sus fines. Evans-Pritchard observa:

"Quienes siempre hablan de forma tortuosa y no son directos en sus conversaciones resultan sospechosos de brujería. Los azande son muy sensibles y suelen estar muy atentos a las alusiones desagradables que se les hacen en conversaciones aparentemente inocentes. Esto da ocasión a frecuentes peleas y no hay forma de determinar si el hablante quería hacer la alusión o si el oyente la ha aportado. Por ejemplo, un individuo se sienta con sus vecinos y dice: 'Ningún hombre permanece siempre en el mundo'. Uno de los individuos que está sentado a su lado hace un gruñido de desaprobación ante la observación, oyendo lo cual el hablante explica que se refería a un anciano que acaba de morir; pero los demás pueden pensar que deseaba la muerte de alguno de los que estaban sentados con él."[47]

Una vez acaece un "accidente", una frase como la anterior es recordada e interpretada *a posteriori* como amenaza. El oráculo y la existencia de la brujería ofrecen la posibilidad de que muchas aseveraciones puedan, en retrospectiva, tener otro sentido. T*odo, absolutamente todo,* puede ser motivo de sospecha:

---

[45] *Ibid*, p. 84.

[46] *Ibid*, p. 88.

[47] *Ibid*, p. 124.

"Si la cosecha de un hombre es buena, las redes se le llenan de caza y sus termitas abundan, él está convencido de que se ha convertido en el blanco de los celos de sus vecinos y que será embrujado. Si la cosecha falla, las redes están vacías, sus termitas no abundan, sabe por estos signos que ha sido embrujado por los celos de vecinos. Cómo satisfacen a los azande las desgracias de los demás. Nada es más agradable, más confirmador, más lisonjero para su autoestima que la ruina de otro."[48]

Si los buenos esfuerzos de un individuo atraen la brujería, ello significa que el individuo no sólo no puede encontrar entre los otros su imagen de sí, tal y como él piensa que él es, sino tampoco cómo piensa que él debería ser. Entre los azande, la imagen de uno es siempre erróneamente interpretada, o *hay algo de uno que uno mismo desconoce*, pero que para los otros es público y evidente. Una de las características que definen a la brujería frente a la hechicería en la sociedad zande, es que el brujo no necesariamente sabe que lo es; así que el vecino finalmente puede tener razón. Por esta razón cuando el identificado como brujo es otro, el individuo se siente agradecido y reafirmado: "es otro y no yo". Lo que un sujeto llega a sospechar de sí mismo, y a veces el oráculo confirma, es verdad para otro. La fuerza que es condenada cuando "yo" soy la víctima, se celebra cuando es otro el afectado. En este momento contemplamos cuán ocultamente un poder negativo se cultiva en la sociedad zande adulta. La existencia de esta negatividad (que celebra *secretamente* la caída del otro) sería insoportable si no hubiera una forma de lidiar con ella. La manera zande es no excluir al brujo, ni privarlo siquiera de su magia, sino descubrirlo y lograr que el acusado, que *ni siquiera sabe que es brujo*, lo admita.

Cuando un zande sospecha que está embrujado y consulta al oráculo para averiguar quién es el causante de su mal, debe "evitar la discusión abierta con el brujo, puesto que esto sólo lo agraviaría y

---

[48] *Ibid,* p. 115.

quizá le hiciera matar sin dilación a su víctima".[49] Entre los azande, como hemos señalado, *la muerte es el accidente por excelencia y toda muerte es causada por brujería*. Evans-Pritchard narra el caso de un individuo que, ante la enfermedad súbita de un pariente, sube a la rama de un árbol y grita en agudo "¡ji! ¡Ji! ¡Ji!" para atraer la atención de los vecinos. Repite el grito varias veces y luego dice a sus oyentes que no les llama por ningún animal sino porque desea hablarles de brujería:

"Hoy he ido a consultar al oráculo […] y me ha dicho que los hombres que están matando a mi pariente no están lejos, que están bien cerca de aquí y que son mis vecinos […] no quiero decir su nombre […] Si tiene oídos, oirá lo que estoy diciendo […] Si mi pariente sigue enfermo hasta morir, seguramente revelaré a la persona para que todo el mundo pueda conocerla […] ¿Por qué matáis a mi pariente? Si ha hecho algún mal deberíais habérmelo comunicado […] No matéis a mi pariente. Así es como he hablado. He hablado mucho. El hombre que tiene oídos con pocas palabras oye. Después de lo que os he dicho no volveré a cargar mi boca, sino que buscaré al hombre a solas y lo acusaré en su cara. Todos vosotros habéis oído mis palabras. He terminado."[50]

Al subir al árbol, este individuo ya no está cara a cara con su auditorio. Este cambio de perspectiva supone asimismo un cambio en la identidad de los que lo escuchan que ya no son sus vecinos, sino cualquiera que escuche, en su posible identidad de brujo. El individuo sólo indica que el oráculo le ha revelado el secreto y que él no va a decirlo, pero que podría hacerlo. No exige una respuesta verbal, sino que la salud de su pariente mejore. Si ello no sucede, el zande revela al brujo, pero no lo hace directamente. Acude al delegado del príncipe para que él mismo o su mensajero envíen un ala del oráculo

---

[49] *Ibid*, p. 107.
[50] *Ibid*, pp. 107-108.

del pollo envenenado al presunto culpable. Una vez más una mediación pública es invocada:

> "Al llegar el mensajero deja el ala en el suelo delante del brujo y simplemente dice que el delegado le ha enviado con ella en razón de la enfermedad de fulano. Trata al brujo con respeto, pues tal es la costumbre y en cualquier caso nada es de su incumbencia. Casi invariablemente el brujo responde cortésmente que no es consciente de estar dañando a nadie, que si es cierto que está dañando al hombre en cuestión lo siente mucho y que si sólo es él quien lo perjudica entonces seguramente se recuperará porque le desea salud y felicidad."[51]

Un hombre acusado de brujería –nos dice Evans-Pritchard– "está atónito". No se ha visto a sí mismo desde ese ángulo, y sin embargo no rechaza la acusación: "El individuo no puede evitar ser brujo, él no tiene la culpa de haber nacido con brujería en su vientre. Puede ser absolutamente ignorante de que es brujo y absolutamente inocente de los actos de brujería. En este estado de inocencia puede perjudicar a otro sin darse cuenta."[52] La brujería *se hereda;* en el caso de los varones a través de sus padres y en el caso de las mujeres a través de sus madres, y es una sustancia vinculada a un órgano que suele ser el intestino o cualquier órgano ligado a la digestión. Entre los azande, el individuo que ha heredado la brujería puede activar su poder sin querer, a través del odio o la envidia que a nivel consciente o inconsciente puede sentir por otro. Incluso cuando en una autopsia los azande puedan establecer que la sustancia de la brujería está en un individuo, ello no condena automáticamente a su hijo, porque a los azande sólo les interesa la brujería cuando se produce *un infortunio concreto* y hay que identificar a su agente e incluso, en este caso, siempre es necesaria la intervención del oráculo. La mejor defensa contra la acusación de brujería es la admisión. No admitirlo hace que

---

[51] *Ibid*, p. 109.
[52] *Ibid*, p. 132.

294

igualmente uno sea considerado brujo. Admitirlo ciertamente implica confirmar la acusación, pero asimismo mostrar que el individuo se comporta de acuerdo con lo que se espera de él. El reconocimiento de la acusación de brujería es el signo *de que es lo social y no lo asocial, lo que reina entre los azande.*

Evans-Pritchard enfatiza que el brujo entre los azande no es *Unheimlich*. Es decir, para el zande el brujo es una ocurrencia cotidiana y más normal que extraña. Hay que recordar que lo *Unheimlich* sin embargo es no unívoco, porque puede significar tanto lo familiar como lo que suscita incertidumbre. Lo *heimlich* (familiar) puede terminar convirtiéndose en *Unheimlich* (siniestro, oculto, perverso). Si la brujería no tuviera este carácter *Unheimlich* –podríamos argumentarle a Evans-Pritchard– los azande no requerirían de todas esas medidas extraordinarias para confirmar sus sospechas. Más aún, la brujería zande implica una sensación de sospecha, ella misma *Unheimlich*, que es preciso aliviar a través de la acusación y de la admisión de la misma por parte del imputado. Ambos procedimientos, sin embargo, remiten a la ambigüedad. Por un lado, la acusación se hace porque se produce un daño, incluso letal. Por otro lado, la admisión por parte del acusado parece transformar la brujería en algo aceptable y finalmente inofensivo. La bifurcación entre el buen vecino y el mal brujo se oscurece por la facilidad por la que uno se transforma en otro, y viceversa, a partir de la aceptación de la acusación. El "brujo" es tolerado, no en su condición de "brujo", sino porque puede devenir fácilmente en "vecino", así como el "vecino" con igual facilidad puede devenir en "brujo".

"Sobre todo, interesa a ambas partes no quedar distanciadas por el incidente. Tienen que seguir viviendo juntas como vecinas y cooperar en la vida de comunidad. También supone una ventaja para ambas evitar, por algún medio más directo e inmediato, toda erupción de ira o resentimiento. Lo que se pretende con el procedimiento es poner de buen humor al brujo siendo educados con él. El brujo por su parte debe sentirse agradecido a las personas que le han advertido tan educadamente del peligro en que está. Debemos recordar que, al no tener la brujería existencia real, el hombre no sabe que él ha embrujado a otro, aun cuando reconozca que le tiene antipatía. Pero, al mismo tiempo cree firmemente en la existencia de la brujería y en la exactitud del oráculo del veneno, de tal forma que cuando el oráculo dice que está matando un hombre con su brujería, probablemente esté agradecido por haber sido advertido a tiempo, pues de haberle dejado matar al hombre permaneciendo ignorante de su acción, inevitablemente hubiera caído víctima de la venganza. Mediante la educada indicación de los parientes del enfermo al brujo causante de la enfermedad, acerca del veredicto del oráculo, se salva tanto la vida del enfermo como la del brujo."[53]

El vínculo social que revelan estas prácticas en la sociedad zande no es más que la tentativa (*necesariamente fracasada*) de erradicar el exceso, pero *es precisamente la motivación de tratar de establecer el vínculo y su fracaso lo que genera el campo social dentro del cual los sujetos pueden ser sujetos*. La admisión pública de ser brujo no significa la restauración del vínculo social, porque es la admisión por parte del acusado de que alberga en sí la sustancia de la brujería. Por un lado, la admisión permite el retorno de la personalidad social del imputado. Por otro lado, es la admisión ante sí mismo de que es un brujo, *de que acoge la sustancia de la muerte en su interior*. En la sociedad zande, todos y cada uno pueden ser brujos. Uno es extraño a sí mismo, y cada uno de los otros es, al menos potencialmente, enteramente distinto a lo que su apariencia social da a entender. Las identidades oscilan entre lo asocial y lo social. Es decir entre las propiedades determinadas por el grupo y conocidas por todos, y la indeterminación que, aunque las hace posibles, se intenta conjurar. Es este desplazamiento continuo lo que impide, pese a que tentativas no han faltado, reducir la brujería zande a cualquier conflicto social que hubiera podido precederla. El odio puede estar implicado en conflictos de interés, pero éstos no pueden jugarse en

---

[53] E. E. Evans-Pritchard, *op. cit.*, p. 111.

el idioma de la brujería zande porque el vínculo entre el brujo y el individuo *como persona concreta* es siempre inestable. Escribe Evans-Pritchard: "En su representación de la brujería, el odio es una cosa y la brujería otra distinta. Todos los hombres son susceptibles de albergar sentimientos contra sus vecinos, pero a menos que hayan nacido con brujería en sus vientres no pueden hacer daño a sus vecinos por el mero hecho de tenerles aversión."[54] Hay una relación difícil de captar entre el accidente y la brujería. El accidente, lo singular, es para el zande un infortunio, producto de la brujería, que ha de ser sometido a escrutinio a través del oráculo, para descubrir quién es el causante. El accidente clasificado con otros accidentes, como efecto de la brujería, dibuja un patrón que es al mismo tiempo condición del vínculo social –porque la mayoría de los azande vive su vida de acuerdo al oráculo–; y sin embargo signa asimismo su *imposibilidad* desde que es el resultado de una mera aglomeración de incidentes singulares y sus efectos que carece de determinación positiva y nos abre a cierta indeterminación. El accidente sólo se hace aceptable al ser neutralizado a través de una instancia que lidia específicamente con la contingencia. La apertura de la sociedad zande ante el accidente tiene sin embargo otra faceta: la de la generación de una sospecha incesante que posiciona a los unos contra los otros.

No obstante ¿no es cierto que el oráculo no habla ni de intenciones ni de sospechas, y que su voz es una voz divorciada de subjetividad? Evans-Pritchard relata cómo el veneno que se administra al pollo ha de ser buscado en un viaje de seis o siete días a través de tierras que no son azande. El veneno además ha de ser tratado ritualmente para ser efectivo.[55] "*Eso*" que habla en el oráculo está libre de intención y de sospecha, como si hablara a través de un código de carácter matemático. Efectivamente, el código consiste en la oposición binaria en la que una respuesta es proporcionada. La voz del oráculo no es la del interrogador, es una voz purificada de toda connotación a través de esta única oposición binaria que, como

---

[54] *Ibid*, p. 121.
[55] *Ibid*, pp. 257-293.

en el caso de los números, tiene siempre el mismo signo gráfico con independencia de la particularidad de la enunciación. La voz del oráculo asegura la distancia; en primer lugar, porque el *benge* viene de lejos; en segundo lugar, porque su tratamiento ritual implica que ha sido separado de otras sustancias ordinarias. El oráculo impone una distancia de las circunstancias presentes, es una tercera persona, una que no se presenta en el discurso. Cuando habla nunca lo hace desde un "yo" que funge como sujeto de la enunciación. Su ausencia en el discurso revela la presencia a sí mismo de un código particular. El oráculo depende de evitar la referencia al mundo a favor de una fuente de lenguaje. Las condiciones de la vida zande hacen que la sospecha suponga una obsesión constante. A través de una voz purificada de toda connotación y que no puede ser identificada con ningún sujeto en concreto, el oráculo permite al zande encontrarse a sí mismo *a través de la fuente de autoridad que puede ser reconocida por todos*. Sin embargo, el oráculo no puede proveer al orden social zande de la estabilidad anhelada. Para el individuo que consulta al oráculo, la palabra "brujo" autoriza a nombrar la singularidad del accidente. El acusado asimismo admite que es un brujo, pero con ello no señala la existencia en el mundo del referente de la palabra "brujo", más bien indica que la autoridad descansa en una fuente de lenguaje reducida a la mínima expresión (el oráculo). La palabra "brujo" atraviesa la sociedad zande a través de las contingencias de la vida social, impulsada cada vez que se revive una sospecha e impulsando a su vez la sospecha.

El zande, asediado por un accidente que no puede comprender, nombra la causa de su infortunio ("el brujo") y logra separarse de ella y reconquistarse a sí mismo. Sin embargo, la reaparición de la sospecha y de la brujería muestra que *esta separación nunca se completa*. En la contingencia y en la ambigüedad, el orden social zande sólo existe como limitación parcial del desorden; de un sentido que sólo se construye como exceso y paradoja, y que supone la indeterminación radical del significado.

¿Cuál es la lección de los azande para la sociedad moderna? La magia es la categoría que lidia con lo que, siguiendo a Evans-Pritchard, hemos llamado "la singularidad del accidente". Evans-Pritchard, por

supuesto, advierte que las creencias azande sobre la brujería son racionales y lógicas en relación a sus propios postulados, *pero que no guardan relación alguna con la realidad objetiva a la que sólo se puede acceder a través del conocimiento científico*. Lo que la lectura moderna de Evans-Pritchard conjura en primer lugar es el *exceso*, el cual quizá puede encontrarse en las relaciones sociales que predominan en sistemas como el de los azande, que creen en la brujería y buscan para ella *la solución mágica del oráculo*; pero no en las sociedades modernas en las que la ciencia proporciona un conocimiento estable y seguro que controla el exceso y proporciona información sobre hechos objetivos. Para Evans-Pritchard existen criterios de verdad (los de la ciencia moderna) exteriores a todo lenguaje y a toda cultura.[56]

En su investigación *sobre el proceso de producción de la ciencia*, Bruno Latour advierte que la modernidad separa el orden de la naturaleza del orden social (aunque esta división no es aplicable a la modernidad con exclusividad, la filosofía griega ya oponía la *physis* al *nomos*). A la naturaleza se le dota de la capacidad de ser explicada y de ser predicha con cierta objetividad por la regularidad apreciada en su comportamiento por las ciencias naturales. A la sociedad se le caracteriza por el hecho de que puede ser comprendida no sin cierta dificultad (por la inclusión de factores humanos, intencionales etc.) La tesis de Latour es que cuanto más se distingue entre lo objetivo y lo predecible de la naturaleza frente al orden social, más alianzas se crean entre los elementos sociales y naturales *que se quieren mante-*

---

[56] Este será el punto nodal de la objeción que Peter Winch, seguidor de la última filosofía de Ludwig Wittgenstein le hará a Evans-Pritchard. Cfr. Peter Winch, *Comprender una sociedad primitiva*, Paidós, Barcelona, 1994. La publicación de Winch desató diversas críticas. Por ejemplo Anthony Giddens, *Las nuevas reglas del método sociológico. Crítica positiva de las sociologías interpretativas*, Amorrortu, Buenos Aires, 1987, pp. 44-51. También R. Horton y R. Finnegan, *Modes of Thought: Essays on Thinking in Western and Non Western Societies*, Faber and Faber, London, 1973; Ernst Gellner, *Language and Solitude: Wittgenstein, Malinowski and the Habsburg Dilemma*, Cambridge University Press, Cambridge, 1998, pp. 171-172.

ner separados.[57] Latour compara a los exploradores occidentales y a los aborígenes con los que éstos se encuentran. Los primeros se burlan de los ídolos de los segundos con el argumento de que algo fabricado por el hombre no puede tener ningún poder sobrenatural. A través de un movimiento de simetrización, muestra que efectivamente el *fetiche* es fabricado por el hombre. Los aborígenes no necesariamente lo ignoran. Pensemos en los *churinga* descritos por Durkheim en *Las formas elementales de la vida religiosa*. Son: "objetos de madera y de piedra como tantos otros; no se distinguen de las cosas profanas del mismo tipo salvo por la particularidad de que sobre ellos está grabada o dibujada la marca totémica".[58] Cuando se fabrican "no están dispuestos arbitrariamente, a gusto de los operadores, sino que deben adoptar obligatoriamente una forma estrictamente determinada por la tradición y que los indígenas piensan que representa al tótem".[59] Su fabricación, podríamos decir, no disminuye un ápice su condición sagrada.

Fabricado es también *el hecho objetivo* que el explorador occidental toma como dado, pero éste no suele reconocerlo. Se requiere mucho esfuerzo para crear distancia entre los *hechos* y sus condiciones sociales de producción.[60] Para lograrlo, la modernidad se basa en dos prácticas que para ser eficaces han de aparecer como completamente separadas: las prácticas de "traducción" y las de purificación. La primera, está compuesta por seres diferentes, híbridos, donde lo dado y lo construido no se pueden separar; la segunda, crea dos zonas ontológicas, establece una partición entre un mundo natural y una sociedad con intereses y desafíos previsibles y estables. Si bien los productos visibles de la modernidad, que son la ciencia la tecnología se nos muestran como híbridos, los tratamos de mantener en la purifi-

---

[57] Bruno Latour, *Nunca hemos sido modernos. Ensayo de antropología simétrica*, Debate, Madrid, 1993, pp. 21-27.

[58] Émil Durkheim, *Las formas elementales de la vida religiosa*, Alianza, Madrid, 2008, p. 202.

[59] *Ibid*, p. 206.

[60] Bruno Latour, *Petite réflexion sur le culte des dieux faitiches*, Les Empêcheurs de penser en rond, París, 1996.

cación (asignarlos como consecuencia de los *aprioris* que asumimos como lo dado frente a lo construido), lo cual no hace sino ampliar su proliferación porque en la medida en que purificamos, necesitamos más tipos de mediaciones y más procesos de purificación. La contradicción es que cuanto más independiente se muestra un "hecho social o natural" más trabajo, más aparatos, más teorías, conceptos etc. de su contraparte necesitamos.[61] Existe una continuidad entre la creencia del aborigen en el fetiche y los hechos científicos que Latour denomina *factiches*. La conclusión de Latour es que no nos diferenciamos de las demás culturas porque dispongamos de un espíritu "superior", "más civilizado", o por una mentalidad "científica" frente a otra "pre-científica", sino por la tentativa de separar el tejido de naturaleza-cultura *a través de la práctica de purificación*.

Latour ha señalado cómo la objetividad de la ciencia depende de lo que llama "la situación más simple de todas las situaciones: lo que sucede cuando alguien profiere un enunciado y los demás creen o no en él".[62] Posteriormente resume varias respuestas y estrategias retóricas (como la citación errónea, la omisión, la incorporación...) y los lugares en las que estas respuestas pueden aparecer (revistas científicas, aulas universitarias, laboratorios...). *En la producción de los hechos científicos*:

"Por sí mismo un enunciado no es ni un hecho ni una ficción; son otros enunciados posteriores los que lo convierten en tal. Se acerca más a un hecho si se inserta como una premisa cerrada, obvia, firme y compacta de la que se extrae otra consecuencia menos cerrada, menos obvia, menos firme y menos cohesionada [...] En consecuencia los oyentes hacen que sus enunciados pierdan algo de su carácter de hechos si los devuelven a su lugar de origen, a las bocas y a las manos de aquellos que los elaboraron [...] Con cada réplica añadida al debate

---

[61] Bruno Latour, *Nunca hemos sido modernos, op. cit.*, p. 25.

[62] Bruno Latour, *Ciencia en acción: cómo seguir a los científicos e ingenieros a través de la sociedad*, Labor, Barcelona, 1992, p. 21.

se modificará el estatus del descubrimiento original [...] El estatus de un enunciado depende de enunciados posteriores."[63]

Lo que Latour quiere aseverar es que los hechos que nos parecen más evidentes emergen sólo a condición de su posibilidad de ser referidos (de) construidos o apropiados por otros. Su punto no es que los hechos científicos no existan, sino que el hecho más "probable", "útil" o "verdadero" *se fabrica como tal* a través de negociaciones, apropiaciones, debates, etc. Este carácter radicalmente abierto de lo social es lo que los azande *intentan conjurar a través de un oráculo*, con el que se quiere hacer frente a la apropiación indeterminada de la singularidad de un accidente que no sólo puede articularse diferencialmente a otros actos significativos, sino implicar procesos aleatorios como vínculos afectivos impredecibles, motivos inconscientes, o consecuencias indeseables, que pueden o no ser cognoscibles a nivel individual. Lo que Evans-Pritchard no contempla es que las sociedades modernas que constituyen a la Ciencia como garante supremo llevan a cabo una operación análoga a la de los azande con el oráculo, e intentan asimismo suturar el proceso de apertura y de indeterminación por el cual un enunciado puede ser o no reconocido como hecho o ficción: "La ciencia a menudo es la metonimia de la credibilidad, del conocimiento legítimo, de las predicciones útiles y confiables [...] Si 'la ciencia' lo dice nos inclinamos más a creerlo, a hacerlo y a preferirlo por encima de otras discursos que carecen de este sello epistémico aprobatorio."[64] Así, la razón moderna se basa en la creencia de que se funda en hechos objetivos (las leyes de la biología, la genética, la economía) que estarían libres de interpretaciones y exentos del proceso de producción y apropiación social. En el caso del oráculo hemos visto cómo se constituye como voz divorciada de toda subjetividad. En el caso de la ciencia las prácticas de purificación que separan lo dado de lo construido incluyen la *expulsión* (demarcar de distintas maneras y en distintos contextos los

---

[63] *Ibid*, pp. 25-27.
[64] Thomas Gyerin, *op. cit.*, p. 1.

límites de la ciencia frente a la no ciencia implica asumir qué es lo que cuenta legítimamente como tal y quien tiene autoridad); la *expansión* (a través del incremento de la autoridad a otros ámbitos) y la defensa de la *autonomía*.[65] El oráculo y la ciencia tienen así un doble carácter. En primer lugar, ambos fungen *como la solución mágica para conjurar* lo que Michael Taussig llama "nuestra insuficiencia de ser" y nosotros nuestra imposibilidad de controlar la indeterminación del significado. Tres son, a este respecto, los ámbitos semánticos habitados por la palabra *conjurar*. "Conspirar, urdir, tramar, bajo el lazo de un juramento y de un secreto en común",[66] "convocar o hacer presente"[67] y "expulsar el espíritu maléfico que habría sido llamado o convocado".[68] Estos desplazamientos nos llevan al segundo carácter al que hemos hecho referencia. Este conjuro no *supone un punto final en el que el equilibrio social es finalmente alcanzado, sino más bien la manera en la que estamos siempre en la tentativa del proceso de ensamblar lo que amenaza con dispersarse.* La lección de los azande para nosotros es que nos *conjuramos* para *expulsar*, en nombre de una autoridad que funja como garante supremo, lo que consideramos el principio de disolución social, pero al hacerlo lo que *invocamos* es la contingencia y la ambigüedad que son constitutivas del orden social mismo.

El siguiente aspecto que habría que subrayar es que la lectura de Evans-Pritchard apela entonces a un orden, el de los azande, que es racional y transparente a sí mismo. Las ideas de los azande son coherentes, y por lo tanto lógicas, a la luz de las premisas azande. En sus primeras obras, la posición de Evans-Pritchard respecto a la solidaridad mecánica no es muy diferente de la del mismo Radcliffe-Brown:[69] los ritos permiten dirigir y legitimar la actividad social,

---

[65] *Ibid,* pp. 15-18.

[66] Jacques Derrida, *op. cit.*, p. 54.

[67] *Ibid.*

[68] *Ibid,* p. 61.

[69] Hay que subrayar que podemos hablar de un primer y un segundo Evans-Pritchard. El primero es el que lleva a cabo las famosas monografías sobre los

definiendo la identidad del grupo, reforzando su orden moral y su solidaridad interna. *La mirada moderna del antropólogo proyecta en los otros su nostalgia implícita por una comunidad que garantiza la comunicación como comunión.* Evans-Pritchard contempla así en las ceremonias colectivas de los azande la dramatización de valores básicos que controlan la conducta social y que mediante ellas se asocian con las instituciones. La ejecución periódica de las ceremonias es vista como necesaria para reafirmar y reforzar tales valores. Cuando ciertos autores añoran la sustitución de los vínculos fluctuantes de la sociedad moderna por la fantasía de una comunidad más estable, auténtica, orgánica o inmanente, olvidan que el mundo social depende, no de la comunión perfecta "inmanente", sino de las imperfecciones de la comunicación en razón del exceso que implica toda significación. El pensamiento o el deseo de la comunidad orgánica bien podría no ser más que una invención que trata de responder a la inquietud de la sociedad moderna con respecto a sí misma:

> "Lo que está perdido de la comunidad –la inmanencia y la intimidad de una comunión– sólo está perdido en el sentido en que una pérdida tal es constitutiva de la propia comunidad. No es una pérdida: *la inmanencia es al contrario, eso mismo que, si tuviera lugar, suprimiría al instante la comunidad, o incluso la comunicación como tal* [...] La comunidad ocupa, por tanto, este lugar singular: asume la imposibilidad de su propia inmanencia [...] La comunidad asume e inscribe –es su gesto y su trazado propios–, de alguna manera, la imposibilidad de la comunidad. Una comunidad no es un proyecto fusional, ni de manera general un proyecto productor u operatorio [...] *Es la presentación de la finitud y el exceso inapelable que producen el ser finito.*"[70]

---

azande y los nuer. El segundo abandona muchos de los principios teóricos de Radcliffe-Brown, y define al antropólogo más como un intérprete cultural que como un sociólogo científico. Cfr. Adam Kuper, *Antropología y antropólogos. La escuela británica, 1922-1972*, Barcelona, Anagrama, 1973, pp. 156-161.

[70] Jean-Luc Nancy, *La comunidad desobrada*, Arena, Madrid, 2001, pp. 30-35.

La versión fantasmática de una vida social en la cual se instaura un punto a partir del cual la vida social puede ser perfectamente dominada y cognoscible, conjura otro espectro en la sociedad moderna. Ninguna comunicación es posible sin signos, y los signos por definición operan al devenir apropiados en nuevos contextos que, a su vez, producen nuevos significados. El exceso necesario para la significación permite las asociaciones a través de la disolución de asociaciones previas. Sin esta disolución el vínculo entre significante y significado se osificaría, y el desplazamiento de los signos que requiere toda significación sería imposible. El segundo fantasma que Evans-Pritchard desea exorcizar es precisamente el que advierte que el mundo social depende, *no de la comunión inmanente y perfecta lograda a través del oráculo* (o su sustituto), sino de las imperfecciones de la comunicación, de la discrepancia necesaria entre la singularidad del accidente y la generalidad de la explicación.

Releyendo a Lévi-Strauss: mana

> La razón en el lenguaje [...] Creo que no vamos a desembarazarnos de la idea de Dios porque aún seguimos creyendo en la gramática.
>
> Friedrich Nietzsche

En "El hechicero y su magia" Lévi-Strauss aclara: "[Las] actitudes muy imprecisas y no elaboradas que, para cada uno de nosotros, poseen el carácter de experiencias [...] siguen siendo intelectualmente informes y afectivamente intolerables, a menos que se incorpore a ellas tal o cual esquema flotante en la cultura del grupo, cuya asimilación es lo único que permite objetivar estados subjetivos, formular impresiones informulables e integrar en un sistema experiencias inarticuladas".[71] Entre los zuñi de Nuevo México, por ejemplo, un muchacho es acusado de brujería y es obligado a confesar. Tras haberse declarado inocente en un primer momento y tras no resultar lo suficientemente convincente su primera confesión, ha de realizar una segunda, que sea creíble para el grupo. Para ello, debe contar una historia que contribuya a corroborar la acusación: "Puede advertirse ante todo que, perseguido por hechicería y amenazado así con la pena capital, el acusado no gana la absolución disculpándose, sino reivindicando su supuesto crimen; más aún refuerza su causa presentando versiones sucesivas cada una de las cuales es más rica, más llena de detalles (y en principio, entonces, más culpable) que la precedente."[72] El relato lo va atrapando a él mismo y a sus oyentes de manera que en el proceso se transforma "de culpable, en colaborador de la acusación. Gracias a él, la hechicería y las ideas a ella asociadas escapan a su penoso modo de existencia en la conciencia, como conjunto difuso de sentimientos y representaciones mal formulados, para encarnarse en ser de experiencia".[73] Lévi-Strauss advierte que, aunque el destino del brujo en la sociedad zuñi es ser ajusticiado, el muchacho es perdonado porque "aporta al grupo una satisfacción en la verdad, infinitamente más densa y más rica que la satisfacción en la justicia que hubiera procurado su ejecución".[74]

Gracias a la descripción de Matilda Coxe Stevenson –en la que él mismo se apoya– sabemos sin embargo que el muchacho estuvo a punto de ser asesinado y que fue la autoridad colonial quien lo impidió. También sabemos que los brujos continuaron siendo ejecutados entre los zuñi.[75] Lo que Lévi-Strauss desea subrayar con su aseveración es que al aceptar la acusación de brujería, el muchacho permite

---

[71] Claude Lévi-Strauss, "El hechicero y su magia", *Antropología estructural*, Paidós, Barcelona, 1995, p. 199.

[72] *Ibid*, p. 200.

[73] *Ibid*, p. 201.

[74] *Ibid*.

[75] Matilda Coxe Stevenson era la esposa del Jefe del Buró de Etnología Americana que llevó a cabo la expedición entre los zuñi; fue rival acérrima de su compañero de expedición Frank Cushing a quien en algunos ámbitos se le re-

articular lo que hasta entonces es sólo *una sospecha* intelectualmente informe y afectivamente intolerable, y garantizar así el restablecimiento del orden social. Para Lévi-Strauss se trata de restaurar la coherencia perdida cuando la vida social se ve afectada por una impresión informulable. Lo que desea soslayar es que el brujo que se presenta a la comunidad (salvo excepciones) es ejecutado; para ser posteriormente reemplazado por otro brujo que a su vez, llegado el momento, será ejecutado. Lo que Lévi-Strauss nos muestra (*sin querer*) es la afirmación de un exceso que no logra ser reconducido, es decir, que el poder de articulación que se muestra en la acusación de brujería no asegura, tal y como él declara, la satisfacción social "en la verdad". El brujo zuñi es nombrado por la comunidad, asume el nombre: "brujo", y a través de su relato convence a los otros de que lo es. En este sentido *es análogo al oráculo de los azande:* no obstante, ha de hacerlo contando historias que los otros zuñi consideren increíbles, dignas de su poder como hechicero. Entre los zuñi, en un instante, *todo depende de que un hombre sea acusado de brujo y sea capaz de hablar como tal.*

Lévi-Strauss argumenta que en este proceso, que apenas hemos bosquejado, se trata de que el acusado de brujo se transforme en *la voz de la comunidad* y diga lo que ésta no puede decir. Ser la voz de la comunidad implica decir lo que la comunidad pretende que se diga. Aparentemente, el muchacho es la voz de la comunidad porque la intención de lo que dice pertenece a esta última. Hay que recordar que no es brujo antes de que se le designe como tal. Se ve forzado a inventar una historia mágica. Sus palabras no son suyas. En primera instancia, es cierto, son producto de la coacción del grupo. Se le conduce a un punto en el que él mismo no se reconoce, pero también en el que los otros (especialmente los guerreros) se dejan absorber

conoce haber sido quien iniciara –no Malinowski– la práctica de observación participante. Cfr. Matilda Coxe Stevenson, *The Zuni Indians: Their Mythology, Esoteric Fraternities and Ceremonies*, Bureau of American Ethnology, Washington D. C., 1904. Cfr. Jesse Green, *Cushing at Zuni: The Correspondence and Journals of Frank Hamilton Cushing, 1879-1884,* University of New Mexico Press, Albuquerque, 1990.

plenamente: "Profundamente el muchacho se absorbía en el tema. Por momentos su semblante se iluminaba con la satisfacción resultante del dominio que ejercía sobre su auditorio."[76] Propiciado por ellos, el discurso del muchacho no obstante les deja atónitos; el mismo muchacho se ve cada vez más y más fascinado con una historia en la que la admisión de la culpabilidad lo obliga a reconocerse como brujo y asesino, poseedor de una inmensa fuerza mágica, aunque lo más probable es que al reconocerse así a sí mismo, su destino sea su propia ejecución.

> "También para él, la coherencia del sistema y el papel que se le ha asignado para establecerlo, tienen un valor no menos esencial que la seguridad personal que arriesga en la aventura. Se lo ve entonces construir progresivamente el personaje que se le impone, con una mezcla de astucia y buena fe: aduciendo largamente sus conocimientos y sus recuerdos; improvisando también, pero sobre todo viviendo su personaje y buscando, en las manipulaciones que esboza y en el ritual que construye, pedazo a pedazo, la experiencia de una misión cuya eventualidad, al menos, está al alcance de todos. Al término de la aventura, ¿qué queda de las astucias del comienzo: hasta qué punto el héroe no ha caído en la trampa de su propio personaje, o mejor aún: en qué medida no se ha convertido, efectivamente, en hechicero?"[77]

Enfrentados a la articulación discursiva de un poder que no puede ser sometido por su poder, los guerreros anhelarán el asesinato. Pero *este poder* se muestra particularmente renuente, no puede ser reducido. Otros brujos emergen y nuevos ajusticiamientos son exigidos. Ante el relato del muchacho, todos (incluido él) *están bajo un exceso que ninguno parece controlar*. La voz del muchacho le pertenece y no le pertenece. Le pertenece porque es su voz pero no le pertenece porque

---

[76] *Ibid.*

[77] *Ibid.*

es más bien él quien parece pertenecer a un relato que lo posee. La voz del muchacho tampoco es la voz de la comunidad, como quiere Lévi-Strauss, *porque la comunidad misma se ve arrastrada por el discurso y le reconoce una fuerza que la excede.* Lo que subraya más bien esa voz que articula la fuerza de la magia, es una vez más lo que Lévi-Strauss se esfuerza en conjurar: *la inapropiabilidad del significado* por parte de todos y cada uno de los involucrados.

Si Evans-Pritchard se refiere a la "contingencia" en términos de "la singularidad de un accidente", en el que lo que está en juego es "por qué le sucedió a X, por qué tuvo que ser precisamente cuando X estaba allí", Lévi-Strauss apunta a señalar que *la contingencia se enraíza en la naturaleza misma del sistema de significación.* En su "Introducción a la obra de Marcel Mauss", al hablar del *mana*, un término que hizo fortuna en la antropología y que se consideraba una suerte de *poder mágico impersonal* según distintas sociedades melanesias,[78] advertía:

> "Las diversas concepciones del tipo *mana* son tan frecuentes y están tan extendidas que convendría preguntarse si no estamos en presencia de una forma del pensamiento universal y permanente que lejos de caracterizar determinadas civilizaciones o «estados» arcaicos o semiarcaicos de la evolución del espíritu humano, sería el resultado de una determinada situación del espíritu al encontrarse en presencia de las cosas, apareciendo, por tanto, cada vez que se produce esa situación."[79]

Para elucidar dicha "situación", Lévi-Strauss acude al ejemplo del Padre Thavenet citado por Hubert y Mauss sobre la noción *manitou*

---

[78] Para un examen crítico del problema de mana, ver Jonathan Z. Smith, "Manna, mana everywhere and /ᴗ/ᴗ/ᴗ", *Relating Religion, op. cit.,* pp. 117-144. Especialmente pp. 134. Smith proporciona además una gran cantidad de referencias bibliográficas.

[79] Claude Lévi-Strauss, "Introducción a la obra de Marcel Mauss" en Marcel Mauss, *Sociología y Antropología, op. cit.,* p. 36. Debido a la más que desafortunada traducción al español que, entre otras cosas no distingue entre significante

de los algonquinos, y en especial de los ojiways. El *manitou* "designa todo ser que no tiene nombre propio, que no es todavía familiar".[80] Tras recurrir a diversos ejemplos etnográficos, la conclusión de Lévi-Strauss es notable:

> "Estas nociones actúan un poco como símbolos algebraicos, para representar un valor indeterminado de significación, vacío en sí mismo de significado y susceptible por tanto, de que se le aplique cualquier significado, cuya única función sería cubrir la discrepancia entre el significante y el significado, o más exactamente señalar el hecho de que en una circunstancia u ocasión, o en una manifestación determinada, se ha establecido una relación de inadecuación entre el significante y el significado en detrimento de una relación anterior de complementariedad."[81]

Lévi-Strauss advierte que el hombre dispone desde su origen de la integridad de los significantes. Esta clave es la idea del origen simbólico de la sociedad. La sociedad es en su esencia intercambio, lenguaje.[82]

> "Sean cuales fueren el momento y las circunstancias de su aparición en la escala de la vida animal, el lenguaje no pudo

---

y significado y habla de significado y significado; he modificado parcialmente la traducción a la luz de la edición francesa de la que a partir de aquí se presentará también la referencia. Claude Lévi-Strauss, "Introduction à l'ouvre de Marcel Mauss", Marcel Mauss, *Sociologie et Anthropologie*, PUF, París, 1960, p. xliii

[80] *Ibid.*

[81] *Ibid,* p. 37; *Ibid,* p. xliv.

[82] Esta aparición "de golpe" que con proverbial ironía Godelier ha llamado el Big Bang del lenguaje, es criticada por este autor en *El enigma del don, op. cit.,* pp. 39-48. La crítica que Godelier realiza a Lévi-Strauss tiene que ver con su comprensión de lo simbólico. Godelier aboga por una mayor relevancia de lo imaginario. A mi modo de ver lo simbólico (en Lacan) quedaría eximido de la crítica que realiza Godelier. En Lévi-Strauss no me parece tan claro. Ver la reflexión sobre lo simbólico, lo imaginario y lo real en la introducción de este trabajo.

surgir más que de una vez. Las cosas no pudieron ponerse a significar progresivamente. Tras esa transformación, cuyo estudio no le corresponde a las ciencias sociales sino a la biología y la psicología, se efectuó un paso decisivo desde un estado en el que nada tenía sentido a otro en que todo lo poseía [...]. Dicho de otro modo, en el momento en que, de un solo golpe, el universo entero se hizo significativo, no fue sin embargo mejor conocido, incluso aunque sea cierto que la aparición del lenguaje debió precipitar el ritmo de desarrollo del conocimiento [...]todo sucedió como si la humanidad hubiera adquirido, de un solo golpe, un inmenso dominio y su plano detallado, así como el conocimiento de su relación recíproca, pero hubiera necesitado milenios para aprender qué símbolos determinados del plano representaban los diferentes aspectos de dicho dominio."[83]

Y añade: "Como el lenguaje, lo social es una realidad autónoma (la misma, por otra parte); los símbolos son más reales que aquello que simbolizan; lo significante precede y determina a lo significado."[84] Aunque el hombre dispone de la totalidad de los significantes, en tanto que ser finito, su conocimiento se produce lentamente y nunca es completo. El hombre dispone entonces de significantes cuyo significado ignora.

"Hay siempre una inadecuación [...] que sólo un entendimiento divino podría superar, y que es producida por la existencia de un exceso de los significantes en relación a los significados [...] Nuestra opinión es que precisamente las nociones de tipo *mana* representan [...] ese *significante flotante* que es la servidumbre de todo pensamiento finito (pero también el gaje de cualquier arte, poesía o invención mítica y estética) [...] En otras palabras [...] vemos en el *mana, wakan, orenda* así como

---

[83] *Ibid*, p. 39; *Ibid*, pp. xlvii-xlviii.
[84] *Ibid*, p. 28; *Ibid*, p. xxxii.

en las demás nociones del mismo tipo, la expresión consciente de una función semántica cuya función consiste en permitir que se ejerza el pensamiento simbólico a pesar de las contradicciones que le son inherentes."[85]

Para Lévi-Strauss es un error pensar en *Mana* como una fuerza que acaece en la realidad "material". Mana es simplemente una categoría lingüística con la que nos hacemos cargo del exceso de significantes con respecto al significado. Es un significante que funciona para oponerse a la ausencia de significado *sin comportar por sí mismo ningún significado particular*, más que el permitir que los procesos simbólicos sigan operando. Mana es el equivalente a lo que, en el caso de los zuñi, Lévi-Strauss describía como un "esquema flotante en la cultura del grupo, cuya asimilación es lo único que permite objetivar estados subjetivos, formular impresiones informulables e integrar en un sistema experiencias inarticuladas".[86] Podríamos intentar entender a Lévi-Strauss de la siguiente manera. Precisamente por ser un significante sin significado, mana se consideraría como el significante que se haría cargo de lo que, para un grupo, se halla fuera de las taxonomías sociales de la cultura y la naturaleza. Así ante lo extraño y lo desconocido cuyo significado ignoramos (la singularidad de un accidente, diría Evans-Pritchard; la sospecha intelectualmente informes y afectivamente intolerable que acecha a la sociedad zuñi, diría Lévi-Strauss) mana, o significantes semejantes como *manitou*, serían los encargados de operar la familiarización a través de la designación. Explica Lévi-Strauss citando a Thavenet: "una mujer tenía miedo de una salamandra decía que era un manitou, los demás se reían de ella [al decirle: "no. Es una salamandra]".[87]

El fantasma que Lévi-Strauss pretende conjurar es el de la imposibilidad de distinguir entre los términos que finalmente acaban en un

---

[85] *Ibid*, p. 40; *Ibid,* p. xlviii.

[86] Claude Lévi-Strauss, "El hechicero y su magia", *op. cit.*, p. 199.

[87] Claude Lévi-Strauss, "Introducción a la obra de Marcel Mauss", *op. cit.*, p. 36; *Ibid*, p. xliii

significado fijo y términos "mágicos" que fungen como significantes flotantes. Y sin embargo o bien toda significación se halla radicalmente indeterminada y no se da de manera independiente a las prácticas articulatorias, o se ha de recurrir a un significante trascendental que sea su garante (Dios, la Ciencia, la Razón etc...). Lévi-Strauss adopta la segunda opción (el garante trascendental serán las leyes universales de la cultura), pero hace una excepción, habría un tipo peculiar de significantes que se harían cargo del exceso del significante frente al significado: los significantes *tipo mana. Mana* es una forma de lo que Lévi-Strauss llama *bricolaje*, algo *que está ya ahí* que no ha sido concebido específicamente con vistas a la operación para la que sirve, y que se puede adaptar a cada caso. Ahora bien, frente al *bricoleur*, Lévi-Strauss sitúa al *ingeniero*, que es capaz de transformar sistemáticamente la naturaleza. El pensamiento del bricoleur es mítico-religioso y tiende a conservar. El pensamiento del ingeniero es científico, no aprovecha lo que está ahí ya a disposición suya, sino que es capaz de transformar por completo la estructura y de crear una radicalmente nueva.[88] Sin embargo:

"Si se llama bricolaje a la necesidad de tomar prestado [...] de una herencia más o menos coherente o arruinada, se debe decir que todo discurso es bricoleur [...] El ingeniero es un mito: un sujeto que sería el origen de su propio discurso y que lo construiría "en todas sus piezas" sería el creador del verbo [...] La idea de un ingeniero que hubiera roto con todo bricolaje es, pues, una idea teológica; y como Lévi-Strauss nos dice en otro lugar que el bricolaje es mitopoético, todo permite apostar que el ingeniero es una invención del bricoleur. Desde el momento en que se deja de creer en un ingeniero de ese tipo y en un discurso que rompa con la recepción histórica, desde el momento en que se admite que todo discurso finito está sujeto a cierto bricolaje entonces es la misma idea de bricolaje

---

[88] Claude Lévi-Strauss, *El pensamiento salvaje*, FCE, México, 1997, pp. 35-40.

la que se ve amenazada, se descompone la diferencia dentro de la que adquiría sentido."[89]

¿Qué es lo que busca Lévi-Strauss al defender la distinción entre significantes flotantes tipo mana y otros significantes; entre el bricoleur y el ingeniero; entre el pensamiento salvaje y el pensamiento domesticado? Hay que recordar que la comprensión del modelo propuesto por Lévi-Strauss pasa por Saussure. Saussure define al signo como la unidad de una imagen sensible o significante, y un concepto inteligible o significado. El signo para Saussure es arbitrario. Se define no por unas propiedades esenciales o convencionales sino precisamente *por las diferencias que lo distinguen de otros signos.* Ahora bien, si todo proceso de significación es entendido como juego formal de diferencias, *el juego impide que un elemento simple esté presente a sí mismo y no remita más que a sí mismo,* no se sutura en algún punto a partir del cual sea posible *fijar el sentido* de todo evento *de manera independiente a cualquier acto de articulación.* El elemento sólo puede ser definido en relación con los demás y señala entonces lo que hemos llamado *el exceso producido por las mediaciones y por una apropiación social que no puede ser gobernada.* Pues bien, lo interesante es que Lévi-Strauss advierte la preocupación por un carácter excesivo del carácter diferencial del signo que se intenta exorcizar a través del mito, sólo en las sociedades en las que domina el pensamiento mágico-religioso: "Como acabamos de ver, las lógicas práctico-teóricas que rigen la vida y el pensamiento de las sociedades llamadas primitivas son *motivadas por la insistencia en la diferenciación.*"[90] Lo que Lévi-Strauss conjura entonces con su distinción es la posibilidad de que la preocupación que opera en la diferenciación que impide la fijación del signo no sólo rija en la lógica y el pensamiento de las sociedades primitivas, *sino en*

---

[89] Jacques Derrida, "La estructura, el signo y el juego en el discurso de las ciencias humanas", *La escritura y la diferencia*, Anthropos, Barcelona, 1989, p. 392.

[90] Claude Lévi-Strauss, *El pensamiento salvaje, op. cit.*, p. 95.

toda significación. Su preocupación por fijar la significación, por garantizar lo que en la sociedad zuñi denominó "una satisfacción en la verdad" que se sustraiga al exceso, muestra la necesidad de garantizar el orden. Sin embargo, no deja de advertir en el sistema de diferencias la inapropiabilidad final que él mismo intenta exorcizar.

La conjura de la contingencia

> [...] Al contrario, aprovechar la refrigeración nocturna para sentir lúcidamente, con la precisión descarnada del sistema de estrellas sobre su cabeza, que su búsqueda incierta era un fracaso, y que a lo mejor en eso precisamente estaba la victoria.
>
> Julio Cortázar

En la lectura de Evans-Pritchard y de Lévi-Strauss nos hemos preguntado por esos espectros que precisamente ponen en cuestión los límites que la modernidad establece para sí misma, y que nos develan algo de la condición del orden social. Lo que parece conjurarse es la contingencia, la imposibilidad de establecer articulaciones significativas inmutables. Es evidente el papel activo del *contenido* de las relaciones históricas específicas en la producción de lo que se llama magia o superstición. La coexistencia, encadenamiento y sucesión de múltiples historias de sociedades particulares en cuyo seno se reproducen (o no) tal o cual forma de pensamiento, tal o cual modo de organización de la vida social. La magia (o lo que en su lugar designe modos rituales, creencias y agentes como peligrosos y/o ilegítimos y/o desviados) ciertamente se materializa en prácticas, en el orden de las palabras, de las cosas y de las acciones. En la manifestación *concreta* (que varía según el caso) que cada sociedad realiza cuando separa algo como "mágico" o "supersticioso". Sin embargo, la magia *como categoría moderna de diferenciación* no se reduce a sus manifestaciones concretas. Para explorar el vínculo que

315

une a la locura con la superstición y que hace posible la existencia de escalas de medición como la escala de ideación mágica tenemos que subrayarlo.

La cuestión *no radica* en que en la sociedad mexicana contemporánea, por ejemplo, haya manifestaciones mágicas que ciertos grupos o individuos llevan a cabo cotidianamente. La cuestión radica *en qué es lo que hacemos al designar algo como mágico.* Al hacerlo apelamos a lo que puede ser peligroso, ilegítimo o desviado. Muchos individuos se niegan a caracterizar sus prácticas como mágicas y caracterizan así las prácticas de otros. Incluso quienes reivindican la categoría, a menudo lo hacen enfatizando su condición peligrosa, o tienen que partir (para revertirlas) de las connotaciones de desconfianza y/o menosprecio que supone el término.

La magia en la modernidad surge porque la ciencia y la religión requieren de la diferenciación para su propia definición. Cualquier definición positiva requiere de otra implícitamente negativa, y cuanto más agudo sea el contraste mejor. Como categoría de diferenciación moderna, la magia es siempre *la religión* o *la ciencia menos* la presencia de alguna cualidad que se considera deseable; o la *ciencia o la religión* en estado *degradado.* Desde esta perspectiva, la singularidad de la magia *como categoría moderna* es que es el *indicador de una dinámica diferencial que, a diferencia de otras categorías, no puede simular.* La magia nos sirve para sospechar de un exceso de significación que no lograría ser lo suficientemente bien contenido *en los otros,* pero que sí lograría serlo *en nosotros.* Así, el oráculo en los azande es coherente, y por lo tanto lógico, a la luz de las premisas azande. El esquema flotante del pensamiento mitopoético aporta al grupo zuñi una satisfacción en la verdad. No obstante, el sistema zande es finalmente ilusorio, frente a la realidad objetiva exigida por la ciencia. Y a diferencia del bricoleur, es el ingeniero el que puede transformar sistemáticamente la naturaleza. La solución *mágica* de los otros (más o menos precaria) contrasta con la solución *efectiva* que permite un conocimiento y una transformación objetiva del mundo. Esta operación señala por lo menos dos cosas.

En primer lugar, se conjura el exceso de la significación reconociéndolo pero señalando que toda sociedad reimpone un centro. En

316

segundo lugar, se advierte que esta reimposición no obstante no se logra del mismo modo en todas las sociedades. Efectivamente, entre los azande la coherencia social se obtiene a costa de la realidad objetiva. En el pensamiento salvaje que Lévi-Strauss describe como ahistórico, metafórico y concreto, a costa de características que sólo son propias del pensamiento científico (que es histórico, metonímico y abstracto). Mientras que el pensamiento mitopoético sólo conserva, la ciencia por el simple hecho de que se instaura, *crea, en forma de acontecimientos, sus medios y sus resultados*, gracias a las estructuras que fabrica sin tregua y que son sus hipótesis y teorías. El garante *mágico* de los otros contrasta entonces con la autoridad del garante de la sociedad moderna, que simultáneamente logra conservar y transformar la realidad.

A través de la magia, la modernidad logra fijar la autoridad del orden social situando los discursos que cimientan el horizonte de sentido. Así, la magia sirve para subrayar el poder y la capacidad de la ciencia para explicar, predecir y transformar la realidad objetiva. La magia sirve para mostrar que la religión constituye un ámbito *privado* en el que el sujeto puede apelar a valores trascendentes que no han de materializarse en el orden natural ni en el espacio público. Los discursos que no respetan esta distinción y que indican por lo tanto la imposibilidad de apropiarse del significado, se señalan como supersticiosos. La aseveración de Enrique O. Aragón respecto a la *demencia precoz hebefrénica* nos cuenta la mitad de esta historia: "Si todavía creyéramos en los embrujamientos y en los bebedizos, yo estaría dispuesto a creer que el estado patológico que comento es el resultado de un tremendo bebedizo o filtro maldito preparado en sábado por hechicera perversa." El psiquiatra podría, *si no estuviera protegido por su saber científico y moderno*, ver al paciente tan hechizado como el mismo paciente a menudo se ve a sí mismo. Efectivamente, los pacientes suelen materializar *discursos, relaciones y prácticas* concretas designadas socialmente como supersticiosas o mágicas. La otra mitad de la historia tiene que ver con lo que nos parece que hacen al hacerlo.

Por un lado, con la materialización de relaciones y prácticas concretas "mágicas" o "supersticiosas", el paciente confirma y materializa el lugar que la modernidad asigna a todo discurso que ponga en cuestión su orden del mundo. Lo hace porque es precisamente la significación del orden del mundo *lo que pone radicalmente en entredicho*. En las narrativas que los sujetos diagnosticados de esquizofrenia hacen del inicio de su *pathos*, se advierte: "el sentido de que el mundo exterior es hostil; un sentimiento de que los límites y vínculos personales se han vuelto porosos; una confusión que ataca el centro de la persona y que mina su posibilidad de hacerse una imagen de sí misma".[91] Ante su vivencia "puede privilegiar el poder articulatorio de las representaciones periféricas de la cultura o reinterpretar los idiomas culturales privilegiados otorgando mayor peso a ciertos significantes que resuenan con lo que experimentan".[92] A este respecto podríamos añadir que el lenguaje de la magia y la superstición le sirve, en primer lugar, porque caracterizado en la modernidad como *periférico*, se refiere a lo que el orden social moderno señala como descomposición y degradación de los valores racionales que se propone sustentar. Ello lo hace, por tanto, apropiado para dar cuerpo a la disolución del orden que el psicótico experimenta *de manera efectiva*.

En segundo lugar, porque el lenguaje de la magia y la superstición es el señalado para apuntar a la experiencia de lo que, en tanto negativo, no tendría cabida en el orden moderno. Ello lo hace una vez más pertinente porque lo que el paciente reclama es que lo que le acontece, en tanto puesta en cuestión *radical* del orden mismo, no puede ser acogido bajo los términos que éste propugna. Frente a los "fenómenos puramente disolutivos de la estructura [...] prima el carácter activo, es decir, el intento de resolución y reconstrucción de la catástrofe".[93] Este intento supone *la tarea de volver a construir el mundo*. Los pacientes la llevan a cabo con significantes sociales que pertenecen a los grandes relatos legitimadores, *la Religión y la*

---

[91] Ellen Corin *et al.*, "Living through a Staggering World: The Play of Signifiers in Early Psychosis in South India", Janis Hunter Jenkins y Robert John Barrett, *op. cit.*, p. 118.

[92] *Ibid*, p. 112.

[93] Fernando Colina, *El saber delirante*, Síntesis, Madrid, 2007, p. 31.

Ciencia, pero lo hacen de manera absolutamente idiosincrásica y a la altura de la singularidad y radicalidad de una experiencia que ninguna instancia del orden social, ni religiosa ni científica, puede reclamar contener. Por ello su discurso, pensamiento y prácticas se caracterizan como *mágicos*. Es como si al confirmar rigurosamente la lógica moderna que la sitúa en el lugar de la superstición, la locura *materializase,* en el lugar asignado, lo que el orden social, al separar un discurso calificándolo de supersticioso, pretende conjurar de sí mismo. Como si materializase la necesidad de categorías que no se refieren a algo externo sino a algo producido *por el mismo orden*, y que sin embargo se ha de intentar controlar haciendo referencia a una exterioridad:

> "Se sostiene que las ideas delirantes han roto con la realidad a cuyos parámetros han dejado de adecuarse. Los enunciados del delirio se enjuician como absurdos, irreales, inverosímiles, improbables, matiza el DSM-IV *con la pérfida prudencia que acostumbra*. Sin embargo [...] podemos contraponer recurriendo a la experiencia cotidiana, la opinión de que son infinidad las ideas imaginarias, supersticiosas, sobrevaloradas, mágicas, excéntricas o extravagantes que, sin mantener más vínculo con la realidad que la que pueda soportar cualquier idea delirante, no reconocemos nunca como delirio en sentido estricto."[94]

En su discurso y prácticas "mágicas" lo que atisbamos de los pacientes (y lo que nos inquieta) es que llevan al extremo, *literalizan,* ciertas características que, *más que oponerse como primitivas y ajenas, parecen constitutivas de la forma moderna de subjetividad.* Así leemos que "se perciben a sí mismos como centros solipsistas, como seres mecánicos y fragmentados [...] que si bien a menudo declaran conocer o controlar *todo*; temen peligros desconocidos que los acechan; *se sienten confrontados por un enigma*".[95] Al materializar bajo

---

[94] *Ibid*, p. 20.
[95] Louis A. Sass, *Madness and Modernism, op. cit.*, pp. 330-331.

esta forma el discurso supersticioso que la sociedad moderna rechaza, el paciente muestra su condición de sujeto social contemporáneo a la sociedad que produce el discurso. Es decir, muestra que enloquece en el idioma, igualmente moderno, que la cultura le ha provisto (el de lo mágico, lo supersticioso), y que ese idioma moderno tiene que ver *con los aspectos Unheimlich* que el orden sociocultural intenta conjurar de sí mismo.

Lo que hemos propuesto a través de la lectura de Evans-Pritchard y Lévi-Strauss es contemplar no a la magia desde el orden social moderno, *sino al orden social moderno desde la magia*. ¿Qué nos dicen estos textos sobre nosotros mismos y nuestros supuestos ontológicos y epistemológicos? Al hacernos esta pregunta pretendemos dilucidar hasta qué punto la *magia* es la categoría que se hace cargo de lo que en la modernidad sólo puede abordarse desde ahí. La superstición es el lugar asignado en la modernidad para distinguir interpretaciones que se consideran más o menos erróneas, extraviadas o válidas en cierto contexto o en cierta manifestación "salvaje" de pensamiento. El lugar que permite entonces que se asevere que frente a ellas sí *hay hechos, científicos, cuya validez puede considerarse evidente*, que no pasan por los procesos de mediación y apropiación social, *porque se sostienen por sí mismos, o que hay interpretaciones, científicas, que son capaces, a diferencia de las primeras, de transformar efectivamente la realidad*. La necesidad de esta distinción muestra el anhelo de conjurar la indeterminación en el que *todo* proceso social yace. El significado de términos como "racional, empírico, moderno e incluso ciencia son altamente variables, negociados y contingentes, más que universales o trascendentes".[96] Los procedimientos de la locura no son ajenos a los de la sociedad moderna, sino que suponen su confirmación más extrema. La magia en la modernidad es caracterizada como tentativa *fallida* de la búsqueda de una autoridad absoluta, transcendente a cualquier sistema sobre el que tendría autoridad. Debemos retener aquí el carácter de *fallido* y de *tentativa* para iluminar una posición subjetiva. Cuando el paciente experimen-

---

[96] Thomas Gyerin, *op. cit.*, p. 362.

ta que nada en el orden social puede garantizar su significado por sí mismo, precisamente experimenta lo fallido y, con ello, como *toda la realidad acaba deviniendo mágica, a merced de fuerzas enigmáticas y misteriosas.* Su carácter de tentativa nos señala que el discurso mágico es además no sólo *explicativo,* sino *constitutivo* de una experiencia *"heterodoxa"* en la que, precisamente a través de él, se trata de suturar de manera *"no ortodoxa",* "ilegítima" y "desviada", la apertura e indeterminación del significado.

III. Desde la subjetividad

Psicopatología de los fantasmas de la vida contemporánea

Los signos de los tiempos

> ¿Qué pasaría si la verdad de la esquizofrenia
> fuera que por su vulnerabilidad distintiva a lo
> que la civilización tiene de más loco, hablara de
> las necesidades de este tiempo, y hablara muy
> claramente considerando el dolor, intentando llamar
> la atención, de nosotros y de nuestro tiempo? [...]
> ¿Qué pasaría si la esquizofrenia fuera la verdad
> dolorosa sobre la metafísica que nuestro mundo
> funda y refleja?
>
> David Michael Levin

El mundo –advierte Bruno Latour– "no está más desencantado de lo que solía estar. Las máquinas no están más pulidas, el razonamiento no es más estricto y los intercambios no están mejor organizados.

¿Cómo podemos hablar de un mundo moderno cuando su eficacia depende de *ídolos*: dinero, ley, razón, naturaleza [...]? Hemos usado la palabra *magia* [...] desde que los orígenes del poder en el mundo moderno son malentendidos [...] *debemos hablar de magia una vez más*".[1] El positivismo ofreció al México del siglo XIX una grilla que permitía poner en perspectiva las transformaciones sufridas y propuso un fin: el advenimiento de la sociedad positivista constituida en el orden y el progreso científico a través de la formación de un sujeto que debía sostener una relación *moderna*, con los modos de ciencia y creencia. Hemos dilucidado ya, cómo, en ese momento, la superstición se fue tornando patológica y volviéndose competencia de la psiquiatría.

Si la modernidad supone una relación nueva del sujeto con la religión y lo religioso *que patologiza a un tipo de sujeto como supersticioso*, hemos explorado además lo que una disciplina como la antropología, forjada ella misma en el siglo XIX, tiene que decir de esta distinción que se formula a través de la relación moderna entre magia, ciencia y religión. A través de la obra de Evans-Pritchard y de Lévi-Strauss hemos atisbado lo que la modernidad *trata de conjurar de sí misma* a través de estas categorías. Lo que nos proponemos a continuación es mostrar qué es lo que nos dice, de la relación concreta entre la locura y la sociedad mexicana contemporánea, que los pacientes sigan articulando hoy su experiencia *desde lo que, una vez más, se describe como "mágico"*.

Si en un primer momento nos acercamos a un periodo que inicia a finales del siglo XIX, que llega aproximadamente a la tercera década del siglo XX, y en el que asistimos al proceso de constitución de México como nación moderna; hay que advertir que la biopolítica en México, que pretende gobernar el cuerpo y el espíritu en nombre de una biología erigida como sistema totalizador, *en sentido estricto*, emerge a partir de 1982, vinculada a la autolimitación del Estado y a la presencia activa, y cada vez más relevante, de la iniciativa privada

---

[1] Bruno Latour, *The Pasteurization of France*, Harvard University Press, Cambridge, 1988, p. 209.

y el modelo neoliberal. El despliegue de un conjunto de mecanismos de control y administración (control sanitario, de natalidad, etcétera) que produce y regula la vida de las poblaciones a través de un conjunto *descentralizado y anónimo* de técnicas modernas, se vincula a una autolimitación de la razón gubernamental. Efectivamente, el nacionalismo auspiciado por los regímenes posrevolucionarios (y por la existencia de vastas reservas petroleras) condujo a reforzar la autoridad y el control del Estado. No obstante, a finales de la era lopezportillista, el endeudamiento y la caída de los precios del petróleo supuso la renuncia explícita del Estado mexicano a ejercer el liderazgo económico, delegando este proyecto a la iniciativa privada. A partir de entonces, la línea de la política económica se ajustó a los postulados neoliberales recomendados por los representantes del capitalismo desarrollado, el Fondo Monetario Internacional (*FMI*) y el Banco Mundial (*BM*).[2] El orden y del progreso en el México del siglo XXI, en el que se despliega *un desplazamiento en la relación con la locura*, ha de ser explorado ahora, ya no sólo en referencia a la constitución de la familia, la cuestión de la sexualidad, la educación, la relación con una nueva concepción de la religión y lo religioso, o la preocupación inédita por los efectos de la civilización y el progreso industrial. Hay que considerar además:

> "La realidad de la economía neoliberal: de cambios impredecibles en la producción y demanda laboral; de las dificultades agudas inherentes al ejercicio del control estable del espacio, el tiempo, y el flujo de capital; del papel ambiguo del Estado; del final de viejas alineaciones políticas y de la conformación de otras que no se perfilan con claridad; de la incertidumbre que rodea a la cuestión de la naturaleza propia de la sociedad civil así como [...] al sujeto."[3]

---

[2] Cfr. Marco Antonio González Gómez, *La política económica neoliberal en México (1982-2000),* Quinto Sol, México, 2001.

[3] Jean y John Comaroff, "Occult Economies and the Violence of Abstraction: Notes from the South African Postcolony", *American Ethnologist* 26-2 (1999), p. 294.

Nuevas formas de intervención: biología y moral en el siglo XXI

El alienismo mexicano nace a la luz del proyecto de una regeneración moral de la nación. *Moral*, lo hemos visto ya, hace referencia a finales del siglo XIX a lo psíquico como opuesto a lo físico pero también a principios éticos y, en última instancia, a las *buenas costumbres*. El énfasis en la moral coincide con un desplazamiento en la que los estudios fisiológicos y abstractos sobre el cerebro –que por lo demás no habían tenido demasiado éxito– cede su terreno a la preocupación por la conducta y por el medio social en el que se desarrollan los individuos.

Los programas de investigación en psiquiatría biológica empiezan a ser relevantes en México a partir de la llegada de Dionisio Nieto, exiliado español, que estudió en el Instituto de Investigaciones Psiquiátricas de Kraepelin. Alumno de Ramón y Cajal, Nieto fue director de pabellón del Manicomio General de La Castañeda y ocupó la cátedra de Patología del Sistema Nervioso en la Facultad de Medicina de la Universidad Nacional Autónoma (UNAM).[4] En la misma UNAM comienzan a desarrollarse los espacios en los que, poco a poco, se irá implementando la investigación. En el Laboratorio de Estudios Médicos y Biológicos fundado entre 1940 y 1941 se cultiva lo que más propiamente corresponde denominar biología experimental (citología, biología celular, bioquímica, genética, biología molecular, inmunología, neurobiología, fisiología). Poco después se funda el Instituto de Estudios Médicos y Biológicos y posteriormente, en 1956, el llamado Instituto de Investigaciones Biomédicas. En los años cincuenta y sesenta, se llevan a cabo indagaciones farmacológicas, y neuropatológicas en anatomía comparada. En 1957, en el Segundo Congreso Internacional de Psiquiatría, Nieto presentó una comunicación sobre la neuropatología de la esquizofrenia, advirtiendo la presencia de *gliosis*, indicadora de daño neuronal.[5] Las aproximaciones

---

[4] Cfr. María Cristina Sacristán, "En defensa de un paradigma científico: el doble exilio de Dionisio Nieto en México 1940-1985", *op. cit.*, pp. 327-346.

[5] Alfonso Escobar, "Dionisio Nieto y la investigación científica", *Salud mental* 31-4 (2008), pp. 331-334.

postmortem implicaban sin embargo dificultades considerables. Los cerebros podían sufrir transformaciones debido a los factores responsables de la causa del deceso. Además, al producirse la muerte había cambios en el tejido cerebral. Los cerebros "enfermos" habían asimismo de ser comparados con cerebros "sanos" de individuos que hubieran muerto a edad similar, de causa similar y que hubieran sido preservados por un mismo periodo en condiciones similares. Hoy se reconoce que la mayoría de los estudios *postmortem* no han hallado evidencias de *gliosis* en los cerebros de sujetos con esquizofrenia.[6] Esta ausencia de *gliosis* se interpreta como excluyente de un proceso neurodegenerativo.[7] Como hemos señalado ya, *la degeneración es uno de los fantasmas* que ha rodeado a la esquizofrenia, y ha persistido en nuestros días a través ciertas versiones neurológicas que no han logrado ser demostradas.[8]

En la década de los sesenta se integran las diferentes instituciones que trabajan dentro del campo de las neurociencias: El Instituto Mexicano del Seguro Social, el Instituto Nacional de Neurología y Neurocirugía (que había sido fundado en 1964) y el Plan Castañeda. Este último agrupaba, tras la clausura del Manicomio General en 1968, al nuevo Hospital Psiquiátrico de concentración nacional, Fray Bernardino Álvarez , al Hospital Psiquiátrico Infantil Dr. Juan N. Navarro, y a los hospitales campestres para usuarios con padecimientos crónicos, como el Hospital Psiquiátrico Dr. Samuel Ramírez Moreno.

---

[6] G.W. Roberts, y P. J. Harrison, "Gliosis and its implications for the disease process" En P. J. Harrison y G.W. Roberts (Eds.),*The Neuropathology of Schizophrenia: Progress and Interpretation,* Oxford University Press, New York, 2000, pp. 137-150.

[7] Cfr. P. J. Mackenna, *Schizophrenia and Related Syndroms*, Oxford University Press, Oxford, 1994; G.W Roberts, "Schizophrenia: A Neuropathological Perspective", *British Journal of Psychiatry* 158 (1991), pp. 8-17; P. J Harrison, "The Neuropathology of Schizophrenia: A Critical Review" *Brain and Language* 122 (1999), pp. 593-624.

[8] S. B. Hutton, F. C. Murphy *et al.*, "Decision making deficits in patients with first episode and chronic schizophrenia", *Schizophrenia Research* 55 (2002), pp. 249-257.

El primer programa institucional específico, para impulsar y orientar los servicios de salud mental, será desarrollado entre 1947 y 1951, coordinado por el Departamento de Neuropsiquiatría e Higiene Mental de la entonces Secretaría de Salubridad y Asistencia. El nombre del departamento es particularmente significativo. La psiquiatría se acercará a la *neurología* en el tratamiento de *las enfermedades mentales severas*, privilegiando el modelo biológico y el psicofármaco. En su vertiente de profilaxis privilegiará el modelo de *psicoterapia y rehabilitación social* y su objetivo será la implementación de programas contra las adicciones *en la población general*, tarea en la que se aliará, hasta confundirse, con la higiene mental. Un dato curioso al respecto: el Instituto Mexicano de Psiquiatría, creado en 1979, se llamará inicialmente Centro Mexicano de Estudios en Farmacodependencia (CEMEF).[9]

La pregunta que nos concierne en relación a la locura tiene que ver con dos cosas. En primer lugar la relación entre *lo biológico y lo moral* en el siglo XXI, y en segundo lugar el papel que cumple el auge contemporáneo del modelo biologicista. En la segunda mitad del siglo XIX se comienzan a estudiar las relaciones de las funciones mentales (vinculadas a la vida moral) con el cerebro, y para ello se insta al médico a escuchar al enfermo, entender sus fallos y particularidades psíquicas, haciéndole comprender el papel que estas características han tenido en la génesis del mal que sufre. El alienista ha de transformar aquello que se presenta como una queja o malestar, *en síntoma*; pero para ello requiere de la colaboración del mismo sujeto. *Idealmente* el médico, además, debe darle pequeñas lecciones, criticar sus "errores y falsedades" aprovechando lo bueno de la mente del paciente para estimular su confianza en sí mismo mediante un método general de educación o de dirección. Miguel Alvarado, considerado el primer alienista mexicano consagra así "la mayor parte de sus horas pensando en el alivio y mejoramiento de tantas infelices que lo quieren y lo aclaman como un padre".[10] En la actualidad

---

[9] Cfr. *Análisis de la problemática de la salud mental en México. Primera parte*, Secretaría de Salud, México, 2002.

[10] Juan de Dios Peza, *op. cit.*, pp. 26-32.

la tendencia global en la investigación y en la práctica clínica para definir o diagnosticar un trastorno, es a partir de *la respuesta a la medicación*. Así, si por ejemplo un sujeto diagnosticado de psicosis maniaco-depresiva no responde al litio, el psiquiatra se preguntará si finalmente no padece de esquizofrenia. Si un sujeto diagnosticado de esquizofrenia responde positivamente a los ansiolíticos, o logra restablecerse sin psicofármacos, la pregunta será si es esquizofrénico después de todo.[11] Desde esta perspectiva en la actualidad hay que tener en cuenta dos aspectos. En primer lugar las formas de constitución de la experiencia subjetiva en la era de la psicofarmacología. En segundo lugar el imaginario farmacológico predominante, entendido como la conformación global de un consumo que se orienta hacia cierta concepción de las posibilidades individuales.

En los inicios del alienismo mexicano la metáfora de un cuerpo social jerárquicamente ordenado es análoga a la de la jerarquía del sistema nervioso en el que el cerebro, recordemos a Agustín A. Roa y a Porfirio Parra, es la instancia superior. En el México del siglo XXI, sin embargo, la metáfora del cuerpo social no puede ser comprendida sin advertir, por un lado, la reestructuración del capitalismo y la interdependencia global de las sociedades, que introduce una forma diferente de relación entre Estado, economía y sociedad; y por otro el surgimiento de la sociedad informacional y de nuevas condiciones científico-tecnológicas. El corporativismo que constituye la trama de la nación, *coexiste* con un modelo social que impulsa formas flexibles y desterritorializadas de producción, estructuradas a través de redes y de empresas-red descentralizadas. En el modelo de "sujeto cerebral" producido y defendido por la psiquiatría biológica actual el funcionamiento *normal* del cerebro se asemeja demasiado a una determinada organización del trabajo: exigencia de movilidad y adaptabilidad absoluta, de creatividad y flexibilidad.

"En esta nueva organización [del capitalismo] *red* es la palabra clave: el capitalismo actual obedece al principio de empresas

---

[11] Tanya Luhrman, *Of Two Minds*: *An anthropologist looks at American Psychiatry*, Vintage Books, New York, 2001, p. 49.

móviles o ligeras (*lean production*) trabajando en *red* con una multitud de participantes, una organización del trabajo por equipos o por proyectos. En estas empresas sólo se tiene en cuenta el número, la forma y la orientación de las conexiones. ¿Cómo no encontrar una similitud de funcionamiento entre esta organización económica y la organización neuronal? [...] Por un lado, el funcionamiento cerebral, tal como se describe hoy en día, recuerda de cerca el de una *democracia*: ayuda mutua (reparación), libertad de elegir (el cerebro en cierto modo lo construye uno), punto de encuentro de lo público y lo privado (interacción dentro fuera), pertenencia a varias esferas, movilidad, [...] igualdad de funciones [...] Por otro lado, la descripción científica de la plasticidad cerebral produce, al tiempo que se inspira en ella, una visión extremadamente *normalizadora* de la democracia en la medida en que concede un [...] *reconocimiento demasiado rígido a la flexibilidad,* es decir a la *docilidad* y a la *obediencia*."[12]

Se trata de una flexibilidad reduccionista que modela y naturaliza el proceso neuronal a fin de legitimar un determinado funcionamiento social y político que, sin embargo, puede ser rehusado por los sujetos (al precio del no reconocimiento) o que puede suponer un exceso que la lleve a traicionar sus fines racionales. Lo que está en juego es la posibilidad de una flexibilidad que experimente una *tensión* y una *resistencia* que no sea reproductora ni normativa. Los psicofármacos, se asevera, deben "modificar lo neuronal (la red) para configurar de otro modo el sentimiento de uno mismo; aumentar las conexiones para restaurar la plasticidad mental y del comportamiento".[13] El objetivo parece ser recobrar "la confianza en uno mismo, la doblegabilidad, la rapidez, la energía".[14] Los psicofármacos permiten, de manera limpia

---

[12] Catherine Malabou, *¿Qué hacer con nuestro cerebro?,* Arena, Madrid, 2007, pp. 48-61.

[13] *Ibid*, p. 55.

[14] Peter Kramer, *Listening to Prozak*, Viking, New York, 1997, p. 406.

y neutra, evitar el coste psíquico de la adquisición de estos valores. Encontramos ahí una pista de las relaciones entre *moral y biología* en la sociedad contemporánea. La tarea del psicofármaco es hacer que el sujeto *parezca* normal y el proyecto de normalización (como media estadística y como meta u objetivo a ser procurado) implica ahora que lo que no esté permitido, bajo ningún aspecto, sea "estar mal". "El estar bien" se transforma en una exigencia en la que creatividad, flexibilidad, y adaptabilidad, se convierten en cualidades axiológicas.

El México que vio constituirse al alienismo anhelaba constituir un modelo de ciudadano autónomo, pero que se identificara a sí mismo como parte de un todo jerárquicamente ordenado, que fuera capaz de materializar valores como cierto racionalismo religioso, cierta forma de relacionarse con el deseo y de insertarse como miembro productivo en la sociedad. En la actualidad valores deseados son la flexibilidad, la capacidad de interacción, la rapidez de reacción. A medida que el reconocimiento del sujeto opera a partir de un proyecto de normalización en el que se valoran por encima de todo la pertenencia y la movilidad: "la individualidad intersecta con la uniformidad y con la sociabilidad; uno tiene que ser parte de grupos, redes, círculos de referencia […] No hay modelos culturales que permitan a los individuos construir significativamente un sentimiento efectivamente *singular* de diferencia".[15]

El proyecto de clausurar el antiguo Manicomio General y crear hospitales en los que el promedio de internamiento se redujera drásticamente y cuyo número de camas (incluso sumándolos a todos) era mucho menor, tuvo que ver con este proyecto de normalización a raíz del auge de los antipsicóticos capaces de controlar –no de curar– las alucinaciones visuales y auditivas más dramáticas. Mientras el sujeto *pareciera* normal podía acudir al psiquiatra en busca de su medicación, y no era necesario su internamiento. La transformación que ha

---

[15] Ellen Corin, "Facts and Meaning in Psychiatry: An Anthropological Approach to the Lifeworld of Schizophrenics", *Culture, Medicine and Psychiatry* 14 (1990), p. 184.

experimentado la asistencia psiquiátrica en el marco de los procesos de reforma que se vienen produciendo desde los años cincuenta, ha propiciado el desplazamiento del locus principal de la acción psiquiátrica desde los asilos de corte clásico a las unidades de psiquiatría de los hospitales generales, y a los centros de salud mental[16] *contribuyendo a una mayor integración de la psiquiatría en el seno de la medicina.* Nuevas alianzas de intereses entre profesionales de la salud y mercado, nuevas herramientas para la producción de una subjetividad acorde a este consumo, nuevas herramientas de publicidad y marketing para asegurarla. El objetivo, desde esta perspectiva es –como ya hemos señalado– restaurar la maleabilidad: "Los modos de regulación y de dominación de la fuerza de trabajo se apoyan menos en la obediencia mecánica que en la iniciativa, responsabilidad, capacidad para evolucionar, motivación, flexibilidad [...] Dominio de uno mismo, doblegabilidad psíquica y afectiva, capacidad de acción, [esto] hace que cada uno deba soportar la carga de adaptarse permanentemente a un mundo [...] hecho de flujos".[17] Esta situación crea una vulnerabilidad específica.

En México, se ha establecido que la frecuencia de la depresión oscila entre 6 y 15% para la población en general (en países industrializados ha sido reportada entre 6 y 12%).[18] El auge del *Prozak* (clorhidrato de fluoxetina) que comenzó a venderse y recetarse en el país en 1989, y que continúa como el fármaco antidepresivo de

---

[16] En materia de psiquiatría y salud mental se cuenta con 14 unidades de consulta externa de salud mental y 33 unidades hospitalarias de psiquiatría y salud mental dependientes de la Secretaría de Salud y los Servicios Estatales de Salud. En ocho de estas unidades su organización es bajo el concepto del Modelo Hidalgo de Salud Mental (Aguascalientes, Distrito Federal, Durango, Hidalgo, Estado de México y Tamaulipas). Con esas cifras, se estima que sólo 0.07% de las unidades ambulatorias son especializadas en salud mental, y 2.9% de los hospitales son de psiquiatría y salud mental. *Programa nacional de acción específico 2007-2012 Atención en salud mental,* Secretaría de Salud, México, 2008, p. 51.

[17] Alain Ehrenberg, *La fatigue d´être soi. Dépression et société*, Odile Jacob, París, 2000, pp. 234-236.

[18] Servicios de Salud Mental, *Programa específico de esquizofrenia 2001-2006*, Secretaría de Salud, México, 2002, p. 31.

mayor uso, se constata cuando se lee que, hasta 2009, se habían "consumido en territorio nacional alrededor de 85 millones de cápsulas, lo que significa una cifra de ventas de 1,500 millones de pesos".[19] El *Prozak* y otros antidepresivos y ansiolíticos, tienen por función validar las redes neuronales implicadas en la iniciativa, la estimulación, el dinamismo, la capacidad de deshacerse de la rigidez y la fijación identitaria. En la cultura contemporánea:

> "Las *soluciones mágicas* a las vicisitudes de la vida se promueven fuertemente desde la industria publicitaria y en el ámbito de la salud mental a través de la promoción de los antidepresivos. La publicidad generalmente sugiere [...] que el consumo de antidepresivos, como por arte de magia, proporciona un nuevo 'yo', libre de la carga y las imperfecciones del presente."[20]

Vivimos en un mundo conexionista que se pretende dotado de la coherencia y la inmediatez de una naturaleza no ya basado en el viejo organicismo de los positivistas del siglo XIX (explorado anteriormente) sino en la metáfora neuronal, con sus redes y flujos de adaptabilidad y flexibilidad, que se ha de reflejar en la estructura de sujetos adaptables y flexibles *ad infinitum*.

> "La enfermedad se ha introducido en la vida cotidiana como la gran fantasía que explica y justifica cualquier tipo de malestar, social o individual. Con una ventaja: se soluciona pronto y ambulatoriamente [...] *lo importante es el remedio de la apariencia infeliz y su tratamiento como un percance de jurisdicción médica* [...] Antes el sistema era el primer culpable. Ahora no hay que buscar culpables sólo encontrar remedios

---

[19] Datos sobre el consumo de Prozac en México" *http://lilly.com.mx/userfiles/file/ Boletines%20de%20prensa%202009/190809%20Hoja%20de%20Datos%20 -%20Prozac.pdf*

[20] José M. García-Montes *et al.*, "The Role of Superstition in Psychopathology", *op. cit.*, p. 234.

[...] La meta es ponerse bien y ser felices, sin preguntar nada más. De esta manera limpia y sin hermenéutica, el sistema resuelve el antagonismo."[21]

En relación con la esquizofrenia el problema no está exento de paradojas. Por un lado, los psicofármacos que se constituyen en el centro casi exclusivo de la terapia significan en muchos casos para el paciente la invalidación de su experiencia, lo cual implica que se rehúse a tomarlos. Por otro lado cuando sí lo hace, y se mejoran sustancialmente sus síntomas y se reduce notablemente la aparición de los episodios psicóticos, se le dice que está recuperado pero no curado, lo cual para muchos de ellos es frustrante. La concepción de que lo que les acaece es producto de un desequilibrio químico y por lo tanto no es su responsabilidad, excluye cualquier posición subjetiva que no sea la de someterse a la medicación. A ello se aúna que los psicofármacos no siempre son lo efectivos que prometen ser y que su efectividad para los denominados síntomas negativos como la apatía, o la incapacidad de interactuar con los otros, se ve considerablemente mermada. Finalmente los efectos secundarios como el aletargamiento, los temblores recurrentes de manos, no contribuyen a visibilizar la normalización que propugnan. Los antipsicóticos de segunda generación (como la clozapina, la risperidona o la olanzapina), por ejemplo, suelen implicar un aumento considerable de peso y una inhibición del deseo sexual.

Lo que hay que tomar en cuenta es que, finalmente, el auge de la psiquiatría biológica va unido a este auge de la industria farmacéutica. La idea de que hay un problema y que es del cerebro propicia la creación de medicamentos que contribuya a reparar o a controlar el daño. *El descubrimiento de la clorpromazina* provocó una intensa actividad en el sector que, por primera vez, comprendió que podían ganarse enormes sumas de dinero gracias al desarrollo de los medicamentos para los trastornos psiquiátricos. Descubierta casualmente en

---

[21] Vicente Verdú, *El estilo del mundo: La vida en el capitalismo de ficción*, Anagrama, Barcelona, 2003, pp. 209-210.

1949 por un cirujano de la Armada Francesa que estaba interesado en el hallazgo de un método farmacológico capaz de prevenir el shock quirúrgico, parecía afectar profundamente el sistema nervioso central haciendo que los pacientes fuesen más tolerantes al dolor, e induciéndoles un estado de sedación. La clorpromazina fue introducida como *neuroléptico* (una palabra de origen griego que significa "sujetar los nervios").[22] Las investigaciones de la psiquiatría biológica que hasta entonces habían tenido un estatus más bien marginal, y que como hemos señalado ya, fueron llevadas a cabo en México a finales de los años cincuenta y en los años sesenta, hallaron su impulso en este descubrimiento, que sostenía la idea de que el funcionamiento de los neurolépticos se debía a que los trastornos tenía una base orgánica, susceptible de ser descubierta. A inicios del siglo XXI *"el campo de la medicina continua generando el mayor número de publicaciones de científicos mexicanos en revistas reconocidas internacionalmente. Entre 1995 y 2005 las disciplinas más productivas fueron: neurociencias y farmacología"*.[23]

Estas investigaciones, a su vez, propiciaron el descubrimiento progresivo de distintos sistemas de neurotransmisión cerebral, determinando una *praxis* clínica farmacológica o médica biológica que subordina, margina o excluye otro tipo de intervenciones. La teoría dopaminérgica de la esquizofrenia, por ejemplo, postula que ésta está causada por algún tipo de exceso de actividad en los circuitos neuronales del mesencéfalo que usan dopamina como neurotransmisor, y se respalda con dos líneas de pruebas. En primer lugar, la investigación con *antipsicóticos* que bloquean un tipo concreto de receptor de dopamina. En segundo lugar, los *fármacos* como las anfetaminas, que estimulan la síntesis de la dopamina en el cerebro,

---

[22] Francisco López -Muñoz *et al.*, "Aspectos históricos del descubrimiento y de la introducción clínica de la clorpromazina: Medio siglo de psicofarmacología", *Frenia* 2-1 (2002), pp. 77-107.

[23] Teresa Corona, "An overview of Neurosciences in Mexico", Encuentro de mexicanistas, 2010, p. 8 en *http://www.mexicanistas.eu/uploads/an%20overview %20of%20neurosciences%20in%20Mexico-Teresa%20Corona.pdf*

y que pueden provocar episodios psicóticos en sujetos que no han sido diagnosticados de ninguna enfermedad mental.[24] El problema, sin embargo, es que no se ha podido hallar ninguna prueba de que los niveles de dopamina en los pacientes sean elevados.[25] Tampoco se ha podido demostrar que los pacientes tengan un mayor número de receptores a la misma. Efectivamente, a menudo es el tratamiento prolongado con antipsicóticos el que provoca que los receptores de dopamina se multipliquen.[26] Incansables, los investigadores han estudiado el rol de otros transmisores y receptores (en México por ejemplo el *glumanato)* aunque los resultados siguen sin ser concluyentes.[27] En el año 2002, el *British Medical Journal* y el *The Journal of the American Medical Association (JAMA)* advirtieron que la industria farmacéutica había llegado demasiado lejos en la manipulación de la percepción pública con el fin de ensanchar los mercados de nuevos fármacos.

"La influencia de la industria farmacéutica es especialmente perniciosa para la psiquiatría en los casos en los que las posibilidades de colonizar más aspectos de la vida son ilimitados. *La psiquiatría es un campo de controversia en el que distintos paradigmas de tratamiento y distintos enfoques mantienen una lucha reñida.* El poder económico de la industria farmacéutica

---

[24] Cfr. J. Haracz, "The dopamine hypothesis", *Schizophrenia Bulletin* 8 (1982), pp. 438-469.

[25] H. Jackson, "Is there a schizotoxin? En N. Eisenberg y D. Glasgow (Eds.), *Current Issues in Clinical Psychology* 39 (1986), pp. 765-770.

[26] K. Murugaiah *et al.*, "Chronic continuous administration of neuroleptic drugs alters cerebral dopamine receptors and increases spontaneous dopaminergic action in the striatum", *Nature* 296 (1982), pp. 570-572.

[27] Camilo de la Fuente Sandoval, Rafael Favila *et al.*, "Incremento del glutamato en el estriado de asociación en esquizofrenia. Resultados preliminares de un estudio longitudinal con espectroscopía con resonancia magnética", *Gaceta médica de México* 148-2 (2009), pp. 109-113; P. Rojas, E. Joodmardi *et al.*, "Adult mice with reduced Nurr1 expression: an animal model for schizophrenia", *Molecular Psychiatry* 12-8 (2007), pp. 756-766.

ha ayudado a inclinar la balanza *a favor de una visión de los trastornos psiquiátricos predominantemente biológica.*"[28]

Ante el cuestionamiento de que el medicamento neuroléptico no alivia y sólo controla a los pacientes, "el psiquiatra responde que la diabetes o cierto tipo de cáncer de igual forma no tienen remedio y que la función del psiquiatra, como la de cualquier otro médico es la de controlar la enfermedad".[29] En la *Evaluación de servicios en salud mental en la República Mexicana* llevada a cabo por la Organización Panamericana de la Salud en 2004 se asevera: "Se visitó también una unidad de psiquiatría en el Distrito Federal, integrada en un instituto nacional, orientada a enfermos neuropsiquiátricos. Las instalaciones son buenas, tanto en la enfermería como en los espacios de docencia e investigación (centrada en enfermedades neuropsiquiátricas y técnicas terapéuticas de modelo biológico). La atención parece de buena calidad desde el punto de vista médico-biológico (aunque *con una posible utilización excesiva de la Terapia Electro Convulsivante [TEC]), pero con insuficiencias significativas por su falta de integración en una red asistencial comunitaria.*"[30]

Actualmente, gran parte de los estudios, son patrocinados por la industria farmacéutica, con resultados aparentemente *evidentes* para insistir en la prescripción de determinados psicofármacos. La Sociedad Mexicana de Psiquiatría Biológica, por citar un ejemplo, tiene vínculos estrechos con Psicofarma, una empresa farmacéutica nacional asociada al grupo Neolpharma, que a su vez lleva a cabo proyectos de investigación, con el fin de inscribir nuevas patentes, en colaboración con el Instituto Mexicano de Psiquiatría, el Instituto Nacional de Neurología y Neurocirugía, o el Instituto de Investiga-

---

[28] Joanna Moncrieff y Phil Thomas, "Psychiatry should reduce commercial sponsors-hip. Carta al sitio web del British Medical Journal" en *www.bmj-com/cgi/eletters/324/7342/886#21632*

[29] Víctor A. Payá y Marco A. Jiménez, *op. cit.*, p. 45.

[30] Organización Panamericana de la Salud, *Evaluación de servicios de salud mental en la República Mexicana, op. cit.*, p. 24.

ciones Biomédicas de la Universidad Nacional Autónoma de México.[31] La industria farmacéutica a nivel nacional, se halla además en plena expansión:

> "Noveno lugar a nivel mundial y el primero de América Latina, el mercado farmacéutico en México lo coloca como uno de los principales países de desarrollo para esta industria de acuerdo con el volumen de ventas. La diferencia con respecto a Brasil, el segundo mercado latinoamericano es grande, ya que la facturación del sector en México se calcula cerrar 2006 en alrededor de los 9,300 mdd, contra los cerca de 5,000 mdd del país brasileño […] Así mismo, en México se ha observado un crecimiento promedio anual de 13% en los últimos 5 años, lo que lo ubica como uno de los mercados más atractivos para el negocio farmacéutico […] El mercado farmacéutico Mexicano está conformado esencialmente por dos grupos bien definidos que operan en forma independiente. El institucional (sector público) cuya demanda comprende primordialmente productos genéricos y de tecnología madura; y el privado, caracterizado por el uso de marcas comerciales o también llamados 'innovadores'. Adicionalmente, una parte del mercado privado en el que se comercializan medicamentos genéricos no intercambiables, de bajo precio, se expenden en farmacias exclusivas o a través de botiquines y otros canales informales por lo que es conocido como mercado de impulso."[32]

La inflación de trastornos psiquiátricos corresponde así a los tres grandes grupos de psicofármacos (neurolépticos o antipsicóticos; ansio-

---

[31] Cfr. www.psicofarma.com.mx ; www.psiquiatriabiologicademexico.org.mx

[32] Jorge Omar Kuri Juaristi, "El mercado farmacéutico en México: Patentes, similares y genéricos", *Mercadotecnia global. Revista de mercados y negocios internacionales* en *http://www.mktglobal.iteso.mx/index.php*; cfr. Comité de competitividad y centro de estudios sociales y de opinión pública, *Situación del mercado farmacéutico en México*, Centro de estudios sociales y de opinión pública, México, 2010.

líticos o benzodiacepinas; antidepresivos) cuya influencia, en *un círculo vicioso, es utilizada para argüir post-facto a favor de la hipótesis de una base biológica inherente a la enfermedad mental.* El Primer Seminario Internacional de Medicina Basada en la Evidencia (MBE) en México, organizado por el Centro Nacional de Información y Documentación sobre Salud de la Secretaría de Salud, se llevó a cabo en noviembre de 1999 en el Distrito Federal. Por otra parte, el Instituto Nacional de Salud Pública, a través del Centro de Información para Decisiones en Salud, incorporó a nuestro país a la Colaboración Cochrane Iberoamericana (Colección de fuentes de información de MBE), para estudiar temas de problemas médicos relativos a países en vías de desarrollo.[33] La Facultad de Medicina de la Universidad Autónoma Nacional de México en el Plan único de especializaciones médicas en Psiquiatría aprobado por el Consejo Académico del Área de las Ciencias Biológicas y de la Salud acordó a partir de 2008: "Incluir la unidad didáctica de Medicina Basada en Evidencias."[34]

La MBE se presenta como un nuevo paradigma teórico que proporciona un marco conceptual de los fenómenos estudiados en la psiquiatría, y que supone la superación de la incertidumbre en la toma de decisiones clínicas y de planificación y gestión. En 1988 Laupacis y sus colaboradores señalaron que los clínicos no tenían un patrón de medida con el que comparar los riesgos y beneficios de los diferentes abordajes terapéuticos. Para que la medicina pudiese ser científica, debería someterse a un proceso de verificación *empírica,* basado en pruebas.[35] En 1992 se publica en la revista *JAMA*

---

[33] Melchor Sánchez Mendiola, "La medicina basada en evidencias en México: ¿Lujo o necesidad?", *Anales médicos Hospital ABC* 46-2 (2001), pp. 97-103.

[34] Departamento de desarrollo curricular, *Plan único de especializaciones médicas en psiquiatría,* Universidad Nacional Autónoma de México, México, 2008, p. 3.

[35] Para toda esta discusión en torno a la MBE, Sigo a José García-Valdecasas y Amaia Vispe, *op. cit.;* y a Manuel Desviat, "Pros y contras de las prácticas basadas en la evidencia: Notas para un debate" en César Luis Sanz de la Garza (Ed.), Salud mental y medicina basada en la evidencia, *Cuadernos de psiquiatría comunitaria* 5-1 (2005), pp. 7-15.

el artículo fundacional de la MBE, firmado por el autodenominado *Evidence-Based Medicine Working Group*.[36] El grupo propugnaba un cambio de paradigma basado en una serie de axiomas: 1) La experiencia clínica y la intuición en ocasiones pueden resultar engañosas. 2) El estudio y comprensión de los mecanismos básicos de la enfermedad constituyen guías necesarias pero insuficientes en la práctica clínica, pudiendo llevar a predicciones incorrectas. 3) El conocimiento psicopatológico y la experiencia clínica no son suficientes para establecer juicios como el diagnóstico, el pronóstico y la eficacia de los tratamientos; dan lugar a una medicina basada en la opinión que puede conducir a predicciones inexactas. 4) Es preciso buscar la mejor evidencia disponible a través de búsquedas en la literatura científica.[37]

La epidemiología clínica, la bioestadística y la informática, suministran los procedimientos. Una vez formulada la pregunta clínica, la Red (y un grupo de evidenciólogos) favorece la investigación, las evidencias clínicas relevantes sobre el asunto en la comunidad profesional. El ensayo clínico aleatorizado, especialmente la revisión sistemática de varios ensayos clínicos aleatorizados a su vez (lo que se conoce como metaanálisis) constituye el "patrón oro" para juzgar si un tratamiento causa o no, beneficio o daño. La decisión clínica se convierte en el resultado de un proceso supuestamente objetivo y reproducible por diferentes agentes en diferentes contextos. Sin embargo, los metaanálisis también tienen sus limitaciones entre otras razones porque:

"1) Las pruebas son necesariamente 'hechos' verificables y contables estadísticamente, esencialmente ensayos controlados aleatorizados. 2) El ensayo aleatorizado puede ser imposible en función de objeciones éticas, de aspectos legales

---

[36] Evidence-based medicine working group, "A new approach to teaching the practice of medicine", *Journal of the American Medical Association* 268 (1992), pp. 2420-2425.

[37] D. L. Sackett *et al.*, "Evidence based medicine: what it is and what it isn't", *British Medical Journal* 312 (1996), pp. 71-72.

y políticos. 3) Existen elecciones previas en función de las cuales formulamos las preguntas. 4) El poder de generalizar –validez externa– puede estar comprometido, en cuanto que los profesionales que participan en los estudios, o la institución donde se realiza, no sean representativos por estar especialmente interesados en el asunto investigado (como suele ocurrir) y los pacientes ser atípicos por el procedimiento de selección. 5) Algunos autores señalan aspectos de la práctica clínica que no serían percibidos por los métodos de investigación más valorizados por la MBE y que son, sin embargo, absolutamente pertinentes para la toma de decisión en la práctica cotidiana de los médicos: aspectos biomédicos pero también personales, contextuales, que convergen de una manera compleja y no tienen nada que ver con el procedimiento lineal de la toma de decisión sugerida por la MBE. 6) Sólo se publican los estudios con resultados positivos (o bien los autores cuyo idioma no es el inglés, lengua en la que se realizan las búsquedas bibliográficas de los metaanálisis, publican los resultados positivos en revistas en inglés y los resultados negativos en revistas en otros idiomas)."[38]

La MBE podría reflejar tan sólo el intento ingenuo de elevar unas técnicas, una metodología de búsqueda e investigación, a categoría científico-natural, a un nuevo paradigma revolucionario que diera cuenta de toda la realidad de la práctica psiquiátrica. Un intento fallido en cuanto que incumple los propios principios de rigor científico a los que apela. Una colección de hechos no basta para constituir una ciencia. Ni tan siquiera una ciencia aplicada. El paradigma es un logro científico formado por una teoría y algunas aplicaciones ejemplares, capaces de dar una explicación coherente de un determinado campo del saber. La MBE se corresponde con un momento "de ausencia de teoría psiquiátrica, de retroceso de la indagación psicopatológica y de programas de investigación, más allá de la genética y la psicofarma-

---

[38] Manuel Desviat, *op. cit.*, pp. 9-10.

cología [...] Hay una vuelta al reduccionismo biológico: la hipótesis última es que el cerebro es el órgano de la mente: hechos cuantificables, al margen de los juicios de valor".[39]

¿Cuál es sin embargo el papel que juega el auge del modelo biologicista en la actualidad? En la sociedad contemporánea *lo biológico* se emparenta "con la demanda de lo verdadero; es anhelo de realidad-real y representa una *aparente* reacción contra el dominio de lo mediatizado y lo fingido".[40] Todo orden "social" o "natural" supone una organización simbólica y la oposición entre orden "social" y "orden natural" no es sino una oposición entre dos órdenes que son *ambos simbólicos*. La organización *simbólica* del orden "natural" que rige la investigación científica se dirige al descubrimiento y explicación del orden de las cosas y conduce a favorecer el criterio de utilidad y de *praxis*. La tecnología y sus prácticas relacionadas crean así un efecto de verdad que lidia con las cosas, descartando "la verdad" del sujeto. La organización simbólica del "orden social" que regula los aspectos de la *praxis* social considera la importancia determinante del orden simbólico en la construcción de nuestras relaciones. La decadencia y falta de credibilidad de los sistemas de creencias vuelve cada vez más problemático el hecho de legitimar y fundamentar un orden "social" e implica un acercamiento al "orden natural" (olvidándose su carácter simbólico). Para el orden "natural" la patología, en el sentido biológico, debe ser localizada como un patrón que existe como "anomalía" con independencia de nuestro conocimiento o no de ella. Está "ahí" y se manifiesta a través de "la enfermedad".[41] Y sin embargo hay una *moralización de esto biológico*: "Es sorprendente la coincidencia entre el discurso psiquiátrico actual, que se caracteriza por una clara tendencia a la biologización y el discurso político sobre la exclusión que [...] presenta a los desafiliados en conexión interrumpida [...] El sufrimiento psíquico en general, está asociado a una disminución

---

[39] *Ibid*, p. 12.

[40] Vicente Verdú, *op. cit.*, p. 128.

[41] Serge Leclaire, Écrits pour la psychoanalyse 1. *Demeures de l'ailleurs*, Le Seuil / Éditions Arcanes, París, 1998.

de las conexiones neuronales [...] El enfermo [...] es el contraste de la sociedad conexionista, es el contra-modelo de la flexibilidad."[42] Así me describirá un psiquiatra, en un arranque de sinceridad, a uno de sus pacientes, que asistía al taller que yo impartía: "terco, vago, asocial, sin solución". El discurso científico además de avances médicos produce sin saberlo modelos y referencias que permiten regular el funcionamiento social y hacer valer el imperativo de flexibilidad como norma mundial de la marcha de las cosas. *Como el oráculo de los azande*, funge como una autoridad absoluta, transcendente a cualquier sistema sobre el que tiene autoridad, materializa una integridad absoluta no compartida por nada más en el universo que supervisa. Y es que el conocimiento desde el orden natural suele negar, desde *cierta* lectura cientificista, sus condiciones sociales de producción:

"Lo que llama la atención en el proceder científico es el inmenso esfuerzo que éste hace para negarse como discurso [...] la ciencia genera la creencia de que es ahistórica, acontextual y autofundadora. La ciencia, *en este proceder mágico*, se convierte en una excepción a las construcciones humanas, como la cultura. Todo lo humano es construido excepto la ciencia. La ciencia sólo es descubrimiento. En otras palabras, el problema de la ideología científica reside en su pretensión de constituirse en tanto que metadiscurso, y además verdadero, por encima de los saberes, ideologías y opiniones particulares."[43]

Twilight Zone: la forja contemporánea del cuerpo de la nación

La modernidad mexicana que se inaugura tras la Independencia, las invasiones y las luchas intestinas que desangraban al país, contem-

---

[42] Catherine Malabou, *op. cit.*, pp. 55-60.

[43] Inmaculada Jáuregui Balenciaga y Pablo Méndez Gallo, *Modernidad y delirio: Ciencia, Nación y Mercado como escenarios de la locura*, Escalera, Madrid, 2009, pp. 61-62.

plaba la implementación de un Estado capaz de producir el orden y la soberanía que se reclamaban necesarias para la implantación y extensión de la regla burguesa. Pues bien, a pesar de las transformaciones que ha sufrido en la era de la globalización, la figura del Estado en México está lejos de haber desaparecido. Hemos señalado cómo a partir de 1982, el modelo de industralización consolidado en los regímenes posrevolucionarios colapsó, dando paso al neoliberalismo tecnocrático. En 1992, la tendencia a la apertura al mercado mundial de economías anteriormente protegidas, llevó al gobierno a revocar las leyes de reforma agraria; dos años después entró en vigencia el Tratado de Libre Comercio de América del Norte. Aunque las operaciones que habitualmente llamamos estatales sobrepasan los límites del Estado-nación y parecen ser ejercidas por otros agentes, como el pragmatismo del mercado desregulado regido por la *mano invisible* de la ley de la libre oferta y demanda de los monopolios informativos, las organizaciones trasnacionales no gubernamentales, corporaciones privadas, o los grupos guerrilleros o narcotraficantes; el Estado mexicano ha mostrado una tenacidad y adaptabilidad que hay que destacar. Ello se hace evidente al mostrar, no sólo la manera casual en la que habitualmente nos referimos a la entidad "El Estado" como si fuera un ser en sí mismo, animado con voluntad y entendimiento propio, sino también al comprobar los frecuentes indicios de exasperación que provoca el aura de la E mayúscula.[44] *El Leviatán de Hobbes, en definitiva, es mítico y también terriblemente verdadero*:

> "El Estado, entidad abstracta a la que creemos con Ser, especie asombrosa de cosa con fuerza vital autónoma, trascendente por encima de los meros mortales [...] totalidad inventada de

---

[44] Shlomo Avineri por ejemplo critica la tendencia a escribir Estado con E mayúscula. Nosotros nos situamos más bien con Philip Abrams que propone reconocer el poder de la idea de Estado y al mismo tiempo no creer en Él. Como ejercicio para lograrlo recomienda que, experimentalmente, tratemos de sustituir la palabra Dios por la palabra Estado. Cfr. Michael Taussig, *Un gigante en convulsiones*: el *mundo humano como sistema nervioso en emergencia permanente*, Gedisa, Barcelona, 1995, pp. 144-148.

artificio materializado y en cuya insuficiencia desdichada [...]
colocamos nuestra alma. De ahí la E mayúscula del Estado. De
ahí su magia de atracción y repulsión vinculada a la nación, un
tufillo de una cierta sexualidad reminiscente de la ley del padre, y no podemos olvidar, el espectro de la muerte, la muerte
humana en aquella insuficiencia conmovedora de Ser. Es con
ella, con la utilización mágica de los muertos para propósitos
majestuosos, que deseo, en el reconocimiento admitidamente
inseguro e ingenuo, comenzar."[45]

Radcliffe-Brown señala ya, en el prefacio clásico de *African Political
Systems*, el carácter ficcional del Estado como entidad unitaria:

"Al escribir sobre instituciones políticas, surgen numerosas
discusiones sobre el origen y la naturaleza del Estado que habitualmente es representado como una entidad que está por
encima de los seres humanos que conforman la sociedad, que
posee como uno de sus atributos algo llamado 'soberanía', y a
veces se lo describe como algo que posee voluntad (a menudo
se define a la ley como la voluntad del Estado) o que emite
órdenes. El Estado en este sentido no existe en el mundo feno-
menológico; es una ficción de los filósofos."[46]

Philip Abrams subraya asimismo este carácter ficcional en una forma
a la vez más esclarecedora y más compleja:

"La dificultad de estudiar el Estado reside en el hecho de que
el Estado como estructura o sujeto político unificado no existe;
es una ilusión colectiva, la reificación de una idea que enmas-
cara las relaciones de poder bajo el disfraz del interés público.
El Estado no es la realidad que se encuentra detrás de la más-

---

[45] Michael Taussig, *The Magic of State*, Routledge, New York, London, 1997, p. 3.

[46] A. R. Radcliffe-Brown, "Preface", en M. Fortes y E. E. Evans-Pritchard (Comps.),
African Political Systems, Oxford University Press, Oxford, 1970, p. xxiii.

cara de la práctica política. Él mismo es la máscara que nos impide ver la realidad de la práctica política [...] comienza su vida como un constructo implícito; luego es reificado, como la *res publica*, nada menos que la reificación pública, y adquiere una identidad claramente simbólica que progresivamente se divorcia de la práctica y se convierte en un relato ilusorio de la misma. La función ideológica llega al punto en el que conservadores y radicales creen que su actuación no se dirige de unos a otros sino al Estado. Este mundo de ilusión prevalece."[47]

A este respecto, lo primero que hay que constatar es que, investido con una suerte de aura, persiste como presencia crucial, una pantalla en la que se proyectan los anhelos y temores de los ciudadanos: Se pide al Estado, se teme al Estado, se solicita protección al Estado, se lamenta su fracaso, y se añora su fortaleza. Nos encontramos, finalmente, ante el poder espectral de una ficción. Efectivamente, si bien la lógica neoliberal de la globalización está erosionando las funciones clásicas del Estado weberiano, por otra parte, estimulados en cierto modo por la globalización, se están creando más y más Estados, y el deseo de las naciones por poseer su Estado propio, es más intenso que nunca.

En *Las formas elementales de la vida religiosa*, Émile Durkheim señala que la estructura social de las sociedades australianas se halla compuesta de clanes. Los individuos de un clan se encuentran unidos por su tótem. Los objetos que sirven de tótem pertenecen al reino animal y al vegetal, y el tótem constituye la auto-representación simbólica del clan, sin el cual es imposible su mera existencia como grupo. Esta representación simbólica es sagrada. Lo sagrado incluye un aspecto de la realidad que esté separado de lo ordinario (lo profano), que requiere de cierta conducta ritual. La verdad inherente y racional del tótem radica, en definitiva, *en ser la representación simbólica de la sociedad misma*. El objeto real de todo culto totémico es entonces

---

[47] Philip Abrams, "Notes on The Difficulty of Studying the State", *Journal of Historical Sociology* 1-1 (1998), p. 58.

el cuerpo social que las ceremonias constituyen y representan: "la fuerza religiosa no es sino la fuerza colectiva y anónima del clan".[48] De hecho –añade Durkheim– "no podemos decir que el fiel se engaña cuando cree en la existencia de un poder moral del que depende y que constituye lo mejor de sí mismo: *ese poder existe, es la sociedad*".[49] Ahora bien, el tótem no sólo se limita a representar sino que *impone* la unidad colectiva. Es una representación del intercambio social (entre la persona y la comunidad) y es también *un dispositivo activo* por medio del cual la sociedad puede permanecer unificada.

El hombre necesita una imagen sensible para sustituir un concepto excesivamente abstracto y elige un símbolo natural, que deviene así para cada clan, una bandera o signo a través del cual diferenciarse de los demás. Durkheim consiente en llamar *delirio* a este acto por el que "la mente añade algo a los datos inmediatos de la intuición sensible y proyecta en las cosas sus sentimientos e impresiones".[50] Si comprender las cosas es olvidar lo secundario para quedar sólo con lo esencial que, *a diferencia de lo accidental*, es lo común e invariable, entonces las cambiantes sensaciones exigen un añadido: la idea, la verdadera realidad social. Siendo nosotros de naturaleza doble, material y mental, es necesario que ésta adquiera una representación sensible, para que podamos aprehenderla. Así nace el símbolo totémico. No obstante, ningún objeto natural está predestinado por sí mismo para recibir el concepto, pues el tótem no nace de lo natural, sino de *algo* que se le agrega y que se basa, ultimadamente, en el "poder de una ficción" que mistifica las relaciones desiguales entre las varias clases y grupos nacionales:

> "De esta manera estamos de nuevo en el extraño mundo de los tótems (de Durkheim), donde el territorio estaba vinculado con el grupo por medio de los objetos sagrados, por medio de las imágenes (así dicen) grabadas sobre esos objetos […] Sólo

---

[48] Émile Durkheim, *op. cit.*, p. 350.

[49] *Ibid.*

[50] *Ibid,* pp. 358-359.

se les permitía a los hombres iniciados observar esas imágenes que, a causa de su adoración, borraban con el tiempo y con el amor [...] acaricia[ndo] la imagen del Estado [...]."[51]

La relación entre territorio y grupo es sin embargo más compleja de lo que parece. El extraño mundo de los tótems implica que Nación y Estado se vinculan de manera ambigua. *Estado* es la entidad política y administrativa (según la definición clásica de Max Weber una unidad de carácter institucional que en el interior de un territorio monopoliza para sí el uso de la fuerza). El concepto de *nación*, en cambio, hace referencia al sentimiento de pertenencia a una comunidad basado en razones históricas, étnicas, lingüísticas o religiosas. El imaginario de la nación oculta las diferencias internas, las luchas intestinas y los conflictos que la desmiembran. Diferencias étnicas, de clase, de género y de estatus crean, *de hecho,* diferencias en la percepción nacional del poder del Estado. En los márgenes de la política y a nivel local, los encuentros con el Estado se perciben *a nivel de piel*, a través del encuentro con miembros de los cuerpos de seguridad nacional cuya presencia invade el espacio cotidiano. Este encuentro a nivel local puede producirse bajo la forma discursiva de su identificación con la corrupción, la ambivalencia, o el abandono de una ciudadanía que se siente indefensa. Ello acaece cuando el quien es quién funge como Estado (el ejército, la policía, los monopolios privados, los narcotraficantes o los grupos guerrilleros) es *precisamente* lo que parece estar en cuestión:

"El mensaje está muy claro: ya nadie está seguro en México. Los jefes de la droga no sólo están en guerra por los territorios, sino que pugnan por colocar a sus respectivos candidatos en la cima del poder político. "Con plata o con plomo", llegó a reconocer hace unos días el propio Calderón [...] un dato [...] se hace presente cada vez que el presidente, con voz solemne, promete castigar a los culpables: el 95% de los crímenes en México queda impune [...] hay una clara complicidad entre

---

[51] Michael Taussig, *Un gigante en convulsiones*, op. cit., pp. 178-179.

políticos y carteles. Las elecciones están perdiendo sentido por el dinero sucio que las financia."[52]

Ante los hechos, se generan discursos que tienen que ver con su déficit o carácter fallido, y sin embargo, cabe preguntarse *si no es totalmente al revés. Es decir, si no hay más bien un exceso de prácticas estatales, y de actores que se disputan las funciones del Estado.* Los discursos patrióticos y las estrategias bélicas contra un enemigo como el narcotráfico disfrazan las diferencias en las relaciones de poder al interior de la nación, en torno a una unidad nacional que se postula para combatir al enemigo común:[53]

"El presidente [...] afirmó que el Estado mexicano actúa en defensa propia frente a la criminalidad que atenta contra la sociedad, y que la mayor amenaza a los mexicanos es el crimen organizado transnacional. Así, al asegurar que el crimen organizado es la mayor amenaza contemporánea que ha enfrentado México, el presidente Felipe Calderón afirmó que 'la victoria será nuestra porque el Estado cuenta con la razón, la ley y el Ejército Mexicano, que lucha por la seguridad de todos los mexicanos'."[54]

Frente a la narrativa de un Estado sólido que coexiste con un discurso nacionalista de ciudadanía, se halla asimismo la narrativa del Estado fallido. Inmersos en esta dinámica, cuando los sujetos perciben que el

---

[52] Pablo Ordaz, "El narco mexicano acorrala la política", *El país*, 30/06/2010, en http://www.elpais.com/articulo/internacional/narco/mexicano/acorrala/politica/elpepiint/20100630elpepiint_1/Tes

[53] Cfr. Begoña Aretxaga, "Terror as Thrill: First Thoughts on the War on Terrorism"*Athropology Quaterly* 75 (2001), pp. 139-153. En especial sus reflexiones, imprescindibles para la lectura que aquí se lleva a cabo, en Begoña Aretxaga, *States of Terror: Essays*, Center for Basque Studies, University of Nevada, Reno, 2005. También Joseba Zulaika y William A. Douglass, *Terror and Taboo: The Follies, Fables and Faces of Terrorism*, Routledge, New York, 1996.

[54] Lorena López, "Estado actúa en defensa propia" en *Milenio*, 19/02/2011 en http://www.milenio.com/node/650328

orden social es en sí mismo inconsistente, la fantasía es un intento de reconstituir su consistencia. Ello tiene por lo menos dos consecuencias: 1) se postula la existencia de un Gran Otro oculto detrás de la textura social explícita en una proliferación de las teorías de la conspiración, y 2) lo que "mantiene juntos" no es tanto la identificación con la Ley que regula el circuito "normal" diario de la comunidad, sino más bien *la identificación con una forma específica de transgresión de la Ley, de la suspensión de la Ley*. Nos hallamos ante "la afirmación de un caos redituable [...] basado en el secreto compartido [...] y una comunidad centrífuga que alcanza toda la escala social y asedia el ámbito familiar".[55]

> "La paradoja de lo que llamamos el Estado es que es al mismo tiempo un ensamble de relaciones de poder y un vehículo de dominación masiva incoherente y multifacético. A pesar de la tendencia casi inevitable de hablar del Estado como una cosa, el dominio que llamamos el Estado no es una cosa, ni un sistema ni un sujeto, sino un terreno significativamente ilimitado de poderes y técnicas, un conjunto de discursos, reglas y prácticas que cohabitan en la limitación, la tensión y la relación, de manera a menudo contradictoria."[56]

Lo interesante aquí, es que no sólo la gente imagina al Estado, sino que el Estado mismo, en sus múltiples materializaciones, promulga sus propias fantasías. Este reflejo dinámico entre la relación imaginaria de aquellos que encarnan el Estado y los que se topan con sus efectos en la vida diaria, sugiere la presencia de *mecanismos psíquicos del poder*, que producen y reproducen el Estado como objeto de temor y de repulsa, de apego y de identificación, como un poder evasivo, invencible, impotente, alguna vez presente, o enormemente

---

[55] Sergio González Rodríguez, *El hombre sin cabeza*, Anagrama, México, 2009, p. 163.

[56] Wendy Brown, *States of Injury: Power and Freedom in Late Modernity*, Princeton University Press, New Jersey, 1995, p. 174.

poderoso.[57] Max Weber admite esta posibilidad cuando advierte que: "Es evidente que, en la realidad, la obediencia de los súbditos [a la ley del Estado] está condicionada por muy poderosos motivos de temor y de esperanza (temor a la venganza del poderoso o de *los poderes mágicos*, esperanza de una recompensa terrena o ultraterrena)."[58] La biopolítica que asume su urgencia y expansión en el México contemporáneo, lo hace porque lo que está en juego no es simplemente la vida biológica de los individuos, *sino la interpretación del exceso a ella asociado.*

En las sociedades antiguas el principio soberano, que servía como tentativa de eliminar este exceso en el orden social, se materializaba en el cuerpo del rey que era considerado doble. Por un lado cuerpo humano, sometido a las vicisitudes de la naturaleza y que apelaba *al orden del ser.* Por otro lado cuerpo místico, que apelaba *al orden de la significación y era excesivo en relación a su cuerpo natural porque indicaba la transmisión de los derechos y deberes reales al heredero, la instauración de las leyes y la materialización del principio de soberanía.* El exceso asociado al cuerpo, es decir, la idea de que el cuerpo en tanto que apropiado socialmente está investido de *más* significantes que los puramente "biológicos" o "naturales", se conjuraba así a través del postulado de un cuerpo que, simultáneamente, *en tanto era, moría y en tanto significaba, sobrevivía y garantizaba así la continuidad social.* En las sociedades contemporáneas el exceso que se asociaba al segundo cuerpo del rey, se dispersa en la soberanía del cuerpo de la nación a través de los cuerpos de los ciudadanos que nunca son meros cuerpos, sino signos de algo más que significa en relaciones distributivas y diferenciadas de poder, que ahora hay que monitorear, regularizar y controlar.[59] Lo que está en juego no son tan

---

[57] Judith Butler, *Mecanismos psíquicos del poder: Teorías sobre la sujeción*, Cátedra, Madrid, 2001.

[58] Max Weber, *El político y el científico*, p. 3. Documento preparado por el Programa de Redes Informáticas y Productivas 3 de la Universidad Nacional de General San Martín (UNSAM). http:\\www.bibliotecabasica.com.ar

[59] Eric L. Santner, *The Royal Remains: The People's Two Bodies and the Endgames of Sovereignty*, The University of Chicago Press, Chicago, 2011.

sólo las formas de manejo de cuerpos y poblaciones, *sino el exceso de los cuerpos y de las intimidades que son el resultado de aquellas técnicas de manejo, y que producen efectos en los procesos de constitución subjetiva.* Las ideologías de la diferencia toman la forma de signos corporales diacríticos que abastecen la obsesión de hacer legibles los cuerpos considerados potencialmente amenazadores. Estas prácticas intensas de legibilidad a menudo producen más opacidad. Los sujetos trabajan con estereotipos, de modo *que se puede ver todo y nada al mismo tiempo.*

> "Las autoridades mexicanas han puesto en libertad a 56 de las 69 personas que todavía estaban detenidas por los disturbios que se desataron el pasado 1 de diciembre en el marco de las numerosas manifestaciones que se celebraron contra la investidura presidencial de Enrique Peña Nieto [...] El director de la Comisión de Derechos Humanos del Distrito Federal (CDHDF), Luis González Plasencia, ha considerado que la liberación de 56 de las 69 personas que aún seguían detenidas 'es un triunfo de la justicia' [....] Además, ha hecho un llamamiento a 'dejar de criminalizar a los jóvenes por su apariencia física o por la música que escuchan, porque todo ello genera una serie de prejuicios y estereotipos que desembocan en agresiones contra ellos'."[60]

Hemos contemplado ya cómo en la sociedad contemporánea lo biológico se emparenta con la demanda de lo verdadero y representa una *aparente* reacción contra el dominio de lo mediatizado y lo fingido. Hoy, que las funciones del Estado, lejos de desaparecer, son reclamadas por distintos actores nacionales y trasnacionales, *el principio de autoridad,* la necesidad de eliminar el exceso social, de garantizar los signos y los valores a través de nuevos tipos de redes, *ha de materializarse de manera visible en el cuerpo de los ciudadanos. El*

---

[60] http://www.europapress.es/latam/mexico/noticia-mexico-liberan-56-69-personas
-seguian-detenidas-disturbios-investidura-presidencial-20121210071354.html

*cuerpo se convierte en fuente de verificación y de materialización de
la autoridad simbólica de las instituciones y los hechos sociales,* algo
que como hemos visto se pone precisamente de relieve:

> "En momentos particulares, cuando hay dentro de la socie-
> dad una crisis de creencia, es decir, cuando alguna idea cen-
> tral, ideología o constructo cultural ha cesado de suscitar la
> creencia de la población, ya sea porque es manifiestamente
> ficticia o porque queda desposeída de sus formas ordinarias de
> substanciación, *la punzante materialidad del cuerpo humano
> será prestada para otorgar a ese constructo cultural el aura
> de realidad y certidumbre.*"[61]

La representación del Estado como el ojo omnisciente que se esconde
detrás de la práctica política, se sustenta en el aura de secreto que parece rodearlo. Este secreto es público es "generalmente sabido, pero
no puede ser articulado, es, de hecho, un secreto *tan público,* que
incluso la apariencia de conocimiento del secreto ha de ser evitada:
'la gente sabe qué es lo que no debe saber'."[62] Sergio González Rodríguez lo define así: "Una construcción ominosa, suerte de ramal del
drenaje profundo que, en lo simbólico, amenaza a toda la sociedad y
quiere instalarse en la permanencia más anestésica con su mandato
inaceptable: no te metas en lo que no te corresponde."[63] El oculta-
miento involucrado tiene el carácter de una prohibición: "No debes
hacer saber que sabes X" pero en su corazón hay una simulación
"incluso cuando X sea sabido por todos has de actuar y pensar como
si X no pudiera ser sabido". Desde esta perspectiva del "saber qué no
saber", los actos de violencia que acaecen en territorio nacional se
comportan como una lengua capaz de funcionar eficazmente *porque*

---

[61] Elaine Scarry, *The Body in Pain: The Making and Unmaking of the World,*
Oxford University Press, New York, 1985, p. 14.

[62] Michael Taussig, *Defacement: Public Secrecy and the Labor of the Negative,*
Stanford University Press, California, 1999, p. 131.

[63] Sergio González Rodríguez, *op. cit.,* p. 162.

de algún modo el código se conoce, aun cuando no se participe directamente en la acción enunciativa.

Hay quienes sostienen que la ilusión mistificadora sobre un centro de poder llamado Estado, podría ser desenmascarada en la emergencia de la realidad de las relaciones dispares que lo sustentan. No obstante, contemplar la interioridad laberíntica del ser del Estado no necesariamente disipa su poder mitificador. Al contrario, tal poder parece aumentar con la revelación del escándalo, y provocar una *proliferación infinita de discursos sobre él*. A lo que apuntan los cuestionamientos es al interrogante de si el Estado no es necesariamente el producto de tecnologías racionales de control sino *el de un exceso que sobrepasa cualquier racionalidad funcional*. Lo que articula el exceso es la fantasía (*la fantasía del control total, la fantasía de la apropiación del otro*) que aparece como un componente principal de la vida política y como un factor clave que estructura las relaciones de poder. La fantasía no quiere señalar aquí una construcción puramente ilusoria, sino una forma de realidad que se autoriza a sí misma, una escena cuya estructura atraviesa el límite entre lo consciente y lo inconsciente.[64] La fantasía, en este sentido, pertenece a lo " objetivamente subjetivo". No se opone a la realidad social, sino que constituye su " pegamento psíquico".

A lo que apunta la noción de totemismo de Estado: "es a la *existencia* y *realidad* del poder político de esta ficción, a su *poderosa* insustancialidad."[65] Es importante retener juntas estas dos nociones, la de *poder* y la de *insustancialidad,* y recordar que para Durkheim: "*Las representaciones del tótem* tienen pues *una eficacia más activa* que el tótem mismo".[66] El Estado puede ser considerado como "una puesta en escena privilegiada para organizar las fantasías políticas en el mundo moderno".[67] Esto *no implica negar* que las tecnologías

---

[64] Cfr. Slavoj Zizek, *El acoso de las fantasías*, Siglo XXI, México, 2007, pp. 11-39.

[65] Michael Taussig, *Un gigante en convulsiones*, *op. cit.*, p. 146.

[66] Émile Durkheim, *op. cit.*, pp. 218-219.

[67] Jacqueline Rose, *States of Fantasy*, Oxford University Press, Oxford, 1996, p. 4.

racionales de control no sean importantes en la materialización del poder estatal; sino sólo señalar que están animadas por un sustrato de fantasía que implica asimismo una serie de operaciones vinculadas con el cuerpo de la nación. Efectivamente, si el Estado se constituye como un efecto de los discursos y las prácticas, es asimismo un efecto encarnado, materializado. Depende, por poner un ejemplo, de la recreación continua *del cuerpo de sus héroes*. El espíritu del Estado se disemina entre los héroes de la nación, es éste el vehículo de integración social a través de un intercambio mágico de identidades entre la galería de héroes de la historia y la ciudadanía y sus representantes. La relación con el pasado se actualiza en la posesión en la que la discontinuidad radical de la historia, se sustituye por una utopía nacional sincrónica en la que prima la comunión con los padres de la patria:

"No importa cuán imprecisa en términos históricos sea esta fábula; es, no obstante, un relato elocuente de los principios mitológicos que inevitable y necesariamente están implicados en la formación del Estado moderno, que ninguna historia puede articular, pero que todas las historias requieren. En otras palabras, estos cuentos del advenimiento del Estado no sólo son historia fantástica, sino que –y aquí está el asunto– precisamente como fantasía son esenciales para lo que pretenden explicar, de suerte que cualquier compromiso con la cosa llamada Estado será forzosamente un compromiso con este corazón de ficción, el mismo guión de cuyo propósito real y grave presupone tanto el teatro como la posesión espiritual [...] es más que simbolismo o metáfora, es una unidad tan real que los cuerpos mismos parecen fundidos e incorporados en el único que los representa. Esto es tan material que [...] tiene que ser místico [...] Una característica crucial de este teatro de la posesión de espíritus es que la circulación de los espíritus de los muertos a través de los cuerpos de los vivos es un movimiento paralelo al de la circulación de la magia espectral del Estado-nación a través del cuerpo de la sociedad –como cuando el Presidente de la República invoca [a los héroes patrios]– todo depende de la necesidad e imposibilidad de cristalizar el espíritu en un hecho literal."[68]

La ceremonia de traslado de la osamenta de doce héroes patrios, del Monumento al Ángel de la Independencia al Castillo de Chapultepec, realizada en mayo de 2010, con motivo de los actos del Bicentenario, puede ejemplificar este teatro de la posesión:

"Desde que Plutarco Elías Calles recuperó en 1925 los restos de los héroes nacionales que estaban en la Catedral Metropolitana para trasladarlos al sepulcro laico y oficial del Ángel de la Independencia, no se había vuelto a ver un cortejo con esas urnas. 'Mira, ahí va Hidalgo', explicó una mujer a su hijo, señalando los cuatro cráneos que en urna transparente encabezaban el desfile resguardado por militares rumbo a su morada temporal en el Castillo de Chapultepec. La solemnidad con que el presidente Felipe Calderón y el público veneraban a los héroes en una de las ceremonias más relevantes de las fiestas del bicentenario de la Independencia [...] para los invitados oficiales [...] se acompañó del negro de la vestimenta propia de ocasiones fúnebres."[69]

La obsesión no sólo por el cuerpo de los héroes de la nación, sino por el cuerpo de los ciudadanos, es –como hemos señalado ya– una característica del Estado moderno que desde la emergencia de la estadística y los censos, y las nuevas nociones sobre salud y contagio, sexualidad y reproducción, se ha preocupado por hacer que los cuerpos y las poblaciones sean legibles, disciplinados, y controlados.[70] En la actualidad lo es, asimismo, de las instancias que, *de diversas*

---

[68] Michael Taussig, *The Magic of State*, *op. cit.*, pp. 124-139.

[69] Alonso Urrutia, Claudia Herrera y Mónica Mateos, "Los caudillos de la independencia abandonan el Ángel" *LaJornada*, 31/05/2010, enhttp://www.jornada.unam.mx/2010/05/31/index.php?section=politica&article=002n1pol

[70] Cfr. Michel Foucault, "La gubernamentalidad", en *Estética, Ética y Hermenéutica*, *op. cit.*, pp. 175-199.

maneras, se disputan sus funciones clásicas. La conflagración de violencia y paternalismo, de fuerza e intimidad, sustenta entonces al Estado mexicano como objeto de ambivalencia para la ciudadanía. Objeto de resentimiento por abandonarnos a nuestro propio destino, objeto deseado porque se cree que sólo él puede velar por la nación. El Estado se divide entre un buen y un mal Estado (un *sagrado puro* y un *sagrado impuro* recordando a Durkheim una vez más), impulsando un imaginario en el que el deseo y el temor se entremezclan en una relación de incertidumbre ante su carácter final, en la que uno no se da sin el otro.

No man´s land: siete (posibles) indicios sobre la locura

> Tengo la inconmovible certidumbre de que a este respecto poseo experiencias que –si se llegara a un reconocimiento general de su validez– tendría sobre los demás hombres el efecto más fructífero que se pueda imaginar [...] Al igual que otras personas usted se sentirá inclinado de primera intención a no ver nada sino un desvarío patológico de mi imaginación; para mí existe un cumulo en verdad abrumador que prueban mi acierto.
>
> Carta de Daniel Schreber a su psiquiatra

> Pero primero hay que tratar de entender
>
> Michel de Certeau

En la segunda mitad del siglo XX, la producción del espacio urbano en la ciudad de México resulta de dos procesos macrosociales que transforman la estructura social y urbana. El primero está representado por la industrialización, que desde la década de los años cuarenta y hasta finales de los años setenta impulsó el rápido crecimiento urbano de la capital del país, en el contexto del fortalecimiento del Estado social y corporativo. El segundo está representado por la terciarización económica, en el contexto de la globalización, del capitalismo flexible y del predominio del modelo neoliberal. El perfil moderno de la ciudad se manifiesta en el entorno construido a través de formas de segregación urbana, de mercantilización de los espacios públicos, de proliferación de periferias sociales y de enclaves de pobreza. El redimensionamiento de los lugares que son referentes de identidad en la ciudad se lleva a cabo bajo condiciones en las que el fenómeno de la desigualdad social se expande, asociado a problemas de disolución social, de masificación y de mercantilización.[71] La historia de la megalópolis, que alcanza hoy los veinte millones de habitantes, es una historia de violencia y destrucción inscrita en la ocupación implacable de espacios y de cuerpos. Los talleres de lectura y escritura creativa que llevo a cabo con personas diagnosticadas de esquizofrenia entre 2008-2011, en el norte, sur y oriente de la ciudad, tienen como telón de fondo un paisaje urbano que me parece siempre el mismo: desolador, impenetrable por la cortina de *smog*, y el tránsito caótico de autos y de autobuses. A ello se aúna el que tienen lugar en sitios insólitos: salones parroquiales, el anexo de un gimnasio, una sala de almacén, el aula de una escuela primaria, una desvencijada habitación de un centro de salud comunitaria… Muchos de estos asentamientos, hasta hace muy poco tiempo, no contaban en los mapas (eran espacios en blanco), y no existían ni para el poder público ni para los planes arquitectónicos. Eran zonas que estaban en el interior de la ciudad, pero no aparecían en los censos, no tenían dirección ni ciudadanía.

En las primeras etapas siempre son jóvenes de sectores medios y populares recientemente diagnosticados. Más tarde habrá pacientes de mayor edad y con un largo historial de hospitalizaciones. Se cuelan a través de las fallas de las lógicas sociales e institucionales clásicas. Todos, sin embargo, en el momento en que entran en contacto conmigo viven con sus familias. Todos acuden por sugerencia de los psicólogos clínicos del hospital o del centro de día al que asisten. Algunos recogen ellos mismos la sugerencia y se acercan, otros son

---

[71] Patricia Ramírez Kuri, "La ciudad y los nuevos procesos urbanos", *Sociología urbana* 3-6 (2009), pp. 173-174.

traídos por sus parientes aliviados ante la expectativa de una actividad gratuita que les permita disponer de un poco de tiempo para sí mismos.[72] Los asistentes varían, nunca llegan a ser más de diez personas, aunque hay veces que sólo asiste uno. Lo más frecuente es que acudan, de manera irregular, a lo largo de los tres meses que dura cada taller. Mi primer objetivo es construir un espacio en el que puedan expresar a través de la lectura y escritura su manera de "ser-en-el-mundo". Por ello evito los formatos rígidos y trato de propiciar ejercicios que plantean algo de manera concreta. Así, a partir de un cuento o de una imagen, les invito a escribir respondiendo a una pregunta. Al principio soy cauta y nada de lo que hago en el taller hace referencia a palabras como "esquizofrenia" o "diagnóstico". Con el tiempo, sin embargo, me atrevo a traducir ciertas secciones del *Schizophrenia Bulletin* y de *Our Voices: First-Person Accounts of Schizophrenia* en las que pacientes escriben sobre su experiencia a menudo de manera inusualmente poética, las llevo y planteo preguntas y ejercicios literarios al respecto con los miembros del taller.[73] Me sorprende la buena acogida de la iniciativa, aunque no

---

[72] Mi etnografía se llevó a cabo con pacientes que además de que viven con sus familias, o lo hicieron durante el periodo que duró la investigación, tienen acceso a antipsicóticos y a servicios de atención psiquiátrica y psicológica. Dadas las dificultades y el sufrimiento que enfrentan no me siento cómoda considerándolos miembros de una "élite urbana de clases medias y medias-populares" con acceso a los servicios de salud en hospitales públicos en los que se concentra la investigación y la enseñanza realizada en el país y en algunos casos (la mayoría con un gran esfuerzo económico) con cierta ayuda de instituciones privadas. En todos los casos el acceso siempre ha sido costoso, problemático y restringido. Aun así reconozco que los pacientes que aparecen aquí no son representativos de las últimas consecuencias de la desatención, el abandono abismal y la falta de recursos, que experimentan las personas con padecimiento psíquico a lo largo y ancho del país y que un sistema de salud absolutamente ineficiente produce y contribuye a reproducir.

[73] *Schizophrenia Bulletin es una* revista que la Oxford University Press publica en asociación con The Maryland Psychiatric Research Center (MPRC) y la Schizophrenia International Research Society. Esta edición contiene artículos seleccionados del original en lengua inglesa de *Schizophrenia Bulletin*. Aparecida en 1969, la revista tiene como objetivo revisar los últimos avances e hipótesis fun-

todos escriben, todos parecen estar atentos a la lectura. Más tarde sabré que algunos de ellos están cansados de que, bajo el pretexto de no estresarlos, se les lean cuentos para niños o se les fuerce a cantar canciones: "No soy un chavito. No me gusta en el centro de día porque me tratan como niño" me dirá R con crispación. La transformación de los pacientes en niños se relaciona con el *fantasma del primitivismo* que ya vimos asociarse a la esquizofrenia, y cuyo lugar volveremos a explorar en la biomedicina del siglo XXI. Esta transformación que supone la identificación de la locura con un déficit de las funciones superiores del cerebro carece de base probatoria, sin embargo en México, tal y como se declara en un documento de la *Organización Mundial de la Salud* predomina en la actualidad, en las actividades de los hospitales y centros, "la existencia de una mezcla de categorías diagnósticas, entre ellas un porcentaje alto de personas con retraso mental, también un porcentaje alto de pacientes con enfermedades orgánicas y, por lo general, un porcentaje más pequeño de personas con diagnóstico de psicosis. No parece que hubiese tratamientos o enfoques específicos para cada una de estas categorías".[74]

La organización de los talleres que llevo a cabo tiene, ciertamente, limitaciones. Su carácter nómada y precario, el no saber nunca qué esperar, ni quien asistirá, ni por cuanto tiempo, hace que la información que arrojan, más que con datos "duros", tenga que ver con sensaciones difíciles de circunscribir. No hay dispositivos institucionales que acudan en auxilio de la precariedad. Sólo cuento con la buena voluntad de los asistentes, y de psicólogos clínicos, psicoanalistas y psicoterapeutas que consideran positivo el hecho de que los

---

damentadas empíricamente sobre la etiología y tratamiento de la esquizofrenia. Incluye extractos de obras y testimonios de pacientes. *Our Voices* es un libro realizado en su totalidad por pacientes de esquizofrenia que diseñaron entre ellos varios cuestionarios para favorecer los testimonios sobre sus experiencias. En el libro se incluyen además sus poemas. Cfr. Michael Dunn, Colette Corr *et al.*, de *Our Voices: First-Person Accounts of Schizophrenia*, The University of North Carolina, Chapel Hill, 2008.

[74] *Evaluación de servicios de salud mental en la República Mexicana, op. cit.,* p. 26.

pacientes tengan un lugar, no inscrito dentro de un marco terapéutico, dedicado a la escritura y a la lectura. Ellos son los que corren la voz y me sugieren dar los talleres en uno u otro lugar, los que animan a las personas a acudir y logran reunir un pequeño grupo, en el que los integrantes originales sucesivamente desaparecen, y aparecen otros nuevos. Con los psicólogos y terapeutas mantengo además un contacto estrecho y me reúno periódicamente para comentar la marcha de los acontecimientos. Entre todos, a través de contactos que trabajan en instituciones privadas, organizaciones no gubernamentales y sociedades civiles, logramos hacernos de los espacios que "se prestan" de manera gratuita. *La delicuescencia del taller hace que la pretensión de captar claramente sus contornos sea una quimera.* Aun así, o quizá por ello, tal vez porque no tiene ninguna pretensión de que los asistentes dejen de ser cómo son, parece motivar, fugazmente, la expresión de algunos de ellos.

La primera impresión que se me impone en los talleres tiene que ver con la atención inusitada que muestran a los objetos cotidianos como la silla, el pizarrón o la papelera, y que hacen extensiva a mis aretes o a la ropa que llevo puesta. Pueden estar absolutamente concentrados en un vaso que tiene un borde roto o en un trozo de papel de la pared. A menudo ello influye en que mi percepción del tiempo fluya mucho más lenta de lo habitual y que cierta noción de vacuidad parezca impregnar el ambiente. Sin excepción todos piden cocacola, "la coquita", y suelo improvisar añadiendo galletas. A medida que leo los ejercicios, me parece que puedo dibujar algunos trazos que recortan la singularidad de una experiencia. Son extractos de testimonios a veces ilegibles, a veces resueltos en una o dos frases, y a veces insertos en textos muy largos cuyo hilo argumentativo no puedo seguir. La aleatoriedad de los asistentes, el hecho de que no todos escriben y de que a veces unos lo hacen en ocasiones y en ocasiones no, hace que los contornos de la figura que se dibuja sean borrosos.

1. Lo que parece radicalmente afectado en la vivencia de la psicosis son los aspectos *tácitos e implícitos* de la experiencia *significativa* del yo y del mundo. Se ha perdido la *habilidad inconsciente del disimulo*: "Actuamos y tenemos que actuar como si el extravío no estuviera a pie del reino de lo real, como si pisáramos tierra firme. Esto constituye [...] la facticidad del hecho social."[75]

Como hemos señalado con anterioridad, la preocupación por la relación entre las palabras y las cosas es una vez más *una experiencia inusitadamente moderna*, que da paso a la preocupación por los procesos de significación. Peirce distingue tres tipos de signo: los *iconos* que representan al objeto a través de su semejanza con él; los *índices* que lo hacen a partir de una conexión con el mismo (siendo por ejemplo su efecto material) y los *símbolos* que operan por convención. Es importante destacar que generalmente *un signo* incluye características de los tres. *La semejanza icónica se integra en la convención simbólica*.[76] Pues bien cuando el aspecto simbólico que determina la posibilidad de apropiación del significado se percibe radicalmente en su artificialidad, los pensamientos, emociones, sentimientos o movimientos que habitualmente sin esfuerzo consideramos nuestros, o parte de las relaciones habituales de nuestro ser-en-el-mundo, se empiezan a percibir enigmáticos, como si fueran el producto de fuerzas extrañas, cuya naturaleza hay que dilucidar: "Existen unas máquinas grandiosas todopoderosas con resortes para hacerme hablar, dormir, abortar y llorar." "Cuando respiraba entraba el espíritu santo como aire, me ocupaba y mi cuerpo era otro." "Mi cabeza está llena de los pensamientos de otras personas, me invaden, todo el rato pienso pensamientos de otros, ninguno mío, por la telepatía."

Lo que buscan entonces, *de manera singularmente solitaria*, es tratar de interpretar y descifrar *los signos* que puedan hacer significativa esta experiencia. A menudo son circunspectos con sus vivencias porque piensan que nadie les va a creer y que cuanto más hablen de ello más insistirán los doctores en el internamiento o la medicación. No es, sin embargo, la única razón.

---

[75] Michael Taussig, *Mimesis and Alterity: a Particular History of the Senses, op. cit.*, pp. xvii-xviii.

[76] Richard A. Tursman, *Peirce's Theory of Scientific Discovery: A System of Logic Conceived as Semiotic,* Indiana University Press, Bloomington, 1987.

2. Si la manera en la que contemplamos nuestro acceso a las cosas y a nosotros mismos es como mediatizada por signos, una de las características de los signos es su trasparencia. Es decir, en nuestra comunicación cotidiana el signo no es objeto de reflexión o de contemplación estética. Nos comunicamos unos con otros porque *no nos detenemos en todos y cada uno de los signos a través de los cuales vemos el mundo.* Pues bien, la capacidad del signo de llevarnos más allá de sí mismo parece comprometida en la experiencia de los pacientes. El uso práctico se pierde, predomina –digámoslo así– *la teoría.* Al ir a pagar su dotación cotidiana de cigarrillos, I se queda absolutamente perplejo contemplando las monedas. Comprende perfectamente lo que son, sabe para qué sirven y responde cuando se le pregunta sobre ello. Sin embargo permanece absorto en la contemplación de los pesos. Aunque –*sabe lo que es el dinero*– la conexión entre lo que tiene en la mano, y la idea de su valor y utilidad permanecen extrañamente separadas; como si no fuera posible vincularlas y actualizarlas, como si para ello fuera necesaria una fórmula de la que se carece. La escena se repite una y otra vez, y finalmente es el acompañante quien tiene que llevar a cabo la transacción. En el taller tengo que ser lo más clara posible con cada uno de los ejercicios. La menor ambigüedad los desconcierta y detiene. Sostienen con los signos una relación en la que éstos adquieren una densidad tal, que giran en torno a sí mismos, hasta llevar a cabo juegos de palabras o etimologías insólitas: "¿Qué quiere decir impaciente? ¿Con qué se junta la palabra 'paciente'? Escribo las palabras juntas pero si las separo quiere decir que el impaciente es un paciente impar." "La palabra *caldero* debe sustituirse y decirse *recipiente* porque Calderón es un presidente indigno y no ha traído la abundancia sino la escasez y la desgracia."

3. Las redes de significado a través de las cuales el "yo" se constituye, se ven perturbadas a raíz de la experiencia. Las alucinaciones y los delirios parecen estar relacionados con lo que hemos descrito como la pérdida de la relación "evidente" que sostenemos con el mundo, y con nosotros mismos, a través de los signos. Así es frecuente la sensación de que pensamientos, emociones, sensaciones corporales o movimientos que significamos inmediatamente como nuestros, no son sino el producto del control y posesión que ejercen sobre ellos alguna entidad o fuerza misteriosa que hay que escrutar. Estas vivencias pueden alternar entre tener un cariz *positivo* cuando esas fuerzas son identificadas como divinas o bondadosas: "Todo el universo está dentro de la diosa que controla los millones de planetas, mi cuerpo es cuerpo de la diosa, puedo penetrar la mente de otros y curarles sin terapia. Es la felicidad total de la iluminación" y un cariz profundamente *negativo*. En los años en que impartí el taller sólo en dos ocasiones pude presenciar una crisis que se atajó rápidamente gracias a la intervención de los psicoterapeutas. En el primer caso, les había llevado imágenes de un libro de fotografías de la ciudad de México y les estaba dando algunos ejemplos de cómo describir una calle o un recorrido cuando G –el paciente que había escrito sobre la iluminación– que había llegado un poco agitado, se levantó empezó a pasear de un lado a otro cada vez más inquieto mientras hablaba consigo mismo de manera entrecortada, tan rápidamente que era imposible para mí seguirle, hasta que pareció absolutamente aterrorizado y comenzó a llorar temblando de angustia. Yo sabía que en estas ocasiones debía mantener la calma, evitar hacer movimientos bruscos que pudieran asustarlo, hablar brevemente con tranquilidad para que los demás (en ambas ocasiones hubo pocos asistentes al taller) mantuvieran cierta serenidad, y avisar. Aun así recuerdo haber pensado que nunca había visto un sufrimiento semejante. En el segundo caso, M, una de las asistentes pareció perder su propio cuerpo. Ante mi impotencia, primero gritó que no veía y después que había perdido las manos. Después se quedó petrificada. Avisé, y los psicoterapeutas intervinieron. La hicieron tumbarse en el piso y la contuvieron con sus propios cuerpos, para que cierta noción de límite pudiera ser establecida. La fascinación que algunos parecían sentir por sus experiencias, explícita en el caso de G, parecía tener que ver con su intensidad. Así fueran negativas o positivas tras ellas la cotidianidad le parecía anodina.

4. La perturbación de las redes de significado a través de las cuales el "yo" se constituye no sólo se advierte en las alucinaciones y delirios en las que el sujeto se ve desposeído de experiencias que habitualmente identificamos como nuestras; sino en que las palabras con las que habitualmente nos describimos no sirven más. Uno de los asistentes de mayor edad que acude algunas veces al taller, ante mi petición escribe con desgana un conjunto de categorías a través de las cuales se define a sí mismo: "buen estudiante en la primaria, rebelde en la preparatoria, repartidor, evangélico, comerciante, esposo, dibujante, desempleado muchos años, vendedor de periódicos, esquizofrénico, católico". No las ordena de manera significativa a través de marcos temporales, prioridades o expectativas. Lo que no ha sido relevante por décadas es situado junto a lo que sí lo es hoy. Cuando le pregunto si no puede intentar ordenarlas y ver cómo se relacionan unas con otras me responde que no porque "habría que pensar muy bien las causas para no equivocarse y el taller casi se acaba". Si la identidad humana es un proceso narrativo que puede hacerse más o menos explícito, más o menos reflexivo, para él las categorías que habitualmente podemos utilizar para marcar nuestra identidad de manera "más inmediata" requieren *de una dosis considerable de reflexión*. Pareciera que ante su experiencia costase un esfuerzo inmenso volverse a relacionar con esas categorías, y a establecer una conexión significativa con ellas.

5. Los que quieren decir algo, o escriben sobre mensajes y revelaciones, lo hacen con demasiadas palabras. Me entregan hojas y hojas de palabras que van en todos los sentidos y con las que no sé muy bien qué hacer. Leyendo tengo la impresión de que la famosa desorganización del pensamiento esquizofrénico tiene que ver con *la imposibilidad de dejar nada fuera, como si al tratar de responder o de desarrollar algo se les presentasen cosas que es importante para ellos aclarar; como si volvieran reflexivos y explícitos todos los aspectos que, habitualmente, en la comunicación permanecen tácitos e implícitos.*[77] Transcribo algunos fragmentos en lo que para mí tienen de extraño y de perturbador:

---

[77] Sobre el lenguaje en la psicosis y en particular en la esquizofrenia hay numerosos estudios. Desde la hipótesis de Domarus desarrollada por Silvano Arieti según el cual el esquizofrénico invierte la lógica aristotélica que acepta la identidad solamente sobre la base de sujetos idénticos, típica de los silogismos, a favor de la identidad basada en los predicados y sobre la que comenta con ironía Pérez Álvarez: "Un paciente de Von Domarus creía que Jesús, las cajas

"Las cosas se cumplen. Hay que escribirlo. Toda mi vida, sé que las cosas tienen que cumplirse no puedes saber que lo sabes todo, tú conoces las respuestas porque hay que escribirlo. Mis hermanas me preguntan ¿estás enojado? Déjenme en paz, la seis y media media para las seis. Eres una persona que hace un esfuerzo del 100%. No puedo hacer preguntas, sólo confiar en la mente de Dios. Hay que escribirlo. Dios me dijo que escribiera el libro de Enoch, sigo el hilo. Clavícula de Salomón. La verdad sólo puede ser escuchada. Ver para nosotros es cuestionado, cuestionable, la cuestión en cuestión por cuestión."

"Por las desgracias y pecados se caen los aviones y chocan los camiones. El tiempo se acaba y ya no corre porque no falta nada por pasar en Guadalajara. Soy de Jalisco no sé de dónde vengan mis antepasados, no sé si soy francés o español. Me han quitado el 1 y sin el 1 no puedo seguir porque es 1 de I = Inteligencia. 2 es Dios y Oz. Los 3 el hombre de paja, el hombre de lata y el león. Tres es la trinidad. Uno y trino = 4. El apellido Velasques es inglés y tiene que ir con s. Velas, candil de la calle y oscuridad en su casa. Ahorita voy a escribir así /-/-//-/-/ para que sólo lean los que entiendan la verdadera religión."

Otros no escriben nada. Su revelación parece consistir en la falta absoluta de palabras. Me entregan un papel en blanco. Hay cosas que simplemente no pueden ser nombradas aunque, de una u otra forma, *pugnen por mostrarse.*

---

de cigarros y el sexo eran idénticos. Un estudio de los fundamentos de esta ilusión descubrió que el predicado común que inducía a la identificación era el estado de hallarse dentro de un círculo. Según el paciente, la cabeza de Jesús, como la de un santo, aparece con un halo o círculo; el paquete de cigarros, dentro de la banda de la tasa, y la mujer, por la mirada sexual del hombre" [...] "Como razonamiento, será lo que sea, pero no parece una mera degeneración neurológica." Marino Pérez Álvarez, "Esquizofrenia y cultura moderna: Las razones de la locura", *Psicothema* 24-1 (2012), p. 3. Cfr. Silvano Arieti, *Interpretación de la esquizofrenia*, Labor, Barcelona, 1965. También Nancy Andreasen, "The clinical assessment of thought, language and communication disorders", *Archives of General Psychiatry* 36 (1979), pp. 1315-1321 y Sherry Rocher y J. R Martin, *Crazy Talk: A Study of the Discourse of Schizophrenic Speakers*, Plenum Press, New York, 1979.

6. Arthur Kleinman ha escrito mucho en relación a los modelos explicativos especialmente en relación a enfermedades físicas crónicas. Kleinman los define como: "las ideas sobre un episodio de enfermedad y su tratamiento empleadas por todas las personas que participan en el proceso clínico".[78] Sugiere que las experiencias relacionadas con la enfermedad deben ser investidas de significado por el individuo y que esa generación de significado ayuda a convertir un fenómeno salvaje y desorganizado en una experiencia cultural mitificada y controlada. Se puede pensar en los modelos explicativos como en una narración construida y explicada por el paciente, y otras personas significativas para éste, con el objetivo de dar coherencia a los acontecimientos y al curso de su sufrimiento. Ahora bien, en el caso de la esquizofrenia, ya he señalado que los asistentes al taller pueden ser circunspectos con sus vivencias porque piensan que nadie les va a creer y que cuanto más hablen de ello más insistirán los doctores en el internamiento o la medicación, pero que no es ésta sin embargo la única razón. A veces se sienten incapaces o simplemente reticentes a dar un recuento de su experiencia. En el taller la mayoría lo hace, pero de manera fracturada, contradictoria, difícil de articular en una secuencia temporal y ordenada: "No se puede decir el mensaje porque pasa todo junto y al mismo tiempo sin que nada se confunda, y las palabras tienen que ir unas detrás de otras. No se puede decirlas todas al mismo tiempo", me explica pacientemente I.

7. Lo que no obstante es recurrente es el uso de significantes "esotéricos", "mágicos", "supersticiosos". Significantes *periféricos* que nunca coinciden con los de los sistemas religiosos centrales y que poseen cierta flexibilidad que facilitan que los pacientes puedan articular con ellos redes amplias de significado. Cuando me presento y les digo que doy clase y que mi área de interés es la antropología y la filosofía de la religión salen de su letargo. Aunque la interacción entre unos y otros es breve y no se sostiene en el tiempo, a raíz de ello suelen

---

[78] Arthur Kleinman, *The Illness Narratives: Suffering, Healing and the Human Condition*, Basic Books, New York, 1988, p. 121.

establecerse algunas discusiones. "Dios es inmortal porque es electricidad", señala una participante. "Estás bien güey –le dice I– yo tenía que ir al metro y ponerme en las vías si no Dios, se moría, ya no es lo de la evolución y sería el final." En este punto intervengo yo y le pregunto a I: "¿Por qué te parece que tú estás bien y tu compañera no?" "Porque lo del metro *sí es real.*" Nadie añade nada más, el momento pasa y la lectura sigue su curso.

En el taller, por su mismo ritmo y circunstancias, no me es posible contemplar cómo estos significantes ayudan a proteger, reforzar y a valuar ciertos aspectos de la experiencia de los pacientes. Podré hacerlo después, en el contacto más estrecho que estableceré con tres de ellos. La pérdida de la habilidad inconsciente del disimulo, les lleva a privilegiar con ellos lo que se considera una degradación de los valores racionales, porque para ellos, efectivamente, lo racional, lo evidente, lo que cae por su propio peso, se ve severamente cuestionado. Los significantes mágicos no sólo reflejan –en coherencia con la definición moderna de la magia– una experiencia en la que todo lo que se tenía por cierto deviene a merced de fuerzas enigmáticas sino que una vez más –en coherencia con la definición moderna de la magia– supone el intento por controlar esas mismas fuerzas. *Tentativa considerada fallida lo cual da una pista del lugar que tienen en nuestra cultura tanto la magia como la locura.* Lo inquietante sin embargo es que para llevarla a cabo los pacientes usan los aspectos *Unheimlich* de la sociedad mexicana contemporánea: "Hay túneles secretos debajo de todo el país porque este es el país de la cara oculta del ombligo de la luna. Abajo se quitan la máscara y nos sacrifican a todos. Venden, violan, envenenan el agua y la comida, sacrifican gente. Todas esas personas que desaparecen, las que pegan en las paredes ¿dónde están si no?"

En el itinerario que sigue, la pregunta para mí ha sido la siguiente: ¿Cómo llevar a cabo una investigación que no someta al otro al escrutinio de una mirada aparentemente neutra? Las tres historias que se cuentan a continuación no son sino mi camino por tratar de entender. Entablé relaciones en las que se pudiera producir una apertura para que sus protagonistas determinaran de qué hablar, en qué orden narrativo y en qué forma. No he seguido ningún método estructurado más que continuar regresando, una y otra vez, para hablar con ellos en sus propios términos. Lo que sigue es producto de un contacto establecido en la contingencia y de una escucha disciplinada que *indica algo*. Mi tarea ha sido iluminar ese algo, hacer preguntas y establecer relaciones poniendo en juego mi bagaje, mi manera de entender el mundo. La antropología es una suerte de *bildung*, una experiencia y una disciplina formativa, de la que no se sale indemne y que como advierte Paul Rabinow "en tanto jerárquica requiere de un cuidado; en tanto proceso, requiere de tiempo; y en tanto práctica de investigación requiere de trabajo conceptual".[79]

Rubén F. y la hostilidad ubicua

> Yo no comparto esa opinión –dijo K moviendo negativamente la cabeza–, pues si se aceptan sus premisas hay que considerar que todo lo que dice el vigilante es verdad. Pero eso es imposible, como tú mismo has fundamentado con todo detalle. No –dijo el sacerdote–, no se debe tener todo por verdad, sólo se tiene que considerar necesario. Triste opinión –dijo K–. La mentira se eleva a fundamento del orden mundial. K dijo estas palabras como conclusión, pero no eran su juicio definitivo. Estaba demasiado cansado para poder abarcar todas las posibilidades que ofrecía la historia, además conducía a razonamientos inusuales, a paradojas, más adecuadas para funcionarios judiciales que para él.
>
> Franz Kafka, *El proceso.*

> Incluso los paranoicos tienen enemigos
>
> Golda Meir a Kissinger

---

[79] Paul Rabinow, *Anthropos Today: Reflections on Modern Equipment*, Princeton University Press, Princeton, 2003, p. 90.

En la sociedad mexicana contemporánea, el significado que se ilumina es la dificultad de medir las interacciones entre la vasta anatomía de poderes sociales que regulariza la vida cotidiana, y la decisión soberana del Estado para definir la arena política al imponer y actuar sobre una distinción entre las características del amigo y el enemigo interno de la nación. La indistinción entre la decisión soberana de matar, y la regulación administrativa del orden, parece requerir de una reflexión conceptual y práctica del mero hecho de la soberanía. Jacques Derrida ha advertido sobre cómo, en la actualidad, cuando la idea de soberanía está siendo puesta a prueba, el Estado exacerba su presencia autoritaria: "Dicha prueba demuestra, más o mejor que nunca (pues la cosa no viene de ayer) a la vez la fragilidad de la soberanía del Estado-nación, su precariedad, el principio de ruina que lo trabaja y [...] la denegación crispada, con frecuencia asesina, de sus sobresaltos y coletazos de agonizante."[80]

Hay que dar cuenta de las tentativas, siempre parciales y recurrentes del Estado mexicano por distinguirse a sí mismo frente a la sociedad, de la amenaza y la experiencia de la violencia, el desorden o la ilegalidad. La militarización del país para erradicar los cárteles armados del narcotráfico ha supuesto que no haya una distinción entre las fuerzas del orden y las que no lo son. Aparentemente, hay una distinción entre civiles y militares porque el ejército va uniformado y asevera hallarse del lado de la ley. Pero los cárteles y la policía pueden estar coludidos, los militares son suplidos por grupos paramilitares de defensa, y la fuerza civil está mejor armada que la militar. A nivel tecnológico y administrativo la diferencia entre los uniformados y los no uniformados, entre la soberanía y la contrasoberanía, deja de ser relevante. La guerra contra el narcotráfico implica una enemistad abierta entre el Estado y los cárteles porque éstos suponen un reto directo a su sutura del territorio de la población y el mercado dentro del orden jurídico reconocido. Sin embargo la ideología de unos y otros es la misma. Los cárteles expresan, *de forma*

---

[80] Jacques Derrida, *Canallas: Dos ensayos sobre la razón*, Trotta, Madrid, 2005, p. 184

cruda, los principios de la propiedad privada y de la monopolización individual de la riqueza. Lo que se hubiera querido negar, y cada vez es más difícil, es que nuestra dificultad para distinguir entre unos y otros proviene de que no hablamos de un conflicto ideológico porque la ideología de unos y de otros no se diferencia. En este sentido la guerra contra el narcotráfico es una guerra en la que el crimen ha sido engendrado "en familia". Para Rubén F. sin embargo es absolutamente imperioso distinguir entre los que están con él y contra él, entre los que quieren que permanezca a salvo y los que en alianza con fuerzas de seguridad nacionales e internacionales, que se vinculan con sectas y cultos misteriosos, quieren destruirle: "Hay que descifrar porque la precisión en el análisis es absolutamente necesaria", escribe en un pequeño comentario de texto que pedí elaborar al pequeño grupo al que en ese momento daba el taller de lectura y escritura.

Lo que en primera instancia me impresiona de Rubén es su seriedad. Permanece rígido, inmóvil en mitad de la sala, abstraído y meditabundo con un libro en las manos. Cuando le pregunto sobre esta actitud, que supe que también mantiene en su casa: "¿Estás cómodo así Rubén? ¿No estarías mejor y más relajado sentado?", me responde lo siguiente: "No sólo hay que ser recto, hay que parecer recto." Rubén tiene un uso inflexible y casi decimonónico del lenguaje: "Nunca digo groserías", "hay que hablar con propiedad". Su puntualidad extrema, su resistencia implacable a cualquier tipo de cambio en su rutina no impide sin embargo que acepte incluir, con el paso de las semanas, vernos fuera del taller: "Me agrada hablar con usted de literatura, filosofía y religión", me responde cuando se lo propongo. A partir de entonces establecemos un ritual que, a sugerencia suya, incluirá tomar un café siempre el mismo (capuchino), en el mismo sitio y a la misma hora, o ir al cine, siempre a la misma plaza comercial, el mismo día y siempre que la función empiece de 14:00 a 15:00 hrs. Nunca logro que deje de llamarme de "usted" y que se dirija a mí por mi nombre; me llama: "señorita".

La propuesta para ver a Rubén fuera del taller, he de aclarar, ha sido previamente comentada con el psicólogo clínico que le atiende en un centro de día. Él me presenta a la madre de Rubén (poco a poco iré conociendo a los demás miembros de la familia). Desde el primer momento tanto ellos como él (al igual que los otros pacientes que aparecen aquí) saben que llevo a cabo una investigación. En el caso de los familiares parecen estar satisfechos con la idea de que alguien pase algo de tiempo con su hijo. En el caso de Rubén, que en un primer momento accede gustoso, algunas veces a lo largo de nuestra relación asumiré, *involuntariamente*, el rol de perseguidora. Por ejemplo, estamos tomando nuestro café habitual en la terraza habitual, cuando suena mi teléfono móvil y poco después pasan, de manera consecutiva, varias patrullas de policía. Alterado Rubén se levanta y, sin mediar media palabra, se va. No lo veo en varios días. Cuando regresa al taller, me advierte en tono perentorio –y sin dejarme ninguna posibilidad de réplica– *que nunca, "bajo ningún concepto"* debo llamar a la policía, ni avisarles en qué lugar vamos a estar. La misma ubicuidad de la persecución en la que está inmerso hace que, sin embargo, no se concentre en mí como perseguidora por mucho tiempo. Poco a poco advierto que recela de cualquier cosa mecánica o electrónica –desde relojes hasta teléfonos móviles e incluso sistemas de alarma– a los que identifica con un modo de vigilancia y monitoreo.

Para Rubén en el centro del Distrito Federal se anuda una red de túneles subterráneos que recorren todo el país, en la que "fuerzas oscuras" llevan a cabo matanzas en las que se asesina –a través de prácticas ligadas a cultos rituales– a un conjunto indeterminado de personas que nunca identifica individualmente. Como miembros de estas "fuerzas oscuras" señala a políticos, actores y actrices, y policías aunque cualquiera podía trabajar a su favor y ser, como él dice, "ayudante del mal". Hay que reconocer que desde hace muchísimos años se habla en México de la relación entre magia, brujería y la violencia múltiple, así como del vínculo –más velado– entre brujas, arúspices, políticos, caballeros de industria y, miembros del "establecimiento" económico y social, [81] lo que destaca en Rubén es que en ese paisaje esotérico don-

---

[81] Cfr. José Gil Olmos, *Los brujos del poder: El ocultismo en la política mexicana*, Mondadori, México, 2009, en la que se recoge numerosa información de fuentes hemerográficas. El mismo autor publicó al respecto varios artículos en la revista *Proceso* y acaba de salir a la luz su segundo libro dedicado al tema: *Los brujos del poder II*.

de los signos y la política nacional se entrelazan, él investiga hazañas herméticas revelando así aquí, en la ciudad de México, una guerra por la hegemonía de la metahistoria y el porvenir *en la que su misma vida está en riesgo*. Los *impasses* y conflictos que Rubén trata de entender a través de su discurso mágico guardan, sin embargo, un extraño paralelismo en la crisis de significación de la autoridad en la sociedad mexicana contemporánea. Veámoslo más despacio.

Crisis de autoridad e investidura simbólica

Rubén F., de veintiséis años, vive con sus padres y con sus dos hermanos. Hijo mediano de una familia humilde que ha logrado, con mucho esfuerzo, tener una pequeña tienda de abarrotes. Rubén fue un buen estudiante y es licenciado en administración de empresas. Viste con formalidad, *siempre* de traje y corbata. Destaca su contención corporal, su mirada a menudo huidiza, y su sensibilidad exacerbada ante cualquier cosa que identifique como violenta. A veces un comentario, incluso una petición. Otras veces un gesto, que quien hace (en este caso yo) considera insignificante y por el que sin embargo se niega a hablar conmigo, o a verme, durante más de una semana. La atención extrema de Rubén a lo que pudiera parecer amenazador, era un aspecto que había que tomar muy en cuenta si, por ejemplo, se le invitaba a ver una película. Imágenes que no eran particularmente violentas –una pareja discutiendo, un hincha de un equipo insultando a otro– le conmocionaban profundamente. Tres años antes, había tenido su primer brote psicótico, a pocos días de su boda. Inicialmente le habían diagnosticado de esquizofrenia indiferenciada, el diagnóstico final fue sin embargo esquizofrenia paranoide.[82] La historia que

---

[82] Según el DSM-IV, la esquizofrenia de tipo indiferenciado presenta dos (o más) de los siguientes síntomas, cada uno de ellos presente durante una parte significativa de un período de 1 mes (o menos si ha sido tratado con éxito): ideas delirantes, alucinaciones, lenguaje desorganizado (p. ej., descarrilamiento frecuente o incoherencia), comportamiento catatónico o gravemente desorganizado síntomas negativos, por ejemplo, aplanamiento afectivo, alogia o abulia. Este

me contó al respecto, en un tono de voz apenas audible, extremadamente nervioso, era, una vez más, fragmentaria: "Iba a comprar mi traje [de novio] y tuve mucho miedo", "me di cuenta de que me espiaban", "me cambiaban de lugar la ropa y mis libros porque alguien entraba a la casa y los movía", "debajo de la capillita de la virgen de Guadalupe de la esquina de la casa, dejaban basura", "todos me miraban indicándome que era incapaz de realizar mi trabajo. Le dije a mi novia que me dijese lo que tenía que decirme".

La teoría antropológica reconoce la existencia de ritos de paso que acompañan todo cambio de lugar, estado, posición social, edad. La adolescencia (en la que se señala a menudo el inicio de la demencia precoz y la esquizofrenia) suele suponer ritos de paso. El matrimonio puede ser asimismo considerado un rito de paso. Los ritos de paso tienen una estructura sencilla que se sucede según una lógica de separación, liminalidad y agregación. La primera fase (de separación) comprende la conducta simbólica por la que se expresa la separación del individuo, o grupo, bien sea de un punto anterior fijo en la estructura social, de un conjunto de condiciones culturales, o de ambos (por ejemplo a partir de la despedida de soltero). Durante el periodo liminal intermedio (de limen "umbral"), las características del sujeto ritual son ambiguas, ya que atraviesa un entorno cultural que tiene pocos, o ninguno, de los atributos del estado pasado o venidero (no es soltero porque ya está comprometido a casarse pero tampoco está casado todavía). En la tercera fase (reagregación o reincorporación) se consuma el paso. El sujeto ritual, ya sea individual o colectivo, se halla de nuevo en un estado relativamente estable y, en virtud de ello, ha adquirido nuevos derechos y obligaciones. Victor Turner ha explorado cómo los atributos de la liminalidad y, consecuentemente los de los sujetos liminales, *son necesariamente ambiguos*, porque en este estado escapan del sistema de clasificación que, normalmente,

---

tipo de esquizofrenia además no cumpliría los criterios para el tipo paranoide, desorganizado, o catatónico. La esquizofrenia paranoide tiene dos características: 1. Preocupación por una o más ideas delirantes o alucinaciones auditivas frecuentes. 2. No hay lenguaje desorganizado, ni comportamiento catatónico o desorganizado, ni afectividad aplanada o inapropiada.

los sitúa en una determinada situación o posición en el espacio social. Los sujetos liminales no están ni en un sitio ni en otro.[83]

Lo que es relevante de estos momentos de transición es que aunque la liminalidad en sentido estricto sea breve, a menudo se imbrica en una liminalidad prolongada en la que la transición no se logra de una vez por todas, *sino a través de ciertas mini transiciones que se caracterizan porque han de ser repetidas en múltiples registros.* Efectivamente hay que recordar que el sujeto no puede estar nunca plenamente determinado por el orden social, porque lo social no es lo que está ahí desde siempre manteniendo a los sujetos unidos. Más bien actuamos para re-ensamblarlo. Así, el orden social necesita continuamente de la *repetición* de prácticas y de patrones de acción. Las regulaciones que nos constituyen han de ser "citadas", reinvocadas, repetidas en contextos distintos. Desde el primer momento que se nos interpela como sujetos, no se está describiendo con ello un estado de cosas, sino que se pone en marcha una cadena de repeticiones, rituales, citaciones e invocaciones que irán configurando nuestra identidad (desde la forma de vestir hasta la de hablar, sentarse, dirigirse a otras personas, mirar, modular la voz, etc.) Toda vida subjetiva se construye a través de un proceso obligatorio y necesario de repetición. Si el proceso de subjetivación sólo puede llegar a tener éxito mediante *la iterabilidad*, es posible que esto se deba a que, en el fondo, todo su éxito no es sino la negación de un fracaso. Si para constituirse como unidad estable el sistema necesita de una repetición y de una reformulación incesante, esto sucede precisamente *por la inexistencia de una unidad tal.* Las condiciones de la subjetivación, es decir, la habilidad de transformarse en un significante para los otros (que a su vez son significantes) impide la emergencia de un significado único de la sociedad y del sujeto que supongan su plena coincidencia consigo mismos. La repetición es la que garantiza la estabilidad y la que, al mismo tiempo, y por la necesidad que hay de su existencia,

---

[83] Cfr. Arnold Van Gennep, *Los ritos de paso*, Taurus, Madrid, 1986; También Victor Turner, *El proceso ritual. Estructura y antiestructura*, Taurus, Madrid, 1988.

pone en evidencia las fisuras: "Cualquier esfuerzo de interpelación o de constitución discursiva está sujeto a error, está acosado por la contingencia, puesto que el discurso mismo invariablemente fracasa en su intento de totalizar el campo social."[84] Los patrones repetitivos de acciones y prácticas a los que hemos hecho referencia revelan, en este sentido, la imposibilidad de controlar el significado sin la cual, *paradójicamente*, la vida social no existiría.

Involuntariamente ello dirige nuestra atención a la artificiosidad de nuestra comprensión sociocultural al exponer esos momentos que subrayan la fragilidad de la articulación de nuestro mundo, y que pueden poner en riesgo la demanda de continuidad y cohesión. La crisis en el proceso de significación ritual podría conducir a una crisis de los procesos de investidura simbólica que nos constituyen como sujetos sociales. Uno de los casos más paradigmáticos de psicosis, el del eminente abogado Daniel Paul Schreber, tuvo su desencadenante en su nombramiento como Presidente de la Sala en la Corte de Apelación de Dresde. Hijo de una prominente familia alemana, Schreber escribiría *Memorias de un enfermo de nervios* (1903), que sigue constituyendo uno de los testimonios más acabados que poseemos sobre la psicosis *desde adentro*.[85] Como en el caso de Schreber, el brote de Rubén acaeció cuando también él iba a recibir una investidura simbólica. En los talleres encontré asimismo otro caso, el de J, que había sufrido su primera crisis tras recibir la noticia de que tenía que hacerse cargo él mismo de la empresa paterna, y de que su esposa esperaba un hijo. ¿Podríamos hablar entonces de la crisis psicótica como una *crisis de la investidura simbólica*?[86]

---

[84] Judith Butler, *Cuerpos que importan: sobre los límites materiales y discursivos del "sexo"*, Paidós, México, 2002, p. 136.

[85] Hay edición en español. Daniel Paul Schreber, *Memorias de un enfermo de nervios* acompañado de Roberto Calasso, "Nota para los lectores de Schreber", Sigmund Freud "Observaciones psicoanalíticas de un caso de paranoia" y Elías Canetti, "El caso Schreber", Sexto piso, México, 2009.

[86] Sigo al respecto la tesis de Santner. Cfr. Eric L. Santner, *My Own Private Germany: Daniel Paul Schreber's Secret History of Modernity*, Princeton University Press, Princeton, 1996.

Hay que señalar que por *investidura simbólica*, nos referimos a *los actos sociales que implican un ritual en el que se transfiere un título o mandato, a raíz del cual el individuo es dotado de un nuevo rol y estatus social, en un universo simbólicamente compartido.* El rito del matrimonio, por ejemplo, lo hace de dos maneras. En primer lugar, al nombrar a un sujeto "esposo", establece públicamente su nueva posición. En segundo lugar, al ser llevado a cabo, el ritual produce la posición de "esposo" ya no como un "en sí" sino como un "para sí". Pierre Bourdieu habla de "la capacidad del cuerpo para tomar en serio la *magia performativa de lo social* que hace que el rey, el banquero, el cura sean la monarquía hereditaria, el capitalismo financiero o la Iglesia, hechos hombre".[87] *La magia performativa de lo social* implica que, al ser investido simbólicamente de alguna propiedad, "la propiedad se apropia de su propietario: encarnándose bajo la forma de una estructura generadora de prácticas perfectamente conformes a su lógica y a sus exigencias".[88]

La *autoridad masculina* en México a finales del siglo XIX y principios del XX era un estatus condicionado a su obtención –que debía ser reconfirmado con una cierta regularidad a lo largo de la vida– mediante un proceso de demostración o conquista. A este tenor, la ausencia de fuerza y agresión entre los varones se concebía como patológica (y se ejemplificaba singularmente, ya lo vimos, en el onanismo). Se *favorecía la iniciativa*, la expresión sexual *pública* masculina en la que los interlocutores privilegiados de la escena eran, a través de la conquista de la mujer, los iguales, aliados o competidores, que garantizaran la pertenencia al grupo de los viriles. La otra norma sexual, centrada en las mujeres abogaba sin embargo por la exaltación de un cuerpo productivo y reproductivo que, confinado al ámbito del hogar, debía velar por la conservación de sus elementos frente a cualquier amenaza externa. En los expedientes clínicos atisbamos, en este tenor, la preocupación por la masturbación, cierta concepción del matrimonio, la familia y las relaciones, que debían

---

[87] Pierre Bourdieu, *El sentido práctico*, Siglo XXI, Buenos Aires, 2007, p. 93.
[88] *Ibid.*

prevalecer entre las clases sociales. Recordemos uno de los casos encontrados en el archivo:

> "Óscar C., de veintiún años de edad, estudiante, natural de México D.F, ingresó en el Manicomio General de La Castañeda en 1924 [...] *Se negaba a salir de su casa, a levantarse de la cama, a rectificar sus actos y se masturbaba con frecuencia* [...] El matrimonio de sus padres es '*moral y socialmente un fracaso*'. Su padre estuvo loco seis meses antes de casarse y sufrió de psicastenia. Su madre es angloamericana y padece de histeria. Tras el nacimiento de Óscar su padre se marchó a París donde dilapidó su fortuna, y su madre abandonó el hogar y marchó a la Habana en busca de una vida de aventura [...] Sus padres se han vuelto a unir y han tenido otro hijo en quien se advierten 'todos los signos de los neuropsicópatas'."[89]

En el México del siglo XXI, la movilidad social, la incorporación de las mujeres al espacio público y a labores tradicionalmente desempeñadas por hombres, la posibilidad del control de su sexualidad supone sin embargo que "en un marco de supuesta modernidad plena [...] se produce la superposición de dos sistemas: uno que eleva a la mujer a un estatus de individualidad y ciudadanía igual al hombre; y otro que le impone su tutela".[90] El enfrentamiento trágico y agonístico entre dos órdenes normativos puede suponer la reafirmación masculina de la violencia como movimiento de restauración de un poder perdido. "La galería de acompañantes o interlocutores en la sombra que participan de ese acto [de violencia] se incorpora a la vida del sujeto desde un primer momento y a partir de allí siempre es confirmada. Se trata de una aprehensión de los otros marcada por una comprensión de la centralidad y la estructura de la diferencia de género, así como una hipersensibilidad, trabajada por la socialización, a las exigencias que

---

[89] *AHSS, F-MG, S- EC*, caja.166, exp. 9448.
[90] Rita Laura Segato, *Las estructuras elementales de la violencia, op. cit.*, p. 30

esa diferencia plantea al sujeto masculino para que éste sea y tenga identidad como tal."[91]

Los padres de Rubén migraron de un pueblo del Estado de México al D. F. en la década de los setenta. Pertenecen a una generación que logró a base de esfuerzo otorgar a sus hijos un nivel de escolaridad al que ellos mismos no tuvieron acceso. En el caso de la madre estudió hasta la primaria, en el caso del padre hasta la secundaria. Rubén y sus dos hermanos tienen estudios universitarios. Fue la madre de Rubén la que, según los relatos familiares, insistió en que sus tres hijos debían estudiar. Hay que señalar que la razón que se impuso en el caso de la hermana, la menor de la familia, no fue la de la igualdad de condiciones con respecto a sus hermanos varones sino la necesidad de mejorar el ingreso familiar. Aunque la madre de Rubén trabaja ocasionalmente con su esposo en la tienda de abarrotes que poseen, su trabajo no se reconoce como tal. En la narrativa familiar el proveedor es el padre y parece haber un acuerdo unánime en lo ideal del papel doméstico de las esposas y en que, en el caso de trabajar, lo hagan para sus familias y no para "otros". Frente al modelo masculino paterno la relación de Rubén es respetuosa pero distante. Por un lado, percibe que en contextos ceremoniales y festejos familiares se ensalza la imagen de su padre como hombre proveedor responsable que éste asume ante los demás en esas ocasiones. Por otro lado él asevera haber visto a su padre competir sobre otras bases con su grupo de amigos para alardear de irresponsable, gastador, bebedor e infiel. Su madre le parece abnegada "mi mamá es el amor incondicional" pero al mismo tiempo recela de lo que él llama "sus enredos": "A mi papá mientras le sirvas primero y dejes que sea él quien decida lo que se ve en la TV, ya lo tienes contento. Al final se hace lo que quiere mi mamá." Sus hermanos consideran a Rubén "conservador" por su modo de vestir y porque les corrige cada vez que se comportan o hablan de manera que él considera impropia. Al asumir frente a ellos el rol de velar por la educación o las buenas costumbres, los hermanos se quejan y acuden al padre "yo le digo que no se meta que deje eso

---

[91] *Ibid*, p. 36.

a su mamá". Al padre le preocupa la incapacidad del hijo para tener amigos varones, el que no le guste el futbol, su reserva extrema, la pulcritud que le hace no soportar cualquier trabajo físico en el que sude o se ensucie las manos. En el fondo le ha preocupado siempre, me dice, "ahora sé que algo no anda bien en su cabeza".

Las pocas veces que me habló sobre ella, Rubén se reafirma en que no le hubiera gustado que su novia trabajara porque hubiera perdido el control sexual sobre ella: "andaría ahí, de coqueta, acostándose con unos y con otros". Al mismo tiempo, sin embargo, ha tenido relaciones laborales muy positivas con compañeras a las que parece respetar y valorar. Sus amigas (y aquí coincide con su padre) han sido siempre mujeres: "Son más tranquilas que los hombres. Puedo tener amigas mujeres sin que haya nada más que una bonita amistad." Había una contradicción aparente, y tal vez real, entre lo que alguna vez se había vuelto una relación cotidiana con compañeras de escuela y de trabajo y la actitud hacia el futuro laboral aunado a la promiscuidad inevitable de la que había podido ser su propia cónyuge. A todos estos discursos y prácticas que atravesaban la vida cotidiana, se aunaban las voces. La única vez que me habló sobre ello, me contó que pese a lo que decía el psiquiatra él no veía "nada", pero que sí escuchaba voces, "varias" que lo insultaban "no le voy a decir qué me dicen señorita porque yo la respeto demasiado, son cosas horribles. De que soy un inútil, no sirvo para trabajar, soy un homosexual y así".

Lo que Rubén parecía advertir (y no poder soportar) es que la investidura simbólica no tiene (ni puede tener) para todo el mundo el mismo significado. Carece de un significado o forma universal. Los contenidos proporcionados en la simbolización emergen como funciones de experiencias contingentes que, de forma idiosincrática, los distintos sujetos consideran significativas. La unidad, aun imposible, es sin embargo, un horizonte necesario para impedir que, en ausencia de toda articulación entre las relaciones sociales, se asista a una *implosión* de lo social, a una ausencia de todo punto de referencia común. El reconocimiento de la multiplicidad de las lógicas sociales, la necesidad de su articulación debe ser no obstante constantemente recreada y renegociada, y no hay punto final en el que el equilibrio sea definitivamente alcanzado. El apego que sentimos hacia los predicados que aseguran nuestra identidad simbólica consiste asimismo en nuestra capacidad para internalizar identidades simbólicas nuevas, lo cual a su vez supone una "citación", una "repetición" inconsciente de una autoridad social que garantice y legitime nuestro derecho a gozar de dichos predicados.

En el caso de Rubén, parecía haber habido por lo tanto un *impasse* en la capacidad de metabolizar la magia performativa de lo social, y de ser inducido, por lo tanto, en el nuevo espacio normativo que requeriría su nuevo estatus. La liminalidad de un estado en el que *ya no era y todavía no era*, le había precipitado en la discontinuidad. Ser algo o no serlo, parecía depender de un artificio ciego, que para él carecía de sentido. La posición, estatus, rol o la autoridad del cargo que, de otra manera, sustentaría se presentaba como algo impostado *que literalmente lo invadía* sin que percibiera con dicho rol ningún vínculo. "Casarse es mecánico" –me dirá–. "No entiendo. ¿Cómo mecánico?" –le pregunté yo–. "Relaciones mecánicas, pura fuerza" –insistirá–. Las relaciones de pura fuerza parecían apelar precisamente a eso, a un mecanismo, a una maquinaria, en la que se producía una independencia radical de los efectos de la investidura simbólica cuyos efectos se percibían como *radicalmente ajenos, intrusivos e impositivos*. Hay que señalar que lo que estaba en juego para Rubén iba más allá de asumirse o no como "esposo". *Lo que estaba en juego eran los procesos de significación social para asumirse como cualquier cosa.* "No sé qué le pasó a mi hijo" –me comentaba su madre– "siempre ha sido serio. Pero luego con lo de la boda se volvió tan serio… Todo tenía tanta importancia. Nunca estaba tranquilo y quería que todos nos lo tomáramos así, y no se podía. Si bromeábamos tantito o nos reíamos, se enojaba… A unos días de la boda empezó a decir que lo perseguían, que se le metían en la recámara, que voces le murmuraban y le insultaban y le decían 'marica', que le botaban basura, que querían lastimarlo. No quiso ver a su novia más y eso que la quería mucho y eran noviecitos desde la secundaria… Se enfermó de su cabeza." El no poder situarse uno mismo en relación a una investidura simbólica para la que ha sido destinado, en este caso la de *jefe de familia,* implica que el mundo se devele irremisiblemente hostil:

381

"Es en la autoridad circularmente autorizada que el grupo se concede a sí mismo, en su totalidad o en la persona de uno de los suyos (delegado autorizado), donde reposa la fuerza ilocucionaria que opera en todos los rituales sociales. El carácter propiamente mágico de esta fuerza de cabo a rabo social se nos escapa en la medida en que se ejerce solamente sobre el mundo social, separando y uniendo individuos o grupos mediante *fronteras* o *lazos* (matrimonio) no menos mágicos, transmutando el valor social de las cosas [...] o de las personas [...]."[92]

El "reconocimiento" que se supone que nos otorga la investidura simbólica que reconoce nuestro lugar social como "padres", "esposos" o "hijos", no podía provenir de un lugar social que para Rubén era "inconsistente", la posibilidad de devenir algo simbólicamente autorizado tenía que provenir *de otro lado*. Rubén comenzó a aseverar que él no se casaría nunca. Fuerzas sobrenaturales habían hecho de él un "*predestinado*": "Me han elegido para descifrar, por eso puedo obtener energía con sólo tocar el piso y adivinar y predecir el futuro." Lo que se había perdido, en su caso, era la habilidad inconsciente del disimulo en la que "el grupo posee la certeza que no tiene el sujeto. Esa certeza se convierte, así, en la causa colectiva, *en argumento de verdad*".[93] Mientras los sujetos se esfuerzan y se empeñan en convencer pues necesitan al grupo para alimentar su creencia, sustentarla, en definitiva creérsela en la misma proporción que les fustiga la duda; para Rubén la certeza colectiva no es suficiente. Parece sufrir "un sentimiento de inconsistencia y de inseguridad, que le impulsa instintivamente a buscar un punto sólido en qué afirmarse y aferrarse. Este complemento, ese fortalecimiento y consuelo lo encuentra sólo en una idea".[94] Esta idea se transforma en una certeza "sin necesitar testigos que la avalen, ni razonamientos que la fundamenten, ni ve-

---

[92] Pierre Bourdieu, *op. cit.*, p. 376.

[93] Francisco Pereña, *El hombre sin argumento*, Síntesis, Madrid, 2002, *op. cit.*, p. 19.

[94] Karl Jaspers, *op. cit.*, p. 113.

rificaciones que la sostengan".[95] Hay en él una pérdida de confianza radical –que no es un mero ejercicio reflexivo sino que afecta *radicalmente* el meollo mismo del sujeto– en la seguridad de las leyes que rigen a los hombres. "Hay que buscar los cimientos de todo", escribía en uno de sus ejercicios, "soy emisario de la VERDAD". La verdad como certeza o causa colectiva no era suficiente, porque él entrevía su carácter cambiante, la pluralidad de discursos que la atravesaban. "La verdad –me dirá un día mientras leemos el periódico– no las opiniones." La primera consecuencia era que para él, el orden simbólico parecía perder la condición de introductor en los desfiladeros de la mediación lingüística y la apropiación social que permite la circulación incesante de los significantes. *En su búsqueda de consistencia lo simbólico* se *literalizaba y adquiría una inusitada rigidez* que yo percibía, de manera acuciante, en nuestras conversaciones.

Hay que recordar que, a diferencia de un enunciado constatativo; un enunciado performativo (o realizativo) es aquel en el que "emitir la expresión es realizar una acción y que ésta no se concibe normalmente como el mero decir algo".[96] Por ejemplo, añade Austin, "cuando digo ante el registro o el altar sí acepto, no estoy describiendo, ni enunciando [...] *Lo estoy haciendo*".[97] Pues bien, podríamos decir que para Rubén, *todo enunciado era performativo y hacía algo literalmente*, de ahí su preocupación por el lenguaje y por la relación entre las palabras y las cosas: "Di lo que se te ocurra" –le sugerí un día en el que en un ejercicio del taller unos asistentes entrevistaban a otros– "lo que se me ocurra no. No se puede decir cualquier cosa". "No me gusta ese texto –me dirá otro día– es desordenado. *Hace* las cosas confusas." El lenguaje podía tener efectos irreversibles, de ahí su insistencia en "tener cuidado con jurar y con decir groserías que hacen todo sucio". Con el tiempo me llegará a contar que "lo que me pasó" (se refería a su primer brote psicótico) había sido por

---

[95] José María Álvarez, "Límites de la concepción fenomenológica del delirio", *Revista de la asociación española de neuropsiquiatría*, XVI-58 (1996), p. 270.

[96] J. L. Austin, *Cómo hacer cosas con palabras*, Paidós, Barcelona, 1971, p. 51.

[97] *Ibid*, p. 50, n. 5.

"poner nombre a los malos pensamientos y haberles dado poder". Todo estaba lleno de signos susceptibles a ser interpretados y cuyo desciframiento era ineludible. Si le llevaba una imagen o un poema, era imposible que simplemente se relajara, viera o escuchara. Lo inmediato era descifrar porque el poema o la imagen tenían siempre un "algo", aunque enteramente obscuro, germen de un valor y una significación objetivas cuya "bondad o maldad" había que descubrir. Fuerzas misteriosas influían o dirigían los acontecimientos *y le enviaban signos de que operaban en el mundo de manera efectiva. Ello se reflejaba en su necesidad de detenerse en cada palabra, gesto o cosa que había que descifrar.* "Hoy fui a desayunar con mi mamá y no estaba el mesero que está siempre. Me miró y luego le dijo algo de mí al otro mesero", me dijo nervioso. "Hay como un juego en la forma de mirarme y sé que quieren atraparme", –añadió–.

El trauma, la locura

Tal y como hemos señalado, la autoridad del orden social es *en cierto sentido mágica,* es decir, carente de fundamentación final. Su citación es finalmente la citación de lo que ha de ser continuamente puesto en juego y no puede ser establecido de una vez por todas. Cada invocación al orden que se le hace a un sujeto –y una investidura simbólica es una invocación al orden– secreta un valor *excesivo,* el de llevar el peso, ocupar el lugar, del cimiento faltante de la autoridad institucional que hizo la invocación y que no se sustenta por sí misma sino a partir precisamente de cada una de esas "invocaciones", "citaciones" y "repeticiones". Era como si, al acercarse demasiado al *exceso* que impedía fijar el significado (de, en este caso, el significante "esposo"), Rubén experimentara *literalmente* que las leyes sociales a través de la "invocación", "citación" y "repetición" no hacían sino desplegar una fuerza puramente ciega, mecánica que parecía remitirlo a lo *Unheimlich* de que *una y otra vez* nuestro mundo y nosotros dependemos de un proceso de significación, *que no puede ser definitivamente estabilizado, que no tiene más objetivo que el proceso de significar mismo.* Rubén parecía experimentar la fuerza de significación, como una fuerza operativa y persecutoria que se cernía sobre él de manera amenazadora. Para él, al referirse al meollo de los procesos de sentido, la amenaza se extendía *a la generalidad del orden social, como si afectara todas las relaciones del campo social, todas las regiones del ser que de una u otra forma habían sido tradicionalmente concebidas como constituyendo Todo*. "Llega a pensar que todos, incluso nosotros que somos su familia, lo queremos lastimar, –me decía su madre– ¿cómo es posible que pueda pensar eso?"

Rubén se sentía particularmente interesado por cuestiones esotéricas. Le interesaba, especialmente, todo lo que tenía que ver con "el significado oculto de los símbolos". La dimensión total del alcance de lo que le acaecía se veía reflejada en que para él los responsables eran grupos o cultos religiosos "satánicos, que hacen sacrificios humanos" y que "tenían influencias mundiales, cósmicas". Miembros de estos cultos eran los policías, los políticos, los narcotraficantes, algunos actores y otros personajes públicos aunque –como he señalado ya– *cualquiera* podía ser su "ayudante".

Cuando por diversas causas se produce una crisis de significación, y la fuerza ilocucionaria (performativa) no logra transmutar la valoración social que los sujetos tienen de sí mismos, pueden entonces acaecer *por lo menos* dos cosas. La primera, que la crisis de significación genere sentimientos de alienación extrema, de anomia o de ansiedad (*pathos* todos ellos vinculados con la *ausencia de una pérdida en el orden simbólico que se anhela reparar*). La segunda, que provoque exactamente lo contrario. La sensación de estar lidiando con mecanismos sociales carentes de sentido, profundamente invasivos y que pueden dañar irremisiblemente (*pathos* vinculado a la presencia de un orden simbólico *que se literaliza y que en su literalidad sofoca al sujeto*). Fue tras percatarme de esta segunda posibilidad que entendí que, en los momentos de crisis de Rubén, lo mejor no era intentar acercarse y comunicarse sino guardar silencio y permanecer en calma. Lo que él buscaba era un espacio que le permitiera sentirse libre de una demanda ciega y omnipresente. Al escuchar a Rubén sus discursos sobre la violencia y sobre un poder que estaba en todas partes sin dar tregua, al contemplar cómo temblaba y la angustia que experimentaba, me percataba de que la violencia simbólica perdía precisamente su carácter simbólico *y se percibía físicamente*. "La vez que estuve en el hospital fue porque me empezaron a hablar para perseguirme. Daban mensajes en clave a través de Televisa y me estaban envenenando. *Me pasé sin dormir y volviendo el estómago tres días.*"

La percepción de Rubén, que se inscribe y tiene efectos materiales en su cuerpo, *se parece* a la que los estudios sobre el trauma nos permiten entrever acerca de las experiencias de sujetos que han padecido la violencia más extrema. La fenomenología de la esquizofrenia advierte que en muchos pacientes la primera fase del padecimiento llamada *trema*, se inaugura con estado anticipatorio de un *temor radical. Trema* se caracteriza por tres aspectos: "la *irrealidad*, a través de la cual el mundo queda vacío de cualquier sentimiento o autenticidad; el *mero Ser*, en el cual el hecho bruto de la existencia desafía al discurso o la experiencia, y la *fragmentación*, en la que detalles o partes saturan el todo".[98] En los sujetos que han sufrido un trauma severo por su parte: "los síntomas se reúnen en tres categorías. *El estado de alerta permanente* [...] como respuesta a un peligro extremo [...] ante estímulos repetidos el sujeto reacciona como si fueran nuevos, amenazadores y sorprendentes [...] *La intrusión* [...] que incluye fragmentos vividos del evento traumático con escasa o nula elaboración imaginativa [...] experimentados con una terrible inmediatez como si estuvieran ocurriendo en el presente [...] La *retracción* [...] que implica la despersonalización, la desrealización y la distorsión en la percepción".[99] Es importante aclarar que no estoy diciendo que una experiencia de violencia extrema sea *exactamente lo mismo* que una crisis psicótica. Más bien, que la crisis de significación radical que sufre Rubén, y que puede ser atisbada a través de la crisis de los procedimientos de investidura simbólica y de relación con la autoridad, puede ser iluminada a través de la experiencia de sujetos que a consecuencia de una catástrofe social, sufren una crisis de significación en la que el tejido social literalmente *se desteje*. A veces esta relación se hace más evidente cuando los pacientes deliran

---

[98] Louis Sass, *op. cit.*, p. 50.

[99] Judith Herman, *Trauma and Recovery*, Basic Books, New York, 1992, pp. 32-43

con acontecimientos álgidos de la historia social. En nuestra antología de vidas extraviadas, recabada páginas atrás, nos salía al paso P. J. H., de ventisiete años, natural de Chihuahua, soltero, ingeniero de minas, de raza blanca, que había ingresado al sanatorio en 1924. Declaraba que "era perseguido por el gobierno pues lo tomaban como conspirador en la revolución y lo habían acusado de tal modo que no tenía salvación posible. Estaba condenado a ser fusilado y esperaba que de un momento a otro fueran por él". Si se le ofrecía alguna cosa, si se le invitaba a escribir a su familia, contestaba siempre que era inútil todo, que ya no podía desear nada puesto que "lo habían arruinado" y que "se apresuraran a acabar con él para no hacerlo sufrir ya". Retraído, desconfiado, se ponía de rodillas y en oración por largas horas, se alimentaba poco y no dormía. Tras varios meses de permanecer en la misma postura su aspecto, al final, era el de un autómata movido por resortes.[100]

La crisis de significación afecta los cimientos, lo que se daba por sentado como evidencia natural desaparece, una fuerza de significación desprovista de sentido se adhiere a la piel, y obliga a tratar de protegerse, aunque no de la misma manera. En el caso de Rubén esta experiencia, como he señalado, toca todas las regiones del orden social. Cuando se siente espiado, y observado trata de no salir a la calle e incluso de su cuarto. Ha llegado a sellar las ventanas y a no permitir la entrada *absolutamente a nadie.* En algunas experiencias traumáticas, tal vez ciertas relaciones socialmente reconocidas, pueden permanecer hasta cierto punto "intocadas" y permitir a los sujetos seguir haciendo pie. Por ejemplo, un sujeto puede ver cuestionada hasta los cimientos su relación con la autoridad oficial (digamos, los cuerpos de seguridad del Estado) pero ello no supone que su cuestionamiento se extienda necesariamente a la relación con su esposa o sus hijos. Lo que el caso de Rubén muestra *en su radicalidad,* al hilar la singularidad de su propia experiencia biográfica y familiar con la violencia que surca la nación y su cohorte de policías, ejércitos, políticos y sectas satánicas, es sin embargo que el colapso del espacio social y de los

---

[100] Guillermo Dávila, *op. cit.*, pp. 133-134.

ritos de institucionalización repercute *en la médula misma* del sujeto y puede no dejar nada "intocado". Clifford Geertz ha escrito:

"En el centro político de cualquier sociedad organizada de forma compleja (por reducir nuestro enfoque a ese tipo de sociedades), hay tanto una élite gobernante como un conjunto de formas simbólicas que expresan el hecho de que es en verdad gobernante. No importa cuán democráticamente sean elegidos los miembros de esa élite [...] o cuán profundamente divididos puedan estar entre sí [...]; ellos justifican su existencia y ordenan sus acciones en base a una colección de historias, ceremonias, insignias, formalidades y accesorios que han heredado o incluso, en situaciones más revolucionarias, inventado. Es eso −coronas y coronaciones, limusinas y conferencias− lo que señala al centro como centro, y lo que le otorga *su aura, no de ser simplemente algo importante, sino de estar vinculado de alguna extraña forma con la misma manera en que el mundo está construido.*"[101]

Lo que la experiencia de Rubén parecía indicar entonces, era una forma de conocimiento de la disfunción de los procedimientos sociales que operan para construir lo que llamamos "mundo". Esta disfunción tenía que ver con el señalamiento, que he realizado con anterioridad, del cimiento faltante de la autoridad institucional que hace la invocación y que no se sustenta por sí misma sino a partir precisamente de cada una de esas "invocaciones", "citaciones" y "repeticiones". Lo que hay que subrayar es que para Rubén *la experiencia se ilustraba a través de los puntos más álgidos del escenario político nacional, que sin embargo ampliaba, de manera que adquirieran una resonancia inusitada.* Walter Benjamin puso de manifiesto cierta autorreferencialidad de la ley y las instituciones que nos regulan: "En el

---

[101] Clifford Geertz, "Centros, reyes y carisma: Una reflexión sobre el simbolismo del poder", *Conocimiento local: Ensayos sobre la interpretación de las culturas*, Paidós, Barcelona, 1994, p. 150.

ejercicio del poder de vida y muerte la ley se confirma más que en cualquier otro acto jurídico. Pero en este ejercicio, al mismo tiempo, una sensibilidad más desarrollada advierte con máxima claridad algo corrompido en la ley."[102] Lo que se manifiesta como lo corrompido en la ley proviene –según Benjamin– de que *en última instancia* la ley se sostiene sin justificación ni legitimación a través de una dimensión de fuerza y violencia como si, con la fuerza y la violencia, se intentara suplir la falta de cimiento. En su fundamento, la ley no se sostiene sólo por la razón, sino por la violencia de la enunciación tautológica: "¡porque la ley es la ley!", *dictum* que para Benjamin constituía el indicio de su podredumbre. En nombre de la ley, leemos en un informe del Observatorio de Seguridad Humana de la Unión Europea

"En 2010 el Presidente de México, Felipe Calderón, declaró, respecto a la lucha contra el crimen organizado, que 'es una lucha que costará tiempo, recursos y vidas humana, pero es una lucha que vale la pena librar'. ¿Cuáles son los costos aceptables que el Estado puede asumir a la hora de actuar en contra del crimen organizado?, ¿hasta qué punto la seguridad humana, ahora, puede ser vulnerada en pos de la preservación de la seguridad humana futura?, ¿la estrategia nacional de seguridad representa un avance o retroceso en términos de seguridad humana en el país?"[103]

Benjamin distingue dos aspectos de esta dimensión "fuera de la ley" de la misma ley. La violencia que funda la ley (*rechtsetzende Gewalt*) y la violencia que conserva la ley (*rechtserhaltende Gewalt*). La primera se refiere a la serie de actos que sitúan, a partir de la fuerza, la frontera entre lo que, a partir de ese momento, contará como le-

---

[102] Walter Benjamin, "Para una crítica de la violencia", p. 8. *http://www.philosophia.cl/biblioteca/Benjamin/violencia.pdf.*

[103] Alejandra de la Torre González y Miguel Phalti Murillo Ramírez, "La lucha contra el narco en México: desde una perspectiva de Seguridad Humana", Observatório de Segurança Humana, ISCSP-UTL, Abril 2011, p. 1 en *http://www. segurancahumana.eu/data/res/8b/608.pdf*

gal e ilegal. La segunda a los actos que sirven, a través de la fuerza, para mantener y regular la frontera (ya establecida) entre lo legal e ilegal. Benjamin dedica páginas memorables *a la policía* en quien contempla "una mezcolanza casi espectral [de] estas dos especies de violencia [...] La policía es un poder con fines jurídicos (con poder para disponer), pero también con la posibilidad de establecer para sí misma, dentro de vastos límites, tales fines (poder para ordenar)".[104] Marca "el punto en que el Estado, sea por impotencia, sea por las conexiones inmanentes de todo ordenamiento jurídico, no se halla ya en grado de garantizarse –mediante el ordenamiento jurídico– los fines empíricos que pretende alcanzar a toda costa".[105] Rubén, que me explicaba que no le gustaba ir en metro, porque conectaba con "túneles subterráneos dónde se sacrifica gente" está "lleno de policías", ya que en realidad "mucha gente que no pensamos, como los actores de Televisa, pertenecen a la policía", hubiera podido suscribir la aseveración de Benjamin (que algunos autores describen como *paranoica,* pero ciertamente iluminadora con respecto a su momento histórico) de que: "su poder [el de la policía] es informe así como su presencia es espectral, inaferrable y difusa por doquier, en la vida de los estados civilizados".[106]

En el marco de la guerra contra el narcotráfico la violencia de los aparatos de seguridad en México, se transforma asimismo en vigilancia de los propios ciudadanos, *en una mirada que también podríamos considerar paranoica,* que restringe los derechos civiles y que esparce el terror a través del campo social. Las fuerzas de seguridad se vuelven alucinantes y espectrales porque ocupan todo; *están en todas partes incluso donde no están.* La realización de diversos operativos del Ejército y la Marina, la sospecha de una creciente militarización en la ciudad de México,[107] y la aplicación del fuero a los militares en

---

[104] Walter Benjamin, *op. cit.*, p. 8.

[105] *Ibid,* pp. 8-9.

[106] *Ibid*, p. 9.

[107] Cfr. Francisco Gómez, "Marinos buscan a zetas en el DF", *El Universal,* 26/01/2011 en http://www.eluniversal.com.mx/nacion/183240.html; Claudia

ejercicio, se suma así a la consternación por el ejercicio de la fuerza de los cuerpos de seguridad locales. Para Benjamin, es *en las sociedades democráticas en las que se produce una denegación ferviente* del rol de la violencia que funda la ley, y de la violencia que conserva la ley, en *las que el secreto público de la violencia sancionada de la policía puede ser más enervante*: "Si bien la policía se parece en todos lados en los detalles, no se puede sin embargo dejar de reconocer que su espíritu es menos destructivo allí donde encarna (en la monarquía absoluta) el poder del soberano, en el cual se reúne la plenitud del poder legislativo y ejecutivo, que en las democracias, donde su presencia, no enaltecida por una relación de esa índole, testimonia la máxima degeneración posible de la violencia."[108] En un reporte sobre los patrones del abuso policial en la ciudad de México, Carlos Silva Forné señala:

"En primer lugar […] la tortura ocupa un lugar, lamentablemente normal, en la forma en la que se 'investiga' o se 'resuelven' los casos. La tortura como terrible *medio instrumentavl* […] Bajo estas condiciones, la tortura es un expediente que sustituye toda forma de profesionalismo a la hora de investigar una denuncia o a un detenido en situación de flagrancia. En el desarrollo de sus "funciones" la tortura ocupa un lugar dentro de una manera de *hacer las cosas, la cual es propiciada por la legislación, por las prácticas establecidas y, en ocasiones, con la aceptación pasiva por parte de otros actores del sistema de justicia, como son agentes del ministerio público o abogados de oficio.* En segundo lugar, a la búsqueda de 'resolver' el caso se agrega el objetivo de la extracción de beneficios materiales de la situación. Es decir, se pide dinero para no inculpar a al-

---

Bolaños y Sara Pantoja, "CDHDF exige explicación sobre acciones de militares en la ciudad", *El Universal*, 27/01/2011 en http://www.eluniversal.com.mx/nacion/183278.html; Fernando Martínez, "Mondragón niega militarización en DF", *El Universal*, 27/01/2011 en http://www.eluniversal.com.mx/notas/740563.html;

[108] Walter Benjamin, *op. cit.*, p. 9.

guien que está siendo torturado, o para que se autoinculpe para poder disponer de bienes supuestamente robados. [...] En tercer lugar, casos de tortura aparecen en situaciones donde no se busca inculpar a nadie, ni tampoco aparece la oportunidad de sacar beneficios económicos. Las motivaciones se sitúan más en *dimensiones morales –identitarias como forma de castigo, de venganza–.*"[109]

La desconfianza a la policía, a los cuerpos de seguridad, en México es un lugar común. Rubén sin embargo extiende esta desconfianza y la radicaliza. *Cualquiera* (incluso los amigos o los miembros de la propia familia) pueden ser ayudantes de los policías encubiertos. De ahí su comprensión de una violencia generalizada en la que cabe desde el más pequeño gesto, a las matanzas que, según él, acaecen en túneles subterráneos; de ahí la necesidad de descifrar, de mantenerse alerta ante cualquier pequeño signo, que como él mismo advierte "hace la diferencia entre la vida y la muerte". Jacques Derrida ha enfatizado, en un comentario sumamente sutil a las reflexiones de Benjamin, que la dimensión fuera de la ley a la que éste se refiere, puede ser comprendida, como sugerí en el caso de Rubén, *bajo la noción más general de la estructura performativa de los enunciados realizativos,*[110] *y ligada por lo tanto a la cuestión más amplia de la autoridad y la investidura simbólica.*

Una vez más, un enunciado realizativo es el que lleva a cabo su propio contenido proposicional. Establece un nuevo hecho social en el mundo, en virtud de ser enunciado en un contexto social específico, como cuando un juez o un cura declaran a una pareja "marido y mujer". Los enunciados realizativos están encadenados con otros enunciados realizativos, que establecen el escenario para que lleven efectivamente a cabo su propósito. Por ejemplo, antes de que un juez pueda casar a una pareja, su efectividad como autoridad ha de haber

---

[109] Carlos Silva Forné, "Patrones del abuso policial en la ciudad de México", http://www.insyde.org.mx/images/patrones_del_abuso_policial_carlos%20silva.pdf

[110] Jacques Derrida, *Fuerza de ley: El fundamento místico de la autoridad*, Tecnos, Madrid, 2002.

tenido que ser establecida por otros enunciados realizativos que lo pronunciaron "juez". Lo que Benjamin quiere señalar, aclara Derrida, es que, en cierto punto, esta cadena de transferencias se viene abajo, y topa con que falta un elemento en el origen del capital simbólico que circula a través de ella. Para Rubén este elemento que falta, estaba sin embargo *presente en todas partes* precisamente como lo podrido en la ley, como lo *arbitrario no sólo del orden jurídico en sentido estricto sino de toda ley simbólica, que regula el orden social y que invade, de manera insoportable, la vida del sujeto.*

Cuando uno es nombrado "esposo", "profesor" o "presidente" uno es investido con un mandato simbólico que a su vez compele una serie regulada de performances sociales, rituales y comportamientos, que corresponden a esa posición simbólica en la comunidad y que de ese modo *"repiten"*, y por lo tanto certifican el primer realizativo, llevando a cabo una transformación en el estatus del sujeto. Esta combinación peculiar de performatividad, repetición y fuerza, intrínseca no sólo a la eficacia de la ley *sino a la operación mágica de todos los ritos institucionales y sus procedimientos de investidura simbólica*, es lo que permite atisbar el carácter imperativo, y de hecho coercitivo, de actos simbólicos como el de contraer matrimonio. Los actos de interpelación pública, que como advierte Bourdieu deben ser comprendidos como "llamadas incesantes al orden", una vez que la nueva identidad ha sido asumida, funcionan a la manera de un acto de destino:

> "Conviértete en lo que eres": he ahí el principio detrás de la performatividad *mágica* de todos los actos institucionales. La esencia asignada a través del nombre y la investidura es literalmente un *fatum* [...] todos los destinos sociales, positivos o negativos, por consagración o estigma, son igualmente *fatales* –es decir, mortales– porque encierran a aquellos que caracterizan dentro de los límites que les son asignados y que ellos mismos están hechos para reconocer."[111]

---

[111] Pierre Bourdieu, *Language and Symbolic Power*, Harvard University Press, Cambridge, 1991, p. 122.

No hay ley (una vez más entendida en el sentido amplio de una regulación social que incluye, pero no se limita al derecho) sin aplicabilidad. No hay aplicabilidad de la ley sin fuerza "realizativa" o performativa. La ley debe ser aplicada y no hay aplicación sin fuerza (de ley). A su vez, la aplicación vitaliza una ley que de otra manera permanecería como "letra muerta". *La violencia no es exterior al orden de la ley (ni en el sentido estrictamente jurídico ni en el socio-simbólico) aunque haya quien se esfuerza denodadamente en separar ambos ámbitos.*

Una manera de intentarlo es vincular la violencia con la irracionalidad, la superstición y el fanatismo que *proporcionaría la supuesta justicia de los criminales*; frente a un orden garante de paz, que se presentaría como verdaderamente justo y *racionalmente legislado*. Tylor, por ejemplo, adjudica la violencia a la incidencia superficial de la Ilustración en algunas sociedades. Esta lectura nos es familiar desde que se hace evidente desde la visión más o menos oficial, que separa la racionalidad del Estado mexicano, de la superstición y fanatismo de los criminales. *Por un lado*, está la fe de los funcionarios en lo jurídico y lo ideológico-partidario y la aprehensión de los criminales con base en el marco jurídico reconocido. *Por otro*, la fe irracional resonancia de la barbarie y la ignorancia de los carteles de droga (y los famosos narcosatánicos) en, por ejemplo, la santa Muerte y el sacrificio y el ajusticiamiento del enemigo. Habría que considerar sin embargo que se trata de una división artificial. Para Tylor (y para esa visión más o menos oficial a la que acabamos de hacer referencia) la violencia sólo acaece en la irracionalidad y la superstición prueba de la pervivencia pertinaz de la mentalidad primitiva. Por ello es necesario apelar a la panacea de la educación. Ello es visible no sólo "cuando en nuestros días leemos que una bruja ha sido quemada en Camargo en 1860 [y] señalamos a México como un país miserable, en las orillas de la civilización"; sino como cuando en Inglaterra los campesinos de un pueblo maltratan a "una anciana pobre quien se imaginan ha secado de leche a una vaca o ha estropeado una cosecha de nabos". En ambos casos, la violencia supersticiosa que se cobra una supuesta deuda tiene su raíz en "la tenacidad con la cual la mente rústica se adhiere a locuras que estallan y piden a gritos más educadores".[112] La tenacidad de las formas antiguas y mágicas de pensamiento, lo que Tylor llama *supervivencias*, acecha a una Europa en las que la superstición puede tener "el mismo lugar y significado que entre las razas inferiores o la Europa del Medioevo".[113] La mera existencia de las supervivencias plantea una amenaza al evolucionismo de Tylor (y de los discursos oficiales). Como él mismo reconoce consternado, las leyes que rigen la evolución de las sociedades no parecen leyes en absoluto. Discursos como el de Tylor son reconocidos por Rubén que contempla en el origen de la violencia, y las fuerzas ciegas que operan en el campo social, la actuación de cultos religiosos "satánicos". Hay no obstante una diferencia importante. Para Tylor (y los discursos oficiales) el recurso a la superstición supone un medio para identificar una violencia como irracional y separarla de otra, propia de la competencia del Estado y de una sociedad moderna, idealmente regida por la razón. Para Rubén implica el movimiento contrario, *extender la superstición a lo largo de todo el campo social de manera que todos, absolutamente todos, queden implicados.*

Los sujetos en el orden social tienen que lidiar con el desplazamiento continuo del significado en la cadena de significantes. En el caso de la ley, ello supone su deconstrucción, *permanente e insuperable, que sin embargo lejos de hacernos prescindir de las luchas sociales o jurídico-políticas concretas por la ampliación de derechos, es lo que nos impulsa en no cejar en llevarlas a cabo.* Habitualmente, sin embargo, los procesos de investidura simbólica, nos permiten *denegar* el desplazamiento. Efectivamente, el funcionamiento de los recursos simbólicos asegura a la comunidad de que *existe*; de la *"realidad"* de los hechos y valores sociales, nombres, títulos, capacidades, géneros, etc., que consagra y produce. En el caso de Rubén la crisis de significación parece literalizar la causalidad simbólica de manera que más que percibir una ausencia de fundamento, lo que contempla

---

[112] Edward Burnett Tylor, *Primitive Culture: Researches into the Development of Mythology, Philosophy, Religion, Language, Art and Custom*, vol. 1, Brentano, New York, 1964, p. 139.

[113] *Ibíd*, p. 141.

es la saturación de un exceso en el que el orden social se presenta como una fuerza ciega, mecánica, y al mismo tiempo invasiva, que ha de estar en manos de un poder omnipresente y demoniaco del cual sólo se puede proteger acudiendo al don que según él ha recibido: *el don de descifrar*. Los significantes "mágicos", "supersticiosos" le permiten llevar a cabo dos operaciones. En primer lugar, manifestar las inconsistencias de la autoridad y la investidura simbólica del sujeto contemporáneo, que suponen un exceso de indeterminación que nunca puede ser erradicado y que para él es insoportable. En segundo lugar, adjudicarles un origen a fuerzas sobrenaturales y misteriosas, que le permiten asimismo adoptar un rol como el de "predestinado" o "elegido" con el que legitima *su distancia* hacia dos roles normativos valorados socialmente, pero de los que él ya no quiere saber nada: el matrimonio y el trabajo. Rubén, sin embargo, ha logrado una estabilidad que le ha permitido evitar la hospitalización recurrente. En un estudio llevado a cabo recientemente, Ellen Corin pone de manifiesto cómo la capacidad de los pacientes de evitar la rehospitalización parece estar relacionada con *la habilidad por mantener una distancia que a menudo se legitima a través de significantes religiosos heterodoxos o mágicos* que otorgan un sentido de diferencia. Esta necesidad –la de mantener a distancia y a raya a la locura– es *producida y sostenida por la sociedad contemporánea*:

"La habilidad de permanecer dentro de la vida social no se asocia con asumir una posición 'normal' y bien integrada. Lo que más llama la atención es que la habilidad de mantenerse a distancia de la institución psiquiátrica se vincula con una perspectiva específica hacia el mundo que puede ser caracterizada como una posición distante que atraviesa varias áreas vitales [...] Este distanciamiento general parece ser parte de una actitud general hacia el mundo que no se experimenta de manera negativa [...] Estos datos a primera vista parecen desconcertantes, retan la visión prevaleciente sobre los beneficios del apoyo social, la integración y la adaptación. Cuestionan la orientación normativa de varios programas de rehabilitación [...] Para los esquizofrénicos el involucramiento y las relaciones íntimas pueden ser un problema y hay que considerar su fragilidad específica cuando estudiamos sus relaciones con el mundo social [...] *Sin embargo es importante comprender cómo las fuerzas sociales y culturales participan en la conformación de esta posición [de distanciamiento a través de la cual los pacientes evitan volver a ser internados].* Es importante percatarse de la posición ambigua que la sociedad [contemporánea] tiene respecto al significado de la individualidad [...] íntimamente conectada con la 'atomización' y la 'igualdad' [...] El concepto moderno de 'igualdad' es muy cercano al de identidad en este contexto [...] 'Sostengo que si los que abogan por la diferencia lo hacen al mismo tiempo por la igualdad y el reconocimiento, abogan por lo imposible' (Dumont, 1983:260). Las sociedades basadas en estos valores están mal equipadas para reconocer el valor *cuestionador* de las diferencias y para darles un estatus real. Lo que parece una actitud 'tolerante' [...] hacia la marginalidad y la desviación tiene que ser comprendido en realidad como una posición de 'indiferencia' [...] que connota las diferencias como de poco valor e importancia y sólo pueden evocar o su negación (a través de las filosofía de la normalización en la rehabilitación) o el rechazo a través de la marginalización radical."[114]

Desde esta lectura hay que advertir, una vez más, el carácter *periférico* de los significantes esotéricos con los que Rubén intenta, de manera idiosincrásica, dar significado a lo que le acaece. No hay un idioma cultural que le permita articular y nombrar la absoluta singularidad de una experiencia en la que se percibe como *radicalmente* diferente y que, al mismo tiempo, rearticule esta percepción en un espacio social y culturalmente compartido. Los significantes mágicos dentro del modelo biomédico que se privilegia en el México contemporáneo, y que predominantemente trata hoy con la locura, *se vinculan*

---

[114] Ellen Corin, "Facts and Meaning in Psychiatry: An Anthropological Approach to the Lifeworld of Schizophrenics", *op. cit.,* pp. 182-183.

con la marginalidad. La investigación de Corin muestra cómo el intento de *normalizar* al paciente le produce una considerable angustia y contribuye paradójicamente a su rehospitalización. Su posibilidad de sostenerse parece depender de la otra vía social *prevista para él* y que se devela en los significantes mágicos con los que articula su experiencia; parece depender de su capacidad de establecer distancia y de mantenerse, efectivamente, *al margen*.

Lucía L.: *cuerpos habitados, cuerpos deshabitados*

> En la Mente sentí una Hendidura –Como si el Cerebro se me hubiera partido– Traté de unirlo –Comisura a Comisura– Pero no lo he conseguido.
>
> Emily Dickinson

> ¿Por qué cuando somos snosotros los que hablamos con Dios se dice que rezamos y cuando es Dios quien nos habla que tenemos esquizofrenia?
>
> Lily Tomlin

En el *Programa nacional de acción específico de atención a salud mental 2007-2012* implementado en México se señala que: "El avance de las neurociencias ha generado un mayor conocimiento acerca de los trastornos mentales, brindando más herramientas diagnósticas, así como nuevas y más efectivas opciones terapéuticas y de rehabilitación"[115] y se añade: "Nuestra comprensión de los trastornos mentales y su tratamiento progresa con rapidez. Sabemos que son producto de una combinación de factores *que tienen una base bioquímica localizada en el cerebro*."[116] Como hemos señalado ya la naturaleza,

---

[115] *Programa de acción específico de atención en salud mental 2007-2012, op. cit.*, p. 7.

[116] *Ibid*, p. 40.

tal y como es revelada por las ciencias naturales, es tratada como si poseyera una autoridad específica que garantizara conclusiones normativas en línea con ciertos hallazgos científicos particulares. Fernando Vidal ha explorado el proceso por el cual la "cerebralidad" ha ido asumiendo el lugar de la personalidad. En su versión más radical, ello implica asumir que: "somos nuestro cerebro". En su versión más *light* que hay que privilegiar los tratamientos psicofarmacológicos y de manera secundaria (y sólo si se puede) la intervención psicosocial. Lo que sin embargo ninguna de las dos versiones considera es que lo que ha sido "neuronalizado", considerado estable y "dado", supone un desarrollo histórico contingente de una idea específica de la subjetividad y el yo.[117] Lo que describimos como enfermedades, advierte Michael Taussig, no son realidades exclusivamente físicas sino "signos de relaciones sociales disfrazados de cosas naturales".[118] Lejos de eliminar el exceso, la ambigüedad, y la indeterminación final del significado, la *naturalización* la reproduce, aunque ahora en *relación a los significantes biológicos*. En el caso de la psiquiatría la dificultad con la estandarización de los diagnósticos se incrementa ante las enormes diferencias de los síntomas que se presentan de un individuo a otro, y ante la ausencia de un referente biológico universal al que pudiera serle atribuida su etiología.[119] Y sin embargo, no existe el desaliento. En el *Programa nacional de acción específico 2007-2012 de Atención en salud mental*, leemos que:

"En los últimos años, la nueva información procedente de la neurociencia ha ampliado nuestros conocimientos sobre el funcionamiento de la mente. Resulta cada vez más evidente que dicho funcionamiento tiene una base fisiológica, además de estar esencialmente relacionado con el funcionamiento físico y social, y por supuesto con los resultados de salud. El cerebro es responsable de combinar la información genética,

---

[117] Cfr. Fernando Vidal, "Brainhood: anthropological figure of modernity", *History of the Human Sciences* 22-1 (2009), pp. 5-36.

[118] Michael Taussig, *Un gigante en convulsiones*, *op. cit.*, p. 110.

[119] Margaret Lock y Vinh-Kim Nguyen, *op. cit.*, p. 170.

molecular y bioquímica con la información procedente del mundo exterior, de ahí la complejidad de su funcionamiento y estudio."[120]

"Todos ya saben que el problema, dijo Lucía L. con la vista tercamente clavada en su libro, *está en mi cerebro.*" Cuando la conocí tenía treinta y ocho años. Llevaba una bata vieja, de color rosa, ya desteñida. Menuda, muy delgada, de ojos grandes y muy oscuros, parecía tremendamente joven y frágil. Me impresionó su cabello trasquilado, con algunas peladuras sanguinolentas del tamaño de una moneda. Lucía es la única paciente con la que entablé un contacto estrecho y que no acudió nunca a los talleres. Durante algunos años, di clases de filosofía a diversas comunidades e instituciones religiosas. Comentando casualmente con algunas de las religiosas que habían sido mis alumnas mi proyecto de investigación sobre la locura, me sugirieron que fuera a verla. Para entonces hacía años que Lucía no vivía entre ellas. Las hermanas de la congregación, me señalaron veladamente que había habido algún que otro incidente vinculado a la pretensión de introducir técnicas de meditación "raras" en el monasterio, y a cierta tendencia al "esoterismo". A través de una de las religiosas de su congregación, y de acuerdo con la hermana de la misma Lucía, fui a visitarla. En principio, le había propuesto que si Lucía accedía, podía verla un par de veces por semana, para proponerle lecturas, animarla a escribir, ir a tomar un café… Al final, mis encuentros con Lucía, por deseo de ella misma, se desarrollaron siempre en su casa, o a la consulta del servicio de atención psiquiátrica y, la mayoría de las veces, en presencia de su hermana.

Lucía había dejado la vida religiosa hacía seis años y acababa de salir de una hospitalización. En un brote psicótico tras el que había sido internada, me contó su hermana, se había arrancado el cabello primero con las manos y luego con una cuchilla de afeitar, hasta hacerse heridas que eran bastante visibles. De ahí el estado de su

---

[120] *Programa nacional de acción específico 2007-2012 de atención en salud mental, op. cit.*, p. 27.

cabello que me había impresionado tanto. Su hermana nos presentó y ella no pareció prestarme ninguna atención. Con su bata rosa, que le venía muy holgada y en la que parecía perderse, estaba absorta. Murmuraba algo ininteligible. No podía verle la cara porque permanecía mirando hacia abajo, hacia un libro de imágenes que tenía en el regazo y se balanceaba suavemente. Me di cuenta que el libro era una guía de viajes de San Miguel de Allende. "¿Y usted es…? –preguntó refiriéndose a mí (introduciendo una relación en la que desde entonces el usted alternaría con el tú)–. Su hermana intervino: "Te la acabo de presentar" [y en un aparte, dirigiéndose y como si Lucía no nos escuchara: "desde el último brote está muy medicada, hay que repetirle mucho las cosas"]."Todos ya saben que el problema –interrumpió Lucía sin mirarnos– *está en mi cerebro.*"

El *programa de esquizofrenia en México 2001-2006* se inclina por explicar la enfermedad como: "un defecto genético que se traduce por un desorden químico cerebral y se manifiesta con síntomas mentales".[121] Más adelante se añade: "A pesar de que la evidencia epidemiológica está a favor del factor genético como una de las causas de esquizofrenia, *aún no se ha detectado* un cromosoma o gen responsable, ni un tipo de transmisión determinada."[122] Finalmente, los buenos deseos: *"Es muy probable* que en las próximas décadas la visión acerca de sus causas como un defecto genético […] queden finalmente aclaradas."[123] No deja de ser curiosa esta insistencia en que la esquizofrenia es consecuencia de una etiología demostrable, o que se supone se evidenciará en el futuro, y que es, en principio y por definición (*aunque todavía no se haya demostrado*) biológica u orgánica: "Esa proyección hacia el futuro del hallazgo de las causas, esto de confiar en anunciadas venidas futuras nos parece que tiene más resonancias *de fe* […] que de ciencia positiva."[124]

---

[121] Servicios de Salud Mental, *op. cit.*, p. 3.

[122] *Ibid*, p. 19.

[123] *Ibid*, p. 3.

[124] José García-Valdecasas Campelo, Amaia Vispe Astola *et al.*, "De la (curiosísima) relación entre la Medicina Basada en la Evidencia y la práctica psiquiátri-

Polifonía en torno a un diagnóstico

Lucía L. pertenece a una familia de profesionistas de clase media. Su padre, ya fallecido, era médico y su madre es enfermera. Es la tercera de cinco hermanos (dos mujeres y tres hombres) todos ellos con estudios universitarios y trayectorias laborales consolidadas. Lectora voraz, ella misma había comenzado los estudios de medicina en la Universidad Nacional Autónoma de México. En el segundo año de carrera, tuvo lo que uno de sus hermanos me describió, un tanto despectivamente, como "una crisis mística" y empezó a frecuentar diversos grupos de diversas confesiones religiosas. Desde los *Hare krishna* al *Opus dei*. Decidió, pese a la oposición familiar, dejar los estudios e ingresar a la vida religiosa en una congregación católica de vida contemplativa.

Aparentemente, durante poco más de diez años todo fue más o menos bien. Después vino, tal y como lo describió su hermana, "la catástrofe" que, sin embargo, añadió: "se había visto venir durante muchos años". A los treinta y dos años, Lucía comenzó a dejar de comer y señaló que la estaban envenenando. Intentó avisar al confesor y a su propia hermana cuando iba a visitarla, de que "había un desdoblamiento astral", las religiosas no eran las religiosas sino "robots que querían engañarla". Todo estaba lleno de "germen-genes" que hacían a la gente enfermar y morir. Al sonar las campanas, voces le hablaban "para confundirla y apartarla de Dios". Cuando la situación se tornó insostenible, su orden religiosa decidió enviarla a una casa de reposo que tenía para las religiosas mayores que enfermaban de demencia senil o de alzheimer, y cuya situación hacía imposible que pudieran seguir residiendo en sus monasterios. El primer diagnóstico, realizado en ese periodo, fue el de trastorno esquizoafectivo.[125] Finalmente, sin embargo, la familia de Lucía fue conminada a hacer-

---

ca en nuestro entorno", *Revista de la asociación española de neuropsiquiatría*, 29-104 (2009), p. 407.

[125] Según el *DSM-IV* el trastorno esquizoafectivo es una alteración en la que se presentan simultáneamente un episodio afectivo y los síntomas de la fase activa de la esquizofrenia, y está precedida o seguida por al menos dos semanas

se cargo de ella. Su hermana, la única que vivía en la capital, la llevó a un sanatorio psiquiátrico privado al sur del Distrito Federal. Lucía fue diagnosticada con esquizofrenia paranoide. Permaneció un tiempo ingresada, y después pasó a vivir en casa de su hermana, aunque recurrentemente tenía crisis en las que de nuevo era internada.

Su diagnóstico, sin embargo, había sido difícil de establecer en primer lugar porque presentaba una resistencia bastante notable a los antipsicóticos de primera y de segunda generación (los llamados antipsicóticos atípicos). En segundo lugar por la disparidad, asimismo bastante notable, de sus síntomas. Hubo una etapa –me explicó su hermana– en la que "no se movía, ni hablaba, ni comía, nada. Le estaba comenzando a crecer el cabello que en el convento había tenido muy corto, y se echaba el fleco hacia delante y luego empezaba a jalarse un cabello tras otro. Era imposible hablar con ella, como si estuviera totalmente encerrada en sí misma". La familia fue avisada de que podía tratarse de una esquizofrenia catatónica,[126] lo cual les produjo un temor considerable "la imagen que se nos vino a la mente fue la de alguien muerto en vida". "¿Te acuerdas –le preguntó a Lucía– de esa vez que estuviste tan malita que mandamos llamar al Dr. X?" "Tenía mucha angustia", fue la respuesta.

Como señala Peter Chadwick, un ex paciente y actual investigador de la psicosis, uno "de los problemas terribles del modelo médico dominante en la investigación de la esquizofrenia es que los pacientes sienten que los clínicos no escuchan realmente sus experiencias en la

---

de ideas delirantes o alucinaciones sin síntomas importantes de alteración del estado de ánimo.

[126] Según el *DSM-IV* en la esquizofrenia catatónica el cuadro clínico está dominado por al menos dos de los siguientes síntomas: 1. inmovilidad motora manifestada por catalepsia (incluida la flexibilidad cérea) o estupor, 2. actividad motora excesiva (que aparentemente carece de propósito y no está influida por estímulos externos), 3. negativismo extremo (resistencia aparentemente inmotivada a todas las órdenes o mantenimiento de una postura rígida en contra de los intentos de ser movido) o mutismo, 4. peculiaridades del movimiento voluntario manifestadas por la adopción de posturas extrañas (adopción voluntaria de posturas raras o inapropiadas), movimientos estereotipados, manierismos marcados o muecas llamativas y 5. ecolalia o ecopraxia.

medida en que los profesionales tienen una arquitectura conceptual esquemática que los lleva a ver las dificultades de sus pacientes de una manera orgánica, objetiva, materialista, no en términos sentidos, subjetivos, experienciales".[127] Los psiquiatras *no pueden ver* "perturbaciones cerebrales" ni "procesos mentales", *estos son sus supuestos (hipótesis, explicaciones)* pero no son los únicos que hay que tomar en cuenta, hay que prestar atención a los significados e interacciones sociales que condensan una serie de significados para todos los implicados. En el caso de Lucía –a quien como ya he señalado solía acompañar en las consultas al psiquiatra– éste daba a sus síntomas una sola explicación basada en el modelo biomédico.

Los diagnósticos se llevan a cabo a través del *Manual diagnóstico y estadístico de los trastornos mentales de la Asociación Psiquiátrica Americana* (DSM) y de la clasificación Internacional de las Enfermedades (CIE). Algunos autores hablan así de una globalización de la psique estadounidense y de sus principios "multiculturales".[128] Lo cierto al respecto es que la biomedicina y la biotecnología local operan en estándares y tecnologías globales con los que se pretende garantizar una verdad objetiva. Ya en 1950, Samuel Ramírez Moreno aseveraba que en México: "La nosología de las enfermedades mentales [...] [que] actualmente se prefiere, es la de la Asociación médica americana".[129] La orientación biomédica en psiquiatría, también conocida como neokraepelinismo, ha sido definida como una tendencia caracterizada por el énfasis en la clasificación, la descripción precisa de los cuadros clínicos, el interés por la investigación clínica y epidemiológica, y el reduccionismo psicobiológico de los procesos mentales.[130] Las taxonomías emblemáticas de este paradigma son las del DSM en su cuarta versión revisada.

---

[127]   Peter Chadwick, "Peer-professional firt-person account: Schizophrenia from the inside-phenomenology and the integration of causes and meanings" *Schizophrenia Bulletin* 33 (2007), p. 166.

[128]   Ethan Watters, *Crazy like us: the Globalization of the American Psyche*, Simon and Schuster, New York, 2011.

[129]   Samuel Ramírez Moreno, *La asistencia psiquiátrica en México, op. cit.*, p. 56.

[130]   J. J. Guimón *et al.*, *Diagnóstico en psiquiatría,* Salvat, Barcelona, 1987, p. 5.

Esta nosología norteamericana se presenta desde su tercera versión (DSM-III) como marcadamente ateórica y descriptiva. El DSM y sus continuadores no tratan, en apariencia, de introducir hipótesis causales ni de tratamiento, sino que se limitan a presentar el conjunto de síntomas y características que aparecen asociados a cada trastorno. Se trata de definir las manifestaciones de la forma más precisa posible para evitar un grado elevado de inferencia. Estas manifestaciones han de ser "signos y síntomas conductuales fácilmente identificables". Pese a su pretensión de neutralidad

> "El DSM se ha convertido en el reflejo de la supremacía de una tendencia teórica sobre otras, y no en el resultado de un proceso neutral e integrador. De poco servirá que en la dimensión de las categorías diagnósticas se permita la introducción puntual de términos más cercanos a la orientación psicodinámica, porque, mientras la estructura sea de tendencia neokraepeliniana, la lógica del DSM […] impedirá cualquier formulación teórica contradictoria con el modelo general […]. En definitiva, tanto la hegemonía de la tendencia neokraepeliniana, como la demostración de su superioridad a partir del artefacto de la fiabilidad de las categorías, hacen del DSM […] un claro ejemplo de cómo pueden combinarse declaraciones de intenciones integradoras con propósitos claramente partidistas."[131]

Para este paradigma médico, la psicopatología es una forma de descripción médica, los trastornos mentales constituyen enfermedades y la conceptualización y el estudio de las enfermedades mentales deben ser fundamentalmente biológicos. Se refuerza así la apariencia ateórica de las taxonomías, su objetividad y neutralidad científica cuando lo cierto es que en la práctica se introducen:

---

[131] Ángel Martínez Hernáez, "El DSM-IV y la biologización de la cultura", Enrique Perdiguero y Josep M. Comelles (Eds.), *Medicina y cultura*, Bellaterra, Barcelona, 2000, pp. 252-255

"...discrepancias a la hora de aislar lo conductualmente patológico de lo socialmente normativo, el trasfondo psicológico
y biológico de los síntomas del universo cultural en el que
son elaborados, el quehacer meramente clínico de los sesgos
inducidos por la moral del profesional, el carácter 'objetivo'
de las clasificaciones de la puesta en práctica de una especie
de 'sentido común' corporativo [...]. Lo que llama la atención
en este tipo de nosologías es esta extraña forma de diseccionar
el trastorno mental de su marco social cuando las conductas
y actitudes que se constituyen en la práctica como criterios
diagnósticos son claramente factores psicosociales e incluso
principios morales."[132]

En los años cincuenta Kurt Schneider (1887-1967), que asumió en
1946 la prestigiosa cátedra de Heidelberg, había proporcionado una
influyente caracterización de los síntomas esquizofrénicos. Eludiendo
toda referencia a la evolución o al pronóstico y creyendo que *la mera
observación clínica* (esto es, desprovista de cualquier consideración
teórica) era suficiente para establecer el diagnóstico, Schneider *in-
virtió la jerarquía entre los síntomas fundamentales y accesorios* de
Bleuler y aisló una serie de experiencias psicóticas que denominó de
"primer rango" por su utilidad para detectar la presencia de lo esquizofrénico.[133] Tal como formuló a partir de 1950 en su *Psicopatología
clínica*, estos síntomas incluían "la sonorización del pensamiento, la
audición de voces que opinan y replican al sujeto, la audición de
voces que comentan sus acciones, las experiencias corporales de influencia, el robo del pensamiento y otras influencias ejercidas sobre
el pensamiento, la difusión del pensamiento, la percepción delirante
y la convicción de ser influenciado en los sentimientos, tendencias y
voliciones".[134] La aportación de Schneider suministró el tercer gran
pilar sobre el que sigue descansando en la actualidad el concepto de

---

[132] *Ibid*, pp. 257-258.

[133] Eric J. Novella y Rafael Huertas, *op. cit.,* p. 210.

[134] Kurt Schneider, *Psicopatología clínica*, Triacastela, Madrid, 1997, p. 171.

esquizofrenia, añadiendo al deterioro kraepeliniano y a la escisión de las funciones psíquicas bleulerianas los llamados síntomas primarios (que son, por cierto, los que Bleuler consideraba secundarios).

En la versión del DSM utilizada actualmente, el DSM-IV que recomienda el *Programa de esquizofrenia en México 2001-2006* y el *Programa nacional de acción específico 2007-2012 de Atención en salud mental,* para diagnosticar la enfermedad es necesario presentar durante más de un mes dos de lo que se consideran los cinco síntomas primarios de Schneider: "delirios, alucinaciones, discurso desorganizado ('incoherencias o descarrilamientos frecuentes'), conducta muy desorganizada o conducta catatónica, síntomas negativos (aplanamiento afectivo, alogia o abulia)".[135] Eso quiere decir que si tomamos grupos de dos personas podremos observar quince combinaciones de conductas diferentes que responden a los criterios del manual, *sin tener nada en común.* La estadística *kappa,* introducida en el DSM-III mide el grado de acuerdo esperado por encima del azar. Un índice de 0 indica un acuerdo debido únicamente a la casualidad, y un índice de 1 una coincidencia perfecta. En el DSM-IV se advierte que "si las ideas delirantes son extrañas" sólo se requiere uno de los síntomas característicos. "Tras pedir a cincuenta psiquiatras norteamericanos que diferenciaran las ideas delirantes extrañas de las que no lo eran, se obtuvieron unos *kappas* de interfiabilidad sólo de 0,38-0,43 por lo que los investigadores llegaron a la conclusión *–que no fue tomada en cuenta en la revisión del Manual–* de que: "El síntoma de las ideas delirantes extrañas no tiene la fiabilidad adecuada."[136]

Lo que nos interesa subrayar sin embargo es que la perspectiva del DSM supone con su enumeración que los *síntomas* de la esquizofrenia, como presuntos síntomas debidos a desequilibrios neuroquímicos y circuitos defectuosos no parecen tener sentido e intencionalidad. El *continuum entre lo normal y lo patológico que vimos desarrollarse*

---

[135] Servicios de Salud Mental, *op. cit.,* p. 78; Asociación Psiquiátrica Americana, *op. cit.,* p. 291.

[136] John Read, "¿Existe la esquizofrenia?" en John Read, Loren R. Mosher y Richard P. Bentall, *Modelos de locura,* Herder, Barcelona, 2006, p. 55.

en el siglo XIX se rompe. Las formas *normales* o saludables de conciencia son asumidas ahora como las que están en gran medida bajo el control intencional de un sujeto flexible, que opera bajo principios racionales y se dirige al mundo objetivo. Estos procesos normales *se correlacionan* con los procesos físicos y químicos que acaecen en el cerebro. En las formas *patológicas* de la conciencia (por lo menos en el caso de la esquizofrenia), *no hay nada que correlacionar*. La disfuncionalidad de los procesos físicos (se halla en el cerebro y en el sistema nervioso) irrumpe en la vida mental del sujeto despojándola de racionalidad y significado. Por eso el delirio se define como *un acto de habla vacío*. Si en los sujetos normales hay una correlación entre los aspectos biológicos y los culturales, *en el sujeto esquizofrénico la disfunción biológica del cerebro invade la mente del individuo* y el resultado es una vez más, y cómo hemos esbozado en páginas anteriores, el *déficit* de lo que se consideran las características más relevantes de la forma humana de conciencia: racionalidad, volición y autoconciencia. *En un desplazamiento del fantasma primitivismo que hemos visto desplegarse con anterioridad*, la forma de conciencia en la esquizofrenia es considerada así "disminuida", "menos desarrollada", sólo que ahora queda nítidamente contrastada *con la conciencia normal*.

En una conversación que sostengo con el psiquiatra que atiende a Lucía le pregunto si ciertos síntomas no pueden indicar síntomas o signos, pueden ser reacciones defensivas del sujeto para protegerse o lidiar con aquello que le está acaeciendo. Así por ejemplo retraerse y concentrar la atención en un objeto en específico puede ser una manera de lidiar con alucinaciones auditivas que se podría interpretar como abulia. Su respuesta es que "la abulia junto con otros síntomas más son indicativos de que algo no anda bien en el cerebro y nos sirven para hacer un diagnóstico fiable de esquizofrenia". El problema –insisto– es que los síntomas no son brotes aleatorios del cerebro, ni una lotería genética, sino que tienen su razón de ser y sentido en el contexto biográfico. "¿Cómo va a explicar un gen el que el síntoma de un sujeto que delira sea que le persigue una red de cultos satánicos y el de otro que a través de la autorreferencia se crea a sí mismo Dios?" Para el psiquiatra de Lucía esto no constituye ningún problema en absoluto porque *lo que ella dice no tiene ningún sentido.* "No se puede escuchar a alguien –me señala– que no está diciendo nada, son señales de un cerebro que no funciona correctamente." Las investigaciones con las que contamos, habremos de verlo más adelante, no han logrado demostrar que tras el delirio haya meros errores de juicio o, como se dice, de procesamiento de la información. Parece tratarse, más bien, de una alteración radical del modo de ser y estar en el mundo:

> "Cuando a John Forbes Nash, paciente de esquizofrenia, matemático y premio Nobel de Economía, objeto de la película *Una mente maravillosa* (de 2001), le preguntaron ¿cómo es posible que usted, un matemático, un hombre consagrado a la razón y a la demostración lógica... cómo es posible que haya creído que los extraterrestres le estaban enviando mensajes? ¿Cómo puede haber creído que los alienígenas lo habían reclutado para salvar el mundo? 'Porque las ideas que concebí –responde el propio Nash– sobre seres sobrenaturales acudieron a mí del mismo modo en que lo hicieron mis ideas matemáticas, y por esa razón las tomé en serio' (Nasar, 2001, p. 10)."[137]

Lo que habría que advertir es que en el desarrollo de su práctica clínica, el psiquiatra se encuentra con manifestaciones que más que signos físicos son quejas, comportamientos y expresiones de malestar. Realidades lingüísticas y culturales expresadas por los pacientes y no tanto fenómenos físico-naturales que pueden ser observados. Son expresiones que nos remiten a un emisor, a un contexto y a un código de significados, ¿desde dónde situar, por ejemplo, síntomas como el aplanamiento afectivo o el aislamiento social?[138]

En el DSM se advierte que su clasificación de trastornos no trata de catalogar a los individuos particulares, una cosa son las enferme-

---

[137] Marino Pérez Álvarez, *op. cit.*, p, 4.

[138] Ángel Martínez Hernáez, *op. cit.*, p. 269.

dades y otra muy distinta los individuos que las padecen, algo que comparte el psiquiatra que trata a Lucía: "Ella *tiene* esquizofrenia, como otros tienen cáncer." Este presupuesto, hace posible un acercamiento ontológico y epistemológico entre las enfermedades físicas y los trastornos mentales. Para una psiquiatría científica, la asociación entre biografía y trastorno mental es inexacta, por no decir errada. El *tener* parece más pertinente al dominio del cuerpo *(soma)* que al de la mente *(psique)*. Hay una necesidad de diferenciar la enfermedad del enfermo, para justificar el carácter "científico" y "objetivo" de una patología que puede ser conocida científicamente.

> "Los DSM se presentan explícitamente como modelos biopsicosociales en donde, aparentemente, se busca una integración de variables explicativas de diferentes dimensiones de realidad. Sin embargo, si se profundiza en la estructura de estos manuales, y en la forma en que son utilizados por sus usuarios, el modelo muestra no una paridad de dimensiones de realidad, sino más bien una subordinación que va al hilo del orden que se establece en el propio término biopsicosocial."[139]

Para el DSM la naturaleza se revela a sí misma mediante hechos y fenómenos objetivos y directamente observables. La descripción precisa cumple el papel de reflejar con una serie de categorías un orden de realidad, *que se descubre más que se construye*, y que emerge en calidad de irrefutable. "Ustedes están partiendo de supuestos implícitos" le señalé una vez a J. L –otro psiquiatra que trabajaba en un conocido hospital al sur de la ciudad de México–. "No" fue la respuesta "nosotros partimos de hechos". "En nuestra formación –me aclaraba C. T., también psiquiatra– la mayor parte de los colegas no tiene ni idea de los propios supuestos epistemológicos con los que operamos. Somos muy pocos los que reconocemos que hay problemas. En la práctica creo que todos vemos que algo no funciona. Reconocerlo, es otra cosa." Lo que cuesta reconocer es que no existe ninguna entidad

---

[139] *Ibid*, pp. 264-265.

ubicua e intemporal llamada enfermedad mental. "La validación de las categorías diagnósticas no supone simplemente la verificación de los conceptos usados para explicar las observaciones [...] la observación es inseparable de la interpretación. Las categorías diagnósticas no son cosas [...] Toda categoría es el resultado de desarrollos históricos, influencias culturales y negociaciones políticas. Las categorías diagnósticas no son una excepción."[140] La danza de diagnósticos en el caso de Lucía, su resistencia a los antipsicóticos, parece indicar que *hay algo huidizo* al modelo en el que la psiquiatría biológica la quiere interpretar.

Si la atención psiquiátrica que se le brinda a Lucía postula una sola explicación para sus síntomas basada en el modelo biomédico, en el caso de la familia podríamos decir que acepta la explicación de los psiquiatras pero la incorpora a versiones *en las que la religión juega un papel esencial*. Su hermana me comentó que Lucía había comenzado a oír voces siendo una niña y que su abuela materna que la cuidaba a menudo y que era muy piadosa ("una mujer muy sencilla") le dijo que eran de su ángel de la guarda y que todo el mundo las tenía, pero que era algo que no se podía contar, porque si no el ángel de la guarda se iría. Sólo muchos años después, en la crisis sufrida cuando ya era religiosa, Lucía lo contó, preocupada de que la voz que ella había pensado que era de un ángel, fuera en realidad de demonios "que querían robotizarla". En este relato –en inquietante familiaridad con otros que vimos desplegarse mucho antes– se contrasta la actitud de los hermanos "preparados" "como hijos de médico informados sobre los avances de la ciencia" con la de la abuela "humilde", "muy devota", "que venía del campo" y que finalmente "la pobrecita, era ignorante".

Uno de sus hermanos me contó que aunque reconocía que "las monjas se han portado bien y al día de hoy se preocupan por Lucía" para él su vocación religiosa mostraba ya que algo no estaba bien en ella: "a mí me parece que la religión es actuar bien con tu prójimo y

---

[140] Arthur Kleinman, *Rethinking Psychiatry: From Cultural Category to Personal Experience,* The Free Press, Nueva York. 1988, p. 12.

saber que hay un Dios que todo lo ve. De ahí en fuera hay cosas que parecen de enfermos. Mi hermana seguro que no estaba bien, *por eso* se metió en grupos raros de meditación, leía esas cosas…Pero el convento la acabó de amolar. Una mujer joven, universitaria, acostumbrada a cierto nivel intelectual, todo el día rezando y haciendo galletitas y rompope. En una edad en que se descubren las relaciones, la sexualidad y encerrada con puras mujeres sin formación... pasó lo que pasó". A pesar de que la Iglesia católica (junto con otras) tiene desde 1992 reconocimiento jurídico en México, la familia de Lucía parece tener una visión de la religión que se asemeja mucho a la que vimos desarrollarse a finales del siglo XIX que la circunscribe a un ámbito privado y a objetivos exclusivamente morales que han de ser estrechamente delimitados.

Los tropos patológicos del *místico* y del *melancólico religioso* desinteresados por su medio y replegados sobre sí mismos se conciben, una vez más, como fruto de la represión y de la negación del cuerpo y la persona social. Lo que se sigue describiendo en esta discusión sobre la patología religiosa no es sino el *ethos* de la responsabilidad individual, la productividad y la acción orientada hacia la prosperidad *en este mundo*. Lo interesante es que la congregación religiosa de Lucía –*una congregación de vida contemplativa*– comparte hasta cierto punto esta opinión. La relación entre ésta y la familia de Lucía es aparentemente cordial aunque la cordialidad, como habremos de ver, no elimina cierta suspicacia. "Nuestra forma de vida –me explica una de las religiosas– trata de equilibrar la plegaria individual con la vida comunitaria. La ascesis como se entendía en el inicio del monacato tuvo su razón de ser pero ahora los tiempos son otros y ningún exceso es bueno." Cuando Lucía insistió en llevar un ayuno más austero y en pasar más tiempo en soledad llevando a cabo "técnicas especiales de meditación", las hermanas de su convento intentaron reintegrarla a la vida comunitaria forzándola a hacer todo con las demás y a participar en los rituales comunes.

Tanto la familia de Lucía como su congregación religiosa contemplaban con desconfianza esta insistencia en apartarse. Ahora bien en el caso de la familia la versión era que había sido originada, o por lo menos incentivada, por su vocación religiosa. En el caso de las religiosas la dificultad había radicado en el *background secular* de Lucía que la había llevado a buscar caminos inusitados: "le costó adaptarse"; "venía de la universidad y la mayoría de nosotras sólo estudia algo de filosofía y teología cuando ya estamos en el convento pero no somos universitarias"; "todo lo quería entender y le costaba ceder"; "tenía ideas particulares porque le interesaba mucho la yoga y cosas de la India o de China que en la orden no se acostumbran". Sin embargo, "era muy buena muchacha y tenía ganas de hacer las cosas bien". En ambos casos lo que era notable era cierta inquietud que provocaba *la necesidad de seguir preguntándose sobre el origen y el significado de lo que estaba sucediendo.*

En mis conversaciones con Lucía lo que advertí fue lo siguiente: ella consideraba que le pasaba "algo espiritual". Al principio "Dios le había ordenado hacer penitencia y purificarse" le hablaba "a través de todo, de todo. Los árboles, el viento, las piedras, los zapatos". Decidió dejar de comer todo lo que no fueran vegetales y cereales, "para hablar con los astros tenía que ser vegetariana estricta". Andaba descalza y pasaba todo el tiempo rezando sola en su celda "a través de la yoga y técnicas de meditación para visualizar". Las religiosas la obligaron a calzarse y a comer. Según Lucía entonces intentaron envenenarla, "se robotizaron todas por el desdoblamiento astral. Por la mañana tenían una cara y por la tarde otra. Yo reconocí a la hermana X aunque tenía otra cara. La reconocí aunque tenían sus ojos café y los suyos son como los de usted, claritos".

En los años que llevaba viviendo con su hermana, la insistencia en la necesidad de aislarse no desapareció. Se negaba a asistir al centro de día, a cualquier taller o actividad fuera de su casa. Esto era interpretado tanto por la familia como por el psiquiatra como una agudización de los síntomas negativos de su esquizofrenia. Para "distraerla de sus ideas de meditación" que pensaban contraproducentes, la familia establecía rutinas en las que se trataba de que hubiera siempre alguien con ella hablándole o proponiéndole tareas sencillas. Lucía sin embargo había pasado diez años en un monasterio de vida contemplativa. Radicalizar un modelo de vida solitaria ascética podía significar para ella:

"Construir un espacio que le permitiera restaurar los límites entre el interior y el exterior y permitir la posibilidad de formar ideas y representaciones más claras acerca de lo que le acaecía [...] Ello implicaría introducir el equivalente a un 'espacio vacío' [...] necesario para pensar. Los lingüistas han descrito el rol central de la negación y la diferencia en la función de los sistemas simbólicos [...] La psicosis revela la función destructiva de lo negativo cuando los límites se ven atacados y las representaciones se disuelven [...] El retiro [del psicótico] puede ser [asimismo] una manera de materializar [positivamente] 'un espacio vacío' en una realidad saturada de significado para tratar de mitigar la angustia."[141]

La dificultad radicaba en que tanto en su familia como en la comunidad religiosa a la que pertenecía, el modelo elegido era considerado "*desviado*", "*esotérico*" y con él lo único que confirmaba era, por lo tanto, *su propia patología*.

Mi cerebro, el cerebro

Examinemos brevemente el estado de la cuestión del *enfoque neurobiológico* sobre la esquizofrenia. Los investigadores han advertido un incremento en el tamaño de los ventrículos cerebrales en el caso de los sujetos diagnosticados.[142] No obstante, también han detectado que esta variación no aparece en todos los pacientes.[143] Además, hay variaciones sustanciales en el tamaño de los ventrículos cerebrales de sujetos que no padecen ninguna enfermedad mental y

---

[141] Ellen Corin, Rangaswami Thara y Ramachandran Padmavati, "Living Through a Staggering World: The Play of Signifiers in Early Psychosis in South India", Janis Hunter Jenkins y Robert John Barrett, *op. cit.,* p. 139.

[142] E. C. Johnstone, T. J., Crow, C. D. Frith *et al.*, "Cerebral ventricular size and cognitive impairment in chronic schizophrenia", *Lancet* 2 (2006), pp. 924-926.

[143] S. W. Lewis, "Computed tomography in schizophrenia, 15 years on", *British Journal of Psychiatry*, 157 (1990), pp. 16-24.

la misma variación se halla en sujetos diagnosticados de trastorno bipolar y de depresión.[144] Otra hipótesis, la de la *hipofrontalidad* radica en que según diversos estudios habría menores niveles de flujo cerebral sanguíneo en los lóbulos frontales de los pacientes diagnosticados de esquizofrenia. El problema es que han encontrado ausencia de hipofrontalidad e incluso una mayor actividad en los lóbulos frontales en sujetos diagnosticados pero no sometidos a tratamiento psicofarmacológico, o que se hallan en los primeros estadios de la enfermedad.[145] Aún más, incluso en los pacientes crónicos, el patrón de hipofrontalidad es reversible y, curiosamente, parece desaparecer durante la exacerbación de la experiencia psicótica.[146] Más importante aún es el significado que se le ha acordado a la *hipofrontalidad.*

Efectivamente, ha servido para sustentar la tesis de que al ser la corteza cerebral el locus de las funciones intelectuales y ejecutivas centrales, el menor flujo sanguíneo en la zona, provocaría un nivel de desarrollo disminuido de la conciencia en el paciente esquizofrénico. No sólo, como acabamos de ver, *no hay evidencia empí-*

---

[144] P. W. R. Woodruff y S. Lewis, "Structural brain imaging in schizophrenia", en S. Lewis y N. Higgins (Eds.), *Brain Imaging in Psychiatry*, Blackwell, Oxford, 1996, pp. 188-214; R. J. Dolan y G. M Goodwin, "Brain Imaging in affective dissorders", en S. Lewis y N. Higgins (Eds.), *op. cit.*, pp. 227-243; J. Danckert, D. Velakoulis *et al.*, "A CT study of ventricular size in first episode psychosis", *Schizophrenia Research* 29 (1998), p. 75; S. C. Schulz, L. Friedman *et al.*, "Both schizophrenics and bipolar adolescents differ from controls on MRI measures", *Schizophrenia Research* 29 (1998), p. 81; G. N. Smith y W. G. Lacano, "Lateral ventricular enlargement in schizophrenia and choice of control group", *Lancet* 1 (1987), p. 1450.

[145] Cfr. J. M. Cleghorn, E. S. Garnett *et al.*, "Increased frontal and reduced parietal glucose metabolism in acute untreated schizophrenics", *Psychiatric research* 28 (1989), pp. 119-133; R. E. Gur, S. M. Resnick *et al.*, "Regional brain function in Schizophrenia: I.A positron emission tomography study", *Archives of General Psychiatry* 44(1987), p. 119; J. L. Waddington, "Sight and insight: Regional cerebral metabolic activity in schizophrenia", *British Journal of Psychiatry* 156 (1990), pp. 615-619.

[146] J. D. Russell y M. G. Roxanas, "Psychiatry and the frontal lobes", *Australian and New Zealand Journal of Psychiatry* 24 (1990), pp. 113-132.

rica para demostrar la validez de la teoría de la hipofrontalidad, sino que el modelo de cerebro que significativamente presupone, es altamente cuestionable. Efectivamente, ciertas formas de razonamiento abstracto y de resolución de problemas lógicos tienden a activarse en sujetos "normales" *no en los lóbulos frontales, sino posteriores.*[147] Además, entre las funciones más evidentes de los lóbulos frontales están el control de las respuestas motoras y la organización, dirección y monitoreo de secuencias complejas de acción. Desde esta perspectiva, en caso de producirse efectivamente, la *hipofrontalidad, no se reflejaría en una disminución general de las facultades mentales*; *ni en una ausencia global de los procesos cognitivos,* sino en algún tipo de retracción con respecto a la actividad intencional y motora.

El modelo de déficit y de disminución de las funciones que consideramos como ya he señalado un desplazamiento del *fantasma del primitivismo,* ha sido sostenido por figuras relevantes de la psiquiatría biológica actual apelando a la predominancia en los pacientes de los centros neuronales más primitivos asociados con el afecto y el instinto (el sistema límbico subcortical) y a una menor incidencia de los centros corticales, más desarrollados.[148] La evidencia empírica de una declinación en la actividad cortical de la esquizofrenia, está sin embargo muy lejos de haber sido establecida. De hecho, ciertos investigadores advierten *que parece que es exactamente al revés.* En sus fases más álgidas, los pacientes diagnosticados de esquizofrenia presentan una hiperactivación del área cortical (lo cual coincide con la aparente hiperactividad del pensamiento que algunos describen en

---

[147] Cfr. K. F. Berman, B. P. Illowsky, D. R. Weinberger, "Physiological dysfunction of dorsolateral prefrontal cortex in schizophrenia: IV. Further evidence for regional and behavioral specifity", *Archives of General Psychiatry* 45 (1988), pp. 616-622.

[148] Nancy Andreasen, "Is schizophrenia a temperolimbic disease"?, *Can Shizophrenia Be Localized in the Brain?*, Cambridge University Press, Cambridge, 1986, p. 39, 43; Daniel R. Weinberger, "Implications of normal brain development for the pathogenesis of schizophrenia", *Archives of General Psychiatry* 44 (1987), pp. 661-666.

ciertas etapas).[149] Las investigaciones de anomalías estructurales en el cerebro han mostrado de manera más consistente alteraciones no en las áreas corticales *sino subcorticales* (en concreto, en el hipocampo). El problema con estos hallazgos es que no se hallan en todos los pacientes, y que también se comparten con otros diagnosticados de psicosis, pero cuyos síntomas son completamente distintos. Si aún así aceptáramos las alteraciones del hipocampo como factor causal en la esquizofrenia, *su modelo no podría seguir siendo el de una locura de regresión instintiva*, sino que habría que considerar las dificultades en la expresión de la emoción, la pérdida de espontaneidad, y la tendencia al automatismo.

La tercera gran hipótesis es actualmente la de la disfunción del hemisferio cerebral izquierdo.[150] El hemisferio cerebral izquierdo se describe habitualmente como el hemisferio dominante, especializado en el lenguaje, el pensamiento simbólico abstracto y en las formas analíticas de cognición. La hipótesis de la disfunción del hemisferio izquierdo se halla en perfecta consonancia con la concepción tradicional de la esquizofrenia como una forma de disminución, ya que postula déficits en lo que se consideran las más avanzadas y elevadas facultades mentales. No obstante esta hipótesis ha sufrido tres críticas fundamentales. En primer lugar, por los que señalan que la disfunción está en el hemisferio derecho del cerebro.[151] El hemisferio cerebral derecho implica modos de conocimientos sintéticos, espaciales y visuales, en los que predomina el procesamiento intuitivo, de los indicios emocionales, y el mantenimiento de la atención involuntaria. Los pacientes con daños en las funciones lingüísticas del hemisferio derecho del cerebro, al igual que algunos de los pacientes diagnosticados con esquizofrenia retienen las habilidades fonológicas, sintácticas y semánticas (que parecen localizarse bási-

---

[149] Cfr. P. H. Venables, "Psychophysiological aspects of schizophrenia", *British Journal of Medicine* 39 (1966), pp. 289-297.

[150] Nancy Andreasen, *The Broken Brain: The Biological Revolution in Psychiatry*, Harper and Row, New York, 1984, p. 122.

[151] Cfr. John Cutting, *The Right Cerebral Hemisphere and Psychiatric Disorders*, Oxford University Press, Oxford, 1990.

camente en el hemisferio izquierdo) pero muestran perturbaciones (de nuevo al igual que algunos de los pacientes diagnosticados con esquizofrenia) en la habilidad para captar el tono, el contexto, o las presuposiciones interpersonales de la comunicación. En segundo lugar, por los que postulan que radica no en un defecto sino en un exceso de actividad en el hemisferio izquierdo.[152] En tercer lugar, por los que aseveran que se halla en una combinación entre la actividad excesiva del hemisferio cerebral izquierdo y una deficiencia del hemisferio cerebral derecho.[153] En estos casos las anormalidades neurofisiológicas tendrían que ver no con déficits en los procesos intelectuales y volicionales, sino con su hiperactivación, y con la perturbación de los procesos más "primitivos" o "automáticos" que permiten la espontaneidad y el sentido natural de imbricación en el mundo práctico y social. Si fuera coherente con la defensa de sus propios descubrimientos, la investigación neurobiológica habría de revisar cuidadosamente sus supuestos (y qué es lo que hay detrás de ellos) *de que la esquizofrenia necesariamente indica regresión, dominación instintiva y declive de las funciones racionales. Los fantasmas que constituyeron a la demencia precoz primero y a la esquizofrenia después a finales del siglo XIX y principios del XX persisten hoy*, pese al optimismo sobre los logros conquistados. Ello nos habla de la relación compleja entre ciencia y sociedad. Aun tomando seriamente, como lo hemos tratado de hacer aquí, los hallazgos de la investigación biológica de la esquizofrenia, además hay que advertir que:

"...ninguno de ellos se puede considerar un aspecto necesario y suficiente de esta enfermedad. Similares síntomas, alteracio-

---

[152] A. Raine y D. Myers, "Schizoid personality, inter-hemispheric transfer and left hemisphere over-activation", *British Journal of Clinical Psychology* 27 (1988), pp. 333-347; P. H. Venables, "Cerebral mechanisms, autonomic responsiveness, and attention in schizophrenia" en W. D Spaulding, J.K Cole, (Eds.), *Nebraska Symposium on Motivation, 1983: Theories of Schizophrenia and Psychosis,* University of Nebraska Press, Lincoln, 1984. pp. 47-91.

[153] R. E. Gur, S. M. Resnick *et al.*, *op. cit.*, pp. 119-125.

nes estructurales del cerebro, características del comienzo y del curso, predisposiciones genéticas y respuestas a antipsicóticos que bloquean la dopamina se encuentran en una variedad de estados neuropsiquiátricos. Esta soberana toma de conciencia suscita la cuestión clave: qué es exactamente la esquizofrenia y cuál puede ser el mejor modelo capaz de definir la esencia de la enfermedad dadas las limitaciones del conocimiento actual [...] La cantidad de 'hechos' que se conocen de la esquizofrenia puede suponer, en realidad, más incertidumbre y confusión que propiamente conocimiento [...] La enorme cantidad de 'datos' o 'evidencia' que se está acumulando en este campo –dice Maj– ya no se percibe como indicación de un creciente aumento de 'conocimiento' Más bien, esta cantidad de datos, con sus inconsistencias y con la implicación postulada de tantas estructuras cerebrales diferentes, circuitos neuronales y neurotransmisores, es vista cada vez más como un signo de incertidumbre y confusión [...]".[154]

Investigaciones como aquellas a las que acabamos de referirnos, se llevan a cabo gracias al desarrollo de la biología molecular y de técnicas como la tomografía axial computerizada (TAC), la resonancia magnética nuclear (RMN) o la más reciente tomografía por emisión de positrones *(Positron Emission Tomography* o PET). La tomografía axial computerizada (TAC) permite obtener imágenes radiográficas en secciones progresivas de la zona del organismo estudiada, y si es necesario, imágenes tridimensionales de los órganos o estructuras orgánicas. La imagen por resonancia magnética funcional (*IRMf*) permite no sólo medir la estructura del cerebro sino que se pueda identificar qué regiones de éste son las que requieren más sangre oxigenada cuando un individuo realiza diferentes tareas. Hay que atribuir el éxito de la imagen por resonancia magnética a por lo menos, dos procesos. La insistencia en los regímenes de visualización a partir del siglo XVIII supone para *la mirada clínica:*

---

[154] Marino Pérez Álvarez, *op. cit.*, pp. 2-3.

"...un imborrable umbral cronológico: el momento en el cual el mal, lo contranatura, la muerte, es decir, todo el fondo negro de la enfermedad sale a la luz, o sea todo se ilumina a la vez y se suprime como noche, en el espacio profundo, visible y sólido, cerrado pero accesible, del cuerpo humano. Lo que era fundamentalmente invisible se ofrece de repente a la claridad de la mirada, en un movimiento en apariencia tan simple, tan inmediato que parece la recompensa natural de una experiencia mejor hecha."[155]

A lo largo del siglo XIX –y ello es particularmente relevante en el caso de la locura, tan huidiza al modelo de lesión anatomopatológica– la *objetividad* se vincula a la sustitución de la mirada experta del clínico que describe, por la reproducción mecánica. Al asociarse a la precisión y la resistencia, la máquina es considerada el medio más valorado de producción del conocimiento. Frente a ella el sujeto se percibe falible, una figura a la que hay que contemplar con cierta sospecha. La atribución de la precisión a la reproducción mecánica contribuye a producir un halo de certidumbre en torno a la información que proporciona.[156] Las imágenes médicas que brinda se vinculan con la transparencia y el acceso inmediato al cuerpo. *Los textos y los discursos, las prácticas hospitalarias, el posicionamiento simbólico de la imagen por resonancia magnética produce una borradura de las múltiples fuerzas, decisiones y contextos que influencian su uso y contenido.* En el caso de la neuroimagen lo que se mide en rigor es el flujo sanguíneo determinado por el nivel de oxígeno en la sangre y que se toma como indicador de la actividad neuronal. Es decir *no se ven* (un decir) ni representaciones mentales ni procesos psicológicos. Hay una cadena de inferencias en la cual intervienen decisiones técnicas (a través de las cuales *se construye* la imagen) y médicas (a través de las cuales *se lee* la imagen) en contextos económicos y so-

---

[155] Michel Foucault, *El nacimiento de la clínica: una arqueología de la mirada médica*, Siglo XXI, México, 2008, p. 274.

[156] Lorraine Daston y Peter Gallison, *op. cit.,* pp. 115-190.

ciales cuyas características hay que precisar. En el modelo biomédico vigente se divulga sin embargo que lo que se ve en la neuroimagen equivale a lo verdadero y constituye un acceso *inmediato* a la evidencia.

En México, tal y como advierte el informe de la directora del Instituto Nacional de Neurología y Neuropsiquiatría la aplicabilidad de la IRMf es una de las diez líneas de investigación privilegiadas.[157] En el Laboratorio de Psiquiatría Experimental, del Instituto Nacional de Neurología y Neurocirugía, por citar un ejemplo, a través de los estudios de IRMf se explora actualmente la sensibilidad al dolor, de pacientes diagnosticados de esquizofrenia que todavía no han sido tratados con psicofármacos.[158] Sin señalar lo problemático de considerar en este caso el dolor como un mero estímulo que es percibido y transmitido hacia nuestro cerebro, sin advertir que el cerebro está en un cuerpo, que ese cuerpo es el de un individuo, que tiene una historia y vive en una cultura, la cuestión con la neuroimagen *es, una vez más, qué es exactamente lo que se ve.* Hasta los autores más entusiastas con su aplicación no pueden dejar de reconocer que, a la necesidad de extender la visión neuropatológica de mecanismos con base regional a mecanismos con base conectiva en red, se aúna la falta de aplicación actual al caso clínico individual.[159]

En una de sus recurrentes hospitalizaciones, y debido a la escasa efectividad que parecían tener con Lucía los antipsicóticos de primera y segunda generación, se le realizó una tomografía axial computada o computarizada. Me señaló que no le habían permitido ver su cerebro "por dentro" y que ello era importante por "la cuestión de la

---

[157] Teresa Corona, "An overview of Neurosciences in Mexico", Encuentro de mexicanistas, 2010, p. 22 en *http://www.mexicanistas.eu/uploads/an%20overview%20of%20neurosciences%20in%20Mexico-Teresa%20Corona.pdf*

[158] Cfr. Camilo de la Fuente Sandoval, Rafael Favila *et al.*, "Functional magnetic resonance imaging response to experimental pain in drug free patients with schizophrenia", *Psychiatry Research*, 183-2 (2010), pp. 99-104.

[159] T. T. Winton Brown y S. Kapur, "Neuroimaging of schizophrenia: what it reveals about the disease and what it tell us about a patient", *Annals Academy Medicine Singapore* 38 (2009), pp. 433-435.

localización". El comentario me dejó perpleja. Yo esperaba encontrar de su parte oposición a la idea de que se pudiera aprehender una experiencia como la suya, que ella describía como "algo espiritual", a través de la tomografía. Poco a poco me fui percatando de que para ella, en el cerebro se hallaban *literalmente* los conductos que permitían que las voces robotizadas la asediaran y alejaran la voz de Dios. La imagen le proporcionaría la *prueba material y visible* de lo que ella ya sabía y podría, por tanto, mostrar a los demás. En sus propias palabras la imagen le permitiría mostrar de manera fehaciente "que lo que digo no es una cosa de esas que se inventa uno en su cabeza". Lucía hablaba a menudo de que tenía "mal la cabeza", de que "su cerebro era el problema" o más elusivamente de que "la cuestión estaba ahí" (tocándose levemente la frente). Al principio no presté mucha atención. Ella decía algo así, e inmediatamente pasaba a otra cosa, "¿vamos a hacer hoy un *collage*?", "¿podemos leer poemas?" En un primer momento pensé que sus referencias al cerebro eran producto de un *insight*, es decir, del proceso a través del cual se supone que un paciente reconoce que tiene una enfermedad mental; recategoriza lo inusual de sus experiencias como patológico y colabora con su propio tratamiento. Pensé que al estar familiarizada con la medicina (a través de sus padres y por sus mismos estudios) tenía presente (aunque no me atrevía a señalar hasta qué punto) su modelo de rehabilitación.

En sus *collages*, era frecuente que Lucía dejase a las cabezas sin cuerpo, pero nunca al revés. Al comentárselo, más de una vez, siempre recibí la misma respuesta: "la cabeza puede ir sola". En algún momento, cuando se familiarizó con mis visitas y volvió a repetir que su problema estaba en la cabeza, le pregunté que qué le pasaba. La respuesta no fue precisamente la del *insight*, sino la siguiente: "Se meten en mi cabeza, me roban la voz de Dios y me *robotizan* los conductos cerebrales." A menudo se quejaba de que había que "revisarle el cerebro y taponar el conducto cerebral de los robots para que sólo Dios fuera el que estuviera dentro". *De manera literal* –como algunos de los representantes de la psiquiatría biológica– Lucía reivindicaba poder ver su cerebro *directamente*. En el brote psicótico que había sufrido justo antes de que nos conociéramos, al arrancarse primero manualmente y luego con una cuchilla de rasurar sus cabellos, pretendía buscar una vía de acceso a su propio cerebro para arreglar *por sí misma* "los conductos cerebrales". "No dolía", me respondió cuando le pregunté por las heridas considerables que tenía en la cabeza. Ella, para sí misma, parecía ser *eso: un cerebro roto* pero no por una enfermedad cuyos efectos pudieran verse, sino por la ocupación de "los conductos por unas u otras entidades, malignas y benignas, "que me confunden" , "me hablan y me llenan la cabeza". La neuroimagen tenía para ella el mismo carácter irrebatible *de prueba* que para sus más fervientes defensores. Precisamente por su carácter *absoluto* la prueba servía no para anular su experiencia amparándose en su origen neurocerebral; sino para mostrar, a la inversa, su existencia indudable.

"La imagen de resonancia magnética es un icono cultural. Evoca un sentimiento de asombro entre los pacientes y los profesionales médicos. La tecnología y los escáneres que produce sirven como [...] objetos sagrados que ofrecen la promesa del conocimiento definitivo [...] Algunos profesionistas médicos usan un lenguaje que alinean esta tecnología con la magia. Cuando una residente contempló por primera vez una IRM exclamó: ¡la IMR es la brujería norteamericana! Otro médico ejemplificó el vínculo entre la IMR y lo sobrenatural al señalar [...] que la IMR no es sólo una herramienta biomédica sino que representa una forma poderosa de magia contemporánea."[160]

La superstición es el lugar asignado en la modernidad para distinguir interpretaciones que se consideran más o menos erróneas, extraviadas o válidas en cierto contexto o en cierta manifestación "salvaje" de pensamiento. El lugar que permite entonces que se asevere que frente a ellas sí *hay hechos, científicos, cuya validez puede considerarse evidente*, que no pasan por los procesos de mediación y apropiación

---

[160] Kelly A. Joyce, *Magnetic Appeal: MRI and the Myth of Transparency*, Cornell University Press, Ithaca, 2008, pp. 149-150.

social, *porque se sostienen por sí mismos, o que hay interpretaciones, científicas, que son capaces, a diferencia de las primeras, de transformar efectivamente la realidad.* Lo *Unheimlich* del orden social contemporáneo se devela sin embargo cuando advertimos cómo, al hacerlo, *adjudicamos a una máquina la producción de un conocimiento neutral, incontaminado, en cuya producción no intervenimos y que aparece, precisamente, como "por arte de magia"*: "Gracias a los adelantos de la computación –leemos en un artículo publicado por miembros del Instituto Mexicano de Psiquiatría– esta técnica [sola y por sí misma] permite incluso observar en pantalla, la distribución topográfica de *los estados funcionales* del cerebro mediante el mapeo cerebral."[161]

Ciertas características de la experiencia de Lucía pueden verse reforzadas si tomamos en cuenta que el objetivo de la medicación, de los antipsicóticos es precisamente el cerebro. Cuando habla de sus vicisitudes con los psicofármacos Lucía advierte a menudo que operan sobre "el cerebro" y no sobre "mi cerebro". Se produce una separación radical entre el cerebro como un elemento alienado y pasivo sobre el que se puede operar (lo que Lucía misma intenta) y el "yo" como ego-sintónico y activo. El cerebro desde esta perpectiva parece ser un órgano autónomo que no es ella. Esta separación puede ir desde la experiencia de sentirse ajeno a lo que sucede en el propio cerebro, a la experiencia de un cerebro que se manifiesta como algo inquietante, a la experiencia del cerebro como una entidad o poder sobrenatural. Cualquiera de los casos sólo puede entenderse a la luz de una constitución moderna de la subjetividad en la que el sujeto es al mismo tiempo sujeto y objeto para sí mismo: "El efecto profundo del nuevo modo de conciencia [moderna] [...] fue percatarse del rol del sujeto en la constitución del mundo [...] En la autorreflexividad [moderna] además de ser el centro constitutivo el *sujeto* se transformó en *objeto* [...] la conciencia humana tiende a ser situada [...] en el

---

[161] Jaime Romano-Micha, Gerhard Heinze y Ma. Teresa Hernández, "Mapeo cerebral y esquizofrenia: Una revisión bibliográfica", *Salud mental* V-19 (1996), p. 56.

orden *empírico* de las entidades objetivables; y ello entra en conflicto con su estatus *trascendental* a través del cual y por medio del cual todas las entidades aparecen.[162]

La biomedicina contemporánea propicia esta separación cuando hace aseveraciones como la siguiente: "Cuando se trabaja con pacientes psicóticos [...] el electroencefalograma tiene la ventaja de ser una técnica no invasiva y proporcionar un análisis rápido y preciso del funcionamiento cerebral."[163] El sujeto que habita el cuerpo, ese sujeto que se llama "yo" en el discurso y que adquiere entidad biográfica, ha sido disuelto y omitido.[164] Ahora, "el mundo experiencial y biográfico del afligido requiere sólo una atención anecdótica que se observa como algo propio del trato 'humano' o 'humanitario', pero no como aquello que debe centrar la atención del profesional".[165] En Lucía *la distancia moderna entre el yo como sujeto y el yo como objeto se incrementa radicalmente* y se refleja, no sólo en relación al cerebro, sino en relación a todo su cuerpo. Había veces que se negaba a comer y aseveraba cosas como que su estómago no era el suyo sino que le habían puesto el de un bebé y que por lo mismo no podía ingerir nada. Otras veces era la garganta la que no era suya y por eso "le daba asco" deglutir. Este distanciamiento del propio cuerpo como algo ajeno y separado puede en ciertos casos (ya narré una experiencia ocurrida en el taller) conducir a la experiencia por parte del sujeto de una desintegración radical. La hermana de Lucía me comentó una vez, que había tenido lo que describió como "una reacción muy brusca" cuando le habían quitado el hábito de la orden religiosa a la que había pertenecido "gritaba y gritaba –me explicó– como si le arrancáramos la piel". El hábito, podríamos añadir, sí hace a la monja. Marca el límite entre el yo y el mundo; contiene al sujeto; era para ella una zona fronteriza entre lo que era el yo y lo que no lo era.

---

162 Louis A. Sass, *op. cit.*, pp. 327-329.

163 Jaime Romano-Micha, Gerhard Heinze y Ma. Teresa Hernández, *op. cit.,* p. 56.

164 Ángel Martínez-Hernáez, "Cuerpos fantasmales en la urbe global", *Fractal: Revista de psicología* 21-2 (2009), p. 232.

165 *Ibid.*

Esta función protectora resguardada por el aura de lo sagrado parecía particularmente relevante para Lucía siempre atenta a la cuestión de los límites. Según me explicó su hermano en el primer año de su carrera de medicina, poco antes de ingresar al monasterio, comenzó a identificarse al igual que muchos estudiantes que empiezan y se ven inmersos en los síntomas de una enfermedad tras otra, con muchísimas enfermedades: "Le hacíamos la broma de cómo iba a ser doctora si era hipocondriaca", recuerda.

La pérdida de los límites del yo puede llevar, sin embrago, a su escisión radical, una escisión en la que el cuerpo aparece como un objeto ajeno al sujeto. Una vez más ello se refleja de manera singular en los procesos a través de los cuales significamos el mundo. Giovanni Stanghellini ha identificado dos formas fundamentales de alteración de la corporalidad en la esquizofrenia a las que ha llamado "cuerpos sin alma" (*cyborgs*) y "almas sin cuerpo" (*scanners*).[166] Como ejemplo de "cuerpo sin alma" se podría poner el de una persona que siente que su cuerpo se ha convertido en algo mecánico o robótico; o controlado por algún tipo de fuerza totalmente ajena. Por otro lado, como ejemplo de "alma sin cuerpo" cabría señalar el del paciente que siente que, de una u otra manera, que su cuerpo es irreal y que él sólo es su pensamiento. En el caso de Lucía su experiencia parecía ser la de un "cuerpo sin alma" (*cyborg*) que, venía a suponer un cuerpo que se vive como un ente independiente (des-almado, maquinal).

Cuando el cuerpo se contempla como un objeto en el que pensamientos, acciones y sentimientos tienen lugar como fuerzas totalmente exteriores al sujeto y que se le imponen; *éste se ve obligado a descifrar cada uno de sus signos* y la escena interpersonal se transforma en un escenario vacío en el que el actor principal no puede seguir el guión ni tampoco hacer sentido de lo que hacen los otros. El esfuerzo interpretativo con respecto a las propias sensaciones y las de los demás pierde cualquier atisbo de espontaneidad. Los acontecimientos que sólo pretenden llamar la atención sobre sí mismos

---

[166] Cfr. Giovanni Stanghellini, *Disembodied Spirits and Deanimated Bodies: The Psychopathology of Common Sense*, Oxford University Press, Oxford, 2004.

(un grito espontáneo cuando alguien da un pisotón) se toman como más de lo que son. Lucía experimenta ganas de cargar a uno de sus sobrinos una vez que van a verla a la casa. Esta sensación no sería más que un índice del deseo de Lucía. Sin embargo ella concluye que la sensación *no es suya* sino del niño, que es él quien la ha provocado y que lo ha hecho porque se lo han ordenado para tentarla y poner a prueba su vocación de celibato a través de las ganas de ser madre. La sensación no es reconocida como propia del sujeto se desplaza y se transforma en impuesta. Ya no es sólo una sensación es un mensaje a ser descifrado y que se ha de interpretar.

"¿Te fijaste cómo nos ve Lucía a veces? –me preguntaba su hermana– como si no nos hubiera visto nunca, como si fuéramos totalmente extrañas". "¿Tienes miedo?" Me preguntó ella misma una de esas veces en las que como advertía su hermana me había mirado largo rato como si "no me hubiera visto nunca". Opté por decir la verdad, "sí". La respuesta fue el silencio. "Eres mecánica" –me dijo otra vez– "te ríes a cámara lenta, como un robot". "Puede ser –le respondí– a veces me río porque no sé bien qué decir y puede que parezca artificial", "artificial, artificial, artificial" murmuró como si lo hiciera para sí misma.

Los genes desbordan a los genes

A finales del siglo XIX y comienzos del XX, el interés por *la herencia* había surgido a través de la preocupación por la degeneración de la raza, su posible relación con los límites de la conciencia individual y con un factor condicionante que el sujeto portaría en sí mismo, pero que no obstante lo excedería. Se trataba de la pregunta por lo que marcaba la continuidad *según las imbricaciones de la progenie*. Toda la inscripción de la psiquiatría en la patología evolucionista habría de tomar en cuenta esta concepción de la *herencia*. Se desarrollarán dos vertientes. La primera, la de la higiene, la purificación y *la corrección de lo hereditario a partir de la depuración*. La segunda, *la normalización de lo hereditario* a partir del análisis minucioso de una supuesta caracterología nacional. La herencia moral o psicológica estaba íntimamente ligada a la herencia fisiológica. Aunque se debía a la herencia fisiológica la transmisión de la conformación externa e interna del cuerpo humano; las formas de ser, la idiosincrasia particular de cada individuo, los rasgos de su carácter, eran algunos de los aspectos psicológicos que pasaban, igualmente, de padres a hijos. Para la neurobiología actual los mecanismos moleculares de la herencia son determinantes para poder comprenderla. La idea básica es que no se heredan las conductas, lo que se hereda es el ADN que codifica proteínas. Los genes que se expresan en las neuronas codifican proteínas que a su vez determinan el desarrollo, el mantenimiento y la regulación de los circuitos nerviosos que constituyen la base de todos los aspectos de la conducta. Y sin embargo ¿qué es lo que implican en la trama de la vida cotidiana de los sujetos estos desplazamientos?

La familia de Lucía parece aceptar de buen grado que la esquizofrenia que padece es una enfermedad orgánica –como el cáncer– cuyo origen es genético y en el que la interacción con el medio parece jugar un papel más o menos secundario. Esta narrativa les permite, por un lado, contemplar un padecimiento tan inasible como algo que efectivamente está ahí, como una entidad que permite reconocer la realidad de su sufrimiento. Por otro les permite evitar culpabilizar al medio familiar o social (aunque indirectamente lo hacen cuando hablan sobre la abuela o sobre la orden religiosa de Lucía). A través de la insistencia en el origen genético de la enfermedad surgen sin embargo nuevas formas de ansiedad propiciadas ahora por la cuestión de la "mala sangre" que, además, tampoco logran borrar del todo la inquietud en torno al entorno.

Uno de los significantes privilegiados por Lucía en la fragmentariedad de su discurso es el de los germen-genes. Parecía tratarse de partículas invisibles que enfermaban a las personas y que se propagaban a través del aire, de la sangre, "del beso entre hombre y mujer o algo más", y "de los pensamientos negativos". La vinculación que ella realizaba entre germen y gen era significativa, sobre todo porque a veces era sumamente escrupulosa con los alimentos y se negaba a comer nada que no estuviera cuidadosamente enlatado. "Es porque cree que la envenenan" –me explicó su hermana–. Al salir a la calle era frecuente que llevara guantes y cubreboca. Otras veces, cuando yo la acompañaba al servicio de psiquiatría se negaba a saludar (de mano o beso) a ciertas personas. Cuando le preguntaba por qué se negaba a saludar, Lucía me respondía: "no hay que contagiarse".

Por su familia y los estudios elegidos, Lucía sabía que el germen es un microorganismo encargado de causar y propagar enfermedades; y el gen la unidad funcional para la transmisión de caracteres hereditarios. Los germen-genes a los que ella se refería, sin embargo, parecían tener muchos significados. Algunos que registré en mis notas fueron: "la transmisión de pensamientos negativos y la violación psíquica", "los deformes", "la sangre menstrual", "las manos sucias de los niños" y "las viejas cochinas". En la familia me explicó su hermana: "pensamos que lo que ella tiene es genético. Mis papás nos educaron bien, somos una familia muy tranquila. No sabemos bien por qué, porque que sepamos es la única de los dos lados [paterno y materno]. A lo mejor algún descendiente de hace muchísimo tiempo. *Ojalá y sea la única*. Así son las cosas y cuando te toca, te toca".

Hoy, las estadísticas, en conjunción con el concepto de *riesgo*, son herramientas de uso en el campo de la epidemiología y la salud pública, e influyen enormemente en la práctica clínica, que a su vez las constituye. La relevancia otorgada en la epidemiología a los llamados "factores determinantes", la proliferación de los factores de riesgo derivados de los estudios epidemiológicos, provoca que *todos* estemos sujetos a advertencia primero en los medios (recordemos las recientes campañas publicitarias sobre obesidad y diabetes) y luego a través de los servicios de salud que nos rodean. Ser asignado a una clase en riesgo (y potencialmente todos *podemos* serlo) nos transforma como sujetos y provoca que nuestra experiencia de nosotros mismos sea distinta a la que teníamos antes de ser clasificados. En un efecto bucle la ciencia y la burocracia crean tipos de personas.[167]

El "factor de riesgo" es el resultado de una cadena de decisiones acerca del tratamiento de los datos numéricos, que se insertan en prácticas locales de producción, recepción y comunicación, y que se su-

---

[167] Ian Hacking, "Making up People", *London Review of Books*, August 17, (2006), pp. 23-26.

man a cierta complejidad tecnológica. Su tecnología de estimación difiere de la del *oráculo zande en que éste, como hemos visto, intenta lidiar con la singularidad del accidente y contextualizarlo en la vida del individuo al cual le acaece.* Los estudios epidemiológicos, en contraste, producen probabilidades descontextualizadas sobre si un gen puede causar una enfermedad, o si un nivel elevado de colesterol puede producir un ataque cardiaco. Estas probabilidades tienen gran valor para las compañías de seguros y los servicios sociales de salud cuya labor depende de la defensa de un conocimiento fiable, "científico", de las poblaciones. El efecto sin embargo, una vez más como en el oráculo zande o la confesión zuñi, *no acaba con la indeterminación, la produce en nuevas formas.* Si los estudios epidemiológicos pueden predecir con alta probabilidad de acierto (por citar un ejemplo) cuantos individuos en una población dada fallecerán en un año, sus estimaciones no pueden decirnos *a priori quiénes* lo harán. Las estimaciones sobre el riesgo, cuando son proporcionadas a los sujetos no eliminan su incertidumbre porque a menudo éstos oscilan entre el desconcierto y la incredulidad ante los cálculos probabilísticos.

La "tiranía de los números" ha sido criticada porque está destinada a crear una objetividad y producir una verdad que debe, de manera inevitable descontextualizar y borrar la realidad de la vida cotidiana. Efectivamente frente a las variaciones, *las medias estadísticas son abstracciones*: "Las estadísticas no afirman, en relación con un caso individual, algo obligado sino *a lo sumo algo probable.* El caso individual no puede ser sumado en el conocimiento estadístico [...] El caso individual puede quedar totalmente al margen de un conocimiento estadístico [...] Ya en las simples cifras comparativas amenazan los errores de interpretación y a menudo no son fáciles de descubrir".[168]

Mary Douglas ha advertido cómo el uso del término "factor de riesgo" posee el efecto retórico de crear un aura de neutralidad que lo hace pasar como concepto científico legítimo.[169] La movilización del

---

[168] Karl jaspers, *op. cit.*, p. 32.

[169] Mary Douglas, "Risk as a Forensic Resource", *Daedalus* 119 (1990), pp. 1-16.

concepto de riesgo se transforma en un nuevo modelo de vigilancia, de esa microfísica del poder que caracteriza a las sociedades neoliberales. Robert Castel advierte que semejante "hiperracionalismo" implica un costo y que quizá haya "aspectos iatrogénicos" en esta nueva forma de prevención, entre los cuales *la ansiedad crónica* sería uno de los más prominentes.[170] Ello es particularmente pertinente en las investigaciones genéticas y genómicas actuales.

La estadística de *heredabilidad* es la encargada de registrar la proporción de variación en una enfermedad que puede atribuirse a los genes. No obstante, hay que prestar atención a lo siguiente. La *heredabilidad* se calcula dividiendo la proporción de variación atribuida a los genes por la suma de proporción atribuida a éstos, y la proporción atribuida al ambiente. Ello implica que si no hay variación en el ambiente, *aunque el ambiente sea muy influyente en la etiología de la enfermedad*, la *heredabilidad* será la que se considerará muy alta. Imaginemos por ejemplo, un mundo en el que todo el mundo fumase veinte cigarrillos al día. Pues bien si se realizara un estudio genético en un mundo así, como no se percibirían variaciones (todo el mundo fumaría, y fumaría lo mismo) se consideraría que la *heredabilidad* habría demostrado que la causa del cáncer de pulmón se debe a la vulnerabilidad genética, y no al hecho de fumar.[171] Como la *heredabilidad* depende de hasta qué punto hay variaciones en el ambiente, su valor además puede variar según las circunstancias económicas o sociales.

> "Hasta la fecha, los estudios de genética molecular no han conseguido encontrar los genes de la esquizofrenia. Hoy en día muchos de los investigadores en este campo consideran que están implicados distintos genes (teoría poligenética) [...] En el año 2000, Tsuang y Faraone [...] recomendaron a los fu-

---

170 Robert Castel, "From Dangerousness to Risk" en Graham Burchell *et al.* (Eds.), *The Foucault Effect: Studies in Governmentality,* University of Chicago Press, Chicago, 1991, p. 289.

171 Richard P. Bentall, *Medicalizar la mente*, Herder, Barcelona, 2011, pp. 240-241.

turos investigadores que diseñaran estudios "para detectar *los numerosos genes de pequeño efecto* que *podrían* incrementar la propensión a padecer este trastorno" [...] la creencia de que los estudios en gemelos y en individuos adoptados han sentado la base genética de la esquizofrenia es errónea. Resulta irónico que, en vez de confirmar los resultados de los estudios sobre la esquizofrenia en gemelos y en individuos adoptados, el fracaso de la búsqueda de los genes de la esquizofrenia puede llevar a los investigadores a revisar estos estudios llenos de imperfecciones y alterados por factores ambientales [...] La psiquiatría genética se encuentra en una encrucijada o crisis puesto que los investigadores todavía siguen buscando 'el gen o los genes huidizos' de la esquizofrenia."[172]

---

[172] Jay Joseph, "La esquizofrenia y la herencia: ¿Por qué no tiene genes el emperador?" en John Read, Loren R. Mosher y Richard P. Bentall, *op. cit.*, p. 95. Según la etiología si un trastorno es parcial o totalmente genético, el índice de concordancia en gemelos monocigóticos debería ser mayor que el índice en gemelos dicigóticos. Una estrategia alternativa implica encontrar niños adoptados que padezcan la enfermedad y localizar a sus padres biológicos, que deberían de tener un alto índice de enfermedad. O bien encontrar padres diagnosticados que hayan dado a sus hijos en adopción, y ver si estos niños adoptados tienen más probabilidades de desarrollarla. Ejemplos de estudios de gemelos monocigóticos son los de Fischer (1973), Gottesman y Bertelsen (1989); Kringlen y Kramer (1989). Estos estudios han sido muy criticados (Torrey, 1990; Joseph 2003). Otros estudios como los de Joseph (2001; 2002; 2003) se elaboraron con gemelos monocigóticos que no habían crecido juntos y también han recibido críticas. Se han realizado seis grandes estudios sobre la esquizofrenia en individuos adoptados. Son los de Heston (1966), Rosenthal *et al.* (1968, 1971); Kety *et al.* (1968; 1975;1994), Wender *et al.* (1974); Tienari *et al.* (1994). Estos estudios han sido objeto de investigación en diversos análisis que han criticado desde la metodología hasta las conclusiones (Benjamin, 1976; Gottesman y Shields 1976; Lidz 1976; Cassou *et al.*, 1980; Lidz *et al.*, 1981; Lidtz y Blatt 1983; Rose *et al.*, 1984; Cohen y Cohen, 1986; Boyle, 1990; Breggin, 1991; Joseph, 1990, 2000, 2001, 2003; Pam, 1995). Para una revisión del estado de la cuestión, L. DeLisi, "Critical overview of current approaches to genetic of mechanisms in schizophrenia research", *Brain Research Review* 31 (2000), pp. 187-192.

La idea del determinismo genético apela a nuestro deseo de reducir la complejidad y de controlar el futuro, y refuerza el modelo biologicista y farmacológico. *Ello es así incluso en la investigación genética que busca las peculiaridades étnicas y particulares porque éstas se naturalizan inmediatamente en un paradigma biológico que es universal.* El razonamiento es el siguiente: un gen o varios genes causan la enfermedad al afectar a ciertos neurotransmisores, la enfermedad entonces es un estado cerebral gobernado por un gen defectuoso o un alelo particular. Como no disponemos de terapia genética viable el estado del cerebro ha de ser manipulado a través de un agente farmacéutico externo. Para este modelo no importa que hasta el día de hoy la relación entre esquizofrenia y genética se desconozca.[173] Además pese a la promesa de control, la creencia de que los genes nos hacen ser como somos, provoca que, conceptualizarlos como esencialmente peligrosos, propicie la ansiedad. Por otra parte, al centrarse excesivamente en la genética, el peligro es que otros factores que contribuyen a la enfermedad sean en gran parte eclipsados, dejando su causa a un infortunio bajo la forma, como ya advertimos, de la *"mala sangre"*. "Lo de Lucía es genético –decía su hermana– que sepamos es la única de los dos lados [de la familia] *esperemos que sea la única, que no nos vuelva a pasar.*" Lucía escribió una vez en mayúsculas, en uno de los *collages* en el que había emborronado todas y cada una de las figuras: "La menstruación-fornicación de la reproducción. Niños panzones de papel picado." "¿Tú qué crees que quiso decir? –me preguntó una vez más su hermana– igual y no hay que hacerle caso. Pero es que luego dice unas cosas que lo dejan a uno pensando…"

Evans-Pritchard advierte como, en el caso de los azande: "El futuro y la felicidad de un hombre dependen de condiciones que ya existen y que pueden ser expuestas y alteradas por los oráculos. El futuro depende de la disposición de fuerzas místicas que pueden ser abordadas aquí y ahora. Es más, *cuando los oráculos anuncian que*

---

[173] R. Hubbard y E. Wald, *Exploding the Gene Myth: How Genetic Information is Produced and Manipulated*, Beacon Press, Boston, 1999.

433

un hombre caerá enfermo [...] Su condición ya es mala, su futuro es ya parte de él."[174] La posibilidad de la genética *de adivinar futuros potenciales*, significa que, en teoría, cada uno de nosotros está constituido como parte de una sola población, la de los "pre-sintomáticamente enfermos". Efectivamente, todos somos susceptibles de sufrir de una condición u otra, como consecuencia de nuestra herencia genética. Podríamos pensar que al determinar cuáles son nuestros genes, tenemos mayores posibilidades de conocer lo que nos depara el futuro, que si acudiésemos a algún oráculo. No obstante, cuanto más sabemos de la biología molecular, de las interacciones entre los genes y el medioambiente, parece claro que los genes, por sí mismos (y con muy pocas excepciones) tienen un valor predictivo ínfimo.[175] Aunque a veces las tecnologías genéticas nos permiten especular con mucha mayor precisión sobre quién puede sufrir alguna enfermedad, prevalece en ellas *la característica básica de todo sistema de adivinación*: al buscar tener control sobre el futuro suscitan, irremisiblemente, nuevas incertidumbres y ambigüedades.

Aunque, como hemos señalado ya, en el caso de la esquizofrenia *no se ha detectado* ni un cromosoma, ni un gen responsable, ni un tipo de transmisión; la familia de Lucía acepta lo que considera una enfermedad de origen genético. Sin embargo, hay en torno a

---

[174] E. E. Evans-Pritchard, *op. cit.*, p. 162.

[175] Margaret Lock y Vinh-Kim Nguyen, *op. cit.,* p. 331. Para que el lector se haga una idea: El término *alelo*, se usa a la hora de describir una variante participante de *un gen*. Las enfermedades *atosómicas dominantes* son producidas por un único alelo defectuoso transmitido por cada progenitor. Las enfermedades *recesivas*, se expresan sólo si los dos genes del par son defectuosos. Los genes también varían en *penetrancia* o en hasta qué punto conducen de forma inevitable a padecer la enfermedad. Además hay genes de baja *expresividad*, lo cual quiere decir que aunque los individuos que los tienen enferman, la gravedad de la enfermedad varía de individuo en individuo. A ello se le añade que muchas características humanas son poligénicas, lo que quiere decir que se ven afectadas por muchos genes de los cuales cada uno tiene una influencia relativamente pequeña. Cuando el efecto de los genes es más leve, puede ser en extremo difícil descubrir su influencia, especialmente si los factores ambientales son importantes.

ella cierta inquietud que no se disipa. Su familia parece oscilar entre la resignación que les permite pensar que ha sido cuestión de mala suerte y que hay que ignorar los síntomas de Lucía como signos de una enfermedad, y la necesidad de descifrar todo lo que ella dice y lo que hace, como si en ella radicase un secreto que les atañe a todos ("¿Tú qué crees que quiso decir? Igual y no hay que hacerle caso. Pero es que luego dice unas cosas que lo dejan a uno pensando…") Lucía misma, a través de los germen-genes proporcionaba algunos indicios de la relación entre el *destino marcado por la biología y las incertidumbres del oráculo.* Los germen-genes tenían que ver, cómo he señalado con anterioridad, con lo "negativo", en concreto con los "pensamientos negativos". ¿Qué eran estos pensamientos negativos? ¿Los de las voces malignas que la asediaban "en los conductos cerebrales"? ¿Los pensamientos negativos de su familia sobre su enfermedad y las ansiedades que ésta les provocaba? Los "germen-genes", insistía ella, son "la propagación" y el "contagio". Cuando se negaba a saludar a ciertas personas o a consumir ciertos alimentos y advertía que la causa eran los "germen-genes", *no sólo identificaba* personas o alimentos sino *que les atribuía ciertas cualidades.* Cualidades que, de este modo, *se naturalizaban.* Identificar genéticamente individuos, grupos o poblaciones, *suele implicar asimismo adjudicarles ciertas características que no son neutras.* Lucía se negaba a saludar a tal o cual persona no por lo que hiciera, sino por lo que *inapelablemente era* (un portador peligroso de germen-genes). Nuestra vulnerabilidad más que biológica, es ontológica. *Nos permea desde que existimos en formas de vida significativas que siempre implican un exceso que no puede ser limpiamente eliminado.* Nuestra tentativa por protegernos del exceso que nos hace vulnerables, a través de *una evidencia biológica y objetiva* que contraste con la que dicen proporcionar otras interpretaciones, más o menos "extraviadas", contribuye sin embargo a intensificar, en nuevas formas, nuestra vulnerabilidad. Y es que, es precisamente *porque significan,* por lo que el cerebro desborda al cerebro, y los genes desbordan a los genes.

Manuel D.: capitalismo de ficción hiper-cargo cult

Podía dar la vuelta, una, dos, cien veces,
cuantas veces quisiera, a lo largo de miles de
kilómetros, con la sensación de no moverme, de
estar siempre en el lugar de partida y al mismo
tiempo en el lugar de arribo, el mismo horizonte
de cemento, los mismos anuncios de cerveza,
aspiradoras eléctricas,... jabones, televisores, las
mismas casuchas chatas, verdes, las ventanas
enrejadas, las cortinas de fierro, las mismas
tlaperías, talleres de reparación, misceláneas
con la nevera a la entrada repleta de hielo y
gaseosas, los techos de lámina corrugada, una
que otra cúpula de iglesia colonial perdida entre
mil tinacos de agua, un reparto estelar sonriente
de personajes prósperos, sonrosados, recién
pintados, Santa Claus, la Rubia de Categoría,
el duendecito blando de la Coca-Cola con su
corona de corcholata, Donald Duck y abajo el
reparto de millones de extras, los vendedores de
globos, chicles, billetes de lotería, los jóvenes
de playera y camisa de manga corta cerca de
las sinfonolas, mascando, fumando, vacilando,
albureando, los camiones materialistas.

Carlos Fuentes

En la década de los ochenta aparecen en la ciudad de México los *malls* o grandes centros comerciales: Perisur (1981); Lomas Plaza (1988); Centro Coyoacán (1989); Pabellón Polanco (1990); Interlomas (1992); Perinorte (1992); Galerías Insurgentes (1993); Centro Santa Fe (1993); Molière Dos (1997); Plaza Cucuilco (1997) y Mundo E (1998). Su existencia se solapa con la coexistencia incompatible, pero exigida por el sistema económico mundial, de primer y tercer mundo en las mismas metrópolis. Efectivamente, la expansión simultánea del microcomercio y los *malls* y las grandes cadenas comerciales, se explica en la ciudad de México porque la expansión del gran comercio globalizado coincide con la precarización generalizada de las relaciones laborales y salarios reducidos, situación que encuentra en la metrópoli un cauce "natural" en la paralela explosión del micro comercio informal. Así, la informalización de los mercados de trabajo y de consumo resulta complementaria.

Por el lado del mercado de trabajo, los bajos salarios que perciben los trabajadores manuales y los empleados de cuello blanco en el sector formal, junto a la reducida capacidad de éste para generar empleos en una magnitud proporcional al crecimiento de la fuerza de trabajo, ha venido siendo compensada por la acelerada expansión del autoempleo, en gran medida callejero, y el empleo informal en micronegocios. Por el lado del mercado de consumo, buena parte del consumo popular es canalizado por medio de las modalidades informales del comercio, que ofrecen en ciertos rubros, como videos, discos, ropa y calzado deportivo, entre muchos otros, sustitutos o copias ilegales, a precios reducidos, de los productos y marcas ofrecidos en el comercio formal. La diferencia principal con el Centro Comercial (y no es una diferencia menor) es que el mercado ambulante o tianguis se instituye y constituye en las calles de la ciudad. En el oriente de la ciudad de México, cerca de la Central de Abastos:

> "En lo que en tiempos prehispánicos fue zona lacustre, vergel y punto estratégico para la magnífica Tenochtitlán, hoy se erige el Tianguis de las Torres: un mercado itinerante, auténtico desafío a la capacidad visual. Al raciocinio. Las palabras de los programas urbanos, los discursos sobre justicia, progreso, salud y bienestar, se confunden con los remolinos de polvo, con la bruma de propaganda política que obstruye la vista de los volcanes que, implacables, se yerguen en la distancia. Puntual espejismo, este mercado aparece y se esfuma tres veces por semana en una de las riberas de la enorme avenida que se llama Eje Seis [...] La oferta de productos es tan misteriosa como la procedencia de las mercancías. Cual mástiles de una flota triste y desarrapada, las torres de alta tensión –de ahí el nombre del lugar– sobresalen de entre un mar de lonas. Encallados, esos baluartes metálicos son el único toque de verticalidad en medio del dosel de plástico que ulula con el

viento: el techo de cientos de puestos que conforman un cosmos alucinante."[176]

Ambulantes y objetos son inseparables en la ciudad de México a la que decoran con estilos que no han sido decididos por nadie; intervenciones que irritan el orden de la ciudad y que seguirán allí por dos motivos: hay gente en la calle y hay gente que *sólo* puede vender en la calle. Contra la estandarización que transforma a los objetos en miembros indistinguibles de una serie, el tianguis los somete a una especie de crecimiento fantástico: ropa de tiempos modernos y pretéritos; fragmentos de juguetes; platos y cucharas que no cuadran; libros desencuadernados; collarcitos y pulseritas de cuentas de colores; ampolletas con sueros; lencería femenina insólita. En el *plus* de sentido que esos objetos agregan a la estricta necesidad hay una potencialidad fantasiosa, onírica, de uso desviado, de irrupción no deseada, en la vida y ello los vuelve extraños "por un camino tan avieso como su pésima calidad material. Son parte del mundo que conocen los pobres: crónica roja, malas noticias, aparatos que funcionan a medias, diseños que van en contra de lo que el objeto promete, instrumentos que tienden a descomponerse o desarmarse".[177]

El centro comercial, por su parte, asegura algunos de los requisitos que se exigen de una ciudad y que no están garantizados en la ciudad de México: orden, claridad, limpieza, seguridad. Efectivamente, en la ciudad de México las calles comerciales tienden al desorden, distinto tamaño de carteles, anuncios y marquesinas. Las vidrieras responden al capricho o al mejor o peor hacer, según sea el caso, de los dueños de los comercios. En los mercados al aire libre las frutas no tienen siempre el mismo color y los productos van envejeciendo a medida que se van vendiendo. El *mall* no es simplemente una parte de la ciudad sino su reemplazo por un sistema nuevo en el *que la contingencia es cuidadosamente evitada.* Caminar en el centro comercial es confinarse en una inacabable igualdad de espacio en la que se exhibe la

---

[176] Laura Emilia Pacheco, *El último mundo*, Mondadori, México, 2009, pp. 9-10.
[177] Beatriz Sarlo, *La ciudad vista*, Siglo XXI, Buenos Aires, 2009, p. 46.

regularidad de la mercancía medida en dinero, de manera abstracta, y presentándose como universal. Existe una hegemonía localizada, en el sentido de capacidad concentrada de direccionamiento, inducción y regulación de los tránsitos de las personas y los bienes culturales por parte de los países desarrollados. Esto no implica negar que no obstante ocurran acontecimientos aleatorios, desobediencias e insubordinaciones, pero exige el reconocimiento de que hay una gran frontera que divide el paisaje global entre *los países modernos* y los *países ansiosos de modernidad*:

> "Del lado de los países tecnológicamente desarrollados, la modernidad es entendida como *un conjunto de contenidos sustantivos* [...] Estos contenidos no fluyen aleatoriamente y se encuentran concentrados en proporciones extraordinariamente desiguales, siendo su concentración masivamente mayor en los países que hegemonizan los procesos de circulación [...] De nuestro lado, del lado de los países con poca concentración de ese tipo de bienes (tanto en lo que respecta al ideario como a los recursos materiales) los países hegemónicos, por su riqueza de este tipo particular de recursos gozan de un prestigio inquebrantable que roza lo irracional [...] *Mas que tal conjunto de bienes materiales y filosóficos sustantivos, la modernidad de este lado de acá, tiende a ser percibida como un conjunto de signos relacionados con esos bienes que –en tanto signos– pueden y deben ser adquiridos* [...] *contenidos de allá se transforman en signos aquí.*"[178]

Mis encuentros con Manuel D. solían desarrollarse en estos *malls* cuyos signos ejercían sobre él una fascinación particular. Manuel es, de todos los pacientes que he encontrado a lo largo de estos años, con el que he tenido una relación más estrecha. Es el único que me tutea desde el primer momento, cuando lo conozco en el primer taller que

---

[178] Rita Laura Segato, *La Nación y sus Otros*, Prometeo, Buenos Aires, 2007, pp. 176-177.

imparto, al que acude por recomendación de su psicoterapeuta. En ese momento tenía veinticinco años y cinco de haber sido diagnosticado de esquizofrenia de tipo indiferenciado.[179] Aunque en el periodo en que nos conocimos sufrió dos breves internamientos, parecía responder relativamente bien a la medicación. Tuvo que abandonar sus estudios de música (las dos crisis coincidieron con los periodos en que intentó retomarlos) pero seguía tocando la guitarra (*covers* de otros grupos o artistas) y se las arreglaba para tener algún ingreso dando algunas clases particulares, incluso en alguna que otra asociación de apoyo a pacientes psicóticos. Ganar algo de dinero no era sin embargo un objetivo para él, lo cual a menudo le generaba problemas con su familia. Lo que a él le gustaba era tocar. Era frecuente que se le olvidara cobrar o que perdiera el cheque con el que le habían pagado. Tras nuestro encuentro en el primer taller, Manuel quiso estar en contacto conmigo por teléfono y por correo electrónico. Yo le avisaba si iba a impartir algún otro taller y asistía intempestivamente (e igual de intempestivamente dejaba de asistir). Al mismo tiempo procuraba acudir a los eventos en los que tocaba y de los que él mismo me informaba puntualmente. A partir de ahí comenzamos a vernos con cierta frecuencia.

Manuel que se llama a sí mismo "el hijo del quinto sol" es el único de los pacientes que se comunica conmigo con asiduidad. De él sí puedo esperar llamadas inesperadas. Cuando las hace, nunca se presenta, como si yo supiese de antemano que es él, y siempre introduce la conversación así: "Mira lo que he registrado…" Lo que ha registrado tiene que ver con el nuevo programa de *Apple*, la última versión del *Iphone*, *Ipad*, o cualquier innovación tecnológica. Le interesa todo lo relacionado con Internet. Locuaz y extrovertido, habla incontenciblemente. Sus relatos fluyen sin esfuerzo. No inhibe la expresión de la resonancia emocional porque no parece tener nada que inhibir. Nunca vi un asomo de emoción en mis muchas horas de conversación con él. Ni tristeza, ni impaciencia, ni frustración, ni alegría. *Siempre* el mismo tono ágil y animado pero curiosamente

---

[179] Ver la nota 82.

desafectado. Nada parecía *tabú* para él aunque el relato solía ser disperso, y saltar de un punto a otro, haciéndome trastabillar. *Nunca*, a lo largo de los tres años que hace que lo conozco, ha sentido la menor curiosidad sobre mí. Le gustaba (y le gusta) hablar conmigo sobre religión o nuevas tecnologías (algo que como veremos él vincula sin dificultad). Cuando al buscar que yo le diera la razón yo le respondía que no sabía o que no estaba segura, invariablemente me ignoraba y proseguía, incansable, con su discurso. Manuel habla con soltura de las voces que escucha regularmente, de "flotar" fuera del cuerpo, viajar a mundos paralelos. Me cuenta que puede ver *poltergeists*, detectar auras, y que en realidad vive en un mundo de cinco dimensiones. Suele ir a los centros comerciales, sobre todo entre semana, cuando no están tan llenos de gente y puede caminar horas en ellos o detenerse mucho rato en los aparadores que llaman su atención. La sensación que tengo cuando lo acompaño es la misma que cuando lo escucho, la de ir trastabillando, *siempre detrás*.

La preferencia de Manuel por el *mall* tenía que ver con su afición por los lugares en los que podía sostener una relación, no sólo anónima sino aséptica y en un ambiente socialmente controlado, algo impensable en un tianguis. *Ciertas características del centro comercial parecían, por lo tanto, responder mejor que la de otros ambientes a su manera de ser en el mundo.* Efectivamente, como muestran los análisis de Beatriz Sarlo, en el interior del centro comercial desaparece por completo la geografía urbana. Sus muros se cierran a las perspectivas exteriores. El día y la noche no se diferencian: el tiempo no pasa, o el tiempo que pasa es un tiempo sin cualidades. Frente a la ciudad real, construida en el tiempo, el centro comercial ofrece su modelo de ciudad de servicios miniaturizada, que se independiza soberanamente de las tradiciones y del entorno. Aunque el *mall* se emplace en la ciudad de México

> "...ésta le es indiferente, y puede caer al lado de una autopista, en un baldío yermo, sin necesitar nada de lo que en una ciudad lo rodea [...] el *shopping* es de las familias, de los pobres decentes, de las capas medias cuando pueden comprar y cuando no pueden. A diferencia de la calle [...] [sobre la cual] no hay

control de la puesta en escena ni del diseño, en el *shopping* nada es casual. Los visitantes se desplazan en una atmósfera artificial como los peces domésticos en sus recipientes oxigenados, decorados con plantas marinas [...] en tensión con los clivajes sociales y las imposibilidades económicas, en los países periféricos el *shopping* revela una desigualdad mayor entre quienes lo usan como paseo y quienes además, compran de modo significativo. Sin embargo el éxito para unos y otros está en las posibilidades de ensoñación que ofrece."[180]

El centro comercial asegura la repetición de lo idéntico, el espacio de conexiones cuyos elementos gramaticales deben mantener una relación ordenada para ser comprensibles, y ser comprensibles porque mantienen una relación ordenada. Responde a un ordenamiento total pero, al mismo tiempo, debe dar una idea de libre recorrido: se trata de la ordenada deriva del mercado.

"Las cualidades del *shopping* son las que necesita quien vive temeroso en la ciudad. Como si se ajustara a un *diseño divino* (la mano invisible del mercado dibuja con un omnisciente buril de hierro), la regularidad, el orden, la limpieza y la repetición, que impiden el salto a lo imprevisto, aseguran que el *shopping* funcione sin ninguno de los inconvenientes de lo urbano. En un momento en que la ciudad es vista como fuente de males y donde se pide una ciudad disciplinada que responda a ese imaginario y a condiciones reales de incertidumbre, el *shopping* ofrece lo que se busca y, además, gratis. Desde esta perspectiva, comprar y consumir serían las actividades fundamentales que se realizan en el *shopping* pero no las razones de su éxito que son otras: la serenidad de lo controlado de modo invisible [...] El modo *shopping* de circulación de las mercancías conoce todos los recovecos de las fantasías persecutorias de su público."[181]

---

[180] Beatriz Sarlo, *op. cit.*, p. 19.
[181] *Ibid,* p. 23.

Una vez más nos encontramos con lo que anteriormente hemos descrito en nuestra lectura de los zuñi y los azande, como la conjura de la contingencia: "A toda costa el sujeto moderno requiere de la eliminación de la incertidumbre […] desaparecido lo público en pos de la libre economía de mercado nos ofertan una apariencia de servicio que nos libre de la inseguridad que el propio mercado creó."[182] Y sin embargo ¿estamos seguros de que es así o el "accidente" se hace cada vez más y más difuso, mermando la capacidad de reconocimiento y reacción de los individuos, y tornándose por ello *más amenazador*? Inés Cornejo Portugal y Elizabeth Bellón Cárdenas, en su estudio sobre la apropiación simbólica del Centro comercial Santa Fe –*uno de los favoritos de Manuel*– han advertido que: "El centro comercial es un lugar público que las personas/consumidores trastocan en espacio simbólico, construyendo su pertenencia a un estilo de vida y vinculándose, de alguna manera, a la metrópoli contemporánea."[183] Sin embargo, los grupos de adolescentes que lo usan como lugar de encuentro habitual, que sacan fotos con sus teléfonos móviles e introducen en sus pasillos pequeñas transgresiones; dan al *mall* una pálida imitación de la vida en la calle sin los usos perversos de su escenografía (no se admiten graffitis, ni esténsiles, ni nada que resulte ajeno a la estética y la gráfica del centro comercial):

> "El mercado, potenciando la libertad de elección (aunque sólo
> sea de toma de partido imaginaria), educa en saberes que son,
> por un lado, funcionales a su dinámica, y, por el otro, ade-
> cuados a un deseo joven de libertad antiinstitucional. Sobre
> el *shopping* nadie sabe más que los adolescentes, que pueden
> ejercitar un sentimentalismo antisentimental en el entusias-
> mo por la exhibición y la libertad de tránsito que se apoya
> en un desorden controlado […] para chicos afiebrados por el

---

[182] Inmaculada Jaúregui Balenciaga y Pablo Méndez Gallo, *op. cit.*, pp. 113-114.

[183] Inés Cornejo Portugal y Elizabeth Bellón Cárdenas, "Prácticas culturales de apropiación simbólica del Centro Comercial Santa Fe", *Convergencia* 8-24 (2001), p. 75.

high-tech de las computadoras, el *shopping* ofrece un espacio que parece *high-tech* aunque, en las versiones de ciudades periféricas, ello sea un efecto estético antes que una cualidad real de funcionamiento. El shopping, por lo demás, combina la plenitud iconográfica de todas las etiquetas con las marcas 'artesanales' de algunos productos folk-ecológico-naturistas, completando así la suma de estilos que definen una estética adolescente. *Kitsch* industrial y *compact disc.*"[184]

Los usos secundarios que se admiten, siempre y cuando no contradigan las leyes principales, impiden que el macrocentro adquiera un aspecto demasiado panóptico. Y no obstante, aunque parezca fluida y algodonosa, la del centro comercial es una organización férrea. Se limpia de la mañana a la noche de modo que jamás sea posible tropezar con el rastro de un uso desagradable del espacio; el aire se recicla en los acondicionadores; la temperatura es benigna; las luces son funcionales y otras amenazas son neutralizadas por los circuitos cerrados. El espacio –de uso público pero de gestión y propiedad privada– hace que, a diferencia de lo que sucede en la calle, un vendedor informal no pueda establecerse al lado de una vidriera interior.

Cornejo y Bellón aseveran que el Centro Comercial Santa Fe se ha convertido en un lugar "de encuentro con "el otro" –pero aquel igual a mí–, de reconocimiento de un territorio, entre personas identificadas con prácticas culturales similares [...] El centro comercial estaría mudando en un *"bien cultural común"*, un espacio público-privado donde la gente se reúne, se comunica, comparte sus experiencias, se involucra en diversos intercambios culturales a la manera de la tradicional plaza pública, constituyéndose como una forma contemporánea, colectiva e individual, de vivir e imaginar la ciudad".[185] Nosotros advertimos sin embargo que la economía visual del capitalismo moderno levanta nuevas barreras ante la experiencia compleja

---

[184] Beatriz Sarlo, "El centro comercial" en *La jirafa con tacones. Revista de comunicación* 11-2 (2006), p. 5.

[185] *Ibid*, p. 85.

en las calles de la ciudad, y que el Centro Comercial no en vano adviene cuando el miedo en la ciudad y el miedo de la ciudad se convierten en preocupación central. *En una ciudad donde prevalecen las sensaciones de incertidumbre (los "accidentes"),* los recorridos provistos por el *mall* liquidan esa sensación sin afectar la ilusión de independencia y libertad que es por supuesto falsa: en el *shopping* ni siquiera se puede tomar una cerveza en un lugar que no haya sido previsto para eso por su diseño.[186]

Maneras de congelar el mundo

Manuel D. proviene de un sector medio, urbano y capitalino, y forma parte de una generación que se percibe a sí misma en relación al uso de las nuevas tecnologías. Sus padres son funcionarios públicos y él es el menor de cuatro hermanos. Dotado para la música desde pequeño, iniciaba sus estudios profesionales en el momento en el que, a raíz del primer brote psicótico, tuvo que ser internado. Manuel vive con sus padres pero recorre la ciudad por su cuenta y ha logrado cierta independencia. En mis encuentros con su familia, escasos y muy esporádicos, su madre sólo me pidió una cosa, que no se me ocurriera prestarle ni un solo peso. Habían tenido que cancelar algunas tarjetas de crédito porque las usaba y adquiría cosas que"nadie necesitaba". Una de las ideas recurrentes de Manuel había sido, me comentó, "que no importaba gastar dinero porque él podía fabricarlo con sólo pensarlo".

A Manuel le fascinaba todo hallazgo científico o tecnológico "me di cuenta de que la verdadera religión es tecnológica. El mar rojo tuvo que ver con la tecnología", "el código de la Biblia que dicen los mayas es la *web*", me explicará en nuestras conversaciones. En su relato, bastante fragmentario, sobre lo que le había pasado en su primer brote psicótico, me contó que estaba solo, en un tiempo compartido que su familia poseía en Valle de Bravo, y tuvo una especie de reve-

---

[186] Beatriz Sarlo, *La ciudad vista, op. cit.*, pp. 24-25.

lación. De manera que me pareció confusa mencionó un gato, una serie de "rayos" y "cuerdas cósmicas" que le quemaron el cuerpo, y un imperativo absoluto: leer en el cielo un mensaje que los mayas le habían dejado a él, como hijo del quinto sol. Al principio no podía hacerlo ("no era capaz de comprender los signos"), tampoco "entendía muy bien las voces. Hablaban un idioma desconocido". En ese momento se subió a "la barandilla de la terraza del departamento", y un vecino pensó que estaba intentando saltar, por lo que acabó en el hospital. Desde entonces, me aclaraba, "me entiendo por frases con el sol". Manuel aceptaba los antipsicóticos pero negaba estar enfermo. No tenía el más mínimo resquicio de duda acerca de lo que había experimentado, tal y como me aclaró, no es que los "seres de luz" y "las cuerdas cósmicas" dejaran de estar allí, sino que el antipsicótico le permitía cierto distanciamiento: "que no me caigan encima así nada más". Por lo demás, había desarrollado un método para que el psicofármaco no bloqueara su comunicación con el sol "olanzapina *empieza* por o y tabaco *acaba* con o, así que los efectos de la olanzapina se contrarrestan con el tabaco", me señaló.

Mis encuentros con él giraban, como ya he señalado, en torno a los tópicos recurrentes del *mall* y las nuevas tecnologías. Una de las características de los *países ansiosos de modernidad* es que los bienes asociados con ésta han pasado a ser percibidos como "culto de cargo", signos donde el bien se encuentra contaminado por el prestigio del que goza su fuente de origen. Podría "hablarse de un halo "cargoístico" de los bienes que circulan globalmente. Existe, por lo tanto, una aspiración de trazo "moderno" que es, por definición, introducido de afuera, "importado", como una "carga" venida de más allá de la frontera– "desarrollo por imitación" o "mimético", dice también Chesneaux […] "*hiper-cargo cult*"".[187] El halo "cargoístico" de los bienes que circulan globalmente se percibe también en relación a las nuevas tecnologías, cuando computadoras e Internet para todos, son el emblema de la promesa política a los ciudadanos bajo el signo de un México al día y a la vanguardia. La Encuesta en Hoga-

---

[187] Rita Laura Segato, *op. cit.*, p. 181.

res sobre Disponibilidad y uso de las Tecnologías de la Información reveló que a mayo de 2010, en el país 38.9 millones de personas son usuarios de una computadora y 32.8 millones tiene acceso a Internet. El Instituto Nacional de Estadística y Geografía (INEGI), informó que los usuarios de Internet registraron un aumento del 20.6% respecto al 2009. En un rango de edad, los individuos de 12 a 34 años, son quienes más utilizan el servicio con una participación del 66.8 por ciento. Un 29.8% del total de hogares en el país están equipados con una computadora, lo cual significa un crecimiento de 13.2% con relación a 2009.[188]

A finales del siglo XIX el orden subjetivo que debía reflejar el orden social, y viceversa, era garantizado por el ejercicio progresivo, graduado y repetitivo, que expondría con detalle a lo largo de una escala temporal, el crecimiento y el perfeccionamiento de la disciplina que había de venir impuesta y ser voluntariamente aceptada. El trabajo se contemplaba como fuente de progreso y orden social. Poseía una fuerza de constreñimiento superior a todas las formas de coerción física, en razón de que la regularidad de las horas, la exigencia de la atención, la obligación de alcanzar un resultado, colocaban al sujeto dentro de un sistema de responsabilidades. *Hoy,* sin embargo, se erige además *un modo de existencia subjetivo basado no sólo en la productividad sino en el consumo.* Consumir ya no es sólo adquirir una posesión *sino transformar la propia posición subjetiva.* La cultura de consumo se articula a través de los medios de comunicación de masas. En la producción de la realidad mediática el objeto, gracias al *halo cargoístico,* es siempre algo más que un objeto y tiende a confundirse con el sujeto. Es entonces cuando aparece el *sobjeto,* una "criatura híbrida" en la que se cruzan "la subjetividad del objeto y la objetividad del sujeto"[189] en el que el *marketing* y la publicidad no se centran ya en las ventas sino en las compras, en el

---

[188] Instituto Nacional de Estadística y Geografía, "Encuesta en Hogares sobre Disponibilidad y uso de las Tecnologías de la Información" http://www.inegi.org. mx/Sistemas/temasV2/Default.aspx?s=est&c=19007

[189] Vicente Verdú, *Yo y tú: objetos de lujo,* Debate, Barcelona, 2005, p. 103.

consumidor, en las personas y en sus emociones. Todo tiene adherencia emocional,

> "En el capitalismo de ficción es el propio artículo el que habla. Cocacola habla de jovialidad, Nike de malditismo, Body Shop de conciencia ecológica [...] Las marcas pueblan la tierra como venidas del cielo para contrarrestar los tediosos males de este mundo [...] El capitalismo de producción era hijo del mundo de la esclavitud y sometía hasta amargos niveles de subsistencia. El capitalismo de consumo moderaba esa presión para succionar un plus dulce en el momento del consumo. Ambas plusvalías se obtienen también ahora en el capitalismo de ficción, pero lo peculiar del nuevo modelo es su intención adicional de hacernos creer únicos, singulares artistas felices."[190]

Estar en una situación social implica, ya lo hemos visto, estar en el mundo de los significantes, y el significante está siempre sujeto a los efectos retroactivos a través de los cuales pueden ser atribuidas nuevas maneras de significar. *Esta apertura de la significación implica que en la dimensión social hay un exceso*. Efectivamente, los efectos retroactivos de significación hacen que toda cosa, acción o sujeto no se agote en su identidad social, sus propiedades y relaciones, sino que permanezca en ellas siempre *un plus de indeterminación*, por el cual precisamente puede significar de distintas formas. Una manera de disimular este exceso la proporciona, no obstante, el poder limitado, pero estabilizador, de los estereotipos y códigos sociales. Pues bien, en la actualidad, a través de prácticas de consumo *reiterativas*, se nos propone modificarnos a lo largo de la vida, revelar nuevos pliegues de nosotros mismos: "Ser un consumidor lleva probablemente a convertirse en un consumidor de sí, transmutado el yo en el máximo objeto, el artículo supremo."[191] La oferta inacabable, la variabilidad y la aparente singularidad que el mercado nos ofrece, oculta la realidad de que sus productos *son necesariamente uniformes, puesto que se*

---

[190] Vicente Verdú, *El estilo del mundo, op. cit.*, p. 128.

[191] Vicente Verdú, *Yo y tú: objetos de lujo, op. cit.*, p. 98.

producen en masa. Hay una coincidencia entre la singularidad y el carácter impersonal y estandarizado.

En nuestros paseos por el centro comercial, Manuel se detenía mucho tiempo ante cada uno de los aparadores. Los recorría con cuidado. Me decía que tal persona debería de vestirse de tal manera, o que yo, por ejemplo, me vería bien si me comprara tal ropa. Una cosa me llamaba la atención. Elegía los conjuntos enteros, es decir, si algo le gustaba le gustaba todo lo que el maniquí llevaba. "Ese *look* te quedaría bien –me dijo una vez– pero te tendrías que pintar el cabello de rojo" (la maniquí tenía una peluca roja) "X se vería bien así pero tendría que tener esa altura" –decía señalando otro maniquí–. Manuel parecía querer que el mundo se plegara a una idea de perfección cuya consumación él percibía en ciertos objetos. El *sobjeto* no consistía tanto en un sujeto que transmutaba su yo en un objeto, como en un sujeto *que debía plegarse a la perfección que, en este caso, él atribuía al objeto.*

El segundo aspecto que llamó mi atención es que utilizaba los eslogans de las marcas comerciales como mensajes que le indicaban cursos de acción: "vi el anuncio de *precios bajos siempre* y supe que era mejor *bajar* a ver a mi abuelita, y no salir hoy", "hay ciertas cosas que el dinero no puede comprar, para todo lo demás existe *mastercard*" –me leyó una vez cuando paseábamos– "¿ves cómo si se conoce la clave maestra uno puede fabricar todo lo que existe con su mente?", añadió. En tercer lugar (excepto en cuestiones de tecnología) le gustaba mirar y pensar en comprar para los demás, no para sí mismo. Cuando se lo hice notar me señaló: "Yo no lo necesito." Manuel parecía necesitar crear un mundo que, con ayuda de los objetos de consumo respondiera a su expectativa de perfección y en el que los sujetos debíamos conformarnos a los maniquíes. Para ello utilizaba los recursos de un capitalismo de ficción en el que trataba con la realidad "para desprenderla de la peste de lo real" y componer en cambio una versión "formateada, controlada y *chic*, desprovista del olor de la edad, liberada del pringue histórico".[192] Si hoy nos

---

[192] Vicente Verdú, *El estilo del mundo, op. cit.*, p. 33.

constituimos como sujetos a través de la repetición de prácticas no sólo orientadas a hacer de nosotros sujetos que producen, sino también sujetos que consumen, la repetición misma puede contribuir a la generación de la inercia, pero también al agotamiento de la misma, que puede indicar su fracaso a la hora de suturar el significado y apuntar la presencia de la *indeterminación* por la cual, precisamente, podemos significar de nuevas maneras. La necesidad de Manuel por desarrollar y adoptar un sistema que le permitiera filtrar, organizar y hacer sentido de su experiencia, podía explicar lo que desde afuera yo percibía como un mundo que no subrayaba la indeterminación *sino la conservación*. Este mundo estático, que le permitía a Manuel sentirse seguro y tener algún control, podría ser considerado como el esfuerzo por estabilizar la realidad ante las intrusiones constantes de lo que en su experiencia la amenazaba radicalmente. El resultado no era un sistema rico y elaborado, sino una estructura armada de manera más o menos consistente y defendida, a veces con ansiedad, contra lo que pusiera en peligro su estabilidad. Lo inquietante es que Manuel, sin embargo, creaba su *neverland* con aspectos que conforman el orden social. El centro comercial le atraía por algunas de las características que hemos expuesto, entre ellas la previsibilidad y el orden. Parecía remitirle a un mundo *atemporal* libre de decadencia, en el que los sujetos eran tan inocuos y previsibles como los maniquíes que le gustaba contemplar. Si él, por otra parte, *creía ser capaz de fabricar dinero sólo con pensarlo* hay que reconocer que hoy:

"Tras las loterías nacionales, las loterías ilegales, las apuestas y las inversiones agresivamente especulativas en el mercado [...] Hay un denominador común: el hechizo mágico de hacer dinero de la nada [... se promete otorgar ganancias casi preternaturales, dar riqueza sin producción perceptible, valor sin esfuerzo visible. En su momento conquistador y milenario, el capitalismo tiene un nuevo espíritu efervescente, una magia [...] ¿Por qué [...] se buscaría recurso en el hechizo en situaciones de rápida transformación social bajo condiciones históricas que implican una mezcla ambigua de posibilidades e impotencia, de deseo y desesperación, de desempleo masivo y hambre en medio de la acumulación por parte de algunos, de enormes cantidades de riqueza? [...] porque estas circunstancias añadía Gluckman [...] proféticamente [...] exigen nueva magia."[193]

Experiencia y techné

Martin Jay ha destacado la relevancia de dos nociones de experiencia que han tenido una amplia repercusión. La experiencia como *Erlebnis* y la experiencia como *Erfahrung*.

> *"Erlebnis* [...] se traduce a veces en castellano como experiencia vivida ['vivencia' en castellano] [...] suele implicar una unidad primitiva, previa a cualquier diferenciación u objetivación. Normalmente localizada 'en el mundo cotidiano' (el *Lebenswelt*) del lugar común y de las prácticas no teorizadas, puede sugerir, asimismo, una intensa y vital ruptura en la trama de la rutina cotidiana [...] generalmente connota una variante de la experiencia más inmediata, prerreflexiva y personal que *Erfahrung* [...] que ha llegado a significar una noción de experiencia temporalmente más amplia, basado en un proceso de aprendizaje, en la integración de momentos discretos de la experiencia en un todo narrativo o en una aventura."[194]

En nuestra lectura la experiencia "más auténtica" o "más genuina" está ya inscrita en un orden simbólico que nosotros mismos re-en-samblamos. Lo simbólico *no es* un conjunto sistemático de proscripciones, reglas, prácticas o cualquier contenido especificable, compartido de la misma manera por todo el mundo en el campo social. *No es un sistema de significados estables* incluso cuando a

---

[193] Jean Comaroff y John L. Comaroff, *op. cit.*, pp. 281- 283.

[194] Martin Jay, *Cantos de experiencia: variaciones modernas sobre un tema universal*, Paidós, Buenos Aires, 2009, p. 27.

veces parece serlo, o incluso cuando imaginamos, o deseamos fervientemente, que lo sea. Lo simbólico es el registro del exceso significativo y de la indeterminación de su apropiación en el ámbito social. Ello no quiere decir que no podamos articular esta experiencia en un horizonte común sino que sólo podemos hacerlo de manera parcial y sometida a contestación. Tal y como hemos señalado al hablar del carácter intrínsecamente repetitivo de las prácticas sociales: "Cualquier esfuerzo de interpelación o de constitución discursiva está sujeto a error, está acosado por la contingencia, puesto que el discurso mismo invariablemente fracasa en su intento de totalizar el campo social."[195] La apropiación en el campo social no depende de la intencionalidad, las circunstancias que nos constituyen no siempre son recuperables y cognoscibles, aun cuando sigan viviendo –de manera para nosotros enigmática– en nuestros impulsos. Nuevos modos de experiencia pueden producirse cuando las condiciones sociales que nos limitan y conforman demuestran ser maleables y reproducibles (apropiables) y cuando cierto modo de subjetividad (no necesariamente de manera deliberada o reflexiva) arriesga su inteligibilidad y su reconocibilidad en un envite por exponer *socialmente* las maneras en las que nos hacemos y nos deshacemos; un envite del que otros logran apropiarse. En el caso de la psicosis en la sociedad contemporánea, el problema consiste en que la experiencia en la sociedad contemporánea no parece poder ser expuesta ni apropiada socialmente salvo que se la normalice, o que se la descarte o que se la rechace.

Hay otro aspecto de la experiencia que debemos destacar. Cuando pensamos en ella sobre todo como *Erlebnis* la oponemos al dominio de la técnica sin embargo la técnica –en sus diversas manifestaciones– es constitutiva de la experiencia. Sin técnica –podríamos decir– no hay experiencia. Bernard Stiegler lo explica así. El tiempo de la conciencia *que nos permite reconocer y experimentar cualquier cosa*, está tramado por lo que Husserl llama retenciones. *La retención primaria* es la que se forma en el paso mismo del tiempo como

---

[195] Judith Butler, *Cuerpos que importan, op. cit.*, p. 136.

presente, como lo retenido *inmediato*.[196] Convertido en pasado, este paso del presente constituye *las retenciones secundarias*, que imbrican los recuerdos de la *memoria*.[197] *La retención terciaria* es una *exteriorización mnemotécnica* de las retenciones secundarias, que son ellas mismas engendradas por las retenciones primarias. Pero en la medida en que, desde los orígenes del proceso de hominización, que André Leroi-Gourhan describe como un proceso de exteriorización, todo objeto técnico constituye un soporte de memoria intergeneracional que, como cultura material, sobredetermina los aprendizajes y las actividades,[198] *la retención terciaria precede a las retenciones primarias y secundarias.*

El neonato llega a un mundo donde le aguardan ya las retenciones terciarias que constituyen, precisamente, ese mundo como mundo. Es decir "esta prótesis de la conciencia sin la cual no habría espíritu, ni retorno, ni recuerdo [...] ni cultura".[199] *Es la retención terciaria, es decir, los aparatos y técnicas culturales de registro (cualesquiera que sean) la que hace posible la experiencia.* En el curso de la historia humana esta retención se transforma y se densifica. Es siempre la técnica la que ofrece al individuo una memoria ya fabricada, la de su cultura, la de su grupo social, que plasmada en y a través del lenguaje y sus dispositivos, *nos permite percibir y organizar significativamente la realidad.*

Jacques Derrida, en "La farmacia de Platón", edificó en gran parte su empresa de deconstrucción de la metafísica sobre su lectura del *Fedro,* demostrando como ese diálogo opone la anamnésis filosófica (es decir el saber interior vivo e inmediato) a la hipomnésis sofística (a la mnemotecnia y, en este caso en particular, a la escritura, que

---

[196] Bernard Stiegler, *La técnica y el tiempo III: el tiempo del cine y la cuestión del malestar*, Hiru, Hondarribia, 2004, p. 60.

[197] *Ibid.*

[198] Cfr. André Leroi-Gourhan, *Le geste et la parole: technique et langage*, Albin Michel, París, 1964. Ver también Bernard Stiegler, "Para una nueva crítica de la economía política" en *http://brumaria.net/wp-content/uploads/2011/10/271.pdf*

[199] Bernard Stiegler, *op. cit.*, p. 61.

se impondría como saber desde afuera, como técnica de manipulación de los espíritus).[200] Es imposible según lo que Derrida describe en *De la gramatología* oponer lo interior (anamnésis) y lo exterior (hipomnésis) puesto que, tal y como advierte Stiegler, sin la hipomnésis, o la retención terciaria *que es todo sistema técnico de significación sociosimbólica,* no podríamos tener una experiencia. La hipomnésis, la técnica, es *pharmakon,* palabra griega que significa a la vez remedio y veneno. Remedio porque gracias a ella percibimos y experimentamos. Veneno porque la técnica puede asimismo anular la posibilidad de la experiencia. *La técnica que nos hace hacer, sentir, saber, teorizar; puede asimismo desapropiarnos cognitiva y afectivamente.*

En la sociedad contemporánea: "lo que podríamos llamar el archivo televisivo no sólo filtra y selecciona la realidad sino que la construye conforme a las reglas de su aparato técnico y a la específica permeabilidad de ésta a la manipulación; y que igualmente la destruye irreparablemente. *Esta reconstrucción de realidad se habrá dado siempre; pero nunca con esta abrumadora potencia técnica que [...] no se aplica sólo a la elaboración de cada información sino al montaje de la programación misma".*[201] Lo que pone en riesgo a la experiencia en la sociedad actual no es entonces la técnica *per se,* sino su asociación con la sincronización de la conciencia a gran escala, en un condicionamiento de lo que es contrario a procesos más heterogéneos de individuación, singularización y diferenciación. A pesar de los discursos en torno a la libertad individual, la autonomía y la libertad de elección, las sociedades contemporáneas de consumo "son *profundamente hostiles* a los procesos de individuación, a la heterogeneidad, a la singularidad y a la excepción. Ya no son sociedades de individuos y de excepciones (lo que es siempre una diacronía en la que todo individuo es excepcional, asíncrono), sino sociedades de *hi-*

---

[200] Jacques Derrida, "La farmacia de Platón", *La diseminación*, Fundamentos, Madrid, 1975, pp. 93-260.

[201] José María Ripalda, *De Angelis: Filosofía, mercado y postmodernidad*, Trotta, Madrid, 1996, p. 195.

permasas y de *decepción*. No son siquiera […] sociedades de invención sino agregaciones miméticas y adaptativas".[202] Desde este lugar la apropiación de una experiencia *singular* como la de la psicosis (sin que ello suponga su normalización, la negación de su diferencia o su marginalización) se vuelve aún más problemática. Manuel mostraba estas dificultades, y su manera de lidiar con ellas, en dos aspectos. En primer lugar, su visión de la sexualidad; en segundo lugar, su relación con los demás a través de Internet.

Atractivo, tenía cierto éxito con las chicas y hablaba de sexo sin ningún tipo de tapujo. *Antes* de su primer brote psicótico, me explicó, le gustaba el sexo, *después* el sexo se volvió una fuente de ansiedad. Al principio pensé que ello podía deberse a los efectos de la olanzapina –uno de cuyos efectos secundarios es la inhibición del deseo sexual– cuando se lo pregunté: "¿Es por la medicación?" Me miró sorprendido y lo negó: "no, claro que no. Hablo de otra cosa". "Me gusta el sexo en el momento –añadió– porque es una conexión eléctrica pero luego se apaga muy feo. Después cuando veo a la chava…. Es como pura carne, carne muerta ¿sabes? No tiene espíritu." En cierto momento, la carne era para Manuel el cuerpo devenido algo inquietante, *siniestro*. Si lo *Unheimlich* tiene que ver con esos momentos en los que se abre una brecha en el mundo de los significados sociales que nos permiten dar la realidad por sentada, él lo percibía en uno de los ámbitos que es habitualmente considerado como más "natural", *el sexual*. Toda nuestra realidad es siempre mínimamente artificial: "en el sentido de que todo un conjunto de presuposiciones determinan lo que experimentamos como realidad".[203] Si el cuerpo sexualizado nos parece "evidente", es gracias a los significados sociales. Cuando se produce la crisis de significación, se atisba eso que en el cuerpo es *más que el cuerpo*; que la realidad humana carece de la inmediatez, de la seguridad y de la univocidad del instinto, porque no hay cuerpo *sin significación del cuerpo*. La realidad humana

---

[202] Bernard Stiegler, *La técnica y el tiempo III, op. cit.,* p. 163.

[203] Slavoj Zizek, *Arriesgar lo imposible: conversaciones con Glyn Daly*, Trotta, Madrid, 2006, p. 92.

descansa en lo que hemos llamado *exceso* en tanto que las cosas para nosotros no sólo son *sino que significan*, y en tanto que esta significación descansa, a su vez, en procesos de apropiación social que son *sociales, culturales e históricos*. Desprovisto de esta significación social, el cuerpo se transforma en una cosa sin sentido "siniestra", "ominosa" (sin espíritu dice Manuel).

Al develar lo artificial (la significación de cuerpo) que late en lo natural (el cuerpo), su carácter como "evidente", como "dado" se pone en riesgo. La solución de Manuel consiste en reforzar aún más la significación del cuerpo en un movimiento en el que lo que trata de hacer es de *fijarlo a través de su artificialización más extrema*. Si el cuerpo sexuado produce incertidumbres para el sujeto, habitualmente, el grupo posee la certeza que él no tiene. Para Manuel (como para Rubén en otro sentido) esta certeza (parcial, sometida a contestación como hemos visto) es insuficiente. Prefiere escapar de la ansiedad que le provoca la incertidumbre a través de los maniquíes femeninos o ante imágenes de modelos publicitarias en las que, precisamente, el carácter artificial se ve reforzado. Las dificultades de Manuel por encontrar un discurso que haga justicia a la singularidad de su experiencia y que, sin soslayarla ni normalizarla, le permita compartirla en un espacio social, hace que la opción para él sea circular. La radicalidad de la crisis le lleva a construir, con aspectos del orden social, un sistema que de ninguna manera es reconocido o ratificado por los demás, lo cual a su vez contribuye a su fragilidad. Lo que hay que destacar es que una vez más su mundo, en el que está solo y rodeado de muñecas, un mundo de maniquíes, estética de centro comercial y *high tech* en el que, tras una fluidez y ligereza aparente, se oculta una *inmovilidad* férrea, parece sin embargo el de una exacerbación inquietante de aspectos que constituyen la trama del orden social contemporáneo:

> "El capitalismo del consumo [ha dejado paso] a una nueva imagen constituida por el cuerpo en soledad, el cuerpo aislado, el cuerpo individual enmudecido que se muestra como objeto de deseo, como anuncio ambulante de prendas de moda o como expresión de una experiencia más inscrita

en surcos, gestos, tatuajes y miradas que en palabras. Esta nueva imagen resulta más acorde con la deslocalización productiva y con las pautas de consumo de la modernidad, pues son experiencias de soledad reconvertidas en mercancías de consumo para otras experiencias de soledad. Su formato más común, y probablemente más paradigmático, es la imagen del cuerpo solitario de los *spots* publicitarios de perfumes y productos cosméticos, donde se prima la individualidad corporal a partir del recurso iconográfico de una emocionalidad autocontenida en el lenguaje hablado, pero no en el corporal. Evocaciones de experiencias que son diseñadas con iconos mudos que producen un efecto de aislamiento y, curiosamente, de empatía desde su aislamiento, donde los personajes secundarios suelen convertirse en un paisaje naturalizado y deshumanizado. La intimidad del cuerpo resalta en este contexto como la hipérbole del individualismo, como la ilusión de una experiencia aislada y autoconstruida a partir de imágenes, de recuerdos, de sensaciones, de evocaciones, de sentimientos y de sensibilidades interiores. Incluso el cuerpo en acción, en movimiento, en interacción, tiende a minusvalorar el ambiente externo, pues las escenografías son puestas en escena desde y para el cuerpo protagonista, de la misma manera que el objetivo final es acceder a otros cuerpos anónimos, desconocidos y solitarios, al margen de cuál sea su localización y su historia."[204]

El problema de la experiencia no radica entonces en su expropiación por parte de la técnica (desde que sin ésta, en sentido estricto, no podríamos experimentar nada) tampoco en el alejamiento, supuestamente instigado por la técnica, de la vivencia de un cuerpo "natural" (desde que, como hemos visto, nuestra vivencia del cuerpo está siempre mediada sociosimbólicamente). Lo que habría que reflexionar es

---

[204] Ángel Martínez-Hernáez, "Cuerpos fantasmales en la urbe global", *op. cit.*, p. 234.

la manera en la que la tecnología actual deslocaliza históricamente y *constituye la conciencia, a nivel colectivo, de manera uniforme.*

> "No somos ya nosotros quienes vemos a los medios, sino ellos los que nos contemplan y nos certifican. La imagen era antes una visión insuficiente de lo real, el cine era ilusión, la foto una placa, el teatro una mímesis, pero convertido todo en cinematografía, video, televisión, teatro, foto, Internet, nosotros somos el objeto de su panopsis. Las vacaciones dejan de ser *reales* si no las graba la videocámara. Las bodas, los nacimientos, los viajes se convierten en acontecimientos preparados para que la cámara los engulla y los convierta, con su metabolismo, en verdad. *El video da vida.*"[205]

"¿Qué tal te la pasaste en el concierto de X?" –le pregunté a Manuel en una ocasión–. "No pude sacar fotos del concierto", fue la respuesta dando el tema por zanjado como si sin la reproducción de la imagen no hubiera habido *experiencia*. Para tener cualquier tipo de experiencia significativa hemos de registrarla, sin embargo una vez que Manuel lo ha hecho, *no hay en una nada que la distinga singular o cualitativamente de otra, todas parecen estar al servicio de una lógica curiosamente impersonal.* Manuel se detiene en el dispositivo técnico y la afectación del otro se ubica (cuando se ubica) en un segundo plano. El fin (y no el medio), lo que parece concentrar de manera absoluta toda su atención, es que el concierto, la visita al museo, o la ida al centro comercial quede registrada en el teléfono móvil. No sólo eso *a veces buscaba que lo que quedara registrado fuese él registrando la experiencia con su teléfono móvil.* Como si la grabación denotara mayor categoría real y lo importante para Manuel *no fuera tanto que los otros vieran, opinaran o se apropiaran, sino él mismo, como espectador de una experiencia que podría ser cualquier experiencia, y que sin el necesario soporte técnico, corría el riesgo de velarse.*

---

[205] Vicente Verdú, *op. cit.*, p. 120.

Ser-con-los-otros, Ser-en-Internet

Hay que señalar que el énfasis en el artificio, y la pasión por las nuevas tecnologías no imponen su desencantado régimen de expoliación y deslegitimación exenta de toda sacralidad. Al contrario, la tecnología: "al permitir y legitimar cualquier forma de lo extraordinario, acaba por imponer el milagro de sí misma, cerrando y delimitando cualquier otro prodigio al simple procedimiento de encendido/apagado (*on/off*)".[206] Internet a este respecto responde a la experiencia espacio-temporal de Manuel de manera particularmente acertada. "Los rayos de sol", "las cuerdas cósmicas" que aparecen recurrentemente en su discurso tienen ciertas características, como atravesar el tiempo y el espacio, o tener efectos a la larga distancia. Manuel puede ser contactado o "influenciado" de la nada. En uno de los textos larguísimos que solía enviarme por correo electrónico escribía: "Me tocó uno de los rayos –el azul– y ahora si pongo mi mano en la antena del televisor puedo alterar la imagen de lo que se ve en la pantalla." Esta sensación de entidades y seres "que le caen encima así nada más" y que él trata de contrarrestar con la olanzapina, señala una alteración radical de la espacio-temporalidad. Las fuerzas misteriosas que contactan a Manuel no están localizadas espacio-temporalmente y él tampoco parece estarlo. Es decir, sabe dónde está y qué día y año es, pero lo importante para él no parece darse en ese registro sino en otro. Hay en su relato una ausencia de contexto en el que, éste o no aparece o cuando lo hace, es de manera particularmente desdibujada. Si Rubén F., leía en los sucesos cotidianos los hilos de una metahistoria, a Manuel simplemente no le interesaban: "Es siempre lo mismo –me dirá al preguntarle– y no es importante". Lo importante para él parecía ubicarse en una atemporalidad cósmica en la que todo sucedía de manera simultánea: "Lo importante es poder ver todas esas imágenes que se reproducen en tu mente. Yo he visto a mi mente pensando.". La *web* a este respecto era para él un medio particularmente indicado.

---

[206] Paolo Apolito, *Internet y la Virgen: sobre el visionarismo religioso en la Red*, Laertes, Barcelona, 2007, p. 11.

Efectivamente la Internet no lleva a una realidad referencial fuera de ella. La Red se envía a sí misma, la realidad en línea que pone en juego es autorreferencial, cada elemento propio envía a otro dentro de éste. Además el hecho de que la Red sea una realidad que aparece y reaparece para el navegador cada vez que él se pone enfrente de la pantalla reduce, y en algunos casos elimina cualquier continuidad con el mundo fuera de la pantalla. La pantalla crea una realidad virtual hecha de pura imagen: y es exactamente esta característica de inmenso universo de imágenes no corpóreas que puede convertir a la Internet en un lugar exhaustivo y autorreferencial de presencia de figuras celestes cuyos mensajes hay que descifrar: "El código de la Biblia que dicen los mayas es la *web*" –me dirá repetidamente– "ahí está todo, todo".

La velocidad de la evolución tecnológica se confunde "con la incapacidad de imaginar una alternativa radical cual si nos halláramos en el triunfo de Parménides".[207] Por un lado se produce una *naturalización* de la tecnología a través del "revestimiento del producto artificial con el aura de lo que 'se da por sentado', de lo obvio, cosa que hace callar todas las preguntas sobre si aquello es o no necesario".[208] Junto a esta *naturalización hay una sobrenaturalización de la misma tecnología que nos es dada como surgida ex nihilo*. La mayoría de nosotros no comprende la operación técnica envuelta en el secretismo de los logaritmos informáticos. La tecnología se contempla como "el resultado de un proceso de virtuosismo apenas comprensible que ejemplifica un *ideal de eficacia mágica* que la gente lucha por realizar en otros dominios".[209] La técnica como un hecho natural, resultado de leyes cuasi cósmicas y de potencias misteriosas, *mágicas*, para el usuario promedio.

En este horizonte la distinción entre sociedades frías y calientes, esbozada por Lévi-Strauss se borra. Las *sociedades frías* en las que

---

[207] José María Ripalda, *op. cit.*, p. 39.

[208] Hans Blumenberg, *Las realidades en que vivimos*, Paidós, Barcelona, 1999, p. 59.

[209] Christopher Pinney y Nicholas Thomas (Eds.), *Beyond Aesthetics: Art and the Technologies of Enchantment*, Berg, New York, 2001, p. 3.

predominaría el pensamiento salvaje mítico y religioso: "Buscan, gracias a las instituciones que se dan, anular de manera casi automática el efecto que los factores históricos podrían tener sobre su equilibrio y continuidad."[210] Las *sociedades calientes*, por el contrario, en las que predomina la ciencia y el pensamiento domesticado, evolucionan y presentan un devenir histórico que en términos técnicos interioriza "el devenir histórico para hacer de él el motor de su desarrollo".[211] La distinción se desdibuja porque la anulación de los factores históricos que supuestamente caracterizaría a las sociedades frías parece responder hoy al *presentismo* de la sociedad contemporánea: "las capacidades de interacción y de interactividad instantáneas desembocan en la posibilidad de la puesta en práctica de un tiempo único, de un tiempo que, en ese sentido, remite al tiempo universal de la astronomía".[212] El punto de partida es la noción de *instantaneidad*, de un presente perpetuo que es el que le confiere su carácter de unicidad al tiempo que hoy día experimentamos. La instantaneidad posibilita la visión atemporal y absoluta como si pusiera "en práctica los tres atributos [...]: la ubicuidad, la instantaneidad y la inmediatez, que confieren a Dios visión total y poder total".[213] Lo que sucede, sin embargo, es que los individuos ni siquiera son capaces de procesar la complejidad y los ritmos de los datos que les permitiría sentirse sujetos de su historia, sino que se ven arrastrados por ellos. Ese tiempo instantáneo es diferente al tiempo local, cuya característica principal es estar cargado de dimensiones físicas, de memorias que constituyen lo histórico, sin embargo, la ambigüedad que supone parece responder a la experiencia de Manuel de, por un lado, ser un elegido "hijo del quinto sol" a quien se hacen revelaciones a las que ningún mortal tendría acceso; y por otro, de verse continuamente sobrepasado por fuerzas que no puede controlar.

La deslocalización de las nuevas tecnologías es notable, tal y como señalamos, no sólo con respecto al tiempo sino también con

---

[210] Claude Lévi-Strauss, *op. cit.*, p. 242

[211] *Ibid*, p. 243.

[212] Paul Virilio, *El cibermundo: la política de lo peor*, Cátedra, Madrid, 1999, p. 15.

[213] *Ibid*, p. 19.

respecto al espacio. A partir de la telepresencia, se completa un proceso que, poco a poco, va sustituyendo las acciones puramente somáticas, reinventando maneras de ser de las funciones sensoriales. La telepresencia puede utilizarse para celebrar reuniones virtuales. Diferentes contertulios equipados con sistemas de video y audio y conectados a un servidor, pueden dar lugar a un escenario común interactuando con los demás, como si se encontraran en el mismo espacio físico. Los chats 3D, permiten asimismo la representación, por medio de avatares que se desplazan, a voluntad de su propietario, a través de mundos virtuales, en los que se encuentran otros avatares en la posición en que sus respectivos propietarios los manejan. La telepresencia nos hace pensar que *mágicamente* "proyectamos literalmente nuestra conciencia fuera de nuestros cuerpos y podemos contemplarla objetivamente".[214] Lo cierto es que ni somos nosotros quienes proyectamos la conciencia, ni podemos contemplarla objetivamente, puesto que es el efecto de un proceso tecnológico de modulación y demodulación basado en el lenguaje digital y la subsecuente gramaticalización digital de las interacciones a distancia.

La Red, los chats constituyen los mundos en los que Manuel se desenvuelve habitualmente. En las relaciones interpersonales que establece por Internet los requisitos son para él muy claros: no admite ningún contacto que no haya subido su fotografía y la fotografía le tiene que gustar. No le interesa establecer contacto fuera de la Red, con nadie que conoce por ese medio. En la sociedad contemporánea el "personismo" constituye "el producto supremo del capitalismo de ficción; con él, la nueva etapa del sistema efectúa el simulacro de la recuperación de la persona, el rescate del amor al prójimo y el *reality show* de una nueva comunidad a través del bucle de la conectividad consumista".[215] En aventajado matrimonio por conveniencia con la sociedad ficcional que lo cobija, el sujeto es animado y se anima a la reunión conectándose virtualmente de manera más superficial, qui-

---

[214] Derrick de Kerckhove, *La piel de la cultura: investigando la nueva realidad electrónica*, Gedisa, Barcelona, 1999, p. 33.

[215] Vicente Verdú, *Yo y tú: objetos de lujo, op. cit.*, p. 133.

zás, pero a la vez más flexible y carente de pesadas cadenas, superior numéricamente y felizmente gregaria.

La *interfaz* significa que mi relación con el otro está mediada por la maquinaria digital que funge aquí como un orden simbólico anónimo. Nunca puedo estar segura de quién es el otro en la web. Si "realmente" es tal y como se describe, si hay una persona "real" detrás de la pantalla, o si es un personaje que oculta a una multiplicidad de personas. Es más, si bien en el ciberespacio "puedes ser lo que quieras ser" y eres libre para elegir una identidad simbólica, lo cierto es que has de elegir. Esta identidad simbólica depende asimismo de la apropiación por parte de otros que el sujeto no puede controlar, y que se traduce por ello *en una circulación que sigue siendo social*. Precisamente como nunca podemos estar seguros de lo que los otros piensan de nosotros, interactuamos virtualmente con ellos una y otra vez, damos *follow* o *unfollow*, o nos esforzamos en aclarar nuestros mensajes. Ser sujeto es estar vinculado a un exceso de significado que produce la condición social y que hace de la significación un proceso ingobernable. La sociedad contemporánea trata de estabilizar el proceso apelando a protocolos de regulación de información en los que, cada vez más, transmutamos "la demanda de libertad en demanda de seguridad, hasta llegar a un punto en que la una se confunde con la otra […] A más medidas de seguridad más vida posible, a más autoritarismo, más democracia. Solicitamos ataduras suplementarias como si demandáramos mayores oportunidades […] Nunca ha de parecer así bastante la protección, el control, la inspección contra el acecho".[216] Lo que sucede sin embargo es que:

"El malestar en la cultura es irrefutable y no se lo puede disimular por asombrosos y míticos que sean los instrumentos de prótesis […] a los que se recurra. No sólo no se acaba sino que el malestar se alimenta con ellos pues cada 'avance' termina por ser una nueva amenaza […] en las grietas se cuela la resistencia al dispositivo mismo. *Esas grietas no son una carencia*

---

[216] Vicente Verdú, *El estilo del mundo*, *op. cit.*, pp. 256-257.

que la técnica podría solventar con nuevos adelantos, sino un
excedente, un plus que la técnica genera."[217]

Internet es un *continuum* falto de ritmos y alternancias temporales. La circulación universal de la imagen y del mensaje en la Red consiste en mandar otros mensajes a otras imágenes que existen como paso del flujo incesante, *como si se tratara de la actualización inmanente de la trascendencia de lo virtual* que, al estar situada fuera del tiempo, hiciera que las categorías Pasado, Presente y Futuro perdieran toda su significación. Para Manuel esta posibilidad tiene cierta resonancia: "El hijo del sol es eterno –escribía en uno de sus mensajes– presente, pasado y futuro están en el mismo lugar. Sólo dejar que las imágenes se reproduzcan en la mente al mismo tiempo. Lo que te han enseñado de historia está mal porque no toma en cuenta al presente y al futuro." Al favorecer la interacción con los otros en la web, Manuel asimismo favorece una interacción en la que la pertenencia a una comunidad virtual es siempre una opción voluntaria del internauta que puede salir cuando quiera. La comunidad virtual sólo existe cuando el internauta "abre" el sitio correspondiente y desaparece cuando él lo "cierra". Este es el medio que él mismo favorece para, por un lado, sentirse miembro de un grupo y, por otro, hacerlo de manera controlada y que no le parezca amenazadora. He contado ya como, en los tres años que tengo de conocerlo, Manuel no ha sentido la menor curiosidad sobre mí y como al buscar que yo le diera la razón, cuando yo le respondía que no sabía, o que no estaba segura, invariablemente me ignoraba y proseguía, incansable, con su discurso. Lo mismo sucedía las veces que nos encontrábamos con alguien. Siempre era extremadamente animado y se detenía a saludar, pero no hacía ningún esfuerzo por entablar relaciones más estrechas o por conocer las opiniones de sus interlocutores. Si alguno hacía alguna aseveración con la que él no estaba de acuerdo, su táctica era ignorarlo. La relación que sostenía con sus contactos de Internet tenía el

---

[217] Néstor A. Braunstein, *El inconsciente, la técnica y el discurso capitalista*, Siglo XXI, México, 2012, pp. 109-110.

mismo inmovilismo. La brecha entre el sujeto de la enunciación (el X que habla) y el sujeto del enunciado (la identidad simbólica que asume en Internet, el significante que marca su identidad en el ciberespacio y que nunca es él directamente) que signa la incapacidad de controlar el significado de uno mismo para los otros, para él no existía. Para él, sus contactos de Internet se identificaban directamente con sus imágenes. Al no existir ningún hiato, Manuel no interactuaba dinámicamente con los otros, no se preguntaba quiénes son, ni qué es lo que quieren, *simplemente los sumaba.* Lo que a mí me parecía era que así lograba proteger el sistema que tanto esfuerzo le había llevado construir de la intrusión de esos otros que podían cambiar, cuestionarlo o confrontarlo. Con este distanciamiento Manuel parecía proteger la fragilidad de un sistema con el que se hacía cargo de su experiencia sin normalizarla, ni marginarse *radicalmente,* pero sin lograr tampoco la participación en un espacio social en el que dicha experiencia pudiera ser reconocida, en lo que tenía de extraño y de perturbador, sin que ello significara su rechazo. El *distanciamiento de los demás, que parece tan frecuente en los pacientes que logran evitar el internamiento*, permite ver –pese a la apariencia contraria– una visión extremadamente normativa del ser- con-los-otros en la sociedad contemporánea, la misma que lleva a categorizar los significantes que utilizan (y que como hemos visto no son externos sino que se reproducen aspectos del interior del mismo orden social) como "desviados" e "irracionales" frente a la racionalidad vigente. *Como si, al no estar lo suficientemente seguros necesitáramos, de manera acuciante, señalar una frontera y como si los pacientes supieran en qué lado les toca, exactamente, estar situados.*

(In) conclusión

Dinos cómo sobrevivir a nuestra locura

Respeto por la locura —eso es propiamente
todo lo que digo—.

Ludwig Wittgenstein

La dialéctica entre magia y racionalidad
es uno de los grandes temas de los que ha
surgido la civilización moderna.

Ernesto de Martino

La *magia* es la categoría que reinscribe y subvierte las autorrepresentaciones del mundo moderno. La idea misma de *lo moderno* descansa en un modo de oposición autorreferencial frente a lo *no moderno*. Aunque la modernidad desarrolló formas técnicas e institucionales distintivas para impulsar sus procesos de modernización, en su corazón yace este modo reflexivo de diferenciación. La magia se reifica como entidad discreta para permitir la delimitación de formas apropiadas de creencia (preposicionales, mentalistas, voluntaristas

467

e individualistas) y de formas apropiadas de conocimiento (científicas). "Pensamiento mágico, creencia aberrante" son atribuidas al delirio de los pacientes diagnosticados de esa *forma moderna de locura,* que es asimismo la esquizofrenia. Con ello se quiere subrayar su exterioridad pero lo que hemos querido mostrar en estas páginas es que son las estructuras fundadoras de la experiencia moderna las que producen lo que ellas mismas señalan como exterior a ellas. Y sin embargo, los esfuerzos denodados por sostener la diferencia entre las categorías de la magia, la ciencia y la religión han mostrado ser particularmente inestables.

Pensar las relaciones de la locura con la sociedad moderna nos ha conducido a las relaciones que el sujeto moderno establece con el lenguaje. La preocupación por la relación entre las palabras y las cosas es una vez más *una experiencia moderna,* que da paso a la preocupación por el lenguaje *per se.* Es desde esta experiencia singular que la esquizofrenia *tiene que ver con una experiencia radical de crisis de la significación.* En nuestra relación actual con el lenguaje advertimos que estar en una situación social implica estar en el mundo de los significantes, y que el significante está siempre sujeto a los efectos retroactivos. Este mundo ha de ser producido continuamente por actos incontables de interpretación, esfuerzos innumerables por significar o hacer significar las cosas de una manera particular, aun cuando no podemos estar nunca seguros de haberlo logrado, aun cuando lo hagamos dentro de constricciones o modalidades de relacionalidad que de algún modo se nos escapan. Lo "social" se refiere al producto duramente obtenido, y siempre precario, de las actividades emprendidas debido a que la significación no es una cuestión de intencionalidad sino de *apropiabilidad.* Habitualmente, sin embargo, los procesos culturales de la significación nos permiten *denegar* el desplazamiento. Efectivamente, el funcionamiento de los recursos simbólicos asegura a la comunidad de que *existe,* de que hay algo *"real"* en los hechos y valores sociales –nombres, títulos, capacidades, géneros, etc.– que consagra y produce. La esquizofrenia parece tener que ver con un quiebre en estos procesos, que provoca la experiencia radical por parte del sujeto, de una indeterminación en la significación que se vuelve insoportable para él.

La psiquiatría señala actualmente que son característicos de la esquizofrenia *"el pensamiento mágico*, la evitación social y el lenguaje vago y digresivo"*.*[218] La esquizofrenia parece ser un trastorno *exterior* al orden social moderno. En las vicisitudes de la modernidad en México asistimos sin embargo al periodo de constitución de la psiquiatría a finales del siglo XIX, a la construcción de la locura como objeto de su saber y al proceso de emergencia de un sujeto *normal*, específicamente moderno, que nuevamente se constituye en relación a un sujeto patológico que deviene irremisiblemente irracional y primitivo. La teoría antropológica nos permitió dilucidar cómo la magia se define en la modernidad como la ciencia o la religión *en un estadio evolutivo inferior*, o como la ciencia y la religión cuando no han llegado a su plenitud y sufren de *alguna deficiencia*. Primitivismo y degeneración (entendidas en un sentido laxo) son asimismo los fantasmas que acechan hasta el día de hoy al sujeto esquizofrénico, a quien se achacan las ideas mágicas y las creencias aberrantes que no responden a la definición de lo que en la modernidad se considera, en estricto sentido, propio de la religión y propio de la ciencia. Con categorías como magia, y como esquizofrenia, la modernidad construye a su otro. Otro que pretende exterior a sí misma, como lo primitivo o lo irracional, pero que más bien muestra *lo otro de sí misma que no quiere reconocer.*

La locura no se agota en la definición positiva que se anhela darle. Estas definiciones positivas se ven asediadas por *fantasmas* que tienen que ver con inquietudes morales de la época. En el siglo XIX y XX con la pregunta sobre los límites de la conciencia y la posibilidad del control de sí, con lo que nos une a los otros a través de la herencia, con la posibilidad de transmitir la vida, pero también la muerte. En el siglo XXI estas preocupaciones adoptan forma a través de la neuropsiquiatría, la genética y la farmacología y a ellas se aúna la pregunta por la autoridad y por los procesos de subjetivación. Lo que indica este exceso (esta imposibilidad de reducción a la definición) es que si bien la locura es producida socialmente, simultáneamente *su*

---

[218] American Psychiatric Association, *op. cit.*, p. 290.

producción no puede ser controlada ni contenida por las instancias sociales que la producen.

A través de Rubén, Lucía y Manuel hemos atisbado la relación que los sujetos sostienen con el orden sociocultural, mostrando cómo la manera en que significan su experiencia es la culturalmente asignada, y cómo sin embargo lo que muestran al describirla así, es que esta experiencia no tiene su origen en una regresión a una forma primitiva de conciencia, sino *que se sitúa en las posibilidades de la conciencia moderna misma.* Los pacientes a menudo hilan la trama de su experiencia con significantes "mágicos" en tanto que apelan a referentes "sobrenaturales o misteriosos" que no obstante no pueden identificarse de manera ortodoxa con los de la religión tal y como es establecida en la modernidad (a través de una fe progresivamente interiorizada y de organizaciones de culto); y en tanto que presentan interés por procesos constitutivos de la realidad material de una manera que tampoco puede identificarse estrictamente con la forma en que éstos son entendidos por la ciencia. Nos ha interesado mostrar la forma en que la sociedad mexicana contemporánea *presenta afinidades y puntos de convergencia* con la forma en la que los sujetos manifiestan su locura. Lo que con ello indican, y lo que el orden social quiere conjurar, es el carácter *Unheimlich* de ese orden social. Al materializar bajo esta forma el discurso supersticioso que la sociedad moderna rechaza, el paciente muestra su condición de sujeto social, contemporáneo a la sociedad que produce el discurso. Es decir, muestra que enloquece en el idioma, igualmente moderno, que la cultura le ha provisto (el de lo mágico, lo supersticioso), y que ese idioma moderno tiene que ver *con los aspectos modernos* que el orden sociocultural intenta conjurar de sí mismo. A propósito de esto, Wittgenstein critica el lugar del sujeto moderno que piensa o juzga los errores o las supersticiones de los otros:

> "¿Por qué Frazer utiliza la palabra 'fantasma'? Porque comprende muy bien esta superstición, puesto que nos la explica con una palabra supersticiosa de uso corriente para él. O más bien: habría podido percibir con ello que en nosotros algo habla a favor de esas prácticas salvajes. Cuando yo, que no creo

470

que haya en alguna parte seres humanos-sobrehumanos que se puedan llamar dioses, digo: "Temo la venganza de los dioses", muestro que puedo decir algo con ello o expresar una sensación que no está necesariamente ligada a la creencia."[219]

Más que un creer proposicional, un "creer que", con los significantes "mágicos" "supersticiosos", que culturalmente indican la degradación y descomposición de los valores racionales, Manuel, Rubén y Lucía *expresan la sensación* de esa descomposición que experimentan radicalmente. Al expresarla en el modo culturalmente asignado intentan asimismo, con las herramientas de las que disponen, lidiar con ella. Lo que sucede entonces es que los sujetos reafirman así su condición de miembros del orden social (utilizan el idioma del que éste les provee) y simultáneamente lo subvierten (al situar *en el orden social mismo* lo que se contempla *exterior* a él). En su *pathos* se exacerban y agudizan los nudos problemáticos de la modernidad que, como hemos visto, sólo los admite *al precio de la normalización o del rechazo de la marginalización*. Quizá con ello lo que se muestra sea esto: la locura entonces como un modo de hacer pensable, aun con los elementos aparentemente insensatos "mágicos" del delirio, ese exceso cuya inscripción y cuya transmisión se ha vuelto difícil de pensar y de simbolizar con nuestras herramientas sociales: lo *Unheimlich* que nos habita.

---

[219] Ludwig Wittgenstein, *Remarques sur Le Rameau d'or de Frazer*, L'Age d'homme, París, 1982 p. 20; *Observaciones a la Rama dorada de Frazer*, Tecnos , Madrid, 1996, pp. 64-65.

Referencias bibliográficas

Aberle, D. F. "Religio-Magical Phenomena and Power, Prediction and Control", *Southwestern Journal of Anthropology* 22 (1966), pp. 221-230.

Ablard, J. D. *Madness in Buenos Aires: Patients, Psychiatrists, and the Argentine State 1880-1983*, University of Calgary Press, Calgary, 2008.

Abrams, P. "Notes on The Difficulty of Studying the State", *Journal of Historical Sociology* 1-1 (1998), pp. 58-89.

Achim, M. "La querella por el temperamento de México: hipocratismo, meteorología y reforma urbana en el México del siglo XVIII" en C. López Beltrán y F. Gorbach (Coords.), *Saberes locales: ensayos sobre historia de la ciencia en América Latina*, El Colegio de Michoacán, Zamora, 2008, pp. 235-261.

Agostoni, C. "Médicos científicos y médicos ilícitos en la ciudad de México durante el Porfiriato", *Estudios de historia moderna y contemporánea de México*, 19 (1999), pp. 13-31.

Agostoni, C. "Práctica médica en la ciudad de México durante el Porfiriato: Entre la legalidad y la ilegalidad", en L. Cházaro (Ed.), *Medicina, ciencia y sociedad en México, Siglo XIX*, El Colegio de Michoacán Universidad Michoacana de San Nicolás de Hidalgo, México, 2002, pp. 163-184.

Agostoni, C. y A. Ríos Molina. *Las estadísticas de salud en México: Ideas, actores e instituciones 1810-2010*, Universidad Nacional Autónoma de México, México, 2010.

Alcubierre, B. y T. Carreño. *Los niños villistas. Una mirada a la historia de la infancia en México 1900-1920*, INHERM, México, 1996.

Alemán, M. *Lacan en la razón posmoderna*, Miguel Gómez, Málaga, 2000.

Altschule, M. *Roots of Modern Psychiatry*, Grune and Stratton, London and New York, 1965.

Alvarado, M. "Casos clínicos", *La Escuela de Medicina* 3-10 (1881), pp. 155-156.

Álvarez Amézquita, J. *et al.*, *Historia de la salubridad y de la asistencia en México*, t.3, Secretaría de la salubridad y de la asistencia, México, 1960.

Álvarez, J. M. Límites de la concepción fenomenológica del delirio", *Revista de la asociación española de neuropsiquiatría,* XVI-58 (1996), pp. 257-278.

Álvarez, J. M. *La invención de las enfermedades mentales*, Gredos, Madrid, 2008.

Álvarez J. M. *et al.*, "A propósito de las locuras razonantes. *El delirio de interpretación* (1909) de Paul Sérieux y Joseph Capgras", *Frenia* 9 (2009), pp. 135-140.

Álvarez J. M. y F. Colina, "Origen histórico de la esquizofrenia e historia de la subjetividad", *Frenia* 9 (2011), pp. 7-26.

Álvarez, J. M. *Estudio teórico-práctico del tratamiento moral de la locura*, Tesis de Medicina, Escuela Nacional de Medicina, México, 1880.

American Psychiatric Association. DSM-*IV R, Manual diagnóstico y estadístico de los trastornos mentales*, Masson, Barcelona, 1995.

Análisis de la problemática de la salud mental en México. Primera parte, Secretaría de Salud, México, 2002.

Anderson, B. *Comunidades imaginadas, reflexiones sobre el origen y la difusión sobre el nacionalismo*, FCE, 1993.

Andreasen, N. "The clinical assessment of thought, language and communication disorders", *Archives of General Psychiatry* 36 (1979), pp. 1315-1321.

Andreasen, N. *The Broken Brain: The Biological Revolution in Psychiatry*, Harper and Row, New York, 1984.

Andreasen, N. *Can Shizophrenia Be Localized in the Brain?* Cambridge University Press, Cambridge, 1986.

Apolito, P., *Internet y la Virgen: sobre el visionarismo religioso en la Red*, Laertes, Barcelona, 2007.

Aragón, E. O. "La hebefrenia", *Gaceta médica de México*, 54-3 (1921), pp. 219-222.

Aranda de la Parra, A., *Acción del cloruro de calcio en la esquizofrenia y en la psicosis maniaco-depresiva empleado por vía endovenosa*, Tesis de la Facultad de Medicina, Universidad Nacional Autónoma de México, 1931.

Arbousse Bastide, P., *La doctrine de l'education universelle dans la philosophie d'Auguste Comte*, 2 Vols., PUF, París, 1957.

Archivo Histórico de la Facultad de Medicina de la Universidad Nacional autónoma de México, legajo 152, expediente 58, foja. 1.

Archivo Histórico de la Secretaría de Salud, Fondo de Beneficencia Pública, Sección Manicomio General, Legajo 49, expediente1, Foja 8.

Archivo Histórico de la Secretaría de Salud, Fondo de Beneficiencia Pública, Sección Establecimientos Hospitalarios, Serie Manicomio General, legajo 49, expediente1, foja.15

Archivo Histórico de la Secretaría de Salud, Fondo Manicomio General, Sección Expedientes Clínicos, caja 97, expediente 25.

Archivo Histórico de la Secretaría de Salud, Fondo Manicomio General, Sección Expedientes Clínicos, caja 1, expediente 27.

Archivo Histórico de la Secretaría de Salud, Fondo Manicomio General, Sección Expedientes Clínicos, caja 196, expediente 10949.

Archivo Histórico de la Secretaría de Salud, Fondo Manicomio General, Sección Expedientes Clínicos, caja 166, expediente 9448.

Archivo Histórico de la Secretaría de Salud, Fondo Manicomio General, Sección Expedientes Clínicos, caja 138, expediente 18.

Aretxaga, B. "Terror as Thrill: First Thoughts on the War on Terrorism" *Athropology Quaterly* 75 (2001), pp. 139-153.

Aretxaga, B. *States of Terror: Essays*, Center for Basque Studies, University of Nevada, Reno, 2005.

Arieti, S. *Interpretación de la esquizofrenia*, Labor, Barcelona, 1965.

Armendariz, F. *Breves consideraciones sobre el hipnotismo*, Tesis de Medicina, Escuela Nacional de Medicina, México, 1888.

Austin, J. L. *Cómo hacer cosas con palabras*, Paidós, Barcelona, 1971.

Barreda, G. "Algunas consideraciones sobre el suicidio", *La Escuela de Medicina* 4-14 (1883), pp. 159-161.

Barreda, G. *Estudios*, Universidad Nacional Autónoma de México, México, 1992.

Bartra, R. *La jaula de la melancolía*, Grijalbo, México, 1996.

Bartra, R. *Cultura y melancolía*, Anagrama, Barcelona, 2001.

Bartra, R. (Ed.). *Transgresión y melancolía en el México colonial*, CEIICH/UNAM, México, 2004.

Bartra, R. *Antropología del cerebro*, FCE, México, 2010.

Bastian, J. P. *Los disidentes: Sociedades protestantes y revolución en México 1872-1911*, FCE, México, 1993.

Bateson, G. *Pasos hacia una ecología de la mente*, Buenos Aires, Carlos Lohlé, 1985.

Beiser M. y W. G Iacono. "An update of the epidemiology of schizophrenia", *Canadian Journal of Psychiatry* 35 (1990), pp. 657-666.

Benassini, O. F. "La atención psiquiátrica en México en el siglo XXI", *Salud mental* 24-6 (2001), pp. 62-73.

Benavides, G. "Modernity" en M. C. Taylor (Ed.), *Critical Terms for Religious Studies*, University of Chicago Press, Chicago, 1998, pp. 186-204.

Benjamin, W. "Para una crítica de la violencia" en http://www.philosophia.cl/biblioteca/Benjamin/violencia.pdf

Bentall, R. *Medicalizar la mente*, Herder, Barcelona, 2011.

Berman, K. F. *et al.*, "Physiological dysfunction of dorsolateral prefrontal cortex in schizophrenia: IV. Further evidence for regional and behavioral specifity", *Archives of General Psychiatry* 45 (1988), pp. 616-622.

Berrios, G. E. "Positive and negative symptoms and Jackson: A Conceptual History", *Archives of General Psychiatry* 42 (1985), pp. 95-97.

Berrios G. E. *et al.*, "Schizophrenia: A Conceptual History", *International Journal of Psychology and Psychological Therapy*, 3-2 (2003), pp. 111-140.

Berrios, G. E. *Historia de los síntomas de los trastornos mentales: La psicopatología descriptiva desde el siglo XIX*, FCE, México, 2008.

Bhabha, H. K. *El lugar de la cultura*, Buenos Aires, Manantial, 2002.

Bleuler, E. *Textbook of psychiatry*, Macmillan, New York, 1934.

Bleuler, E. *Demencia precoz: El grupo de las esquizofrenias*, Lumen, Buenos Aires, 1993.

Blumenberg, H. *Las realidades en que vivimos*, Paidós, Barcelona, 1999.

Bolaños C. y S. Pantoja, "CDHDF exige explicación sobre acciones de militares en la ciudad", *El Universal*, 27/01/2011 en http://www.eluniversal.com.mx/nacion/183278.html

Bolton, D. *et al.*, "Magical thinking in childhood and adolescence: Development and relation to obsessive compulsion" *British Journal of Developmental Psychology* 20 (2002), pp. 479-494.

Bourdieu, P. *Language and Symbolic Power*, Harvard University Press, Cambridge, 1991.

Bourdieu, P. *El sentido práctico*, Siglo XXI, Buenos Aires, 2007.

Boyle, M. *Schizophrenia: A Scientific Delusion*, Routledge, London, 1990.

Braunstein, N. A. *El inconsciente, la técnica y el discurso capitalista*, Siglo XXI, México, 2012.

Broome, M. T. *et al.*, "What causes the onset of psychosis", *Schizophrenia Research, 79*, (2005), pp. 23-34.

Brown, W. *States of Injury: Power and Freedom in Late Modernity*, Princeton University Press, New Jersey, 1995.

Bruner, J. *Actos de significado: Más allá de la revolución cognitiva*, Alianza, Madrid, 1991.

Buentello y Villa, E. *Consideraciones clínicas y nosológicas sobre el delirio de interpretación*, Tesis de Medicina, Facultad Nacional de Medicina, México, 1930.

Buffington, R. M. *Criminal and Citizen in Modern Mexico*, University of Nebraska Press, Lincoln and London, 2000.

Butler, J. *Mecanismos psíquicos del poder: Teorías sobre la sujeción*, Cátedra, Madrid, 2001.

Butler, J. *Cuerpos que importan: sobre los límites materiales y discursivos del "sexo"*, Paidós, México, 2002.

Calderón Narváez, G. *Las enfermedades mentales en México*, Trillas, México, 2008.

Calderón, V. *Exploración de los enfermos mentales*, Tesis de Medicina, Facultad de Medicina, Universidad Nacional de México, México, 1927.

Canguilhem, G. *Lo normal y lo patológico*, Siglo XXI, México, 2009.

Cañizares-Esguerra, J. "New World, New Stars. Patriotic Astrology and the invention of Indian and Creole Bodies in Colonial Spanish America, 1600-1650", *The American Historical Review 104*, (1-1999), pp. 33-68

Cantwell Smith, W. *The Meaning and End of Religion*, Fortress, Minneapolis, 1991.

Capurro, R. *Le positivisme est un culte des morts: Auguste Comte*, EPEL, París, 2001.

Caraveo, J. M. E. Mora *et al.*, "Trastornos emocionales en población urbana adulta mexicana", *Salud mental* 19 (1996), pp. 14-21.

Caraza, R. "Informe que el médico cirujano del Hospital de san Hipólito que suscribe rinde sobre el estado mental de Marcelino Domingo", *El observador médico* 5 (1879), pp. 34-39.

Carrillo, A. M. "La profesión médica ante el alcoholismo en el México moderno", *Cuicuilco* 9-26 (2002), pp. 295-314.

Carvajal, A. "Mujeres sin historia: Del Hospital de La Canoa al Manicomio de La Castañeda", *Secuencia* 51 (2000), pp. 30-55.

Castel, R. "From Dangerousness to Risk" en G. Burchell et al (Ed.), *The Foucault Effect: Studies in Governmentality*, University of Chicago Press, Chicago, 1991, pp. 281-298.

Castillo Troncoso del, A. *Conceptos, imágenes y representaciones de la niñez en la Ciudad de México 1880-1920*, El Colegio de México/Instituto Mora, México, 2006.

Certeau, de M. *La escritura de la historia*, Universidad Iberoamericana, México, 1993.

Certeau, de M. *La posesión de Loudun*, Universidad Iberoamericana, México, 2012.

Chadwick, P. y M. Birchwood. "The omnipotence of voices. A cognitive approach to auditory hallucinations". *British Journal of Psychiatry* 164 (1994), pp. 190-201.

Chadwick, P. "Peer-professional firt-person account: Schizophrenia from the inside-phenomenology and the integration of causes and meanings" *Schizophrenia Bulletin* 33 (2007), pp. 166-173.

Chamberlin J. E. y S. L. Gilman (Eds.). *Degeneration: The Dark side of Progress*, Columbia University Press, New York, 1985.

Chávez García, P. R. *Análisis de expedientes clínicos del Manicomio General "La Castañeda" de 1910 a 1920*, Tesis de Licenciatura en Psicología, Universidad Nacional Autónoma de México, México, 1997.

Cházaro, *El surgimiento del pensamiento sociológico mexicano a finales del siglo XIX: Porfirio Parra, Rafael de Zayas Enríquez y Andrés Molina Enríquez*, Tesis de Maestría en Filosofía de la Ciencia, Universidad Autónoma Metropolitana, México, 1994.

Cházaro, L. *Medir y valorar los cuerpos de una nación: Un ensayo sobre la estadística médica del siglo XIX en México*, Tesis de Doctorado en Filosofía, Universidad Nacional Autónoma de México, México, 2000.

Cházaro, L. "Imágenes de la población mexicana: Descripciones, frecuencias y cálculos estadísticos", *Relaciones. Estudios de historia y sociedad* 88-12 (2001), pp. 15-48.

Chico Ponce de León, F. "Historia de la cirugía de cráneo, de los tumores cerebrales y la epilepsia en México", *Neurocirugía* 20-4 (2009), pp. 388-399.

Chung, M. *et al.* (Eds.). *Reconceiving Schizophrenia*, Oxford University Press, Oxford, 2007.

Cleghorn, J. M. *et al.*, "Increased frontal and reduced parietal glucose metabolism in acute untreated schizophrenics", *Psychiatric research* 28 (1989), pp. 119-133.

Close, H. y P. Garety. "Cognitive assessment of voices: Further developments in understanding the emotional impact of voices. *British Journal of Clinical Psychology* 37 (1998), pp. 173-188.

Colín Piana R. e I. Ruiz López. "Inicios de la terapia electroconvulsiva en México", *Archivo de Neurociencias* 2-1 (1997), pp. 25-28.

Colina, F. *El saber delirante*, Síntesis, Madrid, 2007.

Colina F. y J. M. Álvarez, "Origen histórico de la esquizofrenia e historia de la subjetividad" en Martínez Azumendi O.R et al (Eds.). *Del pleistoceno a nuestros días. Contribuciones a la historia de la psiquiatría*, Asociación española de neuropsiquiatría, Madrid, 2011, pp. 137-148.

Colina, F. *Melancolía y paranoia*, Síntesis, Madrid, 2011.

Colodrón, A. *Cinco conferencias sobre la esquizofrenia*, Triacastela, Madrid, 1999.

Comaroff, J. y J. Comaroff. "Occult Economies and the Violence of Abstraction: Notes from the South African Postcolony", *American Ethnologist* 26-2 (1999), pp. 279-303.

Comelles, J. *La razón y la sinrazón: Asistencia psiquiátrica y desarrollo del Estado en la España contemporánea*, PPU, Barcelona, 1988.

Comité de competitividad y centro de estudios sociales y de opinión pública, *Situación del mercado farmacéutico en México*, Centro de estudios sociales y de opinión pública, México, 2010.

Comte, A. *Systéme de politique positive, Oeuvres d'Aguste Comte*, t.7, Anthropos, París, 1969.

Córdova, A. *La ideología de la revolución mexicana*, ERA, México, 2007

Corin, E. "Facts and Meaning in Psychiatry: An Anthropological Approach to the Lifeworld of Schizophrenics", *Culture, Medicine and Psychiatry* 14 (1990), pp. 153-188.

Corin *et al.*, "Living through a Staggering World: The Play of Signifiers in Early Psychosis in South India", J. Hunter Jenkins y R.J Barrett (Eds.), *Schizophrenia, Culture, and Subjectivity: The Edge of Experience*, Cambridge University Press, Cambridge, 2004, pp. 110-145.

Corin, E. "Pychosis: The Other of Culture in Psychosis: The Ex-centricity of the Subject", J Biehl et al (Eds.) , *Subjectivity*, University of California Press, Berkeley, 2007, pp. 273-314.

Cornejo Portugal I. y E. Bellón Cárdenas. "Prácticas culturales de apropiación simbólica del Centro Comercial Santa Fe", *Convergencia* 8-24 (2001), pp. 67-86.

Corona, T. "An overview of Neurosciences in Mexico" en http://www.mexicanistas.eu/uploads/an%20overview%20of%20neurosciences%20in%20 Mexico-Teresa%20Corona.pdf

Corral, E. *Algunas consideraciones médico-legales sobre la responsabilidad criminal de los epilépticos*, Tesis de Medicina, Escuela Nacional de Medicina, México, 1882.

Coxe Stevenson, M. *The Zuni Indians: Their Mythology, Esoteric Fraternities and Ceremonies*, Bureau of American Ethnology, Washington D. C., 1904.

Crispín Castellanos, M. "El consumo de Pulque en la ciudad de México durante el Porfiriato", *Cuaderno para la Historia de la Salud*, Secretaría de Salud, México, 1997, pp. 15-34.

Crow, T. "La esquizofrenia como precio que paga el *homo sapiens* por el lenguaje: Una solución a la paradoja central en el origen de la esquizofrenia"en

J. Sanjuán (Ed.), *Evolución cerebral y psicopatología*, Triacastela, Madrid, 2000, pp. 193-226.

Cutting, J. *The Right Cerebral Hemisphere and Psychiatric Disorders*, Oxford University Press, Oxford, 1990

Danckert J. *et al.*, "A CT study of ventricular size in first episode psychosis", *Schizophrenia Research* 29 (1998), p. 75.

Daston L. y Peter Gallison, *Objectivity*, Zone books, New York, 2007.

"Datos sobre el consumo de prozac en México" en http://lilly.com.mx/user-files/file/Boletines%20de%20prensa%202009/190809%20Hoja%20 de%20Datos%20-%20Prozac.pdf

Dávila, G. *Estudio clínico de la esquizofrenia en sus diferentes formas*, Tesis de la Facultad de Medicina, Universidad Nacional de México, México, 1925.

Davoine, F. *La locura Wittgenstein*, Epeele, México, 1992.

Davoine, F. *Madre loca*, Círculo psicoanalítico mexicano, México, 2001.

Davoine, F. y J. M. Gaudillière, *Historia y trauma: la locura de las guerras,* FCE, Buenos Aires, 2011.

DeLisi, L. "Critical overview of current approaches to genetic of mechanisms in schizophrenia research", *Brain Research Review* 31(2000), pp. 187-192.

Departamento de desarrollo curricular, *Plan único de especializaciones médicas en psiquiatría*, Universidad Nacional Autónoma de México, México, 2008.

Derrida, J. "La farmacia de Platón", *La diseminación*, Fundamentos, Madrid, 1975, pp. 93-260.

Derrida, J. "La estructura, el signo y el juego en el discurso de las ciencias humanas", *La escritura y la diferencia*, Anthropos, Barcelona, 1989, pp. 383-401.

Derrida, J. *Espectros de Marx: El estado de la deuda, el trabajo del duelo y la nueva internacional*, Trotta, Madrid, 1998.

Derrida, J. *Fuerza de ley: El fundamento místico de la autoridad*, Tecnos, Madrid, 2002.

Derrida, J. *Canallas: Dos ensayos sobre la razón*, Trotta, Madrid, 2005.

Despland M. y G. Vallée. (Eds.). *Religion in History: The Word, the Idea, the Reality* , Wilfrid Laurier University Press, Ontario, 1992.

481

Desviat, M. "Pros y contras de las prácticas basadas en la evidencia: Notas para un debate" en C. L Sanz de la Garza (Ed.), Salud mental y medicina basada en la evidencia, *Cuadernos de psiquiatría comunitaria* 5-1 (2005), pp. 7-15.

Deveraux, G. "A social theory of schizophrenia", *Psychoanalitic Review* 26 (1939), pp. 315-342.

Díaz, J. L. "El legado de Cajal en México", *Revista de Neurología* 48-4 (2009), pp. 207-215.

Douglas, M. "Risk as a Forensic Resource", *Daedalus* 119 (1990), pp. 1-6.

Douglas, M. "Brujería: el estado actual de la cuestión treinta años después de brujería, magia y oráculos entre los azande", en M. Gluckman et al, *Ciencia y brujería*, Anagrama, Barcelona, 1991, pp. 31-72.

Downhill J. E *et al.*, "Shape and size of the corpus callosum in schizophrenia and schizotypal personality disorder", *Schizophrenia Research* 47 (2000), pp. 193-208.

Dunn, M. *et al.*, *Our Voices: First-Person Accounts of Schizophrenia*, The University of North Carolina, Chapel Hill, 2008

Eckblad M. y L. J. Chapman. "Magical ideation as an indicator of schizotypy", *Journal of Consulting and Clinical Psychology* 5 (1994), pp. 215-225.

Ehrenberg, A. *La fatigue d'être soi. Dépression et société*, Odile Jacob, París, 2000.

Elias, N. *La sociedad de los individuos*, Península, Barcelona, 1990.

Ellenberger, H. F. *The Discovery of the Unconsconscious: The History and Evolution of Dynamic Psychiatry*, Basic Books, New York, 1981.

Escalante Gonzalbo, F. *Ciudadanos imaginarios*, El Colegio de México, México, 2002.

Escobar, A. "Dionisio Nieto y la investigación científica", *Salud mental* 31-4 (2008), pp. 331-334.

Eisenberg, "Disease and Illness: Distinctions between Professional and Popular Ideas of Sickness", *Culture, Medicine and Psychiatry* I (1977), pp. 9-23.

Espósito, R. *Inmunitas. Protección y negación de la vida,* Amorrortu, Buenos Aires, 2005.

Esquirol, J. E. y J. Daquin, *Sobre las pasiones. Filosofía de la locura*, Asociación española de neuropsiquiatría, Madrid, 2000.

Evans-Pritchard, E. E. *Brujería, magia y oráculos entre los azande*, Anagrama, Barcelona, 1976.

Evidence-based medicine working group, "A new approach to teaching the practice of medicine", *Journal of the American Medical Association* 268 (1992), pp. 2420-2425.

Ewing, K. P. "The Illusion of Wholeness: Culture, Self, and the Experience of Inconsistency", *Ethos*, 18-3 (1990), pp. 251-278.

Featherstone M. y R. Burrows (Eds.), *Cyberspace, Cyberbodies, Cyberpunk: Cultures of Technological Embodiment,* Sage, London, 2000.

Fierro Urriesta M. *et al.*, "Psicosis y sistemas de creencias" *Revista colombiana de psiquiatría* 32-3 (2003), pp. 281-292.

Flores, F. *Historia de la medicina en México desde la época de los indios hasta la presente*, t.3, Oficina Tipográfica de la Secretaría de Fomento, México, 1886.

Fortes M. y D. Mayer. "Psychosis and social change among the Tallensi of Northern Ghana", Foulkes S. y G. S. Prince (Eds.), *Psychiatry in a Changing Society*, Tavistock, London, 1969, pp. 33-73.

Fortes M. y E. E. Evans-Pritchard (Comps.), *African Political Systems*, Oxford University Press, Oxford, 1970.

Foucault, M. "Nietzsche, la genealogía, la historia", *Microfísica del poder*, Ediciones La Piqueta, Madrid, 1992, pp. 7-30.

Foucault, M. *Historia de la locura en la época clásica*, 2 Vols., FCE, México, 1996.

Foucault, M. *Vida de los hombres infames*, La piqueta, La Plata, 1996.

Foucault, "La gubernamentalidad", en *Estética, Ética y Hermenéutica, Obras esenciales* t.3, Paidós, Barcelona, 1999, pp. 175-199.

Foucault, M. "Espacios Diferentes", *Estética, Ética y Hermenéutica, Obras esenciales* t.3, Paidós, Barcelona, 1999, pp. 431-441.

Foucault, M. *Defender la sociedad*, FCE, México, 2001.

Foucault, M. *Las palabras y las cosas*, Siglo XXI, México, 2005.

Foucault, M. *El poder psiquiátrico*, Akal, Madrid, 2005.

Foucault, M. *Seguridad, territorio y población*, FCE, México, 2006.

Foucault, M. *Los anormales*, FCE, México, 2006.

Foucault, M. *Historia de la sexualidad 1. La voluntad de saber*, Siglo XXI, México, 2007.

Foucault, M. *Historia de la sexualidad 2. El uso de los placeres*, Siglo XXI, México, 2007.

Foucault, M. *Nacimiento de la biopolítica*, FCE, México, 2007.

Foucault, M. *El nacimiento de la clínica: una arqueología de la mirada médica*, Siglo XXI, México, 2008.

Fraguas, D. y C. S. Breathnach, "Problems with retrospective studies of the presence of schizophrenia", *History of Psychiatry* 20 (2009), pp. 61-71.

Frazer, J. G. *La rama dorada*, FCE, México, 1965.

Freud, S. *Obras Completas*, Amorrortu, Buenos Aires, 2006.

Frith C. y E. C. Johnstone, *Schizophrenia: A very Short Introduction*, Oxford University Press, Oxford, 2003.

Fritz, J. M. *Le Discours du fou au Moyen Áge, XII-XIII siècle. Étude comparée des discours littérarie, medical, juridique et theólogie de la folie*, PUF, París, 1992.

Fuente de la, R. y C. Campillo, "Perspectivas en medicina. La psiquiatría en México: una perspectiva histórica," *Gaceta Médica de México*, 3 (1976), pp. 421-436.

Fuente de la, R. *et al.*, *Salud mental en México*, FCE, México, 1997.

Fuente Sandoval, C. *et al.*, "Incremento del glutamato en el estriado de asociación en esquizofrenia. Resultados preliminares de un estudio longitudinal con espectroscopía con resonancia magnética", *Gaceta médica de México* 148-2 (2009), pp. 109-113

Fuente Sandoval, C. *et al.*, "Functional magnetic resonance imaging response to experimental pain in drug free patients with schizophrenia", *Psychiatry Research*, 183-2 (2010), pp. 99-104.

Fuentes Mares, J. "Prólogo", en Gabino Barreda, *Estudios*, Universidad Nacional Autónoma de México, México, 1992, pp. i-xxxiv.

Gadamer, H. G. *Verdad y método*, Sígueme, Salamanca, 1977.

García Canal, M. I. "La relación médico-paciente en el Manicomio La Castañeda entre 1910 y 1920, tiempos de revolución" en *http://nuevomundo. revues.org/14422; DOI: 10.4000/nuevomundo.14422*

García-Montes, J. M. *et al.*, "Metacognitions in patients with hallucinations and obsessive-compulsive disorder: The superstition factor", *Behaviour Research and Therapy* 44 (2006), pp. 1091-1104.

García-Montes, J. M. *et al.*, "The Role of Superstition in Psychopathology", *Philosophy, Psychiatry, & Psychology*, 15-3 (2008), pp. 227-237.

García-Valdecasas Campelo J. *et al.*, "De la (curiosísima) relación entre la Medicina Basada en la Evidencia y la práctica psiquiátrica en nuestro entorno", *Revista de la asociación española de neuropsiquiatría*, 29-104 (2009), pp. 405-421.

Garrabé, J. *La noche oscura del ser: una historia de la esquizofrenia*, FCE, México, 1996.

Gauchet M. y G. Swain, *Pratique de l'esprit humain, l'institution asilaire et la révolution démocratique*, Gallimard, París, 1980.

Gauchet, M. *El inconsciente cerebral*, Nueva visión, Buenos Aires, 1994.

Gaytan-Bonfil, G. *El diagnóstico de la locura en el Manicomio General de La Castañeda*, Tesis de Licenciatura en Psicología, Universidad Nacional Autónoma de México, México, 2001.

Geertz, C. *Conocimiento local: Ensayos sobre la interpretación de las culturas*, Paidós, Barcelona, 1994.

Geertz, C. *La interpretación de las culturas*, Gedisa, Barcelona, 2003.

Gennep, van A. *Los ritos de paso*, Taurus, Madrid, 1986.

George, L. y R. W. Neufeld. "Magical ideation and schizophrenia", *Journal of Consulting and Clinical Psychology* 55 (1987), pp. 778-779.

Giddens. A. *Modernity and Self-Identity: Self and Society in the Late Modern Age*, Stanford University Press, Stanford, 1991.

Gieryn, T. *Cultural Boundaries of Science: credibility on the line*, The University of Chicago Press, Chicago, 1999.

Godelier, M. *El enigma del don*, Paidós, Barcelona, 1998.

Goffman, E. *Internados. Ensayos sobre la situación social de los enfermos mentales*, Madrid, Amorrortu, 1970.

Gómez Robleda, J. *La imagen del mexicano*, Sociedad Mexicana de Estudios y Lecturas, México, 1948.

Gómez, F. "Marinos buscan a zetas en el DF", *El Universal*, 26/01/2011 en http://www.eluniversal.com.mx/nacion/183240.html

Gonzalbo Aizpuru P. y C. Rabell Romero, "La familia en México" en P. Rodríguez (Coord.), *La familia en Iberoamérica 1550-1980*, Universidad Externado de Colombia/Andrés Bello, Bogotá, 2004, pp. 92-125.

González Ascencio, G. "Positivismo y organicismo en México a fines del siglo XIX: La construcción de una visión determinista sobre la conducta criminal en alcohólicos, mujeres e indígenas", *Alegatos* 76 (2011), pp. 693-724.

González Gómez, M. A. *La política económica neoliberal en México (1982-2000)*, Quinto Sol, México, 2001.

González Rodríguez, S. *El hombre sin cabeza*, Anagrama, México, 2009.

Good, B. *Medicina, racionalidad y experiencia: Una perspectiva antropológica*, Bellaterra, Barcelona, 2003.

Gorbach, F. "La histeria y la locura: tres itinerarios en México de fin del siglo XIX", en L. Cházaro y R. Estrada (Eds.), *En el umbral de los cuerpos: Estudios de antropología e historia*, El Colegio de Michoacán /Benemérita Universidad Autónoma de Puebla, 2005, pp. 97-116.

Gorbach, F. "¿Dónde están las mujeres de La Castañeda? Una aproximación a los expedientes clínicos del manicomio, 1910" en *http://nuevomundo. revues.org/61046 ; DOI : 10.4000/nuevomundo.61046*

Grayson, G. W. *Mexico: Narco-Violence and a Failed State?*, Transaction Publishers, New Jersey, 2011.

Green, J. *Cushing at Zuni: The Correspondence and Journals of Frank Hamilton Cushing, 1879-1884,* University of New Mexico Press, Albuquerque, 1990.

Guajardo, F. *Algunas consideraciones sobre el hipnotismo*, Tesis de Medicina, Escuela Nacional de Medicina, México, 1887.

Guerrero, J. *La génesis del crimen en México: Estudio de psiquiatría social*, Librería de la Vda. de CH. Bouret, México, 1901.

Guimón J. J. *et al.*, *Diagnostico en psiquiatría,* Salvat, Barcelona, 1987.

Gur, R. E. *et al.*, "Regional brain function in Schizophrenia: I. A positron emission tomography study", *Archives of General Psychiatry* 44 (1987), pp. 119.

Gutiérrez Vargas, L. *Relaciones del desarrollo corporal con el temperamento psicológico del individuo (observaciones en enfermos esquizofrénicos y maniaco depresivos)*, Tesis de la Facultad de Medicina, Universidad Nacional Autónoma de México, México, 1931.

Hacking, I. *The Social Construction of What?*, Harvard University Press, Cambridge, 1999.

Hacking, I. "Making up People", *London Review of Books*, August 17 (2006), pp. 23-26.

Hale, C. *La transformación del liberalismo en México a finales del siglo XIX*, FCE, México, 1991.

Haracz, J. "The dopamine hypothesis", *Schizophrenia Bulletin* 8 (1982), pp. 438-469.

Hare, E. "Schizophrenia as a recent disease", *British Journal of Psychiatry* 153 (1988), pp. 521-531.

Hare, E. *El origen de las enfermedades mentales*, Triacastela, Madrid, 2002.

Harrington, A. *Medicine, Brain and the Double Brain*, Princeton University Press, New Jersey, 1989.

Harrison, P. J. "The Neuropathology of Schizophrenia: A Critical Review" *Brain and Language* 122 (1999), pp. 593-624.

Hartley, L. *Phisiognomy of Expression in Nineteenth-Century Culture*, Cambridge University Press, Cambridge, 2001.

Heidegger, M. *Ser y tiempo*, FCE, México, 2005.

Herman, J. *Trauma and Recovery*, Basic Books, New York, 1992.

Herrera Garduño, C. *Cómo llegar a un diagnóstico en psiquiatría*, Tesis de la Facultad de Medicina, Universidad Nacional Autónoma de México, México, 1931.

Hidalgo y Carpio, L. *Introducción al estudio de la medicina legal mexicana pudiendo servir de texto complementario a cualquier libro extranjero que se adopte para la cátedra de aquel ramo en la escuela de medicina*, Imprenta de I. Escalante y Cía., México, 1869.

Hidalgo y Carpio, L. *Compendio de medicina legal arreglado a la legislación del Distrito Federal*, t.1, Imprenta de Ignacio Escalante, México, 1877.

Hofmannsthal von H. *Carta de Lord Chandos*, Colegio Oficial de Aparejadores y Arquitectos Técnicos de Madrid, Madrid, 1982.

Hubbard R. y E. Wald, *Exploding the Gene Myth: How Genetic Information is Produced and Manipulated*, Beacon Press, Boston, 1999.

Huertas, R. *Locura y degeneración. Psiquiatría y sociedad en el positivismo francés,* Consejo Superior de Investigaciones científicas, CSIC, Madrid, 1987.

Huertas, R. *Los laboratorios de la norma: Medicina y regulación social en el estado liberal*, Octaedro/CSIC, Madrid, 2008.

Huertas, R. "En torno a la construcción social de la locura. Ian Hacking y la historia cultural de la psiquiatría", *Revista de la asociación española de neuropsiquiatría*, 31-111 (2011), pp. 437-456.

Huertas, R. *Historia cultural de la psiquiatría*, Catarata, Madrid, 2012.

Hunter Jenkins, J. "Diagnostic criteria for schizophrenia and related psychotic disorders: Integration and suppression of cultural evidence in DSM-IV", *Transcultural Psychiatry* 35 (1998), pp. 352-376.

Hunter Jenkins J. y R. J. Barrett (Eds.), Schizophrenia, *Culture, and Subjectivity: The Edge of Experience*, Cambridge University Press, Cambridge, 2004.

Hutton, S. B. *et al.*, "Decision making deficits in patients with first episode and chronic schizophrenia", *Schizophrenia Research* 55 (2002), pp. 249-257.

Illades, C. y A. Rodríguez Kuri, *Ciencia, Filosofía y sociedad en cinco intelectuales del México liberal*, Universidad Autónoma Metropolitana, México, 2001.

Illades, C. y G. Leidenberger, *Polémicas intelectuales del México moderno*, Consejo Nacional para la Cultura y las Artes/Universidad Autónoma Metropolitana-Cuajimalpa, México, 2008.

Instituto Nacional de Estadística y Geografía, "Encuesta en Hogares sobre Disponibilidad y uso de las Tecnologías de la Información" http://www.inegi.org.mx/Sistemas/temasV2/Default.aspx?s=est&c=19007

Instituto Nacional de Psicopedagogía de la Secretaría de Educación Pública, *Departamento de Psicopedagogía y Médico Escolar*, Talleres Gráficos de la Nación, México, 1936.

Jablensky, A. "Multicultural studies and the nature of schizophrenia: A review", *Journal of the Royal Society of Medicine* 80 (1987), pp. 162-167.

Jackson, H. "Is there a schizotoxin? En N. Eisenberg y D. Glasgow (Eds.), *Current Issues in Clinical Psychology* 39 (1986), pp. 765-770.

Jameson, F. *Postmodernism, or the Cultural Logic of Late Capitalism*, Verso, London, 1991.

Jameson, F. "Marx's Purloined Letter", en M. Sprinker (ed.), *Ghostly Demarcations: A Symposium on Jacques Derrida*, Verso, London, 1999, pp. 26-67.

Jaspers, K. *Psicopatología general*, FCE, México, 2006.

Jaúregui Balenciaga, I. y P. Méndez Gallo, *Modernidad y delirio: Ciencia, Nación y Mercado como escenarios de la locura*, Escalera, Madrid, 2009.

Jay, M. *Cantos de experiencia: variaciones modernas sobre un tema universal*, Paidós, Buenos Aires, 2009.

Jilek W. G. y L. Jilek-Aall, "Transient psychoses in Africans", *Psychiatria Clinica* 3 (1970), pp. 337-364.

Job *et al.*, D. E. "Structural gray matter differences between first-episode schizophrenics and normal controls using voxel-based morphology", *Neuroimage* 17 (2002), pp. 880-889.

Johnstone, E. C., *et al.*, "Cerebral ventricular size and cognitive impairment in chronic schizophrenia", *Lancet* 2 (2006), pp. 924-926.

Joyce, K. A. *Magnetic Appeal: MRI and the Myth of Transparency*, Cornell University Press, Ithaca, 2008.

Kerckhove, de D. *La piel de la cultura: investigando la nueva realidad electrónica*, Gedisa, Barcelona, 1999.

Kerckhove, de D. *Inteligencias en conexión, hacia una sociedad de la web*, Gedisa, Barcelona,1999.

Kitayama, N. *et al.*, "Smaller volume of anterior cingulate in abuse-related posttraumatic stress disorder", *Journal of Affective Disorders* 90 (2006), pp. 171-174.

Kleinman, A. "Depression, somatization and the new-cross cultural psychiatry", *Social Science and Medicine* 2 (1977), pp. 3-10.

Kleinman, A. "Anthropology and psychiatry: The role of culture in cross-cultural research on illness", *British Journal of Psychiatry* 151 (1987), pp. 447-454.

Kleinman, A. *Rethinking Psychiatry: From Cultural Category to Personal Experience,* The Free Press, Nueva York. 1988.

Kleinman, *The Illness Narratives: Suffering, Healing and the Human Condition*, Basic Books, New York, 1988.

Konrad, M. *Narrating the New Predictive Genetic: Ethics, Ethnography and Science*, Cambridge University Press, Cambridge, 2005.

Kraepelin, E. "Diagnóstico de la neurastenia" en *La escuela de medicina, periódico dedicado a las ciencias médicas*, t.18-7 (1903), pp. 145-152.

Kraepelin, E. "Comparative Psychiatry", S. R. Hirsch y M. Shepherd (Eds.), *Themes and Variations in European Psychiatry*, Wright, Bristol, 1994, pp. 3-6.

Kraepelin, E. *La demencia precoz,* Polemos, Buenos Aires, 2008.

Kretschmer, E. *Physique and Character: An Investigation of the Nature of Constitution and of the Theory of Temperament*, Harcourt, Brace and Company, New York, 1936.

Kuper, *Antropología y antropólogos. La escuela británica, 1922-1972*, Barcelona, Anagrama, 1973.

Kuri Juaristi, J. O. "El mercado farmacéutico en México: Patentes, similares y genéricos", *Mercadotecnia global. Revista de mercados y negocios internacionales* en *http://www.mktglobal.iteso.mx/index.php*

Kuri Pineda, E. E. "Claves para decodificar un actor colectivo: El caso de san Salvador Atenco", *Argumentos* 19-51 (2006), pp. 11-28.

Labastida, S. "Acción del alcohol más allá del individuo", *Gaceta médica de México* 14-15 (1879), pp. 305-311.

Lacan, J. *Seminario 3. Las psicosis*, Paidós, Buenos Aires, 2009.

Lacan, J. *Seminario 14. La lógica del fantasma*, inédito.

Laplantine, F. *Antropología de la enfermedad*, Ediciones del Sol, Buenos Aires, 1999.

Laqueur, T. *Sexo solitario. Una historia cultural de la masturbación*, FCE, Buenos Aires, 2007.

Latour, B. *The Pasteurization of France*, Harvard University Press, Cambridge, 1988.

Latour, B. *Ciencia en acción: cómo seguir a los científicos e ingenieros a través de la sociedad*, Labor, Barcelona, 1992.

Latour, B. *Nunca hemos sido modernos. Ensayo de antropología simétrica*, Debate, Madrid, 1993.

Latour, B. *Petite réflexion sur le culte des dieux faitiches*, Les Empêcheurs de penser en rond, París,1996.

Latour, *La esperanza de Pandora: ensayos sobre la realidad de los estudios de la ciencia*, Gedisa, Barcelona, 2001.

Latour, B. "Llamada a revisión de la modernidad. Aproximaciones antropológicas", *AIBR. Revista de antropología iberoamericana* (2005), pp. 1-21.

Latour, B. *Reensamblar lo social: Una introducción a la teoría del actor red*, Manantial, Buenos Aires, 2005.

Lavista, P. *Algunas consideraciones sobre la teoría infecciosa de la esquizofrenia*, Tesis de la Facultad Nacional de Medicina, Universidad Nacional Autónoma de México, México, 1935.

Lavista, R. "Relaciones entre la medicina y la jurisprudencia", *Anuario de Legislación y Jurisprudencia*, 12 (1895), pp. 242-252.

Leclaire, S. *Écrits pour la psychoanalyse 1. Demeures de l'ailleurs*, Le Seuil / Éditions Arcanes, París, 1998.

Leihrich, C. I. *The Occult Mind: Magic in Theory and Practice*, Cornell University Press, Ithaca, 2007,

Leroi-Gourhan, A. *Le geste et la parole: technique et langage*, Albin Michel, París, 1964.

Leuret, F. *El tratamiento moral de la locura*, Asociación española de neuropsiquiatría, Madrid, 2001.

Lévi-Strauss, C. "Introducción a la obra de Marcel Mauss" en Marcel Mauss, *Sociología y Antropología,* Tecnos, Madrid, 1971, pp. 13-44 ["Introduction à l'ouvre de Marcel Mauss", Marcel Mauss, *Sociologie et Anthropologie*, PUF, París, 1960, pp. iv-liii]

Lévi-Strauss, C. "El hechicero y su magia", *Antropología estructural*, Paidós, Barcelona, 1995, pp. 195-210.

Lévi-Strauss, C. *El pensamiento salvaje*, FCE, México, 1997.

Levin, D. M. (Ed.), *Pathologies of the Modern Self: Postmodern Studies of Narcissism, Schizophrenia and Depression*, New York University Press, New York and London, 1987.

Lewis, S. W. "Computed tomography in schizophrenia, 15 years on", *British Journal of Psychiatry*, 157 (1990), pp. 16-24

Lock, M. y Vinh-Kim Nguyen, *Anthropology of Biomedicine*, Wiley-Blackwell, Massachusetts, 2010.

Lomnitz, C. "Bordering on Anthropology: The Dialectics of a National Tradition in Mexico", *Revue de Synthèse*, Vol. 121, serie 4, 3-4, (2000), pp. 345-380.

López Beltrán, C. "Para una crítica de la noción de raza", *Ciencias* 60-61 (2001), pp. 98-106.

López Beltrán, C. "Enfermedad hereditaria en el siglo XIX: discusiones francesas y mexicanas" en L. Cházaro (Ed.), *Medicina, ciencia y sociedad en México, Siglo XIX*, El Colegio de Michoacán Universidad Michoacana de San Nicolás de Hidalgo , México, 2002, pp. 95-120.

López Beltrán, C. "Sangre y temperamento. Pureza y mestizajes en las sociedades de castas americanas" en C. López Beltrán y F.Gorbach (Coords.), *Saberes locales: ensayos sobre historia de la ciencia en América Latina*, El Colegio de Michoacán, Zamora, 2008, pp. 298-342.

López-Muñoz F. *et al.*, "Aspectos históricos del descubrimiento y de la introducción clínica de la clorpromazina: Medio siglo de psicofarmacología", *Frenia* 2-1 (2002), pp. 77-107.

López, L. "Estado actúa en defensa propia" en *Milenio*, 19/02/2011 en http://www.milenio.com/node/650328

Luhrman, T. *Of Two Minds*: *An anthropologist looks at American Psychiatry*, Vintage Books, New York, 2001.

Machado Dias A. y A. Luiz Rodrigues. "La disolución de la paradoja etiológica de la esquizofrenia", *Alcmeon, Revista Argentina de Clínica Neuropsiquiátrica*, 15-3 (2009), pp. 196-209.

Mackay A. *et al.*, "Increased brain dopamine and dopamine receptors in schizophrenia", *Archives of General Psychiatry* 39 (1982), pp. 991-997.

Mackenna, P. J. *Schizophrenia and Related Syndroms*, Oxford University Press, Oxford, 1994.

Macouzet, R. "Por qué riñen los bebedores de pulque", *El Imparcial*, México DF, 24 de noviembre de 1900, pp. 1-3.

Maj, M. y F. M. Ferro, *Anthology of Italian Psychiatry Texts*, World Psychiatric Association, 2002, pp. 199-214. *http://onlinelibrary.wiley.com/doi/10.1002/9780470986714.fmatter/pdf*

Malabou, C. *¿Qué hacer con nuestro cerebro?*, Arena, Madrid, 2007.

Maldonado y Morón, I. *Estudio del suicidio en México fundado en datos estadísticos*, Tesis de medicina, Escuela Nacional de Medicina, México, 1876.

Mancilla Villa, M. L. *Locura y mujer durante el Porfiriato*, Círculo psicoanálitico mexicano, México, 2001.

Marchais, P. *Magie et mythe en psychiatrie*, Masson, París, 1977.

Martínez Baca, F. y M. Vergara, *Estudios de antropología criminal*, Imprenta de Benjamín Lara, Puebla, 1892.

Martínez Baca, F. *Los tatuajes. Estudio psicológico y médico-legal en delincuentes y militares*, Tipografía de la Oficina Impresora del Timbre, Palacio Nacional, México, 1899.

Martínez, F. "Mondragón niega militarización en D. F.", *El Universal*, 27/01/2011 en http://www.eluniversal.com.mx/notas/740563.html

Martínez Hernáez, A. "El DSM-IV y la biologización de la cultura", Enrique Perdiguero y Josep M. Comelles (Eds.), *Medicina y cultura*, Bellaterra, Barcelona, 2000, pp. 249-276.

Martínez Hernáez, A. *Antropología médica: Teorías sobre la cultura, el poder y la enfermedad*, Anthropos, Barcelona, 2008.

Martínez Hernáez, A. "Cuerpos fantasmales en la urbe global", *Fractal: Revista de psicología* 21-2 (2009), pp. 223-236.

Masuzawa, T. *In Search of Dreamtime: The Question for the Origin of Religion* University of Chicago Press, Chicago, 1993.

Mauss, M. "Esbozo de una teoría general de la magia", *Sociología y antropología*, Tecnos, Madrid, 1971, pp. 45-154.

Medina-Mora, M. E. *et al.*, "Prevalencia de trastornos mentales y uso de servicios: Resultados de la encuesta nacional de epidemiología en México", *Salud mental* 26 (2003), pp. 1-16.

Meloni, C. "Epitafios: Aporías de la conjuración" en C. de Peretti (Ed.), *Espectrografías (Desde Marx y Derrida),* Trotta, Madrid, 2003, pp. 65-78.

Mendoza, M. *La locura de nuestro tiempo*, Seix Barral, Bogotá, 2009.

Merleau-Ponty, M. *The Primacy of Perception,* Northwestern University Press, Evanston, 1964.

Mischler, E. G. *et al.*, *Social Contexts of Health, Illness, y Patient Care*, Cambridge University Press, Cambridge, 1981.

Moncrieff J. y P. Thomas, "Psychiatry should reduce commercial sponsors-hip. Carta al sitio web del British Medical Journal" en *www.bmj-com/cgi/eletters/324/7342/886#21632*

Morales Ramírez, F. J. *La apoteosis de la medicina del alma: Establecimiento, discurso y praxis del tratamiento moral de la enajenación mental en la ciudad de México, 1830-1910*, Tesis de Licenciatura en Historia, Universidad Nacional Autónoma de México, México, 2008.

Moreno de los Arcos, R. *La polémica del darwinismo en México siglo XIX*, Universidad Nacional Autónoma de México, México, 1984.

Muñoz y Revilla, L. G. *El tratamiento de las frenopatías*, Tesis de Medicina, Escuela Nacional de Medicina, México, 1875.

Murugaiah, K. *et al.*, "Chronic continuous administration of neuroleptic drugs alters cerebral dopamine receptors y increases spontaneous dopaminergic action in the striatum", *Nature* 296 (1982), pp. 570-572.

Nabokov, V. *Cuentos completos*, Alfaguara, Madrid, 2011.

Nancy, J. L. *La comunidad desobrada*, Arena, Madrid, 2001.

Nemeroff, C. *et al.*, "Posttraumatic stress disorder: A state of the science review", *Journal of Psychiatric Research* 40 (2006), pp. 1-21.

Nieto, A. *La obra científica de Dionisio Nieto*, Instituto de Investigaciones Biomédicas, Universidad Nacional Autónoma de México, México, 1990.

Noll, R. *American Madness: The Rise and Fall of Dementia Precox*, Harvard University Press, Cambridge/London, 2011.

Novella, E. J. y R. Huertas. "El síndrome de Kraepelin-Bleuler-Schneider y la conciencia moderna: Una aproximación a la historia de la esquizofrenia", *Clínica y salud*, 21-3 (2010), pp. 205-219.

Núñez Chávez, F. *Estudio clínico de los delirios sistematizados alucinatorios*, Tesis de la Facultad Nacional de Medicina de México, México, 1926.

Nutini, H. *Bloodsucking Witchcraft: An Epistemological Study of Anthropomorphic Supernaturalism in Rural Tlaxcala*, University of Arizona Press, Tucson, 1993.

Obeyesekere, G. *The Work of Culture: Transformation in Psychoanalysis and Anthropology*, University of Chicago Press, Chicago, 1990.

Odier, C. *Anxiety and magic thinking*, International University Press, New York, 1947.

Olvera, J. "La epilepsia y la histeria, la neurosis hereditaria y degenerativa ¿deben considerarse como impedimento para el matrimonio?", *Primer Concurso científico*, Tipografía de la Secretaría de Fomento, México, 1895.

Oneto Barenque, G. *Un loco, un anómalo, ¿puede ser responsable?*, Tesis de Medicina, Facultad de Medicina, Universidad Nacional de México, México, 1924.

Ordaz, P. "El narco mexicano acorrala la política", *El país*, 30/06/2010, en http://www.elpais.com/articulo/internacional/narco/mexicano/acorrala/politica/elpepiint/20100630elpepiint_1/Tes

Organización Panamericana de la Salud, *Evaluación de servicios de salud mental en la República Mexicana,* Representación de OPS/OMS en México, México D. F., 2004.

Pacheco, L. E. *El último mundo,* Mondadori, México, 2009.

Padilla Arroyo, A. *De Belem a Lecumberri. Pensamiento social y penal en el México decimonónico,* Archivo General de la Nación, México, 2001.

Palti, E. J. *La invención de una legitimidad: Razón y retórica en el pensamiento mexicano del siglo XIX (Un estudio sobre las formas del discurso político),* FCE, México, 2005.

Parra, P. *Ensayo sobre la patogenia de la locura,* Tesis de Medicina, Escuela Nacional de Medicina, México, 1878.

Parra, P. "Según la psiquiatría ¿puede admitirse la responsabilidad parcial o atenuada?", *Anuario de Legislación y Jurisprudencia* 12 (1895), pp. 225-237.

Patiño Rojas, J. L. e I. Sierra Macedo, *Cincuenta años de psiquiatría en el Manicomio General,* Secretaría de Salud/ Archivo Histórico, México, 1965.

Patiño Rojas, J. L. "El mundo del esquizofrénico" en Sergio J. Villaseñor Bayardo *et al., Antología de textos clásicos de psiquiatría latinoamericana,* Gladet, Guadalajara, 2002, pp. 287-296.

Patlán Martínez, E. *Historia de la psicología en México, 1867-1910. Estudio de caso: el Hospital de San Hipólito,* Tesis de Maestría en Historia, Universidad Nacional Autónoma de México, México, 2000.

Payá V. y M. A. Jiménez (Coords.*), Institución, familia y enfermedad mental: Reflexiones socioantropológicas desde un hospital psiquiátrico,* Juan Pablos/Facultad de Estudios Superiores Acatlán, 2010.

Peón del Valle, J. "Importancia de los sentimientos en la genesiología del delirio de persecución. Ensayo de psicopatología patológica aplicada al tratamiento moral de la enajenación mental". Memoria presentada a la Academia Nacional de Medicina para el concurso de Enfermedades Mentales y Nerviosas, *Gaceta médica de México,* 1-3o (1906), pp. 219-270.

Pereña, F. *El hombre sin argumento,* Síntesis, Madrid, 2002.

Pérez Álvarez, M. "The magnestism of neuroimaging: Fashion, myth and ideology of the brain", *Papeles del Psicólogo,32-2* (2011), pp. 98-112.

Pérez Álvarez, M. *El mito del cerebro creador: cuerpo, conducta y cultura,* Alianza, Madrid, 2011.

Pérez Álvarez, M. "Esquizofrenia y cultura moderna: Las razones de la locura", *Psicothema* 24-1 (2012), pp. 1-9.

Pérez Álvarez, M. *Las raíces de la psicopatología moderna: La melancolía y la esquizofrenia*, Pirámide, Madrid, 2012.

Peza, J. de D. *La beneficencia en México*, Imprenta de Francisco Díaz de León, México, 1881.

Piccato, P. "La construcción de las perspectivas científicas: miradas porfirianas a la criminalidad", *Historia mexicana* 48 (1997), pp. 133-181.

Pinel, P. *Tratado médico filosófico sobre la enajenación mental o la manía*, Nieva, Madrid, 1988.

Pinney, C. y N. Thomas (Eds.), *Beyond Aesthetics: Art and the Technologies of Enchantment*, Berg, New York, 2001.

Postel, J. y C. Quétel (Coords.). *Nueva historia de la psiquiatría*, FCE, México, 2000.

Programa nacional de acción específico 2007-2012 de Atención en salud mental, Secretaría de Salud, México, 2008.

Pruneda, A. "La higiene y la medicina sociales", en *La gaceta médica de México*, 64-3 (1933), pp. 122-136.

Rabinow, P. *Anthropos Today: Reflections on Modern Equipment*, Princeton University Press, Princeton, 2003.

Radcliffe-Brown, A. R. *Estructura y función en la sociedad primitiva*, Península, Barcelona, 1972.

Raine, A. y D. Myers, "Schizoid personality, inter-hemispheric transfer and left hemisphere over-activation", *British Journal of Clinical Psychology* 27 (1988), pp. 333-347.

Ramírez Kuri, P. "La ciudad y los nuevos procesos urbanos", *Sociología urbana* 3-6 (2009), pp. 163-187.

Ramírez Moreno, S. "Higiene mental escolar en México. Labor que debe desarrollarse. Formación de Ligas y Comités", *Revista Mexicana de Psiquiatría Neurología e Higiene Mental* 3-18 (1937), pp. 7-10.

Ramírez Moreno, S. "Tratamiento de la esquizofrenia por choques convulsivos de pentametilentetrazol", *Gaceta Médica de México* 48-5 (1938), pp. 449-471.

Ramírez Moreno, S. "Causas y tratamientos de la esquizofrenia", *Gaceta médica de México* 74-1 (1944), pp. 93-116, 189-212.

Ramírez Moreno, S. *La asistencia psiquiátrica en México*, Secretaría de Salubridad y Asistencia, México, 1950.

Read, J. et al., *Modelos de locura*, Herder, Barcelona, 2006

Régis, E. *Précis de Psychiatrie*, Doin, París, 1909.

Reyes, A. "Contribución para el estudio del hipnotismo en México", *La gaceta de medicina de México* 22-61(1887), pp. 450-463.

Ríos Molina, A. "Un mesías ladrón y paranoico en el manicomio de La Castañeda. A propósito de la importancia historiográfica de los locos", *Estudios de Historia Moderna y Contemporánea en México* 37 (2009), pp. 71-96.

Ríos Molina, A. *La locura durante la Revolución Mexicana: Los primeros años del Manicomio General La Castañeda, 1910-1920*, El Colegio de México, México, 2009.

Ríos Molina, A. *Memorias de un loco anormal: El caso de Goyo Cárdenas*, Debate, México, 2010.

Ripalda, J. M. *De Angelis: Filosofía, mercado y postmodernidad*, Trotta, Madrid, 1996.

Rivadeneyra, M. *Apuntes sobre la estadística de la locura en México*, Tesis de Medicina, Escuela Nacional de Medicina, México, 1887.

Rivera Garza, C. "Dangerous Minds: Changing Psychiatric Views of the Mentally Ill in Porfirian Mexico 1876-1911", *Journal of the History of Medicine* 56 (2001), pp. 36-67.

Rivera Garza, C. *La Castañeda. Narrativas dolientes desde el manicomio general. México, 1910-1930*, Tusquets, México, 2010.

Roa, A. *Consideraciones generales de acerca de la enajenación mental precedidas de algunas nociones sobre facultades intelectuales*, Tesis de Medicina, Escuela Nacional de Medicina, México, 1870.

Roberts G. W, y P. J. Harrison, "Gliosis and its implications for the disease process" En P. J. Harrison y G.W. Roberts (Eds.),*The Neuropathology of Schizophrenia: Progress and Interpretation,* Oxford University Press, New York, 2000, pp. 137-150.

Roberts G. W. "Schizophrenia: A Neuropathological Perspective", *British Journal of Psychiatry* 158 (1991), pp. 8-17.

Rocha, G. *Las instituciones psicoanalíticas en México: Un análisis sobre la formación de analistas y sus mecanismos de regulación*, Tesis de Maestría en Psicología Social, Universidad Autónoma Metropolitana, México, 1998.

Rocher y J. R. Martin, *Crazy Talk: A Study of the Discourse of Schizophrenic Speakers*, Plenum Press, New York, 1979.

Rodríguez Caballero, J. *Estudio sobre la confusión mental*, Tesis de la Facultad de Medicina, Universidad Nacional de México, México, 1920.

Roheim, G. *Magic and schizophrenia,* International University Press, New York, 1955.

Rojas, E. S. *Epilepsias criminales*, Tesis de Medicina, Escuela Nacional de Medicina, México, 1908.

Rojas, E. S *La histeria psíquica*, Tesis de Medicina, Escuela Nacional de Medicina, México, 1909.

Rojas, P. *et al.*, "Adult mice with reduced Nurr1 expression: an animal model for schizophrenia", *Molecular Psychiatry* 12-8 (2007), pp. 756-766.

Romano-Micha, J. *et al.*, "Mapeo cerebral y esquizofrenia: Una revisión bibliográfica", *Salud mental* V-19 (1996), pp. 56-64.

Rose, J. *States of Fantasy*, Oxford University Press, Oxford, 1996.

Rothenberg, M. A. *The excessive Subject: A New Theory of Social Change*, Polity Press, Cambridge, 2010.

Rougmagnac, C. *Los criminales en México: Ensayo de Psicología criminal*, Tipografía El Fénix, México, 1904.

Royle, N. *The Uncanny*, Routledge, New York, 2003

Ruiz Cárdaba, A. y C.Torralba, "Ser y no ser marxista a la vez", C. de Peretti (Ed.), *Espectrografías (desde Marx y Derrida)*, Trotta, Madrid, 2003, pp. 113-130.

Ruiz Gutiérrez, R. *Positivismo y evolución: La introducción del darwinismo en México*, Universidad Nacional Autónoma de México, México, 1987.

Ruiz López, I. y D. Morales Heinen. "La obra de Emil Kraepelin y su influencia en México a setenta años después de su muerte", *Archivo de Neurociencias* 1-3 (1996), pp. 196-197.

Russell, J. D. y M. G. Roxanas, "Psychiatry and the frontal lobes", *Australian y New Zealand Journal of Psychiatry* 24 (1990), pp. 113-132.

Ryle, J. A. "The Meaning of Normal" en B. Lush, *Concepts of Medicine*, Pergamon, NewYork, 1961, pp. 137-149.

Sackett D. L. *et al.*, "Evidence based medicine: what it is and what it isn´t", *British Medical Journal* 312 (1996), pp. 71-72.

Sacks, O. *Despertares*, Anagrama, Barcelona, 2005.

Sacristán, M. C. *Locura e inquisición en la Nueva España 1571-1760*, FCE, México, 1992.

Sacristán, M. C. *Locura y disidencia en el México ilustrado 1760-1810*, El Colegio de Michoacán, Zamora, 1994.

Sacristán, M. C. *Locura y justicia en México. La psiquiatría, la familia y el individuo frente a la modernidad liberal: El caso Raygoza (1873-1877)*, Tesis de Doctorado en Antropología Social y Cultural , Universitat Rovira i Virgili, Tarragona, 1999.

Sacristán, M. C. "Entre curar y contener: La psiquiatría mexicana ante el desamparo jurídico (1870-1944)", *Frenia* 2-2, (2002), pp. 61-80.

Sacristán, M. C. "Historiografía de la locura y de la psiquiatría en México. De la Hagiografía a la historia posmoderna", *Frenia* 5-1 (2005), pp. 9-33.

Sacristán, M. C. "En defensa de un paradigma científico: el doble exilio de Dionisio Nieto en México 1940-1985" en Rafael Huertas *et al.*, *De la edad de plata al exilio: construcción y reconstrucción de la psiquiatría española*, Frenia, Madrid, 2007, pp. 327-346.

Sacristán, M. C, "La contribución de La Castañeda a la profesionalización de la psiquiatría mexicana", en *Salud mental* 33, (2010), pp. 473-480.

Saldaña, J. J. (Coord.), *La casa de Salomón en México: estudios sobre la institucionalización de la docencia y la investigación científicas*, Facultad de Filosofía y Letras, Universidad Nacional Autónoma de México, México, 2005.

Salgado, S. *Impresión general sobre el aumento de las enfermedades mentales*, Tesis de la Facultad de Medicina, Universidad Nacional Autónoma de México, México, 1933

Sánchez Mendiola, M. "La medicina basada en evidencias en México: ¿Lujo o necesidad?", *Anales médicos Hospital ABC* 46-2 (2001), pp. 97-103.

Santamarina, R. "Conocimiento actual del niño mexicano desde el punto de vista médico-pedagógico", *Memoria del primer Congreso Mexicano del Niño*, El Universal, México, 1921, pp. 264-266.

Santner, E. L. *My Own Private Germany: Daniel Paul Schreber's Secret History of Modernity*, Princeton University Press, Princeton, 1996.

Santner, E. L. *The Royal Remains: The People's Two Bodies and the Endgames of Sovereignty*, The University of Chicago Press, Chicago, 2011.

Sarlo, B. "El centro comercial" en *La jirafa con tacones. Revista de comunicación* 11-2 (2006), pp. 1-10.

Sarlo, B. *La ciudad vista*, Siglo XXI, Buenos Aires, 2009.

Sass, L. *Madness and Modernism: Insanity in the Light of Modern Art, Literature and Thought,* Harvard University Press, Cambridge, 1994.

Sass, L. *The Paradoxes of Delusion: Wittgenstein, Schreber and the Schizophrenic Mind*, Cornell University Press, Ithaca, 1995.

Sass, L. "Interpreting schizophrenia: Construal or construction? A reply to Robert Barrett", *Culture, Medicine, Psychiatry* 22 (1998), pp. 495-503.

Sass, L. "Self and world in schizophrenia: Three classic approaches", *Philosophy, Psychiatry, Psychology* 8 (2001), pp. 251-270.

Scarry, E. *The Body in Pain: The Making and Unmaking of the World*, Oxford University Press, New York, 1985.

Schneider, K. *Psicopatología clínica*, Triacastela, Madrid, 1997.

Schulz, S. C. *et al.*, "Both schizophrenics and bipolar adolescents differ from controls on MRI measures", *Schizophrenia Research* 29 (1998), p. 81.

Scott, J. "The Evidence of Experience", *Critical Inquiry* 17 (1991), pp. 773-795.

Segato, R. L. *Las estructuras elementales de la violencia: Ensayos sobre la antropología, el psicoanálisis y los derechos humanos*, Universidad Nacional de Quilmes /Prometeo, Buenos Aires, 2003.

Segato, R. L. *La Nación y sus Otros*, Prometeo, Buenos Aires, 2007.

Seligman, C. "Temperament, conflict and psychosis in a stone-age population" *British Journal of Medical Psychology* 9-3 (1929), pp. 187-202.

Sérieux P. y J. Capgras, *Locuras razonantes. El delirio de interpretación*, Ergon, Madrid, 2007.

Servicios de Salud Mental, *Programa específico de esquizofrenia 2001-2006*, Secretaría de Salud, México, 2002.

Siegel, J. "The Truth of Sorcery*"*, *Cultural Anthropology* 18-2 (2003), pp. 135-155.

Siegel, J. *Naming the Witch*, Stanford University Press, California, 2008.

Sierra, J. "Problemas sociológicos de México" (10 de enero de 1897), *Obras completas*, t.5, Universidad Nacional Autónoma de México, México, 1948.

Silva Forné, C. "Patrones del abuso policial en la ciudad de México", http:// www.insyde.org.mx/images/patrones_del_abuso_policial_carlos%20 silva.pdf

Sluhovsky, M. *Believe Not Every Spirit: Possesion, Mysticism and Discernment in Early Modern Catholicism*, University of Chicago Press, Chicago, 2007.

Smith G. N. y W. G. Lacano, "Lateral ventricular enlargement in schizophrenia and choice of control group", *Lancet* 1 (1987), p. 1450.

Smith, J. *Relating Religion: Essays in the Study of Religion*, The University of Chicago Press, Chicago, 2004.

Somolinos D'Ardois, G. *Historia de la psiquiatría en México*, Sept.-Setentas, México, 1976.

Sosa, S. "La responsabilidad en los epilépticos", *Gaceta médica de México* 24 (1893), pp. 96-106.

Sosa, S. "La embriaguez y la dipsomanía", *Gaceta médica de México* 1-2o serie (1901), pp. 20-24; 34-35; 228-230.

Speckman Guerra, E. "El cruce de dos ciencias: conocimientos médicos al servicio de la criminología (1882-1901)" en L. Cházaro (Ed.), *Medicina, ciencia y sociedad en México, Siglo XIX*, El Colegio de Michoacán Universidad Michoacana de San Nicolás de Hidalgo, México, 2002, pp. 211-230.

Speckman Guerra, E. "El Porfiriato", *Nueva Historia mínima de México*, El Colegio de México, México, 2004, pp. 192-224.

Speckman Guerra, E. "Infancia es destino. Menores delincuentes en la ciudad de México (1884-1910)", en C. Agostoni y E. Speckman Guerra (eds.), *De normas y transgresiones, enfermedad y crimen en América Latina (1850-1920)*, Instituto de Investigaciones Históricas, Universidad Nacional Autónoma de México, México, 2005, pp. 225-253.

Speckman Guerra, E. "Los jueces, el honor y la muerte. Un análisis de la justicia (Ciudad de México, 1871-1931)" *Historia mexicana*, 55-4 (2006), pp. 1411-1466.

Speckman Guerra, E. *Crimen y castigo. Legislación penal, Interpretaciones de la criminalidad y administración de justicia (Ciudad de México, 1872-*

1910), Colegio de México /Universidad Nacional Autónoma de México, México, 2007.

Stanghellini, G. *Disembodied Spirits and Deanimated Bodies: The Psychopathology of Common Sense*, Oxford University Press, Oxford, 2004.

Stepan, N. *The Hour of Eugenics: Race, Gender and Nation in Latin America*, Cornell University Press, New York, 1996.

Stern, A. "Mestizofilia, biotipología y eugenesia en el México posrevolucionario 1920-1960" *Relaciones. Estudios de historia y sociedad* 21-81 (2000), pp. 57-92.

Stern, A. "Madres conscientes y niños anormales: la eugenesia y el nacionalismo en el México posrevolucionario", en L. Cházaro (Ed.), *Medicina, ciencia y sociedad en México, Siglo XIX*, El Colegio de Michoacán Universidad Michoacana de San Nicolás de Hidalgo , México, 2002, pp. 293-336.

Stiegler, B. "Para una nueva crítica de la economía política" en http://brumaria. net/wp-content/uploads/2011/10/271.pdf

Stiegler, B. *La técnica y el tiempo III: el tiempo del cine y la cuestión del malestar*, Hiru, Hondarribia, 2004.

Storch, A. *The Primitive Archaic Form of Inner Experiences Schizophrenia, Nervous and Mental Disease,* Publishing Company, New York and Washington, 1924.

Styers, R. Making *Magic: Religion, Magic and Science in the Modern World*, Oxford University Press, New York, 2004.

Suárez y López Guazo, L. *Determinismo biológico: La eugenesia en México*, Tesis de Doctorado en Ciencias Biológicas, Universidad Nacional Autónoma de México, México, 2000.

Subbotsky E. V. y G. Quinteros. "Do cultural factors affect causal beliefs? Rational and magical thinking in Britain and Mexico". *British Journal of Psychology* 93 (2002), pp. 519-543.

Subbotsky, E. V. "Magical thinking in judgements of causation: Can anomalous phenomena affect ontological causal beliefs in children and adults?" *British Journal of Developmental Psychology* 22 (2004), pp. 123-152.

Taussig, M. "Reification and the Consciousness of the Patient", *Social Science and Medicine* 14 (1980), pp. 3-23.

Taussig, M. *Mimesis and Alterity: a Particular History of the Senses*, Routledge, New York, 1993.

Taussig, M. *Un gigante en convulsiones*: *El mundo como sistema nervioso en emergencia permanente*, Gedisa, Barcelona, 1995.

Taussig, M. *The Magic of State*, Routledge, New York and London, 1997.

Taussig, *Defacement: Public Secrecy and the Labor of the Negative*, Stanford University Press, California, 1999.

Taylor, C. *Fuentes del yo: la construcción de la identidad moderna*, Paidós, Barcelona, 1996.

Teicher, M. H *et al.*, "Neurobiological consecuences of early stress and childhood maltreatment: Are results from human and animal studies comparable?" *Annals of the New York Academy of Sciences* 1071 (2006), pp. 313-323.

Tenorio Trillo, M. *Artilugio de la nación moderna: México en las exposiciones universales 1880-1930*, FCE, México, 1998.

Tissot, R. y Y. Burnard. "Aspects of cognitive activity in schizophrenia" *Psychological Medicine* 10 (1980), pp. 657-663.

Torre González de la A. y M. Phalti Murillo Ramírez, "La lucha contra el narco en México: desde una perspectiva de Seguridad Humana", Observatório de Segurança Humana, ISCSP-UTL, Abril 2011, en http://www.segurancahumana.eu/data/res/8b/608.pdf

Torrey E. F. *et al.*, "The epidemiology of schizophrenia in Papua New Guinea", *American Journal of Psychiatry* 131 (1974), pp. 567-573.

Torrey E. F. y A. Bowler, "Geographical distribution of insanity in America: Evidence for an urban factor" *Schizophrenia bulletin* 16 (1990), pp. 591-604.

Torrey E. F. y Judy Miller. *Invisible Plague: The Rise of Mental Illness from 1750 to the Present*, Rutgers University Press, New Jersey, 2001.

Turner, V. *El proceso ritual. Estructura y antiestructura*, Taurus, Madrid, 1988.

Tursman, R. A. *Peirce's Theory of Scientific Discovery: A System of Logic Conceived as Semiotic*, Indiana University Press, Bloomington, 1987.

Tylor, E. B. *Primitive Culture: Researches into the Development of Mythology, Philosophy, Religion, Language, Art and Custom*, Vol. 1, Brentano, New York, 1964.

Tylor, E. B. *Anáhuac o México y los mexicanos*, Juan Pablos, México, 2009.

Urías Horcasitas, B. *Indígena y criminal: Interpretaciones del derecho y la antropología en México 1871-1921*, Universidad Iberoamericana, México, 2000.

Urías Horcasitas, B. *Historias secretas del racismo en México (1920-1950)*, Tusquets, México, 2007.

Urrutia, A. C. Herrera y M. Mateos, "Los caudillos de la independencia abandonan el Ángel"*LaJornada*,31/05/2010, en http://www.jornada.unam.mx/2010/05/31/index.php?section=politica&article=002n1pol

Van Young, E. "Estudio introductorio: Ascenso y caída de una loca utopía", *Secuencia* 51 (2001), pp. 11-29.

Venables, P. H. "Psychophysiological aspects of schizophrenia", *British Journal of Medicine* 39 (1966), pp. 289-297.

Venables, P. H. "Cerebral mechanisms, autonomic responsiveness, and attention in schizophrenia" en W. D. Spaulding, J. K. Cole, (Eds.), *Nebraska Symposium on Motivation, 1983: Theories of Schizophrenia and Psychosis,* University of Nebraska Press, Lincoln, 1984, pp. 47-91.

Venancio, A. T. "Classifying differences: the dementia praecox and schizophrenia categories used by Brazilian psychiatrists in the 1920s", *História, Ciências, Saúde* 17-2 (2010), pp. 327-343.

Verdú, V. *El estilo del mundo: La vida en el capitalismo de ficción*, Anagrama, Barcelona, 2003.

Verdú, V. *Yo y tú: objetos de lujo*, Debate, Barcelona, 2005.

Vidal, F. "Brainhood: anthropological figure of modernity", *History of the Human Sciences* 22-1 (2009), pp. 5-36.

Vidarte P. (Coord.), *Marginales: Leyendo a Derrida*, UNED, Madrid, 2000.

Viesca Treviño, B. "La mujer y el alcoholismo en México en el siglo XIX", *Salud mental* 24-3 (2001), pp. 24-28.

Virilio, P. *El cibermundo: la política de lo peor*, Cátedra, Madrid, 1999.

Waddington, J. L. "Sight and insight: Regional cerebral metabolic activity in schizophrenia", *British Journal of Psychiatry* 156 (1990), pp. 615-619.

Walters Heinrich, R. *In Search of Madness: Schizophrenia and Neuroscience*, Oxford University Press, New York, 2001.

Watters, E. *Crazy like us: The Globalization of the American Psyche*, Simon and Schuster, New York, 2011.

Weber, M. *El político y el científico* en http:\\\www.bibliotecabasica.com.ar

Weinberger, D. R. "Implications of normal brain development for the pathogenesis of schizophrenia", *Archives of General Psychiatry* 44 (1987), pp. 661-666.

Weiner, D. B. *Comprender y curar: Philippe Pinel (1745-1826)*, FCE, México, 2002.

Wheeler, R. *The Complexión of Race: Categories of Difference in Eighteenth-Century British-Culture*, University of Pennsylvania Press, Philadelphia, 2002.

Winton Brown, T. T. y S. Kapur, "Neuroimaging of schizophrenia: what it reveals about the disease and what it tell us about a patient", *Annals Academy Medicine Singapore* 38 (2009), pp. 433-435.

Wittgenstein, L. *Remarques sur le rameau d'or de Frazer*, L'Age d'homme, París, 1982 [*Observaciones a la rama dorada de Frazer*, Tecnos, Madrid, 1996].

Woodruff, P. W. R. y S. Lewis, "Structural brain imaging in schizophrenia", en S. Lewis y N. Higgins (Eds.), *Brain Imaging in Psychiatry*, Blackwell, Oxford, 1996, pp. 188-214.

www.europapress.es/latam/mexico/noticia-mexico-liberan-56-69-personas-seguian-detenidas-disturbios-investidura-presidencial-20121210071354.html.

Zayas, de R. *Fisiología del crimen. Estudio jurídico-sociológico*, Imprenta de R. de Zayas, Veracruz, 1885.

Zayas, de R. *La redención de una raza. Estudio sociológico*, Tipografía de Rafael de Zayas, Veracruz, 1887.

Zea, L. *El positivismo en México: Nacimiento, apogeo y decadencia*, FCE, México, 1968.

Zizek, "The Cyberspace Real: Between Perversion y Trauma" en *http://www.mii.kurume- u.ac.jp/~leuers/zizek-cyberspacereal.htm*

Zizek, S. *Arriesgar lo imposible: conversaciones con Glyn Daly*, Trotta, Madrid, 2006.

Zizek, S. *El acoso de las fantasías*, Siglo XXI, México, 2007.

Zulaika J. y W. A. Douglass, *Terror and Taboo: The Follies, Fables and Faces of Terrorism*, Routledge, New York, 1996.

La impresión y encuadernación de esta obra se realizó
En el mes de abril de 2014, en los talleres de:
Encuadernaciones Maguntis, S.A. DE C.V.
Batalla de Calpulalpan Lt. 1876A Mz. 164
Col. Leyes de Reforma, 09310 D.F.
Tel. 56 40 90 62